虚假招聘

骗局与治理

刘莫鲜 著

FALSE RECRUITMENT

FRAUD AND GOVERNANCE

中国社会科学出版社

图书在版编目（CIP）数据

虚假招聘：骗局与治理／刘莫鲜著．—北京：中国社会科学出版社，2023．5

ISBN 978－7－5227－0811－9

Ⅰ．①虚…　Ⅱ．①刘…　Ⅲ．①劳动力市场—市场管理—研究—中国　Ⅳ．①F249．212

中国版本图书馆 CIP 数据核字（2022）第 153245 号

出 版 人　赵剑英
责任编辑　马　明
责任校对　孟繁粟
责任印制　王　超

出　　版　中国社会科学出版社
社　　址　北京鼓楼西大街甲 158 号
邮　　编　100720
网　　址　http://www.csspw.cn
发 行 部　010－84083685
门 市 部　010－84029450
经　　销　新华书店及其他书店

印　　刷　北京明恒达印务有限公司
装　　订　廊坊市广阳区广增装订厂
版　　次　2023 年 5 月第 1 版
印　　次　2023 年 5 月第 1 次印刷

开　　本　710×1000　1/16
印　　张　22．5
字　　数　358 千字
定　　价　99．00 元

序　言

自二十世纪九十年代初以来的三十余年间，虚假招聘问题在中国日渐浮现且日趋严峻，严重扰乱了社会秩序。虚假招聘以招聘为名牟取不正当利益，在本质上是一种欺诈行为。长期以来，虚假招聘受到政府部门和新闻界的高度关注，但直至目前在国内学术界还是一个少有人问津的领域。作者刘莫鲜基于她自身兼职受骗经历，在攻读博士学位期间，对虚假招聘这一问题展开研究，意在将该问题纳入学界视野，展现了一名社会学学人所具有的独特问题意识。那么，应该如何理解虚假招聘屡禁不绝这一事实？又该如何破解既有治理的困境？本书作者围绕着这两个核心议题，展开了长达十余年的调研与思索。

在攻读博士学位期间，以及在取得博士学位后的数年时间里，作者凭借着“局内人”与“局外人”的双重身份，对刊登虚假招聘广告的骗子、纸质媒体、网络媒体以及受骗大学生和相关政府部门等进行了实地调研，收集了大量生动翔实、极具过程性和情境性的第一手资料。作者还先后收集了政府文件、媒体报道、网络帖子等各类相关文献，并利用这些丰富资料，重点研究了钱财、劳力和色相这三类招聘骗局。作者以越轨理论和理性选择理论作为主要的理论视角，审慎、深入地探讨了骗子、求职者、媒体和政府在虚假招聘现象中各自扮演的角色及相互间的复杂关系，进而探究了导致虚假招聘日益泛滥的结构与文化因素。随后，基于党和国家社会治理创新理念，提出应系统构建规制虚假招聘的“参与式治理”模式，切实推进“干群合作”治理机制的常态化、制度化，为在实践层面上找寻治理共同体建设的具体路径与方式方法做了有益思考。

总体来看，这本由作者博士学位论文拓展修改而成的著作，研究时间跨度长，实证资料丰富多样，收集了国内十余年间虚假招聘的典型案例和新近动态，并在讲述一系列故事的过程中把虚假招聘现象中所蕴含的社会与文化意义予以了较好的展现。其中关于骗子的虚假表演与欺诈伎俩、受骗求职者的维权逻辑和地方政府中部分工作人员策略性不作为的分析，尤为精到透彻。在我看来，这本书的最大贡献在于提供了一个理解虚假招聘的独特视角。作者成功勾勒出由骗子、受骗求职者、媒体和地方政府在日常实践中构成的复杂互动网络，并由此立体呈现了一幅基于理性选择的集体越轨图景，可谓切中虚假招聘这一社会治理顽疾的要害。本书还特别强调，必须依赖科学专业知识来开展有效的反招聘欺诈行动。在这个意义上，该书既完成了对虚假招聘的问题建构与解释，也回答了如何更好地治理的问题。

作为研究中国虚假招聘的首个系统性文本和欺诈研究领域中一本极具创新性的研究专著，作者以丰富的经验材料、娴熟的理论运用与灵动的语言表达，赋予了本书特有的阅读魅力。本书在现实与理论间的有机连接、在个体与结构间富有社会学想象力的合理转换，既体现了作者扎实的学术功底，也彰显了社会学的专业意蕴。该书为我们辨识招聘骗局、理解虚假招聘的形成机理提供了社会学的解释，也对规范社会招聘、净化求职环境带来积极意义。无论是对政府部门、高校、社区和相关社会组织的治理创新，还是对感兴趣于求职就业、欺诈与诈骗、社会伦理与社会秩序等议题的学者、社会工作者和广大求职学生，本书都具有很好的参考价值。因此，我十分高兴地将此书推荐给大家。

风笑天

2023 年 2 月 15 日于南京

前　言

本书研究的虚假招聘指的是用虚构或歪曲招聘事实的方法，非法占有求职者钱财、劳力、色相，或进行其他违法活动的越轨行为。自20世纪90年代初以来，随着中国就业的市场化，虚假招聘随之出现且愈演愈烈，时至今日早已泛滥成灾。虚假招聘不仅侵害了众多求职者的合法权益，导致地方政府公信力受损，甚至还戕害了整个社会与心理生态。对此，自20世纪90年代后期以来，该问题日渐受到新闻界的普遍关注。大约自1998年以来，中国政府形成了针对虚假招聘的双重治理机制。然而遗憾的是，多年以来，虚假招聘现象层出不穷，特别是进入互联网时代后，其方式更是花样百出，以致屡禁不绝，借助网络平台的虚假招聘如今更是成为人力资源市场领域的一大顽疾。同样遗憾的是，此类极具现实性的社会问题在主流学界至今几乎是一个未曾涉足的领域。

述及我与虚假招聘现象的“结缘”，还得回到十七年前自己遭遇的那次兼职受骗事件，正是此次偶然经历把我引入虚假招聘这个越轨行为研究领域。遭遇虚假招聘之初，我旨在捍卫自身合法权益。然而，这一过程是如此地艰难。先是受到骗子的人身威胁，后是求助地方媒体和劳动部门却无果而终。最后，经由一位警察朋友对骗子的电话警告，我才讨回被骗的大部分钱。也正是上述艰难的维权经历，让我逐渐认识到在虚假招聘的背后潜存着一系列值得深入探讨的话题。譬如，弱势群体权益保障的制度缺失；传媒商业主义的凸显；部分地方政府部门的官僚制作风；社会信任危机的浮现；等等。要言之，正是“诚信、秩序与责任”这一共识性议题。

本书的原型是我的博士学位论文（2012），论文得到了答辩委员会成员的一致肯定。在此后近四年的时间内，论文历经多次修改与完善。

此后因为诸多原因，书稿在国内出版的计划一再搁置。自 2005 年底遭遇虚假招聘以来，在近二十年的时间内，我先后获悉身边不少大学生兼职受骗的故事。当他们中的部分人在受骗后向我求助时，我感到深深的无奈与无力。因此，未能将一部讲述中国现实问题的书稿在国内出版，一直是我心中的痛。2021 年元月上旬，我再次收到一位掉入“网络兼职刷单”骗局的大一学生的求助信息，她在聊天中表现出的极其自责的语气和态度，激发了我必须将书稿在国内出版的强烈渴望。

再次动笔修改尘封几年的书稿，十五年，弹指一挥间。在这期间，我先后任职于三所不同的高校，所教授的学生也从“80 后”“90 后”跨度到现在的“00 后”。然而不变的是，不同学校、不同年代的学生，始终“前赴后继”地掉入各类招聘骗局，甚至是频频曝光的老套陷阱。考虑到在过去几年间，政府与民间有关招聘欺诈以及如何避免成为欺诈受害者的各种建议和警示信息呈井喷式增长，对虚假招聘行为进行直接规范和约束的行政法规亦相继颁布和实施，我们不得不问，虚假招聘在中国屡禁不止的根本性因素是什么？作为职场新手的求职者究竟存在着怎样的认知弱点？又该如何防范形形色色的招聘骗局？政府又该采取怎样的创新举措，以切实保护许多易受招聘欺诈伤害的弱势群体（大学生、城市外来务工人员等）？作为普通公众的我们，又可以在反虚假招聘之路上有何作为？本书意在回答这一系列问题。我乐于相信，本书在国内的出版，有助于推动对上述问题的更多、更好的思考。

如今距博士学位论文答辩通过已十年，但书稿在国内的出版依然十分必要，除上述现实背景外，还有如下几个理由。

首先，迄今为止，有关虚假招聘的系统研究十分少见，更遑论能找到相关学术著作。毕竟，囿于越轨行为的隐秘性，越轨研究之难乃学界共识。幸运的是，作为曾经的受害者，有着切肤之痛的特殊经历，既使我获取了局外人也许永远也无法获得的有关虚假招聘现象的复杂、微妙的感受和理解，也有助于我以“局内人”的身份和视角去接触、聆听其他更多受害者的故事。由此，我收集到丰富且异常珍贵的源自深度参与和访谈的一手资料。充分挖掘这些资料所蕴含的社会与文化意义，既有助于揭示出潜藏在虚假招聘现象背后的结构性因素，也有助于我们更好地洞悉当今中国社会生活复杂而微妙的实践逻辑。也因此，本书为中国越轨研究提供了一个独特文本，为理解复杂的社会生活实践提供了一个鲜活文本。

其次，本书还收集了各种生动翔实的新闻报道、网友帖子等文献资料，在此基础上全景式呈现了虚假招聘的三大类约二十种典型欺诈模式，并在附录中归纳了求职防骗的经验法则，以期为广大即将踏入职场的求职者提供借鉴和警示，防骗于未然。

最后，本书有针对性地构建了虚假招聘参与式治理模式和高校反虚假招聘机制，为政府部门、高校、社区和相关社会组织反欺诈治理创新实践提供参考，也为对求职（就业）安全、社会秩序、越轨和基层治理等议题感兴趣的学者、社会工作者、高校教师和广大学生提供借鉴。

本研究属于越轨社会学范畴，涉及社会学、社会心理学与法学等多学科的知识和视野。我相信，知识与经验比我更为丰富的人士可以找出其在相关论述上所存在的也是难以避免的漏洞和不足。在此，我先致以诚挚的谢意及歉意。

目　录

第一章　绪论

自20世纪90年代初以来，随着中国就业的市场化与普通劳动者就业形势的日趋严峻，虚假招聘随之出现且愈演愈烈。许多本想通过劳动力市场找到一份工作的求职者纷纷沦为虚假招聘的受害者，而大学生求职者正是其中一个尤为突出的群体。为此，传媒有关虚假招聘的报道亦越来越多，曝光招聘陷阱的各类漫画也在网络上日渐流行（图1－1即是其中一例）。

图1－1　漫画：招聘陷阱

资料来源：CFP供图，《中国青年报》2012年4月19日第7版。

根据美国著名批判社会学家米尔斯（C. Wright Mills）有关社会问题的论述，[①] 虚假招聘不仅是众多求职者的“个人困扰”，更是一个“公众论题”。因为即使不考虑庞大“犯罪黑数”的存在，有关其现状和危害的相关论述亦表明，此类事件普遍存在，受害者为数众多，且已危及整个社会的正常运行。为正确表述该结构性论题，并找出可能的解决办法，我们就须越过看似孤立的个人处境与道德品行，更多地去考虑导致这一问题的结构性力量。党的十九届四中全会在以往战略部署的基础上，提出要建设“社会治理共同体”。在该语境之下，以虚假招聘为例，探讨社会治理共同体构建的可能路径，为破解相关治理难题提供具体可行的思路，正是本研究的初衷所在。

第一节　虚假招聘：一个建构中的社会问题

一　研究缘起：偶遇虚假招聘

谈起与虚假招聘的“缘分”，我不得不感谢自己在2005年底遭遇的那次兼职受骗事件。当时的我在学术道路上极为迷茫，于是萌生了寻找兼职以充实生活的想法。不料，由此遭遇了一起颇耐人寻味的招聘骗局。此次求职受骗及维权经历令人刻骨铭心，也正是这种强烈的个人生活体验激发了我浓厚的学术热情，并最终投身于对该现象的持久探索。

这次事件发生后，不论是我对刊登虚假招聘广告的C市某周刊[②]的调查，还是维权过程中与C市相关职能部门的交涉，都使我深深地意识到此类招聘骗局在当时的普遍性。特别是在正式维权失败后，我无奈地上网查询有关招聘骗局的信息，以期获得帮助。谁料，一查才发现网上居然有如此之多的求职受骗案例。我为此十分自责，怎么以前就从未了解过呢？虽然在一位警察朋友的非正式帮助下，我最终讨回了被骗的大部分钱，但一想到其他人还会继续上当受骗，而且不可能都如此幸运地挽回损失，我就感到极为苦闷。

---

① ［美］C. 赖特·米尔斯：《社会学的想象力》（第3版），陈强、张永强译，生活·读书·新知三联书店2012年版，第6—12页。

② 我当时正是因为看了该周刊上一则招聘广告前去应聘，进而被骗。在后面行文中所提及的周刊如若没有特殊说明，皆指这一曾刊登过大量虚假招聘广告的C市某周刊。

时至今日，十七年的时间一晃而过，各类招聘骗局更是层出不穷，令求职者防不胜防，频繁见诸媒体的求职受骗事件即为显证。2017 年，东北大学毕业生李 WX 因遭遇招聘骗局而最终付出了生命的代价，再次引发了舆论的热议，也让公众意识到便捷网络招聘可能存在的风险性。有关虚假招聘的持续蔓延，这里以两类较大规模的调查数据为证：其一，中央电视台“东方时空”栏目组和智联招聘网在 2005 年联合发起的网上调查显示，当问及“你是否遇到过就业陷阱”时，在参与调查的上万名大学毕业生中，有 55% 的人做出肯定回答。① 其二，英才网联十余年来针对职场骗局的调查均表明，约八成网友遭遇过招聘骗局。以 2017 年的调查为例，在参与调查的人中，被骗人数比例高达 83% 。②

通过对求职受骗新闻的分析，可以发现这类报道约始于 2001 年，相关案例涉及全国大部分省、自治区、直辖市，其中以北京、上海、广州和深圳等大城市为甚。与此同时，中国政府自虚假招聘出现不久便开始着手解决该问题。自 1998 年始，③ 中国政府职能部门每年都会开展劳动力市场秩序集中整治与规范执法行动，其主题就是打击各类虚假招聘行为。此后，随着招聘骗术的更新换代以及实施主体的多样化，这类集中整顿所涉及的具体职能部门和执法内容都有很大扩展。由此可以认为，普遍存在的虚假招聘早已被政府视为一个亟须解决的现实问题，有地方政府还相继开展了诸如招聘广告审查等行政执法活动，这也证实了虚假招聘在中国政界之“问题化”的事实。

那么，在广大求职者眼中，它又算得上是一个社会问题吗？答案是显然的。大约十年前，有越来越多的求职者开始在网络上呼吁治理虚假招聘刻不容缓。我对大学生的早期调查也印证了这一点。在该调查中，我把大学生分为两类：受骗者与未受骗者。当问及“你认为目前大学生

---

① 央视一套：《就业“陷阱”何其多》，“东方时空”节目，2005 年 12 月 19 日，news. sohu. com/20051219/n241038172. shtml，最后浏览日期：2015 年 9 月 30 日。

② 《英才网联调查显示：83% 求职者被骗过，防范意识薄弱是主因》，英才网联，2017 年 8 月 25 日，https：//www. ohu. com/a/167140981_361754，最后浏览日期：2021 年 4 月 20 日。

③ 根据我收集到的相关文件之最早年份进行的推测，该文件名为《关于加强职业中介管理 整顿劳动力市场秩序的通知》（劳社厅发〔1998〕23 号），刊于《劳动保障通讯》1999 年创刊号，第 47—48 页。

求职被骗的情况是否严重”时，无论是哪类大学生，超过一半的人都认为该现象“比较严重”或“很严重”（见表1－1）。结合更多调查，可以确定，在相当一部分大学生看来，泛滥的虚假招聘早已给该群体尤其是大学新生和毕业生造成了很大困扰。有大学毕业生吐槽道，他们找工作不但“难”，而且“险”。

表1－1　**有关大学生求职受骗情况严重性的回答**

受骗与否	严重性回答	频次（百分比）
受骗大学生（39人）	很严重	6人（15.4%）
	比较严重	17人（43.6%）
	一般	9人（23.0%）
	不严重	1人（2.6%）
	不清楚	6人（15.4%）
未受骗大学生（21人）	比较严重	11人（52.4%）
	一般	6人（28.6%）
	不严重	1人（4.7%）
	不清楚	3人（14.3%）

上述调查中，即使是那些持不同看法的大学生，其解释亦不乏耐人寻味之处。譬如，表示“不清楚”的大学生 S_9，她的理由是：“只是了解身边情况，觉得身边比较严重，如寝室受骗的就多，但不知道其他专业的情况”。在认为“一般”的大学生中，$_{(未)}S_7$ 解释道，“大学生中求职心切者容易上当，但总的来说，较高的文化层次使我们求职应不会盲目被骗”；$_{(未)}S_{12}$ 给出的理由则是：“尽管受骗的同学应该不少，但这是指绝对数量上的不少，相对数量上应该少，毕竟大学生具有一定的识别能力”。① 由上可知，新闻界、政界与广大求职者早已把虚假招聘视为一个值得高度关注的公共论题，并为该问题的解决做出了各自的尝试和努力。

二　研究背景：亟待学界更多关注

虚假招聘在欧美国家也不罕见，劳动力危急时代的到来早已导致越

① 早期调查的大学生样本之编号方法，详见第二章第二节。

来越多的招聘欺诈（Job scams），许多华人尤其是失业或刚落脚并急于找到工作的华人，往往成为这类欺诈的一大受害者。特别是自 2008 年国际金融危机爆发以来，此类不法行径愈益猖獗。① 欧美国家的虚假招聘或为直接骗取甚至抢劫求职者钱财；或为利用求职者骗取他人的钱财；也有的是利用求职者个人信息做其他各种违法行为，并将法律后果转嫁给求职者（如办理信用卡、张贴在线拍卖、注册网站等）。除曝光行骗者的欺诈手法外，这类新闻还着眼于传授识别虚假招聘的基本技巧，并揭示出如下困境：特定招聘行为之欺诈性的法律定性困境，政府对虚假招聘广告的监管困境，刊登虚假招聘广告之媒体的责任困境，以及受骗求职者的维权困境等。②

图 1－2　漫画：海外招聘陷阱

资料来源：杰清作，《人民日报》（海外版）2013 年 6 月 24 日第 6 版。

① 聂传清、杨晓敏：《失业噩梦缠扰全球 老外设局趁火打劫》，《人民日报》（海外版）2013 年 6 月 24 日第 6 版。

② Tung, L., "False Job Ads", *The World Journal*, Jan. 6, 2003. Jha, B., "Surfing the Net for Jobs? Be Cautious", *Knight Ridder Tribune Business News*, Apr. 21, 2006. Swicegood, D., "Authorities Offer Warning on Internet Job Scam", *McClatchy-Tribune Business News*, Feb. 22, 2008. Pratt, C., "Watchdogs of Warn Job Scams on Craigslist Wenatchee", *McClatchy-Tribune Business News*, Feb. 5, 2009.

就研究而言，欧美国家关于欺诈特别是商业欺诈的学术文献颇为丰富，研究所涉话题亦兼具广度和深度，然涵盖这一领域的所有先前研究工作超出了本书的范围。此处仅聚焦于欧美国家有关招聘欺诈的学术文献。较之于欺诈研究，欧美学界对招聘欺诈的研究尚较为缺乏。尽管有关欺诈类型的一般讨论会涉及一些事实上的招聘欺诈，譬如在家工作和商机骗局（Work at Home and Business Opportunity Scams）、传销和连锁信骗局（Pyramid Selling and Chain Letter Scams），以及职业机会骗局（Career Opportunity Scams）①，但真正明确提出招聘欺诈问题并对其展开相关分析的学术文献则是近几年才开始出现的。根据所收集英文文献，斯坦福研究机构在一份关于“欺诈分类框架”的报告中最早提出“就业欺诈”（Employment Fraud）这一问题，并将之界定为：“在这一大类欺诈计划中，预期的好处是就业或为发展有利可图的业务的培训。欺诈者宣传仅需很少技能或资质的工作机会，却声称提供高于平均水平的经济奖励。欺诈者通过预付费或要求消费者支付材料费用以使他们参与进来，进而获得资金，但实际上没有付费工作，或者商业项目几乎没有欺诈艺术家所保证的那样有利可图。”该报告还把就业欺诈区分为几大小类：包含传销骗局的商业机会欺诈（Business Opportunities Fraud）、包含手工制作骗局的在家工作欺诈（Work - at - home Scam）、政府就业骗局（Government Job Placement Scam）和包括模特骗局（Modeling Scam）的其他就业欺诈。②

此后有聚焦于澳大利亚就业欺诈现象的研究者指出，使用“招聘欺诈”一词有助于更好地捕捉罪行的性质以及与受害有关的严重性，并指出招聘欺诈发生在在线和离线环境中。作者将招聘欺诈界定为：“以真正的工作机会为幌子，诱使潜在受害者直接支付费用或分享驾照、银行

---

① 参见 Button, M. , C. Lewis, and J. Tapley, “Fraud Typologies and the Victims of Fraud: Literature Review”, *National Fraud Authority*, 2009。在这篇文章中，这三类骗局都被归为“大规模营销骗局”（Mass Marketing Scams），但根据作者对其具体欺诈手法的描述，它们都属于本书所研究的虚假招聘范畴。其中，“在家工作和商机骗局”与本书中的“手工制作骗局”相似，“职业机会骗局”则涵盖了本书中的“‘星梦’骗局”等。

② 参见 Beals, M. , M. DeLiema, and M. Deevy, “Framework for a Taxonomy of Fraud”, Financial Fraud Research Centre, Stanford Center on Longevity, 2015。这些就业欺诈类型与具体欺诈手法部分与本书中的一些虚假招聘类型一致或相似。

账户或护照等个人敏感信息，进而使之暴露于包括欺诈、身份盗窃和洗钱在内的一系列后果。”该研究概述了澳大利亚招聘欺诈的几种主要模式，并指出有关澳大利亚招聘欺诈普遍性、招聘欺诈受害者的背景特征及其所承受的经济与心理后果等研究极为缺失。最后，鉴于招聘欺诈的普遍性和全球性，作者认为未来研究应当着力于以下几个方面：其一，准确量化招聘欺诈的盛行程度，这包括欺诈广告和欺诈受害者两个方面；其二，考察最容易受到招聘欺诈影响的人的特征，以便制定有针对性的宣传材料，并确定地区差异；其三，探讨求职和招聘网站的重要监控和检测作用，以最大限度地减少欺诈性广告的发布，维护网站的诚实正直。①

Vidros 等人率先提出在线招聘欺诈（Online Recruitment Fraud，简称 ORF）问题，并指出其是一个相对较新的领域，可迅速升级为广泛的骗局。作者指出，身份盗窃、经济损失和隐私损失是行为人实施欺诈的主要动机。研究的结果是通过分析真实世界数据生成的一套检测欺诈性招聘广告的经验规则。② 鉴于与相关网络欺诈问题不同，ORF 的解决还没有得到应有的重视，在很大程度上仍未被探索。此后，该研究小组贡献并评估了第一个公开可用的包含 17880 条带注释的招聘广告的数据集（the Employment Scam Aegean Dataset，简称 EMSCAD），该数据集是从现实生活系统的使用中检索到的，包含合法的和欺诈性的招聘广告。对 EMSCAD 数据集的实验结果表明，结合元数据的文本挖掘可以为招聘欺诈检测算法提供初步基础。作者指出，在未来的工作中，其打算通过关注用户行为、公司和网络数据以及用户内容 IP（User-content-IP）冲突模式来扩展 EMSCAD 并丰富规则集；希望采用图形建模，并探索欺诈性招聘广告、公司和用户之间的联系；最终目标则是提出一种适用于商业目的的就业欺诈检测工具。③

---

① Grant-Smith, D. , A. Feldman, and C. Cross, “Key Trends in Employment Scams in Australia: What are the Gaps in Knowledge about Recruitment Fraud”, QUT Centre Justice Briefing Papers, Queensland Univ. Technol. (QUT), Brisbane, QLD, Australia, Tech. Rep. 21, 2022.

② Vidros, S. , C. Kolias, and G. Kambourakis, “Online Recruitment Services: Another Playground for Fraudsters”, *Computer Fraud & Security*, No. 3, Mar. 2016, pp. 8 – 13.

③ Vidros, S. , C. Kolias, G. Kambourakis, and L. Akoglu, “Automatic Detection of Online Recruitment Frauds: Characteristics, Methods, and a Public Dataset”, *Future Internet*, Vol. 9, No. 1, Mar. 2017.

在 Vidros 等人上述研究工作的促进下，近几年西方学界对如何应用计算和数据科学技术来帮助解决在线招聘欺诈问题的兴趣与日俱增。事实上，目前我所收集到的相关英文文献也大多涉及在线招聘欺诈的检测。限于篇幅，这里不一一赘述。总体而言，既有相关研究主要侧重于分析 EMSCAD 数据集上的不同文本和结构特征，并应用不同的机器学习方法来提高 ORF 的检测精度。针对现有研究的不足——如对发布招聘广告的公司之背景特征缺乏关注，多数研究的数据来源缺乏本地化，Mahbub 等人考察了背景特征——广告机构在相关政府和非政府登记处的存在以及广告商的互联网存在——对澳大利亚在线招聘欺诈自动检测准确性的影响。此外，该研究采用的是基于澳大利亚一个本地和半结构化广告平台生成的新数据集。研究发现，对这种自动生成的背景特征的考虑改进了在线招聘欺诈自动检测模型的性能度量。作者指出，通过了解更多关于骗子心态的心理方面，未来研究将潜在地探索更多的背景特征；未来扩展也可能包括研究其他形式的电子通信，以更全面地覆盖该领域。①

在中国大陆，对虚假招聘问题的学术关注始于工商部门行政管理者对虚假招聘广告问题的提出。② 这篇文章详细描述了不同虚假招聘之目的及具体欺诈伎俩，并指出虚假招聘广告在整个虚假招聘过程中发挥了重要作用，理应引起全社会的关注。这不仅是劳动力市场健康有序发展的需要，也是广告劳动者维护自身合法权益的需要。其后，张晓慧③归纳了人才交流会中涌现的虚假招聘现象，并指出一旦虚假招聘在社会上盛行必将阻碍人力资源配置的市场化发展；侯贵生等④进一步分析了用人单位实施虚假招聘的原因以及高校等主管部门应有的作为；游艳玲⑤首次基于虚假招聘视角，提出大学生的就业安全问题；侯琦⑥把虚假招

① Mahbub, S. , E. Pardede, and A. S. M. Kayes, "Online Recruitment Fraud Detection: A Study on Contextual Features in Australian job Industries", *IEEE Access*, Vol. 10, Aug. 2022.

② 周保继：《诱人的陷阱——虚假招聘广告扫描》，《工商行政管理》1995 年第 9 期。

③ 张晓慧：《求职中的虚假招聘现象》，《社会》2002 年第 6 期。

④ 侯贵生等：《用人单位“诚聘”背后的思考》，《中国大学生就业》2003 年第 8 期。

⑤ 游艳玲：《不可小视的大学生就业安全》，《中国青年研究》2004 年第 6 期。

⑥ 侯琦：《大学生求职如何避开就业陷阱》，《中国大学生就业》2007 年第 5 期。

聘称作“就业陷阱”，指出大学生就业陷阱具有四个典型特征：欺骗性、诱惑性、隐蔽性与违法性；郑永红①首次对网上虚假招聘进行了初步分析；缪雄平②则初步探讨了大学生勤工助学过程中可能遭遇的招聘骗局。针对与虚假招聘相关的大学生就业安全问题，部分高校就业指导工作者也集中分析了其现状和表现，并提出强化大学生就业安全教育等相关建议。此类文献不算少，大多雷同，这里不予一一列举。总体来看，虽有主流研究者③在有关劳动力市场秩序和制度的论文中早已谈及虚假招聘问题，但并未展开进一步的研究。上述文章又多基于新闻文献展开，缺乏源自深度参与的一手资料，致使其探讨往往侧重于浅层描述，缺乏深度诠释，且忽视了一些至关重要的深层议题——骗子缘何走上行骗之路，受骗大学生所面临的维权困境等。换言之，尽管防范与解决虚假招聘在今日之中国早已极具现实性和紧迫性，但对此类现象的系统、深入研究几乎仍处于一片空白，这种与实情脱节的研究滞后状况不能不令人心忧。

三　问题建构之愿景

虚假招聘为何在中国学界尚未成功地建构为一个社会问题呢？为理解这一问题，还得求助于温伯格（Martin S. Weinberg）等有关社会问题的论述。在其看来，所谓社会问题指的是一种公认的状况，其在价值观念上偏离了引人注目的人的认识标准，这些人要求采取行动来改变这种状况。④ 根据该定义，虚假招聘若要被多数社会学者当作是社会问题，就得符合以下条件。

（一）成为“一种公认的状况”

即被人们注意到并被谈论，而且电视、报刊、网络等也都多少报道过其存在。显然，虚假招聘极为符合这一条件的后半部分，但相比食品安全等议题，社会对它的关注和讨论又尚未达到全民参与的程度。也就

---

① 郑永红：《网上求职陷阱的防范》，《湖北警官学院学报》2004 年第 6 期。

② 缪雄平：《大学生勤工助学过程中的安全问题及应对策略》，《宁德师专学报》（哲学社会科学版）2006 年第 1 期。

③ 朱必祥：《我国劳动力市场发育中的秩序问题》，《江海学刊》2004 年第 5 期。

④ ［美］马丁 · S. 温伯格、厄尔 · 鲁滨顿：《解决社会问题——五种透视方法》，单爱民、李伟科译，吉林人民出版社 1992 年版，第 2 页。

是说，在现实生活中，虚假招聘只是被求职者、执法人员、记者及高校相关人士等知晓而非全体社会公众，且有关它的讨论在互联网上更加热烈（如后面提到的“晒黑”帖子，通常会吸引很多有着相似经历的求职者不断跟帖）。这就势必在一定程度上影响到学界对它的问题定义，因为公众的舆论会在相当程度上影响到学者对社会问题的定义与研究选择。

（二）有悖于一群“引人注目的人”的价值观念

尽管何种情况应被视为社会问题，以及它所代表的又是何种价值观，这是一件相当复杂的事情，而这一点在研究社会问题时也最受各方争议。但凡知晓虚假招聘实情的人，多会视之为一个社会问题，因为它至少威胁到在任何社会中都被认为是一种重要社会品德的价值观——诚实守信的道德品质。这里的关键在于，何谓“引人注目的人”？这个问题虽无明确答案，但它肯定不是人数的问题。在温伯格等看来，那些能将情况定义为社会问题的“引人注目的”或“明显的”一群人，通常是较有组织的、占据领导职位的，并且可能在经济、社会和政治事务上拥有更多权力的人，譬如政治家、资深记者和知名学者等。① 据此，再来看看关注虚假招聘现象的几个群体中，有无这样的“引人注目者”。

首先，求职者无疑处于最弱势地位，他们既很分散、毫无组织性可言，又无任何话语权，甚至缺乏必要的问题意识。如当受骗大学生被问及“是否想过长期关注此类问题”时，有79.4%的人表示“没想过”，而“过了就算了”则是其普遍写照。剩下的人虽表示“想过”，但并未真正付诸实际行动。究其原因，S_{10}给出的解释或许对我们理解该问题有所帮助。最初，她的回答是，“因为我所认识的人不会再受骗了”。至于其他不认识的人是否会受骗时，她表示，“大家应该比我们聪明，不会受骗吧”。当我一再强调，倘若之前被骗的人都没有去举报骗子，其他不认识的人就有可能接着被骗时，她如此回应道：

当时完全没想那么多，现在听您这么一说，才觉得这是一个社

① ［美］马丁·S. 温伯格、厄尔·鲁滨顿：《解决社会问题——五种透视方法》，单爱民、李伟科译，吉林人民出版社1992年版，第3页。

会问题，政府应该关注，应做一些反映这类问题的节目。

从中不难发现，问题意识的缺乏事关重大。对此，我们或许会问，有着此类回答的大学生应该都是那些认为虚假招聘问题尚不够严重的人吧？事实并非如此。有些认为“问题很严重”的大学生，也表示“没想过”。他们的理由又是什么呢？调查表明，认为“个人的力量太小”是一个重要原因。正如 S_1 所言：

> 如果有一天当上“大官”，我肯定会考虑这些事。扪心自问，我会当上“大官”吗？不会！所以我没考虑。

同样，即使表示“想过”要长期关注此类问题的 S_2 等，最终也因认为自己没有这个能力和影响力，故并未采取实际行动。大学生尚且如此，其他求职者更可想而知。尽管针对骗子公司的“晒黑”行为早已在大学生等求职者中盛行，少数人还成立了反传销或反虚假招聘联盟等民间团体，但这类看似能为众多求职者增权的行为与团体本身极不稳定，力量也十分有限，还难以发展成为如西方社会中推动社会问题定义与解决的社会型中间组织。总而言之，由于求职者普遍缺乏一种问题关怀意识及能力，这使得原本就弱势的他们，不太可能通过自身努力成为“引人注目的人”。

其次，执法人员和记者又可否成为上述“引人注目的人”？实际情况同样不容乐观。先看政府职能部门，尽管早已把虚假招聘确认为一个威胁到求职者合法权益和劳动力市场秩序的问题，但由于诸多因素限制，其不可避免地陷入例行公事与形式主义的处理怪圈，这在第七章中有着细致展现。

再看记者，针对虚假招聘的新闻报道虽不计其数（不乏央视这样的权威媒体），但这些报道总体分散，多缺乏针对一系列虚假招聘事件的深度挖掘之专题报道，加之记者的注意力总是很快转移到其他问题上。如此一来，许多记者虽已把虚假招聘定义为社会问题，但“无意”也“无力”使之成为社会公众普遍关注和讨论的议题。

由此可认为，这些年来虽早已有人不断发现并公开指出虚假招聘现象的存在，但因尚不够“引人注目”，故其未能成功地将多数社会公众的注意力吸引到此类事件上，更谈不上如下所要论述的行动层面上的切实推进。

（三）大家要求采取行动改变不良局面，并积极为此工作

温伯格等认为，某事若以一个社会问题出现，必须伴有某种行动的要求来改变这种局面。假如没有这种要求，人们都漠不关心、逆来顺受，那么不论有多少人深受其害，大多数社会学者都不会视之为社会问题。[①]换句话说，社会学者不仅常常把社会问题看成一种令很多人困扰的情况，而且也把它看成是一般人都试图修正的情况。根据这一观点，因虚假招聘目前尚未被更多的一般公众所知晓，自然也就不可能为其所广泛奔走呼吁，甚至直接采取能推动该问题得到实质性解决的公共行动。至于求职者，其中虽有相当一部分人对虚假招聘问题的解决有着强烈渴望，但他们又不拥有被更多的人和组织（尤其是权威媒体、立法与执法机构）关注的能力，致使其要求变革的呼声实在过于微弱，最终仅沦为抱怨和一厢情愿。更何况，即便是这类有着强烈变革需求的人群，几乎也无意或无力为该问题的定义与解决而奉献自身。

简言之，虚假招聘已存在多年且愈演愈烈，但迄今仍未受到主流学界的应有重视，部分就在于，能引人注目者根本不了解虚假招聘情况，不可能对之做出问题定义，并推动社会对其采取措施；要求采取行动予以切实改善的人，又因势单力薄，无法吸引更多人的重视，更谈不上在社会规范层面采取变革的实际行动。这些都在很大程度上阻碍了虚假招聘成为“一种公认的状况”。鉴于问题治理力度的大小，在很大程度上取决于推动问题治理之力量的大小，只有广大受骗求职者与旨在解决这一问题的相关人士高度组织起来，有计划、有步骤地利用多种途径，向社会发出力争捍卫众多求职者合法权益的呼声，并采取切实可行的持久行动，才有望使虚假招聘受到包括主流学者在内的更多公众的高度关注。借此，才可能形成一种促使地方行政机关“必须有所作为”的强大舆论压力，进而最终制定出解决该问题的有效社会规范。

---

① ［美］马丁·S. 温伯格、厄尔·鲁滨顿：《解决社会问题——五种透视方法》，单爱民、李伟科译，吉林人民出版社 1992 年版，第 3 页。

我也寄希望于通过本研究，为实现虚假招聘在中国社会学界的问题化而贡献自己的绵薄之力。但个人力量极其有限，我更希望本研究能激发更多有识之士的加入，以切实推动虚假招聘问题的解决进程。

第二节　研究目的与挑战

如前所述，自身求职受骗的经历激励着我对虚假招聘现象逐步深入的探究。先是在维权的过程中，我作为当事人所感受到的那些似乎“只可意会难以言传”之复杂、微妙的东西，始终萦绕于脑海，挥之不去。我总在想，为什么同一期周刊上的两则招聘广告都是虚假的，这是巧合还是什么？周刊知道它们虚假吗？周刊上的其他招聘广告也是虚假的吗？如果不认识那位警察朋友，我真的就无法讨回自己被骗的钱吗？像我这样被骗的求职者多吗？该怎样做，才能让其他求职者不再掉入招聘骗局呢？

在试图寻找上述问题答案的过程中，收获不多，困惑却越来越多。为什么在虚假招聘事件频频曝光之下，其不但没有减少，反而日益猖獗？这么多求职受骗事件，究竟是骗子太狡猾，还是求职者太愚笨？抑或背后还潜存着其他更为深层次的结构性因素？为此，我做了进一步的调查，从中又发现了更多问题，产生了更多疑惑。如此，最终被引入对虚假招聘现象的持久关注和思考中。

本研究有两个主要目的：其一，深入理解施展招聘骗局的行动者（后文统称为“骗子”①）、受骗求职者、媒体及政府这四类行动主体在虚假招聘中各自所扮演的角色，进而深究导致虚假招聘泛滥的结构性因素；其二，整合上述不同行动主体的视角，尤其是通过受骗求职者自身的视角，探讨创新虚假招聘治理的路径和对策，以期能为“改进社会治理方式”与破解中国社会治理难题提供来自虚假招聘领域的积极思考。同时，为中国人力资源市场的有序发展和社会诚信建设贡献应有力量。

① 本书多采用这一颇具田野色彩或者说“接地气”的概念来指代虚假招聘事件中的施骗者，其必须具有主观故意性，不包括无意中成为“帮凶”的求职者等。

温伯格等指出，在解决某一社会问题的时候，那些直接受害者之所以能成为最靠得住的同盟者，是因为他们比别人更能理解这个问题，更具有一定的牺牲精神。相比之下，未直接受害的人就不容易做到这一点。[①] 我的经历或许是对这一论断的佐证。有着切肤之痛的特殊经历，既使我获取了局外人也许永远也无法获致的对虚假招聘的复杂、微妙的感受和理解，更赋予我专注于该问题之决心。相比于普通求职者，我具有作为一名研究者才可能拥有的问题意识和研究空间；相比于普通研究者，作为曾经的局内人，我拥有接触到该现象的机会以及随之产生的深入洞悉的力量。概言之，自己的特殊经历和特殊身份合力促成了我对虚假招聘现象的研究兴趣，并围绕上述两个研究目的而努力着。

当前一个不争的事实是，各种骗子与骗术正在中国社会生活中大行其道，然学界有关此类越轨行为与现象的系统研究并不多见。即便是为数不多的现有研究，通常也缺乏基于足够丰富之事实资料的深度剖析。故而，从决定把“虚假招聘”作为研究对象的那一刻起，我便深知，因这类问题的学术关注度在当前较低，故将不得不面对无数来自自我与外界的挑战。

如霍华德·贝克尔（Howard S. Becker）所言，在研究越轨现象时，所有涉及和参与该现象的人都需要被纳入研究视野。只有如此，才可能深入地认识越轨行为和活动的复杂性与多元性。[②] 这表明，对虚假招聘治理这个横跨众多部门、牵涉众多主体的研究绝非易事，堪称一个系统工程。加之，由于本人能力和精力所限，本研究的调研和写作跨度长达十余年之久，这使得早期的一手调研数据无法全部予以更新。不过，就研究主题与核心观点来看，总体上不受部分数据陈旧的影响。因为，中国虚假招聘治理所面临的结构性问题在近些年并未发生根本性变化。

我亦始终相信，虚假招聘在学界主流话语中的缺失并不代表它真的

---

① ［美］马丁·S. 温伯格、厄尔·鲁滨顿：《解决社会问题——五种透视方法》，单爱民、李伟科译，吉林人民出版社 1992 年版，第 4—5 页。

② ［美］霍华德·S. 贝克尔：《局外人：越轨的社会学研究》，张默雪译，南京大学出版社 2011 年版，第 139 页。

不重要。诚如米尔斯所说，社会科学家的政治职责就是不断地将个人困扰转换为公共论题，并将公共论题转换为对各类个体之人文上的意义。①为此，我期望凭借“社会学的想象力”，通过对此类看似缺乏宏大“政治叙事”之“小题目”的研究，尽可能地挖掘出诸多上述般个人经历所涵摄的理论含义。我也期待在迎接挑战的过程中，获得学术乃至生命本身的成长和超越。学术绝非智力或文字游戏，而是承载了学者责任与良知的活动。从事虚假招聘这一关涉无数草根命运以及社会公共利益之实质性问题的研究，正是践行一位学人应当承担的社会使命之所在。这种担当也正体现了如米尔斯所言的，研究人与社会的学者在社会中所扮演角色之道德和政治意义。②

第三节　理论框架

本研究所涉行动主体较多，在对各类主体进行深入分析时，通常要借助多种理论视角。但就全书的核心聚焦点（即导致虚假招聘愈益泛滥的根本性因素）而言，本研究主要采借了有关越轨行为的实证主义理论解释，以及发端于经济学的理性选择理论。

美国社会学教授梯尔（Alex Thio）把有关越轨行为的理论解释概括为实证主义理论与建构主义理论，前者包括失范—压力理论、社会学习理论和社会控制理论，后者包括标签理论、现象学理论和冲突理论。③这些都属于强调越轨行为所发生之社会与文化背景的社会学理论取向，不同甚至对立于早期基于生物学与心理学角度的个体主义犯罪说明，是西方学界在越轨解释上所经历的重大转变。④ 在梯尔看来，这一转变得归功于默顿（Robert K. Merton），其于 1938 年提出的失范理论促使越来

---

① ［美］C. 赖特·米尔斯：《社会学的想象力》（第 3 版），陈强、张永强译，生活·读书·新知三联书店 2012 年版，第 203 页。

② ［美］C. 赖特·米尔斯：《社会学的想象力》（第 3 版），陈强、张永强译，生活·读书·新知三联书店 2012 年版，第 82—83 页。

③ ［美］亚力克斯·梯尔：《越轨：人为什么干“坏事”?》，王海霞等译，中国人民大学出版社 2014 年版，第 15—42 页。

④ ［英］安东尼·吉登斯：《社会学》（第 5 版），李康译，北京大学出版社 2009 年版，第 652—653 页。

越多的社会学家开始从社会而非个体本身，来找寻越轨的诱因。①

不过鉴于越轨行为发生的复杂性，任何一种单一学科视角的说明都不能完全涵盖诱发它的全部因素。默顿就指出，对越轨行为的社会结构性因素进行探寻和分析，并未否认生物差异和人格差异在导致越轨行为中所发挥的作用，只是对后者不予讨论而已。② 本书对虚假招聘的分析也是如此。着眼于经验材料，运用上述实证主义理论视角来考察导致虚假招聘滋生、猖獗的社会层面因素，以看清隐藏在大多数虚假招聘行为背后的动机和利益。当然，这一讨论仅能算作是一个序曲，因为它侧重对虚假招聘所发生之社会、文化背景的探讨，而在较大程度上忽视了（虽没有否认）导致此类行为发生的社会心理学过程。

具体来看，本书在剖析无数个体之所以迈上虚假招聘的越轨之路时，重在采借失范—压力理论和社会学习理论（又称文化传递理论）。恰如温伯格等所述，从越轨行为视角看，合法机会受阻、接近非法机会以及非正当的社会关系，都是产生社会问题的渊薮。③ 失范理论与文化传递理论的结合，正好形成了一个观察虚假招聘问题的一般视角。

若要更加全面地理解虚假招聘现象，还需借助发端于新古典经济学的理性选择理论。理解该理论的关键在于掌握“理性”这一概念的要义，但一个显而易见的事实是，诸多学者在使用“理性”一词时，并未对其进行明确界定，进而使得不同学者笔下的“理性”可能具有并不相同甚至完全不同的内涵和外延。譬如，在韦伯（Max Weber）与哈贝马斯（Jürgen Habermas）的理论语境中，“合理性”即为“理性”，且他们对这一概念的理解是多元的。这从韦伯立论中有关“合理性”概念的分析以及哈贝马斯的相关批判中可管窥一豹。④ 阿伦特（Hannah Arendt）则视“理性”为一种“进行思考和理解的冲动”，或者说，一种“思考的

① ［美］亚力克斯·梯尔：《越轨：人为什么干“坏事”?》，王海霞等译，中国人民大学出版社 2014 年版，第 21 页。

② ［美］罗伯特·K. 默顿：《社会理论和社会结构》，唐少杰等译，译林出版社 2008 年版，第 224 页。

③ ［美］马丁·S. 温伯格、厄尔·鲁滨顿：《解决社会问题——五种透视方法》，单爱民、李伟科译，吉林人民出版社 1992 年版，第 124 页。

④ 李佃来：《公共领域与生活世界——哈贝马斯市民社会理论研究》，人民出版社 2006 年版，第 218—233 页。

能力"。[①] 相比之下，科尔曼（James S. Coleman）等人在其著作中对"理性"的使用则着眼于对个人利益的追求，具有显著的务实性，这也是本书在使用该词时所秉持的核心意义。

理性选择理论经历了从"完全理性"与效益"最大化"，向"有限理性"与"满意准则"的演变，这得归功于西蒙（Herbert Alexander Simon）。霍曼斯（George Casper Homans）与科尔曼等从社会学的角度对该理论进行了修正和拓展，其集中体现在：个人利益的广义化，即并非总是指物质利益，还包括权力、声望、认可、尊重、顺从、爱恋等非物质性利益；行动的理性不必总是表现为对个人利益的精确计算与最大限度的获取，还仅指一种"广义的分析、比较、衡量和盘算"，或曰，"存在于人体内部的一种思维与判断的结果"。[②]

那么，理性选择理论与虚假招聘现象究竟有何关联呢？美国著名经济学家，1992 年诺贝尔经济学奖得主加里·贝克尔（Gary S. Becker）在《人类行为的经济分析》一书中指出，从更一般的经济意义上讲，"犯罪"可以被看作一种重要活动或产业，当某人从事违法行为的预期效用超过其将时间及另外资源用于从事其他活动所带来的效用时，就会违法。换句话说，一些人成为"罪犯"，不在于其基本动机和别人有什么不同，而在于其行为利益与成本之间存在的差异——违法的"合算性"助长了违法行为的发生。[③]

基于上述广义经济学的分析视角，虚假招聘实际上也是一种"经济活动"，其实施主体即骗子有着自己的"成本—收益"考量。诸多个体之所以从事虚假招聘这类违法犯罪行为，既在于其预期或实际效用超过他们将时间以及其他资源用于从事其他活动所带来的效用，又在于他们从事虚假招聘行为所得到的利益远大于其所支付的成本。否则，即使感

---

① ［美］汉娜·阿伦特：《反抗"平庸之恶"》（《责任与判断》中文修订版），陈联营译，上海人民出版社 2014 年版，第 167—168 页。

② ［美］乔纳森·H. 特纳：《社会学理论的结构》（第 6 版），邱泽奇等译，华夏出版社 2001 年版，第 276—277 页；［美］詹姆斯·S. 科尔曼：《社会理论的基础》（上），邓方译，社会科学文献出版社 2008 年版，第 15—19 页。

③ ［美］加里·S. 贝克尔：《人类行为的经济分析》，王业宇等译，上海三联书店 1993 年版，第 57、63—64 页。

受到更为强烈的结构性张力，即便接触到再多的虚假招聘机会，这些个体可能也不会从事这种越轨行为，更不会把它作为一种谋生与发财的“职业”。另外，求职者、媒体、行政机关及其监管人员等行动主体，都有各自的利益考量，其寻找有利于自身利益最大化的行动策略也可能助长了招聘骗局的泛滥。

结合上述两种理论视角的剖析，一方面，拓展了本研究中有关越轨行为的认识。将越轨主体延伸到招聘骗局实施者之外的其他行为主体，丰富了我们对虚假招聘场域诸多不同但又密切关联之越轨行为的认知；另一方面，也凸显了越轨行为与理性选择之间的相互关联和相互作用性，这对于理解长期以来虚假招聘治理效果不佳的深层次原因具有重要意义。本书自第四章到第七章所要讲述的故事，将围绕这两种理论思路展开，核心任务就是分析作为理性人的各行为主体，在追求自身利益最大化的激励下，如何在其相互交织的互动中，创造出一种促使招聘骗局不断再生的条件或机制，进而合力导致虚假招聘这一治理难题。

第四节　主要内容

本书主要通过探讨骗子、求职者、媒体和政府这四类行动主体在虚假招聘现象中各自所扮演的角色，以及相互间或直接或间接的互动，研究导致招聘骗局屡禁不止的结构性因素和破解这一难题的治理创新路径。

全书总共包括九章，前两章分别介绍了本书的研究背景与研究的具体过程和方法。本研究的经验分析贯穿于此后各章。第三章首先对虚假招聘进行了明确界定，随后概括性地描述了钱财、劳力与色相这三种虚假招聘类型及其突出特征和行骗模式。第四章至第七章则对骗子、受骗求职者、媒体与政府各自在虚假招聘现象中所扮演的角色做了理论和经验阐释。

第四章借鉴印象整饰理论，从招聘前台、招聘剧班与招聘表演这三个方面，刻画了骗子群体是如何施展虚假表演，进而操纵求职者招聘印象的。紧接着，运用结构性紧张理论、文化传递理论与理性选择理论，深入分析了众多个体缘何走上虚假招聘之越轨道路。

第五章首先结合求职者自身固有的心理弱点与外部不良社会情境，

剖析了导致大学生等上当受骗的社会认知机制。接着，探讨了上当受骗对求职者乃至整个社会信任结构可能造成的潜在不良效应。最后，分析了多数受骗求职者放弃维权背后的理性考量，他们碎片化的维权行动及其展现出来的弱者逻辑和由此导致的维权困局。

第六章先以较为翔实的数据说明，不论是纸媒还是网络媒体，都已在较大程度上沦为虚假招聘广告的重要舞台，并以典型个案为例，对这两类媒体上的虚假招聘广告做了细致描述。在此基础上，剖析了媒体在虚假招聘屡禁不绝中，所扮演的不同程度的同谋者角色，并由此引出媒体产业与媒体伦理共存的吊诡议题。

第七章首先分析了中国政府在虚假招聘治理领域的立法实践和行政执法实践，概述了其在立法与监管实践中的诸多创新举措，也分析了地方政府在虚假招聘常规治理和运动式治理中普遍存在的局限性。随后，本章进一步分析了阻碍基层行政执法人员依法治理虚假招聘的结构性因素，并揭示了其日常监管实践中所蕴含的某种理性考量。

第八章则综合讨论了虚假招聘现象所涵摄的理论意义。基于前面几章的分析，本章进一步把虚假招聘界定为一种由不同类型行动主体之集体越轨行为共同构建起来的集体越轨现象，并着重讨论了此类现象中所蕴含的理性困局。

第九章遵循参与式治理理念，从细化虚假招聘立法规定、构建政府与社会合作的参与式治理机制这两个方面，为创新虚假招聘治理提出了具体建议。随后，从确保校园求职安全教育的常态化、建立校园招聘信息监管机制与构建大学生求职权益维护机制等方面，对高校未来求职安全工作的制度化建构进行了展望。

第二章　研究方法

本研究属于质性探究，无论是研究思路的具体演进，还是资料的收集与分析，都鲜明地呈现出“自然取向”这一大多数质性研究所具有的本质特征。①

第一节　研究思路的递进

一　探寻与收获

与许多探索性研究一样，我最初对虚假招聘问题的思考并没有一个较为完整、系统的想法，更谈不上进行研究设计。一开始，自身兼职受骗的经历仅激发了我对“此类陷阱是否普遍”等简单问题的探索兴趣。以周刊随后刊登的招聘广告为样本，我开始了最初的调查。结果发现，这些招聘广告几乎都是虚假的。更出乎意料的是，与我遭遇的那伙骗子一样，其他骗子团伙也不断变换着不同名称的“招聘单位”（纯属子虚乌有）在周刊上发布虚假广告。有时，同一伙骗子甚至在同一期周刊上刊登两则以上的虚假招聘广告，只是在具体刊登的版面位置与招聘单位名称上略施伎俩。这促使我逐渐意识到，自己的不幸遭遇不仅是个人层面的困扰，而是与超出个人之外的诸多因素相关联。于是，我开始有意识地做更进一步的探究，以试图弄清为何会出现上述状况。

或以曾经的受害人身份，或以关注特定虚假招聘广告的举报人身份，我先后接触了有关政府部门和媒体。如此，既可揭发我所关注之虚假招

① ［美］马修·B. 迈尔斯、A. 迈克尔·休伯曼：《质性资料的分析：方法与实践》，张芬芬、卢晖临译，重庆大学出版社 2008 年版，第 10—11 页。

聘广告，又可获取不同机构对虚假招聘现象的真实态度与回应，以探寻虚假招聘广告之所以盛行于周刊的缘由。在向某些职能部门举报虚假招聘广告时，我发现若只以受害者身份进行，多不能获得关切，还得亮出“研究者”的身份，而即便如此，举报亦非总能见效。与此同时，我开始有意识地关注相关新闻，并在第一时间目睹了四川电视台和中央电视台所报道的求职受骗事件，这些报道也无不折射出我在实地调查中所感受到的诸多困惑。

上述过程中的所见所闻所历，促使我进一步认识到虚假招聘的普遍性和严峻性。所有这些探索，不但没有为我释疑，反倒使我产生了更多疑惑。同时，我也备感无力和无奈，甚至有过放弃关注此问题的念头。幸运的是，在时任 C 市劳动局负责人夏宇[①]的鼓励下，我得以坚持下来。为尽早引起学界对该现象的关注，我根据 2006 年的前期调查资料，完成了首份有关周刊虚假招聘广告的调研报告。该报告很快为某期刊所采用，这又激发了我继续深入探究的决心和信心。继 2006 年一整年的努力之后，我又于 2007 年上半年通过自己的持续举报，获取了更多一手资料。在这一阶段，我本人基本上成为研究的主要“观测工具”，几乎没有使用其他标准化手段。

二　反思与再设计

我曾一度把视野囿于周刊虚假招聘广告这一问题上，随着调查的日渐深入，我开始渴望获得有关虚假招聘问题的整体性理解。2008 年夏天，为弥补前期调查中有关求职者资料的缺失，根据周刊上虚假招聘广告所提供的信息，我对 C 市一些虚假招聘场所进行了实地考察。在此过程中，接触到部分受害求职者（主要是高校学生）。此次调查使我强烈、直观地感受到，大学生群体在众多虚假招聘事件中处于突出不利地位。于是，我打算对大学生的求职受骗情况展开具体调查，并在当年下半年

---

① 夏宇是 2005 年底 C 市劳动力市场秩序整治工作的负责人之一。2006 年初以来，我始终致力于向劳动部门举报自己所了解到的虚假招聘问题，但都无果而终。一方面是骗子大肆行骗；另一方面却是执法者对此所展现出的无奈。我日渐感到无望乃至失望，于是希望通过有关负责人，了解在现实执法无奈的背后究竟有哪些深层次制约因素。与他的三次通话都非常顺利，也收获颇多。

付诸实践。

也正是通过对那些曾经遭遇过招聘骗局之大学生的调查，我的研究视野才得以拓宽。最终，我决定以大学生求职受骗事件为主线，对虚假招聘问题展开系统探讨，并设计了一份研究计划。随着对更多资料的整理与分析，我对原有设计在框架上做了进一步调整，但其基本思路没有改变。这就是，着重从大学生求职受骗事件的完整过程入手，通过对其中关键或典型事件的描述与解释，进而系统、有序地将隐含在资料中的主题、特征及主题间的某些“模式”呈现出来，以挖掘出潜藏在虚假招聘现象背后的社会、文化及政治经济等多方面因素。

总体而言，一方面，本书注重对虚假招聘现象做经验主义的调查和诠释，力争“真实”、完整、深入地呈现有关该问题的全貌；另一方面，基于研究的价值与权力视角，本书也较为关注社会改进，希望能对有关社会现实进行一定干预。

第二节　具体研究方法

一　个案与抽样

个案就是出现在某有限脉络中的一个“现象”，选定了个案也就锁定了分析单位，之后要做的便是进一步抽样以限定研究范围。可以作为个案的“现象”，从社会单位的性质与规模来看，既包括个人，也可以是角色、小群体、组织、小区乃至一个国家；若从空间来界定，可以是一处场所；就时间而言，则指发生于某特定时段的事件或过程。经验丰富的质性研究者多推荐做多个案研究，以更深入地理解过程和结果，也便于了解扎根于现象中的因果关系。① 这种多个案研究在本书中有着充分展现。为深入理解虚假招聘，本研究牵涉多种不同性质的个案：既有执法人员、媒体人士、骗子以及受骗大学生等个案，招聘场所之空间个案，又包括受骗、维权等事件或过程个案。即使整个事件或过程成为我之研究个案，其中的重要人物也可能同时成为次个案。譬如，一则典型

① ［美］马修·B. 迈尔斯、A. 迈克尔·休伯曼：《质性资料的分析：方法与实践》，张芬芬、卢晖临译，重庆大学出版社 2008 年版，第 35—37 页。

的大学生求职受骗事件可以成为研究个案，而在该事件中扮演了重要角色的人物（骗子、受骗大学生与执法人员）也可能成为个案。

面对如此复杂、多样的个案，又该如何进行抽样呢？因总体研究思路有一个从模糊逐渐清晰的过程，故抽样也随着实地调查工作的日渐深入而得以演进，这充分展现了质性研究抽样相对于量化研究所具有的复杂性。具体到样本的抽取方法上，综合采用了机会抽样、雪球抽样、深度抽样与典型个案抽样等多种抽样方式，以选取出符合本研究目的之个案，收集到所需资料。

坦诚而言，在调查的最初阶段，因没有明确研究思路，故这时期对人员、场所及事件的“抽样”具有较大自发性与随意性，更多属于跟随内心疑惑与日渐斩获之新线索而逐步去探究的机会抽样；到了调查的中后期，因有了较为明确的研究思路，甚至已经处于写作和反复修改阶段，则综合采用了其他立意抽样法，选取出符合研究需要的各类个案（包括文本个案）。譬如，着重使用深度抽样法，选取对相关虚假招聘事件予以曝光的新闻文稿和网络帖子等。

二　资料收集

（一）前期阶段（2006 年和 2007 年上半年）

这一阶段，对一手资料的收集大致围绕我自身兼职受骗及后续维权和举报过程展开。一方面，多次以受害者、举报者或研究者的身份，对C 市（或区）的相关职能部门展开了调查，主要包括公安部门、原劳动部门、原工商部门和宣传部门等（完整调查链参见附录二）。另一方面，以周刊虚假广告受害者、普通求职者与劳动部门实习生等多重身份，对周刊工作人员（见图 6－2）及其刊登的虚假招聘广告进行电话与实地调查。我甚至给时任周刊总编写信反映情况，但该信寄出后便杳无音信。

至于资料收集的具体方法，主要采用了参与观察法和深度访谈法，直接或通过电话间接地与研究对象沟通、互动，从中收集到能反映“真实生活”样貌的数据。为确保调查的顺利进行以及资料的“真实性”，我根据观察场所和访谈对象的差异，不断变换自己的身份，以赢得对方的认可和信任。即使个案是场所或事件，我亦需取得其中关键人物的信任，便于顺利开展观察和访谈。至于如何才能以我所宣称的身份去获取信任，有时这似乎主要仰赖于调查中所培养的某种直觉和临机应变的能力。

总体来看，在这期间，我以多重身份参与到不同自然情境下的相关事件中，由“局内人”的视角出发去经历不同的过程，去掌握资料，包括深度注意、移情式领会，以及尽量暂时搁置自己的相关成见等。由此收集到许多“事实性”素材，也记录下或许只有局内人才能琢磨到的隐藏的、微妙的东西。

（二）中期阶段（2008年下半年和2009年上半年）

2008年暑假，目睹了周刊上依旧泛滥的虚假招聘广告，无奈之下，我通过电话向中国新闻出版总署报刊司反映周刊长期、大量刊登虚假广告，以及此前对其进行举报的大致情况。随后按照对方要求，寄去举报材料。一段时间后，见对方久未答复，我又电话询问其处理情况，接电话的工作人员称尚未对我所反映的问题进行处理。事实上，此信寄出后，我始终未收到来自权威机构的有关本次举报处理情况的任何反馈。自2009年以来，周刊上的招聘广告日渐减少直至消失，这是否意味着此次举报还是发挥了一定的作用？或者，仅仅是由于虚假招聘广告的舞台已经转移到网络平台？个中缘由，无从得知。

于是，我将焦点转移到骗子的行骗状况上。根据此前对周刊虚假招聘广告所作记载，我对其中19则广告案例进行了实地调查。正是这一实地考察，使我更加真切地意识到大学生在虚假招聘事件中的易受伤害性，于是将调查的目光聚焦到该群体。起初，我拟定了一份针对受骗者的调查问卷，并以自己在实地调查中偶遇的曾经两次受骗的一位女孩为试调查对象。与此同时，我开始寻思如何才能找到更多受骗大学生。庆幸的是，诉诸我的教师身份，在2008年下学期和2009年上学期，通过部分同学和教师的帮忙以及课堂调查所提供的线索，我找到了有着求职受骗经历的几十位大学生。伴随着调查的展开，我意识到进行比较研究的需要，故针对调查中了解到的那些遭遇过虚假招聘但并未上当受骗的大学生，我重新设计了符合他们情况的调查问卷。除在校大学生外，通过已参加工作的熟人，我还寻找到少数符合要求的已毕业大学生，了解他们在校时的相关情况。

考虑到不论实际上是否被骗，这类经历都不是什么光彩的事，如若一开始就要求和这些大学生面谈，很可能遭到拒绝。于是，我采取了较为迂回的方式，以达到最终进行深度访谈之目的。我把经过修正的两个版本的问卷委托给代理同学或老师，由他们转交给符合要求的同学进行填写，抑或由我直接交给部分符合要求的同学。我一再强调，得让填写问卷的同学在问卷上留下自己的电话，便于之后询问相关情况（绝大多数同学都提供了电话）。也有少数对象是由任课班同学提供的他们在外地念书的同学，这部分大学生由我直接通过电话进行访谈。

试调查时，我发现在面对面谈话中，一些受访对象在谈及自身上当受骗的具体经历时总会闪烁其词。或许，当面说出这种负性秘密会令他们产生一种耻辱或失败的感觉，并阻碍了访谈对象在一些敏感问题上的直言不讳。为此，在后来的正式调查中，为确保资料的质量，在问卷回收后的几天内，我仔细阅读问卷，核查填写情况（因多为开放式问题，许多大学生的填写不够清楚），并立即就问卷上的不明确之处通过电话进行追问（少数为当面交流）。采取这种非面对面访谈的高度匿名方式，他们更加愿意合作，且能更为坦白地表露出面对面交谈时难以述说的经历和心声。这种事后的深度沟通，不仅修正了问卷填写中存在的不实之处，而且能够更为详细、深入地了解调查对象遭遇虚假招聘的具体过程及其中微妙的心态与认知变化，从而获得了更加丰富、生动的一手资料。

这一阶段的问卷调查与访谈工作，于 2008 年 11 月 4 日开始正式展开，一直持续到 2009 年 6 月份。通过以上方式，共取得有效问卷 59 份。其中，由未受骗者填写的有 23 份，受骗者填写的有 36 份。总共有 40 位受骗大学生接受了调查，若两人及以上所反映的是同一次遭遇，则将之整合为一份；另因他们反映的求职受骗事件还牵涉一起受骗的其他未被调查的同学，故此调查总共涉及 66 位受骗大学生。又因同一个调查对象可能多次受骗，故此次问卷调查总共涉及 39 次兼职受骗案例。在后续分析中，根据研究需要，本书时而以实际接受调查或受骗的总人数为基数，时而又以受骗总次数为基数，分别进行统计。针对其中的 51 份问卷，我对调查对象进行了一次或多次访谈。

以上问卷主要涉及兼职中遭遇虚假招聘的经历（56 份），毕业求职中的相关案例仅有3份。这是因为，难以找到毕业求职中遭遇招聘骗局且仍在校的大学毕业生。即使在这仅有的三份问卷中，真正由本人接受访谈的只有一位，另一位由其姐姐代为接受访谈，还有一位只填写了问卷。这使得有关毕业求职遭遇虚假招聘的案例，我只能更多地依赖其他相关文献。

以上调查样本主要来自成都理工大学，此外还包括四川音乐学院、四川大学、西南交通大学、四川师范大学以及南京大学、东北农业大学、华中师范大学和云南大学等。本书采用了不同符号来区分本阶段调查中的三类大学生：S_i表示受骗大学生；${}_{(未)}S_i$表示虽遭遇陷阱但并未受骗的大学生；W_i表示接受调查时已参加工作的大学生，他们人数相对较少，故不论其是否受骗过，都不再予以区分。至于后期调查中的大学生，则会在文中另予具体说明。

其间，我亦不间断地搜索并筛选出大量文献资料。这包括，各类政府工作文件，有关虚假招聘的新闻报道与各类网络帖子，周刊刊登的以及大学校园内外张贴的诸多招聘广告文本。在新闻文献中，以平面媒体居多，在300则左右；视频新闻为20则以上。换言之，各类文献在本研究中扮演了重要角色，毕竟相比于繁复的虚假招聘现象，我所能收集到的一手资料极其有限。另外，本书虽重在对大学生求职受骗事件展开讨论，但因对虚假招聘现象的整体探究所需，在后期分析中还采用了受害者不是大学生的相关文献。

（三）后期阶段（2010年下半年至2016年上半年，2021年）

自2010年下半年开始，本研究正式进入分析、撰稿以及修改阶段。2012年8月底，以前述几个阶段所收集资料为基础写作的博士学位论文正式通过答辩，然本项研究并未停止。考虑到虚假招聘问题的现实性和复杂性，我始终密切关注着该问题的最新动态，特别是对此后日趋泛滥的网络虚假招聘进行了集中调查。其间，对大学生中求职受骗的最新情况，我也时常通过课堂调查方式进行了解。除此之外，还收集了新闻报道和网友晒黑帖子等不少相关文献。在2021年，因在国内出版的需要，又针对近几年出现的新案例以及新法规实施后的政府监管情况，做了补充调查。在后期阶段补充调研中获取的一手资料，在后面有关章节的具体引述中会有相应说明。

以上较为详细地介绍了本研究的资料收集过程，其既展现了资料收集的特定背景脉络，也有助于读者更好地理解和评估这些资料的内在复杂性与“可靠性”，进而更好地评判后面相关分析的合理性。上述多重资料来源与模式，在较大程度上使得资料间可以进行补充和交叉检验，从而确保了资料总体上的可靠性。

三　资料分析

如同迈尔斯（Matthew B. Miles）等所述，质性资料分析是一种持续、反复的工作，无论是资料简化、资料展示还是结论的引出与证明，都与资料收集活动形成了一个穿梭、循环的过程。① 就本研究而言，一方面，正是在资料收集阶段的各种资料分析活动——对观察笔记与访谈记录的阅读和思考、分析性备忘录的撰写以及对资料的编码和分类等——不断推动着本研究向合理方向行进；另一方面，为把握虚假招聘现象的最新情况，以对前期收集的各种资料进行拓展、更新乃至检验，在资料分析阶段仍需要不断收集相关素材。此处讨论的是在资料集中分析阶段，本书总体上所运用的资料整理与分析方法。

自2010年以来，我开始着力于对众多资料进行系统整理与分析，在形成大致成文架构的基础上，进入一边分析、一边撰写研究成果的状态。亦如迈尔斯等所言，质性研究的撰写本身就内在于“分析”中，内在于“研究发现”中。或者说，这种分析在一定程度上是经由研究成果的撰写而得以前行，反之，成果撰写本身就是一种分析。② 的确，我对资料的分析与对研究成果的撰写几乎融为一体，故下面所要讨论的资料分析方式与方法，便部分结合了研究成果的撰写工作。此处先按照迈尔斯等提出的三种质性分析活动来展开介绍，然后再概述本研究所采用的三种分类分析法。

---

① ［美］马修·B. 迈尔斯、A. 迈克尔·休伯曼：《质性资料的分析：方法与实践》，张芬芬、卢晖临译，重庆大学出版社2008年版，第16—19页。

② ［美］马修·B. 迈尔斯、A. 迈克尔·休伯曼：《质性资料的分析：方法与实践》，张芬芬、卢晖临译，重庆大学出版社2008年版，第425页。

（一）资料简化

质性资料的简化包括选取、摘述或改述、纳入更广的主旨或模式中等。有时，也会将资料转化为简单的频次数字（如将受骗大学生的维权情形转化为维权率、维权成效等相关指标的频次），但又保留了用以引出这些数字的文字，并将两者一起放在连续出现的分析中。即尽可能地避免将资料从其所在的脉络中抽离出来。在马克斯威尔（Joseph A. Maxwell）看来，在资料的简化中，编码是最为关键的分类方法，其目的不是要统计具体项目或者说事情的频次，而是要把资料"分开"，然后对它们进行重新分类，以方便同类事情之间的比较，并促成理论概念的提出。[①] 据此，我对资料的简化主要凭借着对文块的编码，将资料予以凸显、分类、聚焦和抛弃，最终实现所选取的诸多文块在不同主旨下的综合。由此，述说出特定的"故事"，并从中引出"最终的"结论。

（二）资料展示

这是资料分析的第二项重要步骤。在迈尔斯等看来，展示物就是经过组织与压缩过的信息的一个集合体。通过细看这些展示物，有助于我们理解发生了何事，要采取怎样的行动，以及基于上述理解展开进一步的分析等。其还指出，"扩充文本"（extended text）这种过去最常被采用的资料展示形式具有"致命"的缺陷：如果研究者仅使用扩充文本来呈现资料，其很可能会得出草率的结论。故他们提出应使用更系统化的、更强有力的资料展示方法，譬如矩阵表、图表与网状图，以使人们对质性分析具有信心。[②] 在本书随后分析中，我虽试图尽可能地突破"扩充文本"这一传统资料展示方式的窠臼，然囿于诸多限制，主要还是采用了该方式。我也尽量采用了图示、表格等展示方式进行补充。

（三）结论的引出

尽管这一步骤自资料收集之初便逐步进行着，但对于那些早期所发现的尚未成型的模式、诠释与轮廓等，我尽可能地保持质疑。同时，对

---

① ［美］约瑟夫·A. 马克斯威尔：《质的研究设计：一种互动的取向》（第2版），朱光明译，陈向明校，重庆大学出版社2007年版，第74页。

② ［美］马修·B. 迈尔斯、A. 迈克尔·休伯曼：《质性资料的分析：方法与实践》，张芬芬、卢晖临译，重庆大学出版社2008年版，第17页。

后面所获取的更多资料，尤其是与早期结论相悖的资料，尽量保持开放。这些做法都是为了保证“最终”研究结论具有良好的扎根性。正如迈尔斯等所说，引出结论之时实际上也在进行验证的工作，这种工作可简可繁。简短的验证，只需在撰稿时突然闪过一个念头，于是快速回头在札记或文献中查证一番；复杂的验证则需使用更多的资料来复制一项发现，以确保从资料里浮现出的意义在似真性、稳固性和坚定性等方面经得起“考验”。[①] 这在后面分析中多有展现，此处不予多论。

（四）分类分析法

借用马克斯威尔的概念，我使用以下三种分类法对资料展开具体分析：“结构”（organizational）分类、“内容”（substantive）分类和“理论”（theoretical）分类。[②] 总体而言，先采用了结构分类法，并把这种分类的主要结果作为确立研究成果主体框架之关键依据；在此基础上，再逐步、系统地提出并应用内容或理论分类，以引出研究结论。

先看结构分类，也有学者称之为“主题”。这是在更为深入和细致的访谈或观察之前就已确立的宽泛领域或问题，或者是一般可以预期的领域或问题，是对某部分资料之主要内容的描述性称谓。譬如在本书第三章中，“类型”“模式”便属于这种分类，其作用在于整理资料以便进一步分析。结构分类在本书中主要是用来确定大致的分析框架，相比之下，后两种分类法更适于用来对资料做进一步的理解性分析。

再看内容分类，它主要是描述性的，在更大意义上还包括对研究对象思想与观念的描述。一般来看，内容分类都是通过对资料进行仔细的开放编码而得以归纳出来，其既可源自研究对象自己的语言和概念，也可基于研究者对现象的描述。本书第四章中有关骗子如何行骗的分析，便主要采用了内容分类的方法，诸如“招聘前台”“招聘剧班”与“招聘表演”等便是例子之一。

最后来看理论分类，它是把已经编码的资料放到一个更为一般或抽

① ［美］马修·B. 迈尔斯、A. 迈克尔·休伯曼：《质性资料的分析：方法与实践》，张芬芬、卢晖临译，重庆大学出版社 2008 年版，第 18 页。

② ［美］马修·B. 迈尔斯、A. 迈克尔·休伯曼：《质性资料的分析：方法与实践》，张芬芬、卢晖临译，重庆大学出版社 2008 年版，第 74—75 页。

象的框架中。这种架构既可来自现有理论，也可以是经由归纳提出的理论，但无论是哪种，其通常代表的是研究者而非研究对象的思想。诸如“结构性紧张”“文化传递”“社会习染”与“理性选择”等概念，就是我在本书第四章中用来对骗子为何选择从事虚假招聘之不同侧面的理论分析。

以上无论是资料分析的三个阶段，还是三种具体的分类分析法，在很大程度上只是我在初步完成研究成果撰写工作之后，再回溯整个资料的整理与分析时所大致归纳出来的。它是我“彼时”在认知层面上的大致运作情形，由此将大量零散的资料予以整合并形成一个逐步凸显因果逻辑的证据链。

四　写作与成文方式

写作实际上在资料收集阶段就已展开，无论是写摘要，记录个人感想，还是撰写分析性备忘录，都是这一阶段的常规活动。不过，这里着重针对研究成果分析、撰写阶段的相关思考予以讨论。我很希望自己的成果能吸纳其他质性研究的诸多特色：既充满艺术性又不乏学理性，既有逻辑性又极具可读性。但我深知很难将诸多“优点”集于一身，而必须在某些关键时刻做出一系列抉择，尽管这时常令人备感纠结。比如，一段饱含文化深意的访谈资料，当准备将其作为研究成果的一部分进行呈现时，究竟该采取何种方式？是写成精简短文，还是一段情节、一则故事？再比如，在结合变量取向与个案取向进行撰写时，该如何在变量与故事之间找到最佳平衡点？最终在力争展现质性研究通常应当具有的“优点”（如过程性、情境性和具体性）这一前提下，本书确立了如下大致轮廓。

（一）整体架构突破“原因—对策”模式

按照有关问题研究的传统思维，在成文整体框架的设计上，最易操作的做法或是遵循“现状—原因—对策”的分析模式。但正如迈尔斯等所述，有关质性报告的组织架构根本就没有什么标准的方式，每一位研究者都必须配合其研究所处的理论背景和所在地脉络，来打造自己论文的框架①。为此，遵循本研究之目的，在整体架构上，本书先将虚假招聘事件中四大利益主体（骗子、受骗求职者、媒体和政府）之故事独立成章，以凸显每一主体在这类事件中的独特经验和位置。然后，再从理论诠释的角度突出这些主体的整体性经验，尤其是他们在虚假招聘现象中存在的密切关联。最后，结合理论讨论，提出创新虚假招聘治理的具体建议。

（二）具体撰写以变量为导向，穿插故事片段和轮廓分析

优秀质性研究成果的撰写，应当是对变量取向和个案取向的巧妙结合。这在于，说故事时若不借用变量，这段故事便无法充分告诉人们其中的意义与更广的重要性；若只探究变量而未配合故事，其终究只是抽象的、欠缺说服力的。② 在本书的撰写过程中，我力争将分析架构与质性资料交互贯穿。首先，以变量为导向——或以跨主旨方式呈现，或以关键变量去作跨个案的检查；之后，再在相应主旨下穿插一些故事片段和轮廓分析，让这些故事性的描述对该主题的内容加以展示和说明。

故事性的描述主要有两种呈现形式：独立成段，或穿插在相关叙述与分析中。独立成段的故事性描述，既有从第三者的角度来呈现的（主要取材于新闻报道），也有从受调查者自身的角度来展现的（主要源自一手资料）。类似地，在研究者叙述的段落中，根据具体陈述背景的需要，也同时使用了直接引语（用双引号标示受访者所使用的语句）与间接引述形式。无论是何种立场与形式，我都竭力采用描述性和分析性语言，对研究现象进行富有较强整体性、情境性、时序延伸性和关联性的深描。我尽量让这种描述贴近原始资料，尤其注意通过某些关键细节，来呈现本质和文化回声。

尽管我的叙事不是成章地呈现，而是多为分析所切割，但在独立成段地描述相关故事时，也尽量让其保持一定的开放性和独立性，希望能更多地保留实践的面貌和分析的潜力。诚如龙迪所言，作为研究者的我

① ［美］马修·B. 迈尔斯、A. 迈克尔·休伯曼：《质性资料的分析：方法与实践》，张芬芬、卢晖临译，重庆大学出版社2008年版，第423页。

② ［美］马修·B. 迈尔斯、A. 迈克尔·休伯曼：《质性资料的分析：方法与实践》，张芬芬、卢晖临译，重庆大学出版社2008年版，第424—430页。

在彼时彼地的分析和解释，或许只是可以进行的诸多理解中的一种，而提供较为充分、完整的故事性描述则可以为读者留下更大的解释空间，进而对研究者的解释进行合理性评估。[①]

(三)“声调”凸显自白取向

质性研究的大致发展趋势包括从追求“科学”到重视人文，从“客观性”到“主体间性”，从价值无涉到价值有涉，从学术研究到实践行动。[②] 在后现代的今天，质性研究者认识到，研究永远不可能如追求“科学”的那些人所一再强调的那样“客观”“中立”。何况，究竟何谓科学也存在很大争议。米尔斯[③]就指出，“科学”这个词的含义很不明确，许多标榜为“科学”的东西其实是暧昧的哲学。又如丁三东所写，尽管实证主义质性研究区分了研究主体和研究对象，研究主体好像是在努力虚化自身，以期反映研究对象本来的面貌，但这种为其所竭力标榜的“客观”和“中立”始终受到建构主义与女性主义质性研究者的质疑。[④] 这种质疑已经超出了方法论层面，触及研究报告的实际写作。

在本书的写作中，作为初学者的我无时不体会到这种源于认识论流派之争而导致的困惑与纠结。最终，我决定尽量向中间靠拢。总体上，我倾向于“实在论”，认为在虚假招聘现象背后潜藏着某种客观机制，可以让人去发现。与此同时，我也认同诠释取向者的观点，即知识是社会性与历史性的产物，而“事实”来到我们面前时都负载着理论。如此一来，在事实上就采取了一种被迈尔斯等称为“超越实在论”的折中方法。[⑤] 上述认识论倾向，使得我在写作中更偏向于展现出一种与纯粹写实取向不同的“自白取向”，这体现在以下方面。

首先，在文本中采用了第一人称来进行叙述。更为关键的是，通过

---

① 龙迪：《性之耻，还是伤之痛：中国家外儿童性侵犯家庭经验探索性研究》，广西师范大学出版社2007年版，第102—103页。

② 陈向明：《质的研究方法与社会科学研究》，教育科学出版社2000年版，第45页。

③ ［美］C. 赖特·米尔斯：《社会学的想象力》（第3版），陈强、张永强译，生活·读书·新知三联书店2012年版，第14—15、23—24页。

④ ［英］梅拉尼·莫特纳、玛克辛·伯奇、朱莉·杰索普、蒂娜·米勒主编：《质性研究的伦理》，丁三东、王岫庐译，重庆大学出版社2008年版，译者前言。

⑤ ［美］马修·B. 迈尔斯、A. 迈克尔·休伯曼：《质性资料的分析：方法与实践》，张芬芬、卢晖临译，重庆大学出版社2008年版，第6—7页。

对自己多年前那次并不十分光彩之兼职遭遇的叙述，我坦诚地向读者交代了本研究的由来。同时，我亦对获取研究资料的诸多渠道、方式进行了详细交代，还就其中我所扮演角色可能对研究发现造成的不利影响给予了必要反思。所有这些做法，正是为了强调该文本呈现的只是经由我这个有着局内与局外人之双重身份的研究者，在特定时空下，与特定机构和个人互动，进而共同建构的、可理解的“事实”。

其次，在叙事中竭力排除具有浓厚情绪色彩的字眼。不过，为原汁原味地再现特定重要事件的发展脉络，文中依然保留了一些能够刻画作为“局内人”的我在“彼时彼境”所饱受的那种困惑与无奈之词语。那些最有名望的思想家没有割裂研究工作与日常生活，在写作的时候饱含源于其生活体验的情感，故而他们的作品具有某种灵魂，深得人们的喜爱。有鉴于此，作为一名质性研究新人，我渴望在陈述事件时能更多呈现一些“事实性”细节，以使读者“身临其境”，进而容易也愿意进入我所展现的关系“现实”中。我亦期盼，大家能以各自的方式来体味、判断本书之理解和解释，甚至由此建构出完全不同的意义图景。

第三节　研究的伦理议题

“科学和道德是相互贯通的”，任何社会学家都会在某种程度上因受到价值观的影响而无法达到价值中立的目标，并由此引发各种各样的结果。① 这点对质性研究者而言，尤其明显。那么又当如何处理此种道德困境呢？据迈尔斯等所述，由于多数质性研究强调多重现实与特殊的区域脉络、“亲近研究对象”以及研究者的诠释，这使得质性研究者对于伦理问题的处理多采取个人的与非系统的取向，而为实证主义所倡导的基本伦理原则在这里变得模糊。② 这种“依情况而定”的质性研究伦理问题处理方式，在本研究中得到了贯彻。我在研究中扮演了多重角色，也试图发出不甚相同的声音，故而不得不面临着多重甚至相悖的伦理要

① ［美］霍华德·S. 贝克尔：《局外人：越轨的社会学研究》，张默雪译，南京大学出版社 2011 年版，第 162—164 页。

② ［美］马修·B. 迈尔斯、A. 迈克尔·休伯曼：《质性资料的分析：方法与实践》，张芬芬、卢晖临译，重庆大学出版社 2008 年版，第 408 页。

求。然出于对本研究“善”之根本目的的考量，质性研究者身份的伦理要求并非始终处于被优先考虑的位置。相反，我只能根据具体的情境来做出，在“此情此境”下应该优先考虑的那种伦理要求。纵观整个研究，我主要就以下方面进行了伦理抉择与取舍。

一　隐瞒真实身份的问题

有研究者认为，接触研究参与者既是研究过程的一个极为重要的方面，也是在主流研究方法教程里被处理成相对来说没有什么问题的方面。但事实上，围绕着接触而做出的那些决定，与伦理学问题密切相关。尤其在研究隐蔽的群体或难以接触的人群时，接触潜在的研究参与者，需要运用一系列策略。此外，在研究开始以及展开后，都需要不断重新思考接触的通路和方式。[①] 本书中，骗子与受骗者都是隐蔽的两大群体，而政府工作人员、媒体等相关利益主体也都属于较难以正面接触者，如果毫无策略地显露自己的调查意图和研究者身份，恐无法收集到研究所需资料，甚至还会威胁到我之人身安全。

为此，我视具体场景的不同而变换着不同身份去与不同人员和机构接触，以获取对方的信任与合作，进而取得我所需要的各种资料。这一做法，违背了实证主义研究伦理框架中被研究者的“知情”和“自愿参与”原则，实际上是在“强迫”他人参与到我的研究中。面对这一可能的伦理问题，我选择了“目的论”优先。即本着对该研究潜在价值的考量，我选择了优先揭露社会问题的伦理要求，从而牺牲掉了部分研究对象的“知情同意”这一伦理要求。在我看来，若与众多受害求职者以及整个社会因之蒙受的损害相比，后一伦理要求本身的适切性或许值得怀疑。

二　“把关者”的权力和影响问题

质性研究者必定要依赖于“把关者”，他们是接触参与者的最初通

---

① ［英］蒂娜·米勒、琳达·贝尔：《同意什么？关于接触、把关和“知情”同意的问题》，载［英］莫特纳等主编《质性研究的伦理》，丁三东、王岫庐译，重庆大学出版社 2008 年版，第 54—55 页。

道，这在研究对象属于隐蔽或难以接触的群体时尤其如此。有学者对此指出，研究者必须不断反思那些“把关者”的活动，因为这些“把关者”或许会把一些潜在的被访者看作是“脆弱的”，抑或者对这些潜在的被访者具有一定的权力。换言之，这些“把关者”可能会对研究对象产生无形的巨大影响，使之并不一定是真正自愿地参与到研究中。如此一来，表面上的或默认的“知情”同意便成了问题，① 而另一些潜在的参与者又是否被有意、无意地排除掉了呢？

在本研究中，为接触到隐身的遭遇过虚假招聘的大学生，我在很多情况下不得不利用自己与同事作为任课教师的“权威”身份，让学生干部乃至同样是大学老师的研究生，利用他们的人际关系网络去帮助我寻找此类大学生。这就使得我必须反思，在该资料收集过程中，尽管我事先表明了自己研究者的真实身份，也遵循了邀请研究对象参与研究的“知情同意”这一伦理要求，但围绕着接触和同意而运作的较为复杂的权力动态又是否存在于该过程中呢？这类把关者在多大程度上使用了他们所具有的权力？通过这样的把关者而寻找到的研究参与者，又在多大程度上是真正“自愿”的？对此，我并无答案。

三　研究者的角色问题

卡麦兹（Kathy Charmaz）指出，从内部观察研究对象的生活常常会给研究者带来一些难得的观点。虽不能断言我们再现了他们的观点，但是我们也要尽可能地进入他们的环境和情境。② 这种“内部人”视角的优势，在本研究中有着鲜明体现。我拥有第一手完整的求职受骗经历，故而自带“内部人”的立场和视角；更能以“内部人”的身份去与其他“局内人”进行沟通和交流，这种“共同的经历”有助于拉近我与其他大学生受访者的关系，使得访谈更容易进行；自身求职受骗的经历，也有利于我对其他受骗者经历的体验和移情式理解。但也正是自身上当受

---

① ［英］蒂娜·米勒、琳达·贝尔：《同意什么？关于接触、把关和“知情”同意的问题》，载［英］莫特纳等主编《质性研究的伦理》，丁三东、王岫庐译，重庆大学出版社 2008 年版，第 53、64 页。

② ［英］凯西·卡麦兹：《建构扎根理论：质性研究实践指南》，边国英译，重庆大学出版社 2009 年版，第 19 页。

骗的经历，可能使得我更容易以呼吁对这种现象进行批判和改革的“鼓动者”身份去实施研究，且会不自觉地将自己因求“善”遇挫而导致的主观情感带入研究，将自己的理解投射到与受访者的关系中。

其一，在整个调查中尤其是早期阶段，我自身所处的“局内人”立场可能影响到我对一些现象的客观分析和取舍。譬如，因急切希望虚假招聘问题能得到解决，导致我对政府部门的执法效果可能要求过高，进而不能更“接地气”地去理解地方政府的作为，甚至对其相关立场与态度不可避免地产生了不满情绪。如此以致，我所收集的有关地方政府执法的资料或在一定程度上不能“客观”地呈现政府执法的“真貌”与“全貌”。虽然其他相关文献为我之理解提供了多方印证，但仍不能排除上述认知偏差的存在，以及其可能导致的结论偏差。

其二，访谈发挥的不仅仅是一个访谈者向受访者“收集”资料的简单作用，更重要的是一个交谈双方共同“建构”和共同“翻译”社会现实的过程。① 在整个调查中——无论是在与政府公务人员还是大学生的数次访谈中——作为“行动者”与“鼓动者”的我，究竟在多大程度上参与了对“社会现实”的建构？这种参与，又在何种程度上影响到作为“学习者”和“研究者”的我对资料的收集与分析？对此，我无法给出一个确切答案，而只能在研究中尽量反省和审视自己的个人因素及其与研究对象间的互动，以尽可能比较“客观地”看待自己的“主观意向”。

四　匿名问题

所谓匿名，是指研究报告里不含辨识身份的资料。研究者不能把某些信息置入报告，因为这些信息可能会显示哪些个人或组织提供了哪些资料。倘若违背了这一原则，可能会对研究对象乃至研究者自身造成难以预料的伤害。② 尽管如此，考虑到本研究在身份隐瞒、多重角色等方面的特性，本书在匿名方面也采取了“视情况而定”的灵活处理方式。具体来看，针对我所调查的个体，不论其事先是否知晓我的真实身份，

---

① 陈向明：《质的研究方法与社会科学研究》，教育科学出版社 2000 年版，第 181 页。

② ［美］马修·B. 迈尔斯、A. 迈克尔·休伯曼：《质性资料的分析：方法与实践》，张芬芬、卢晖临译，重庆大学出版社 2008 年版，第 415 页。

也不论我是否对其做过匿名的承诺，按照通用研究惯例，若在本书中提及他们的姓名，我皆做了化名处理。针对我调查过的机构，在本书中具体提及时，都进行了技术性处理。对于引用的新闻报道、论坛帖子和政府文件等文献中涉及的人名与机构名，一般未做改动，无论其原本是否为化名。如此“区别对待”，既是考虑到“伪装”之苦，更是为了避免损害“真相”。

第三章　虚假招聘：界定与类型

虚假招聘现象在现实生活中极其复杂，有着众多不同的表现形式。本章首先厘清虚假招聘与虚假招聘广告的本质，在此基础上，根据行骗动机的不同（若不止一种，考虑其主要动机），重点介绍了钱财、劳力与色相这三种招聘骗局。

第一节　概念界定

一　虚假招聘

虚假招聘，在本书中指的是用虚构或歪曲招聘事实的方法，以非法占有求职者的钱财、劳力或色相，或进行其他违法活动的越轨行为。根据《最高人民法院关于贯彻执行〈中华人民共和国民法通则〉若干问题的意见（试行）》（自 2021 年 1 月 1 日起废止）第 68 条："一方当事人故意告知对方虚假情况，或者故意隐瞒真实情况，诱使对方当事人作出错误意思表示的，可以认定为欺诈行为"，虚假招聘首先属于民事欺诈，具有主观故意性和客观上的欺骗行为，且造成受骗求职者在实际利益上的损害。但因虚假招聘在现实生活中千差万别，对求职者所造成的伤害也各不相同，故而在法律上的定性与定罪也不尽相同。以骗取求职者钱财的招聘骗局为例，如若骗取的钱财价值达到刑法及相关司法解释规定的特定数额（现行认定标准为 3000 元至 10000 元不等），那么此类虚假招聘就从民事欺诈升级为触犯刑法的诈骗罪，应受刑事处罚。

要言之，本书所研究的虚假招聘指的是以招用人员为名牟取不正当利益。借招聘之名对求职者合法权益实施侵占的行为，首先违反了"诚实信用"这一社会最普遍也是最基本的伦理要求，同时触犯了相关法律法规甚至构成犯罪，属于典型的越轨行为。

二　虚假招聘广告

与以盈利为目的的商业广告不同，招聘广告是一种不以盈利为目的的社会广告。它指的是用人主体或中介为吸引符合职位要求的人员，借助各种媒介或形式进行的面向不特定公众的信息传播活动。招聘广告在人力资源市场上所发挥的作用不言而喻，遗憾的是，各类虚假招聘广告也随之登堂入室，严重扰乱了广告与劳动力市场双重秩序。那么，何谓虚假招聘广告呢？

西方学界多采用“欺骗性广告”这一概念来指代虚假广告。尽管人们长期以来难以就其中“欺骗”的定义达成一致看法，但随着学界研究与监管实践的互动，欺骗一般被定义为广告中虚假的或误导的声称。有学者指出，“如果一个广告或广告活动给消费者留下某种印象或看法，其不同于消费者在拥有合理知识情境下的正常预期，同时这种印象或看法事实上是不真实的或具有潜在误导性，那就可以认为它存在欺骗”。[①] 该定义兼顾了广告主与消费者的双重角度，故受到较为普遍的认可。本书据此认为，如果一个招聘广告给求职者留下了某种印象或看法，这种印象或看法不同于求职者在拥有合理知识背景下的正常预期，同时其实际上是不真实的或具有潜在误导性，那它就是虚假的。简单而言，凡招聘广告宣传的具体事项与实际情况不一致或不完全一致，其就具有欺诈性，就属于虚假广告范畴。

（一）恣意妄为的招聘谎言

广告声称完全虚假，不仅招人信息本身不真实，而且招聘单位等相关信息同样与客观事实不符。这包括两种情况：第一，有关招聘单位与招聘信息纯属子虚乌有；第二，不法分子盗用其他正规企业或单位（尤其是知名组织）之名，捏造招聘信息。即招聘单位的确存在，但也属无辜受害者。发布这类虚假招聘信息的广告主体，多为不具有合法证照的或虽有营业执照但不具备职介资质的“黑职介”，以及虽有营业执照却

---

① Gardner, D. M., “Deception in Advertising: A Conceptual Approach”, *Journal of Marketing*, Vol. 39, No. 1, 1975.

无实质合法性业务的“皮包公司”。[①] 这些广告主体传播虚假招聘信息的目的，就是为了骗取甚至抢夺求职者的钱财、色相，或达到其他更为复杂的牟利目的——如逼迫求职者从事色情、传销等非法业务，甚至绑架求职者进行钱财勒索等。

（二）招聘声称与事实不符

这类虚假招聘广告的广告主体真实合法，具有合法证照和实质合法性业务，其包括各类用人主体与职业介绍机构。但是，此类招聘广告在职位信息方面存在虚假，这大致包括两种情况：其一，招人信息纯属捏造。即广告主根本不打算为求职者提供广告上所声称的岗位，其目的仅在于骗取求职者的钱财、劳动成果。还有部分广告主是为了借招聘之名行促销之实，如促销自己的产品、宣传企业本身等。也有部分单位是“托”，帮助人才市场举办方制造“人气”效应。其二，招人信息部分真实。即广告主的确想招募新人，但美化或夸大了某些关键信息（如用人单位实力、招募人数、岗位名称与性质、入职要求与待遇等），以尽可能招到人或收取更多求职者的报名费与中介费等。

第二节　钱财骗局

各个时期的调查一致表明，钱财骗局始终是最为常见的一种虚假招聘类型。如智联招聘于 2011 年发布的调查结果显示，收取各种不合理费用——押金、保证金、培训费和服装费等——居于招聘骗局之首，高达 70.9%。[②] 钱财骗局主要是：以各种手段直接骗取求职者的钱财；把求职者作为骗取他人钱财的道具或“帮手”；既骗取求职者的钱财，又利用求职者来骗取他人的钱财。依据具体行骗手法的不同，此类骗局又可细分为以下类型。

---

① 在本书分析中，凡打着职业介绍的幌子进行诈骗的皆称为“黑职介”，无论其是否具有职业介绍资质。凡打着用人单位的名义进行诈骗的皆称为“皮包公司”（职能部门也称之为“歪公司”），不论其是否在原工商部门注册登记。这类“公司”多只有公司的名义，没有固定资产、固定经营地点及定额人员，也没有任何实际业务。

② 韩妹：《八成求职者曾遭遇招聘陷阱 半数人忍气吞声》，《中国青年报》2012 年 4 月 19 日第 7 版。

一　传销

传销是中国特有的名词，它伴随着直销模式进入中国内地。由于传销在中国发展所引发的混乱以及国家政策的不断调整，其内涵和外延一直处于变化中。[①] 对传销的研究可从不同侧面展开，如将传销视为典型的“杀熟”现象，并指出“传销—杀熟”的出现昭示着我们社会的信任度。[②] 本书则从虚假招聘的角度，对传销现象进行简要分析。随着国内就业难问题的凸显，传销界出现了以“高薪诚聘”为幌子，实则诱使求职者从事传销活动，以牟取非法经济利益的传销骗术。对众多求职者而言，这种欺诈性传销早已成为一种重要的防不胜防的招聘陷阱，需给予重点关注。根据众多新闻案例，这里归纳出此类陷阱的一般行骗模式（见图3－1）。

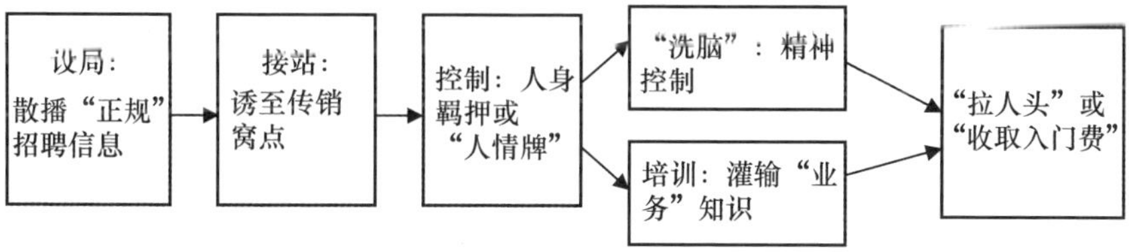

图3－1　传销的行骗模式

传销组织利用大学生等求职心切的心理，通过各种渠道发布他们所捏造的各式招聘信息，将不明真相的求职者诱骗至传销窝点。在这一过程中，传销组织一般会派人接站，并尽量将前往应聘的求职者诱拐至事先不会告知的真实窝点。随后，逐步实施整套欺诈性方案。首先，对求职者施以“人身控制”（通过监视甚至胁迫等暴力手段进行）或打“人情牌”（营造一种平等、关爱和团结的氛围，试图用情感来瓦解求职者的心理防线）。再使用撒手锏——高强度“洗脑”，力争从思想上控制受

① 潘星丞：《传销犯罪的法律适用——兼论组织、领导传销罪与非法经营罪、诈骗罪的界限》，《中国刑事法杂志》2010年第5期。

② 郑也夫：《走向杀熟之路——对一种反传统历史过程的社会学分析》，《学术界》2001年第1期。

骗者，使之沉浸于传销者所勾画的“一夜暴富”的美梦中。近些年来，一些传销组织还把《弟子规》《百孝经》等国学经典作为其“洗脑”新利器。[①] 对已被彻底同化的受骗者，则进行如何发展下线，如何打电话“邀约”人，如何向家人要钱，如何发财，以及如何应对执法部门的询问等方面的业务培训。通过上述步骤，传销组织成功实现“扩网”，并通过不断的“拉人头”或“收取入门费”等，最终牟取巨额经济利益。

随着互联网的普及，网络传销迅速蔓延。相比以现实社会中的人际关系为平台的传统传销活动，网络传销大多通过 QQ 等即时聊天工具进行联络沟通，部分代理商与会员之间还建立了相对固定的 QQ 群等。其还利用网上银行、网上支付等方式，实现资金交易的自动化。早期的网络传销大多打着电子商务的名义，以网购等形式施展骗术；如今则花样繁多，譬如以“网络创业”“微信营销”或“慈善救助”等为诱饵。如此这般，传销主体得以由“定向”的拉人头，向“不定向”的网络拉人头转变。[②]

二　“公关”骗局

指那些通过散播诸如急招“公关先生”“公关小姐”或“私人伴侣”“私人伴游”等高薪招聘信息，借机骗取求职者钱财的虚假招聘行为。这种骗术的“技术含量”并不高，但掉入此类陷阱的案例非常多。该骗局多具有如下特征：其一，“牛皮癣”式招聘广告十分常见，早期既遍布在城市大街小巷——如公交车站台的广告灯箱、电线杆以及大学校园等，后来又充斥于各类网络平台；其二，许诺极为丰厚的薪酬，“日薪千元”“月薪数万”等字样极其抢眼；其三，利用了公众对社会上所谓“特殊服务行业”从业者高额收入的丰富想象，尤其是部分求职者对这种高收入的强烈渴望；其四，骗子多身处某地，通过电话或网络“遥控”全国各地求职者；其五，多“借”用或租用求职者所在地的知名酒店或 KTV 娱乐场所等，用以行骗。

一般而言，一旦求职者联系上骗子，后者就会通过电话施展预先设

① 何程：《传销戴上“国学帽”打击震慑如何跑赢洗脑》，半月谈网，2018 年 6 月 20 日，http：//www. banyuetan. org/dyp/detail/20180620/1000200033134991529475090743242980 _ 1. html，最后浏览日期：2021 年 4 月 2 日。

② 蒋云龙：《小心！传销傍上“互联网 +”》，《人民日报》2015 年 9 月 14 日第 16 版。

计好的连环骗局。较为常见的一种行骗手法是，叫应聘者到当地某知名酒店大厅等场所进行“面试”，并以各种理由（如电脑面试等）拒绝和他们见面。随后，告知应聘者面试成功，但他们得在正式上班前交一定数目的保证金或押金，并提供银行账户。对一些求职者提出的当面交钱的要求，骗子会以“工作人员不能接触现金”等为由予以拒绝。当应聘者如实照办后，骗子的“胃口”就会越来越大，往往再以各种名义设法骗取更多的钱。如应聘者发现受骗并要求退钱，骗子还会以“退钱可以，但要先交一定比例的手续费”等为借口，继续捞取钱财，直至求职者彻底醒悟。最终，骗局还是以骗子“消失”而收场（见图3－2）。

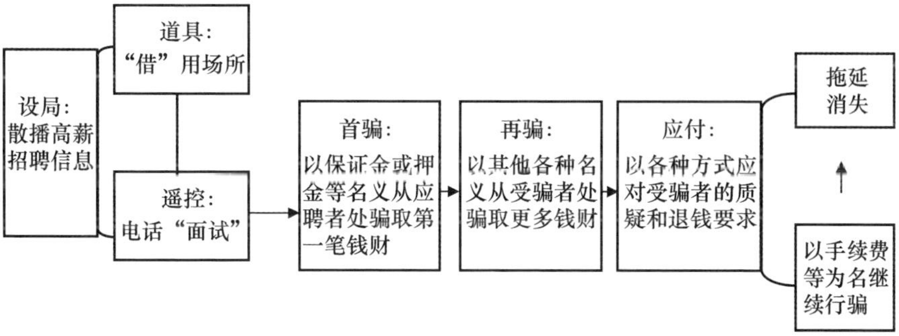

图3－2 “公关”骗局的典型模式

以“招聘男公关”为幌子对求职者实施诈骗的徐某，正是上述行骗模式的典型代表，在警方调查中，她道出如下真相：

> “只要说是哪里人，就落入乖乖掏钱的圈套了。”她举例道，“比如张某某是驻马店的，上网一搜，驻马店的柏林酒店气派，就通知他去那里的大厅面试；此后，说面试通过了，健康证费、保证金、拜师费等，一项接一项地要；如果半途不干让退款，就让他找‘刘财务’。‘刘财务’虽是男音，但还是我，我用4部魔音手机，哄得应聘者昏天黑地团团转。”[①]

① 李钊：《“高薪招聘男公关”大片 全家出演》，《大河报》2016年4月5日第A04版。

也有部分骗子在“招聘广告”中不再直接突出“公关”之类字眼，而是打着招聘夜场模特、夜场化妆师、夜场司机与夜场服务员等幌子，待求职者前去约谈时，再以高薪诱惑他们应聘公关职位，进而施展类似诈骗。① 还有骗子利用夜总会实体店（譬如租用 KTV 包房）作为掩护，进行实地“面试”和连环诈骗。②

三 “星梦”骗局

这是一种名为招聘演员、模特或主播，实则通过收取“拍摄费”“签约费”“上镜保证金”“培训费”“推广费”等各种名目的费用，来诈取求职者钱财的虚假招聘。其典型手法是，以演艺、模特经纪公司或影视剧组的名义，在各类媒体上发布虚假的演员或模特招聘广告，诱骗求职者自投罗网；或假扮星探，在大街上和招聘网站上物色潜在目标。不少怀揣明星梦且长相和身材较好的年轻男女通常更易“中招”，其中以女性居多。有的家长为了孩子能成为明星，也会成为这种造星骗局的受害者。据众多曝光案例，这里将此类陷阱的行骗模式大致概括如图 3－3所示。

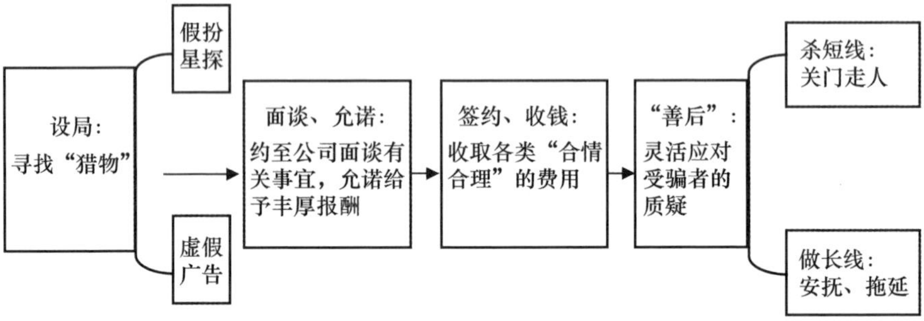

图 3－3 “星梦”骗局的行骗模式

---

① 简洁：《青年应聘公关傍富婆落入招聘陷阱》，《深圳晚报》2013 年 9 月 4 日，sc. sina. com. cn/news/s/2013-09-04/1003119679. html，最后浏览日期：2015 年 4 月 8 日。

② 邬成鼎：《夜店高薪招聘“男公关”？招工单位竟是诈骗团伙，连便利店老板都是他们的人》，《潇湘晨报》百家号，2020 年 4 月 24 日，https：//baijiahao. baidu. com/s? id = 1664820802298921736&wfr = spider&for = pc，最后浏览日期：2021 年 9 月 4 日。

据悉，一旦潜在受害者前去面试，骗子便会为他们编织明星、模特梦。他们通常会对这些应聘者大肆称赞一番，同时用“与大牌演员合作”“一夜成名”与“日进斗金”等诱使这些人交名目繁多的各类“合理费用”——模特卡工本费、化妆费、服装费、拍摄费、培训费、上封面费以及推广费等——这些费用从几百到几千、几万元不等。一般而言，骗子还会与求职者签貌似正规的合同，以既取得受害者的信任，又为日后规避法律制裁做准备。

据调查，许多所谓的演艺、模特经纪公司或影视公司实际上都是“皮包公司”，在短期内骗取一大笔钱后随即卷款消失。也有一些公司进行了合法注册，证照齐全，且有少量合法业务，但这些不过是用以掩护其诈骗行径的幌子而已。以“善后”措施为例，这类披着合法外衣的公司更可能“做长线”，譬如要么步步为营、收取各种层出不穷的费用，逼迫部分求职者主动“中途退出”；要么以受害者资质不够没选上为由，进行搪塞；或在受害人被骗初期给其安排群众演员的工作，再长期把他们晾在一边。“拍戏只是新人的‘福利’”，有受骗者说道。①

四 校园代理骗局

（一）“校园招工代理”

一些骗子招募在校大学生作为学校“代理”，谎称让他们负责自己所在校区相关招聘广告的发放、宣传及注册工作，以招募各类周末及寒暑假短期工，实则是利用这些学生来骗取其他应聘学生的钱财。此类骗局具有如下特征：其一，受骗学生的规模比较大。往往通过一个代理受骗的学生就多达几十甚至上百人，而骗子往往在不同高校都招有代理，故每次受骗的学生人数一般都有几百名；其二，每位学生受骗金额不多，从几十元到几百元不等，但所有学生受骗金额的总和较大，可达上万元；其三，学生代理往往扮演着双重角色，既是骗子的“帮凶”，又是受害者（有的直接被骗取押金，或为其他同学的受骗后果“埋单”，且背负沉重的心理负担）。不少校园代理都是在校园活动中比较活跃的人，比

① 楚飞、姜黎：《揭演员招聘骗局：想演戏先交钱 不服打到服为止》，腾讯娱乐，2013 年 1 月 15 日，https：//ent. qq. com/a/20130115/000089. htm？pc，最后浏览日期：2021 年 4 月 2 日。

如社团负责人与学生会干部等。金钱、地位和人脉等高回报，是吸引他们成为校园代理的关键诱因。尽管一些学生代理可能对骗子的某些行为怀有一定疑虑，但骗子声称的“提成”（即每招到一个学生，代理被许诺给几十或上百元不等的报酬）所具有的诱惑力，往往会击败他们最后的心理防线。

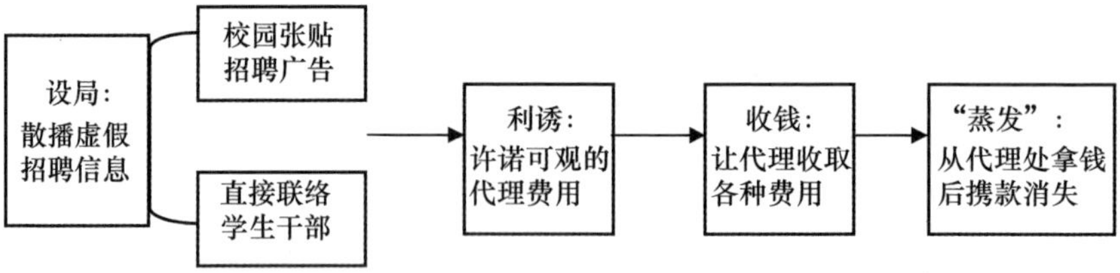

图3-4　“校园招工代理”的一般模式

（二）“校园产品代理”

校园产品代理陷阱中，最为常见的一种行骗手法是，以寻找校园代理为幌子，以高收益为诱饵，将劣质产品高价“卖”给欲做代理的大学生。骗子深入学生宿舍，自称是宝洁、联想、沃尔玛等知名大公司的员工或产品校园代理人，并打着招“产品校园销售代理人”的旗号，以看似不菲的代理工资、产品高价差所提供的可观利润、“卖不掉可以退货”乃至大量赠送商品等为钓饵，诱骗学生（大一新生居多）买下号称名牌的各类假冒伪劣产品，而后人间蒸发。这些产品中，最为常见的有仿海飞丝、潘婷等劣质洗发水，派克、真彩等仿冒笔芯。此外还涉及假书、假手机、假球鞋、假保温杯、假移动电源等。①

五　手工制作骗局

这类骗局以加工手工艺制品为名，诱骗应聘者签订加工合同，并借机收取所谓的教学费、保证金或材料押金等。骗子多冒用他人身份证进行工商登记，开办所谓某某公司，然后在管理比较松散的写字楼、

① 刘军伟：《遇假校园代理骗局 咸阳大学生被骗千余元》，《华商报》2015年4月23日，http://news.hsw.cn/system/2015/0423/241769.shtml，最后浏览日期：2021年2月6日。

工业区及民房租用办公点，并通过网络等媒介大量散播虚假手工制作招聘广告。一旦有求职者前往咨询，骗子便鼓吹自己的产品供不应求，同时强调手工制作简单、轻松且加工费丰厚，诱骗他们签订貌似正规的加工合同。在此过程中，骗子以其产品很高档、制作产品的材料费很贵为由，向求职者收取看似合理的材料押金或相关名义的费用。之后，要么立即卷款潜逃；要么事先在“交货时间”或“验货标准”上设置陷阱，致使接活的求职者或不能按时交货，或所交之货始终被“验”为不合格。最终意识到上当受骗的求职者，多认为此类“公司”其实是在变相卖原料。若有越来越多的求职者上门声讨，媒体与政府相关部门因此跟进，骗子就多会因疲于应付而干脆人去楼空，留下众多讨钱无望的受害者。

手工制作骗局通常具有如下突出特征：其一，大规模招工，突出强调专兼职均可，甚至表明尤其适合家庭主妇与在校大学生等兼职；其二，招聘条件相当低，可以说是无条件招聘；其三，工作时间和地点相当灵活，待遇也不错。

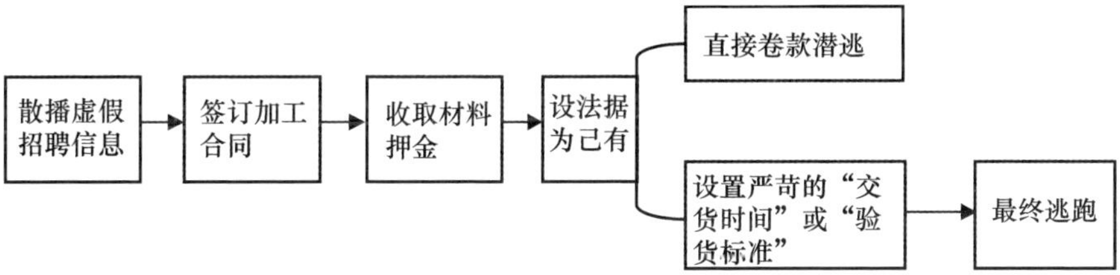

图3－5　手工制作骗局的典型模式

在2008年夏天的实地调查中，我发现了另一种更为“高明”的手工制作陷阱，它有别于上述“明摆着”的骗局。事实上，在许多知情的大学生看来，此类陷阱中的招聘主体有其产品销售市场，也的确按件数支付给产品制作者一定报酬，还算“正宗合法”。不过，其中许多人还是或多或少感觉到自己被“老板”蒙骗了。时为C市某交通大学研一学生的李晓，便遭遇了由该市某工艺美术厂[①]设置的此类陷阱，她说：

> 去应聘时，老板要每位求职者先交 190 元学费学习制作 5 幅工艺画，这 5 幅画由求职者（老板把他们叫作“学员”）自己拿回家制作。但事实上，相当于没学，因为这些画都很简单，所谓的老师几分钟就教完了。之后按件付酬的画却都很复杂，做好一幅至少要一周，多的还要 10 天，而报酬只有 30 元或 35 元。这样算下来，每天收益只有 3 元钱左右，除去吃饭和车费，还亏本。虽然与那些纯粹骗钱的相比，这种招聘表面上看起来还是合法的，但说简单点，对方赚的其实就是这 190 元的学费。

在上述招聘骗局中，招聘方故意向求职者隐瞒了最为核心的事实——“费时不挣钱”——正是由于这种信息的不对称，使得求职者误以为只要交了学费，便能很快赚回更多的钱，进而掉入其事先设计好的圈套。对此，可采用“智猪博弈”[②] 这一博弈论模型来予以分析。具体而言，老板事先精心设计了一套游戏规则：应聘者只需交 190 元学费就可学会制作 5 幅画，这 5 幅画的原材料由老板免费提供，而画则在最后由学员自己带回家，无须向老板支付其他任何费用。学会后，老板会按实际加工幅数给求职者算工资，制作简单，时间灵活，很适合希望兼职的大学生。这一相当“优越”的招聘条件让许多求职者怦然心动，然这只是暂时假象。

一旦求职者进入圈套，老板和求职者的地位就发生了根本性变化。老板成为“小猪”，求职者成为“大猪”。虽同为经济理性人，但因老板在这一利益分配格局中始终处于强势地位，故不论求职者在了解真相后最终选择是留还是走，老板都有利可图。若求职者走人，老板已轻松赚

---

① 该厂在招聘广告中所留的网站不止一个，且都是问题网站。在其中一个网站上，显示该厂成立于 2004 年。除了联系人与联系电话不同外，这两个网站上的说法都相同，号称自己是本地区最早最大的专业企业，产品远销欧美、东南亚等。然经过在全国企业征信系统以及 S 省 C 市信用网中查询，都没有查找到该企业的任何信息。这家所谓的工艺美术厂的真实招聘目的已昭然若揭，网络上有关它是骗子的揭黑帖也早已存在。

② 孙恩棣：《生活中的博弈》（第 2 版），京华出版社 2008 年版，第 96 页。

取190元的“学费”；若求职者留下，老板还可从其廉价的劳力中获取丰厚的利润。以每幅需支付30元加工费的工艺画为例，求职者往往要耗费一周甚至更长时间才能完成制作，而老板却轻易地以较低成本（不值钱的原材料和廉价的加工费）收获了可观利润（转手即可卖数百元不等）。反观“大猪”，因已被“小猪”引诱进陷阱，无论自己怎么选择，最终都面临难以抉择的困境。对此，李晓有着清醒的认识：

> 交钱后，我们都处在进退两难的境地。若不继续做下去，190元就白白丢了；若做，至少为挽回这190元学费，又很耗时，得赔上更多的时间和精力，实质上也只是为老板赚取更多的利润。总之，只要交了钱给老板，不管我们求职者怎么做，最终的赢家都是老板。也正因为此，老板一般都不让外人尤其是应聘者进入制作现场，因为怕那些潜在的学员了解到上述真相。毕竟，不赚钱，饭钱都挣不着，还不如坐着耍。

调查还发现，扮演“大猪”的求职者多因不堪后期制作工艺画的“得不偿失”之苦，会在很短时间内选择离开。离开之际，一些求职者或许在内心深处还会认为对方的招聘行为“合理合法”——事实上，招聘方收取“学费”的行为已经违背了劳动法——认为“只是自己受不了这份活才要离开”。正因为此，他们更不会揭发此种招聘陷阱，这反过来也使得更多不知情者不断掉入此类圈套。

六　“任务”骗局

此类骗局的突出特征在于，骗子通过设置“不可能完成的任务”，让求职者知难而退，进而“名正言顺”地占有其“入职”时所交的费用。据了解，这些“任务”名目繁多，其中以“销售任务”尤为突出，其他所谓的任务还涉及市场调查等。不论“任务”的具体要求有多大差别，其本质都一样，即在正常情况下根本不可能完成。

在销售任务骗局中，一些所谓的公司以招聘业务代表、商务代表之类职位为名，诱骗应聘者先缴纳若干产品押金、信誉保证金、周转金等，尔后领取产品去销售。由于求职者最初根本不了解公司所要“推销”产品的真实价值或价格，但又受到“高薪”“高职”与“低入职门槛”的诱惑，这就为骗子收取费用提供了契机。在求职者交完各种“合理费用”后，才被告知所谓的高薪实际上根本没有底薪，而是与销售额直接挂钩的“奖金”或“提成”。若完不成任务，求职者不但没有工资，之前缴纳的押金等也会被克扣。这些规定都写在骗子与求职者签订的协议中。有的骗子甚至还会先收取一笔产品销售的培训费，或在协议中规定，若求职者完不成任务，还需缴纳一笔违约金。一旦实际开展销售工作，这些求职者很快就会发现，自己所推销的产品或是高价劣质产品，或是“说能打折实无优惠”的欺诈性会员卡。[①] 他们自然无法完成协议中有关销售业绩的规定，于是有的自动走人，有的被炒鱿鱼，甚至有“实诚”者再补上一笔违约金。还有部分求职者上门“讨说法”，每当这时，骗子就以其“违约在先”或“能力不足”为由，拒绝退回押金。

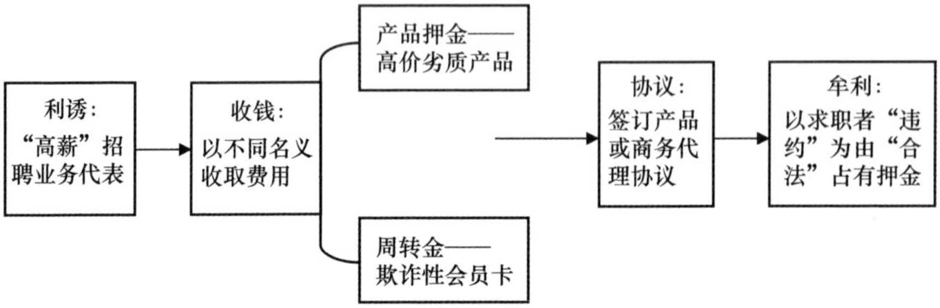

图 3-6 “销售任务”的行骗模式

七 “出事”骗局

这一招聘陷阱的典型手法是，骗子先从求职大学生处骗取他们的家庭电话，再编造一个学生“出事”谎言——发生车祸或突发重病等，对其父母实施电话诈骗。为获取求职大学生的家庭电话，骗子通常谎称，“通过父母做进一步了解”或“核实大学生身份与了解家庭情况”等。即使有大学生心存疑虑，但因这些理由看似合理，他们仍会按照对方的要求予以配合。

---

① 马化政：《求职“陷阱”让误入者进退两难》，《法治快报》2005 年 1 月 31 日，news.sina.com.cn/o/2005-01-31/17285001683s.shtml，最后浏览日期：2014 年 7 月 6 日。

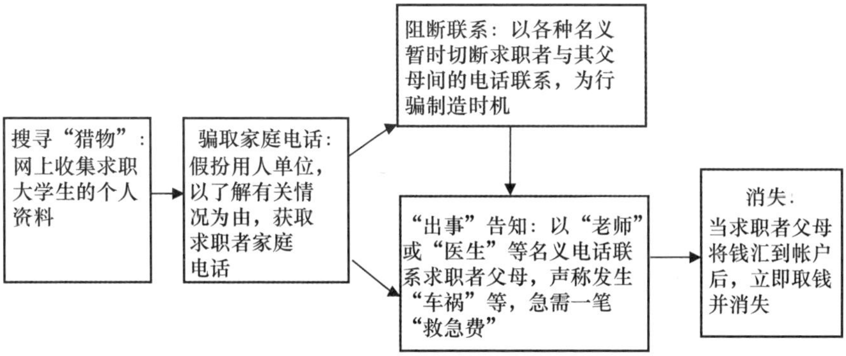

图3－7 “出事”骗局的行骗模式

许多父母在得知子女“出事”后，一般会先行联系本人进行核实。为此，一些骗子事先精心设局，由不同的人扮演不同的角色，以在关键时候诱使或“迫使”求职大学生关掉手机等，切断其与外界间的联系。[①]这使得求职大学生的父母在获悉子女“出事”后的第一时间内，无法及时取得和他们的联系，进而在“救子心切”心理的驱使下，按对方要求将一笔数目不菲的钱（少则几千元，多则数万元）汇到骗子提供的指定账户。

八 网络兼职（刷单）骗局

360互联网安全中心发布的《2013年中国网购安全报告》（2014）表明，在与互联网相关的欺诈或诈骗类型中，网络兼职陷阱占比高达36.3%，位居首位。该机构发布的《2018年中国互联网安全报告》也显示，2018年无论是诈骗类型占比还是所涉金额，虚假兼职均位列前三，属于高危诈骗类型。网络虚假兼职信息主要通过三个渠道进行传播：其一，加QQ群发广告，占55%；其二，通过贴吧、知道、论坛、搜搜、问问等平台投放问题，再用搜索引擎优化吸引访客，占36%；其三，通过社交生活类网站（微博、博客、空间、地方网站兼职相关板块）传

① 罗海：《女大学生网上求职被骗 警方提醒：保持警惕》，《江淮晨报》2004年9月25日，ah. anhuinews. com/system/2004/09/25/000730225. shtml，最后浏览日期：2014年7月6日。

播，约占9%。[①] 这类虚假兼职信息通常含有“急聘”“工资日结”“时间自由”“低门槛”以及“高薪、轻松”等字眼，对在校大学生、无业群体等希望利用空闲时间赚钱的人群极具吸引力。

大约始于2014年，由网店卖家提供购买费用，由刷客帮其购买商品以提高网店销量和信用度的网购刷单内幕在网络上开始曝光。与此同时，由“网络兼职刷单”滋生出的新型网络兼职诈骗即刷单类诈骗，逐渐盛行起来，如今早已泛滥成灾。据报道，2022年以来，刷单类电信网络诈骗案件持续高发，发案数和资金损失均占全部电信网络诈骗案件的40%，已成为当前危害最突出的电信网络诈骗类型。[②] 因受害群体涉及面广，作案手法也日渐形式多样，刷单类诈骗目前已成为各级公安机关打击电信网络诈骗犯罪工作的重中之重。

“刷单”骗局的最初形式就是“在网店刷流水刷信誉”。其中一种做法是：骗子首先冒充某些电商网站或电商卖家发布兼职招聘信息，要求兼职者在指定网店中购买电话充值卡、游戏点卡与Q币等虚拟物品，承诺在其完成购买后返还他们本金并支付佣金，多刷多返。一旦兼职者购买了这些虚拟商品，骗子就以某种理由要求他们把拍下的虚拟产品的卡号（账号）与密码截图发送给自己，并立即使用其充值，完成诈骗。不过，最为主要的做法则是打着“做任务，返佣金”的名义，要求受害人垫资购买指定链接中的商品，声称将返还本金和佣金，待获取受害人信任后，诈取其所支付的商品本金。据了解，骗子通常利用虚拟货物作为诈骗的工具，这包括电话充值卡、游戏点卡和应用商店充值卡等，因为这些充值卡可以通过专门的收卡平台来迅速变现。[③] 随着短视频平台的兴起，“刷单”诈骗除传统购买商品外，又增加了“视频点赞分享刷粉丝”“为微信微博加关注做任务”等刷单新形式。

---

① 王良珏：《生财不成反破财 网上兼职诈骗泛滥》，《南方日报》2013年12月25日第PC07版。

② 央视十三套：《动动手指就“致富”？揭秘做任务式刷单多套路骗局》，央视网微博视频号，2022年8月11日，https：//video. weibo. com/show？fid＝1034：4801258947805241，最后浏览日期：2022年8月15日。

③ 央视十三套：《“网络兼职刷单”骗局真相》，央视网微博视频号，2018年7月15日，https：//video. weibo. com/show？fid＝1034：4270701566215007，最后浏览日期：2022年8月16日。

最初，“刷单”诈骗的广告比较直白，诸如“正规平台，诚邀刷单，按条结算，轻松上手”“轻轻松松、动动手指，就能赚钱”“只需一部手机，足不出户，日赚几百”等“兼职刷单”小广告在很多兼职QQ群、QQ空间、朋友圈乃至手机短信里经常会看到。随着人们对“刷单”工作本身违规乃至违法属性的认识以及媒体对此类招聘骗局的频频曝光，为了增加迷惑性，刷单诈骗的推广引流方式从单一发布“刷单”广告向多种方式转变。譬如，以招募“淘宝客服”“淘宝评论员”“配音员”“租号躺赢培训师”和“寄拍模特”等兼职岗位的名义，或者引入招嫖做任务、充值做公益返利、免费领取礼品（如赠送限量游戏皮肤、明星周边产品）等新形式，把事主引流加入到“刷单”任务群，进而实施诈骗。[①] 据记者调查，这类骗局早已具有类似于传销的特征——交保障金、入会培训、“洗脑”与拉新人入会等。一名大四女生的受骗经历提供了例证：

> “我做完第一笔后（刷信誉），就没人理我了。培训老师继续要求我们刷信誉，拉新人入会，根本就不是像招聘上写的客服工作。几个资历比较深的会员偷偷告诉我，我们是被骗了，只能靠着继续拉人入会弥补损失。”因不想昧着良心“坑”别人，一天后她就退出了群，也没拿回保障金。[②]

“刷单”骗局的实质是利用了求职者想轻松赚取刷单佣金的心理，进而预设套路，诈取其所支付的商品本金。此类骗局的核心就是“做任务，提前垫付资金”。尽管“刷单”诈骗的实施路径从最初的“商品链接”“二维码”发展到如今的“诈骗APP”，其采取的具体诈骗手法却始终如下：在受害人按要求刷单后，要么直接把其拉黑，然后消失；要么声称需要受害人再多做几单（往往涉及金额更大），才能一起返还；要

---

① 央视十三套：《领空气炸锅需要“做任务”？实为“刷单”骗局》，央视网微博视频号，2022年8月11日，https：//video. weibo. com/show？fid = 1034：4801371229323363，最后浏览日期：2022年8月15日。

② 叶佳琦：《招聘陷阱　大学生应聘兼职“刷信誉”被骗两千》，《劳动报》2014年12月24日第4版。

么借口“卡单、掉单、操作失误、任务未完成”或“付费激活订单”等，要受害人重新拍单或索要验证码。后两种做法，都是为了骗取更多的钱。若受害人不从，骗子直接拒不支付本金和佣金，完成诈骗。许多受害人因不甘损失前期投入的本金，在侥幸心理的驱使下，被迫继续“做任务”，结果却是被骗取更多的本金。自 2019 年以来，网络上有关“苏宁易购刷单骗局”的相关帖子也日渐增多，其诈骗手法与上述之大体相同。近年来，还有骗子打着“无需垫付，无需押金，一单一结算”的“零风险”幌子，诱骗求职者通过支付宝“蚂蚁花呗”这类网络金融软件付款以骗取钱款。①

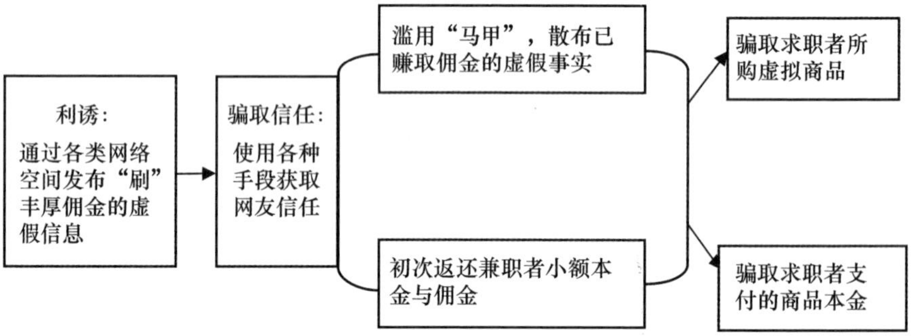

图 3－8　“网络兼职刷单”的行骗模式

通常，为获取更多受害人的信任，骗子会使用如下几种手段：其一，利用多个“马甲”② 在自己所发招聘帖子下留言，称自己通过此类方法赚到了佣金，以给他人造成一种兼职可信的假象。其二，安排“托儿”在“刷单”群里发送获利的截图。其三，在刷单之初，诱导“小额刷单”并快速返还本金和佣金，让受害人“尝到甜头”，再诱导其反复“刷大单”，实施诈骗。其四，面对质疑时，向受害人出示难辨真伪的证

① 吕洋：《卡上没钱还被骗走 2000 元　90 后女孩如何落入兼职刷单陷阱？》，《辽沈晚报》百家号，2019 年 1 月 11 日，https：//baijiahao. baidu. com/s? id = 1622355451481163060&wfr = spider&for = pc，最后浏览日期：2021 年 9 月 8 日；陈雯燕、胡艳：《一伙进行“刷单”诈骗的骗子，判了》，《常州晚报》2022 年 5 月 23 日第 A05 版。

② 网络论坛术语。一般而言，当某位网络用户出于某种考虑，注册和使用了新的名字，以防别人将其发言与原用户名联系起来时，这个新名字就被称作“马甲”。

照，如企业营业执照、手持身份证的照片，等等。

值得警惕的是，自2021年8月以来，以“兼职刷单”为开端，融合虚假投资理财、网络贷款和“杀猪盘”等多种诈骗手段的复合型诈骗案件高发。国家反诈中心民警告诉记者，过去经常出现的刷单诈骗是垫付货款，受害人很容易发现被骗；现在则多是在抖音、微信等社交平台，以视频点赞、公众号关注、主播涨粉等名义的新型刷单。“不同于以往刷单，点赞等动作并不是主要的诈骗手段，但往往成为后续贷款诈骗、‘杀猪盘’的一种引流方式。”等被害人的钱被骗光后，不法分子还会引诱被害人卖房、贷款筹资进行翻本。[①] 这种复合型诈骗所造成的金额损失往往特别巨大。

九　常规骗局

指那些以诸如文员、服务员、保安等普通岗位的招聘为名，通过收取报名费、建档费、服装押金、培训费和体检费等各种名义的费用，骗取求职者钱财的虚假招聘行为。此类骗局复杂多样，这里对其中比较典型的两种欺诈行径进行概述。

（一）“流水线”式骗局

这类陷阱的特征在于，同一地点的骗子步步为营，先让求职者缴纳相对较少的费用，接着再让其缴纳更多的费用。如此这般，求职者虽多次交钱，最终仍找不到之前所预期也是骗子所承诺的“好”工作。根据诸多此类案例，该骗局的行骗模式大致如图3－9所示。

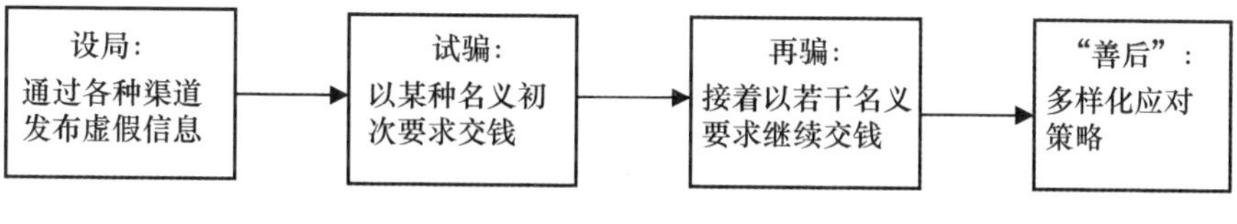

图3－9　“流水线”式骗局的欺诈模式

① 李佳鹏等：《花样翻新 类型不下50种 防范电信网络诈骗仍需加力》，《经济参考报》2022年3月28日第A04版。

这种骗局之所以屡试不爽，主要在于：其一，“先骗点再说”，即初次缴纳的钱一般不算很多（少则几十，多则上百），因为骗子的目的在于先将求职者“套”进骗局。如果太多，可能会引起很多求职者的怀疑而无法如愿；其二，“能骗多少是多少”。尽管许多求职者不愿再交后续其他费用，但又不甘心初次所交之钱沦为沉没成本。这种心理障碍，为骗子继续施骗提供了机会。

（二）“双簧戏”骗局

此类骗局的特点在于，不同地点或场所的骗子合伙演戏，欺骗求职者。根据行骗主体的身份及其具体行骗手法，又可将之划分为以下几种重要类型。

1. 职介与正规企业合谋型

职业介绍机构与正规企业（尤其是一些大型企业，其用工数量大，人员更新频繁，可为此类骗局提供很好的“掩护”）的人力资源主管相互勾结，由前者负责招人、收钱，后者负责安排面试，最后双方“利润分成”。这是一种极为隐蔽的招聘骗局，行骗成本低，无须不停关门、换场地，只需与用工企业的人力资源主管串通好，即可长期、轻松地骗取众多求职者的“中介费”。在这种骗局中，面试企业通常以两种方式告知求职者：一种是称求职者“不符合公司要求”。有些求职者尚未看出端倪，还会再找职介帮忙介绍其他企业，结果可能都一样。这样职介既连续收取了更多中介费，而且以“我努力了，实在是你自身素质不行”为由，拒绝退还中介费；另一种是让求职者进入企业“实习”，实习期一般为两至三个月。尽管用工成本非常低廉，但企业通常会在求职

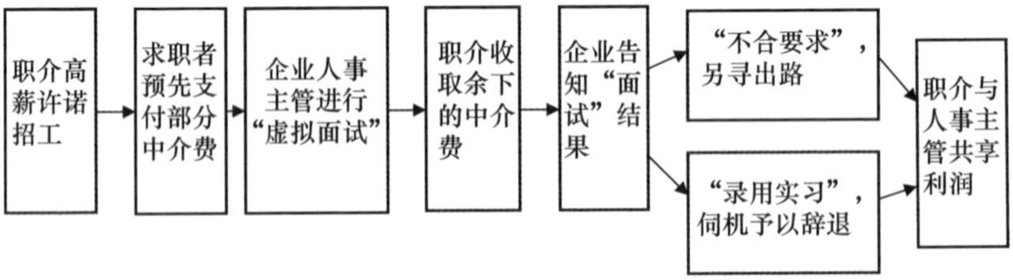

图 3－10　合谋型的行骗模式

者实习期尚未结束时就找各种理由将其辞退。[1]

2. “前所后店”型

“所”，指不正规的职介机构，也称“黑职介”或“歪中介”。“店”，指各类“皮包公司”，也称“二刀公司”，即第二次骗人的公司。由于他们都以骗取求职者钱财为目的，故二者相互勾结，共同拓展受骗者市场。由此，形成了这种业界人士所称之“前所后店”的经营格局。这类骗局虽不如“合谋”型“高端”，更易被求职者察觉，但因联手的许多职介和皮包公司都有合法证照，致使求职者上当受骗后常常投诉无门。

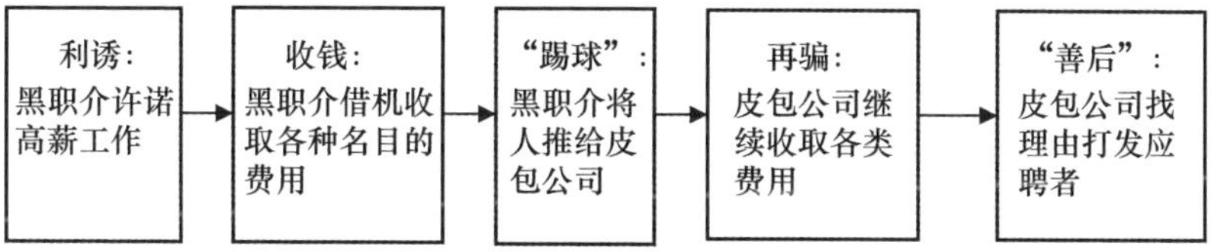

图3-11　“前所后店”型的行骗模式

皮包公司在行骗中还发挥着另一种作用，即若求职者有第一次交费的收据，皮包公司往往会找理由收回，使求职者将来维权时没有被骗凭证。如若求职者感觉受骗后回头再找黑职介推荐其他工作时，黑职介依然会把他们“踢”给另外的皮包公司，如此来回“忽悠”，最后再以自己“已尽职责”为由，拒绝提供“服务”。至于具体骗局是否更加“高明”，在很大程度上取决于皮包公司的“善后”策略。若“善后”策略更加隐蔽，求职者往往不易找到其行骗把柄；反之，求职者容易识破骗局，找到有力的维权证据。

现实生活中还存在不同翻版：其一，可能是不同“皮包公司”之间合作演戏；其二，黑职介冒充用人单位，对求职者进行所谓的“面试”，甚至佯装进行“招工考试”，实则与所谓用工单位毫无关联；其三，黑职介和皮包公司其实由一个老板开设。比如，在被查处的北京某黑职介案例中，总共牵涉五家机构，一家为职介，另四家为皮包公司。这几家

① 佚名：《揭露黑职介不可告人的黑幕》，2008年6月16日，https：//www. hunter-ws. com/index. php？m = news&c = show&id = 2696，最后浏览日期：2015年9月30日。

机构的名称和法定代表虽各不相同，但警方调查发现，这五家机构实际上有着同一个老板谢某。谢某之所以如此操作，既是为了更好蒙骗求职者，也是为了方便“掌控”。①

3. “培训费”型

皮包公司与不正规的职业学校或培训机构相互勾结，共同骗取求职者的“培训费”等。这些所谓的培训单位，事实上扮演着“学托”的角色。大学毕业生很容易掉入这种“培训费”骗局。这类骗局中的公司大多是“房地产开发公司”，有的在工商局注册过，有的纯属捏造且经常更换“公司”名称。在向求职者收取培训费前，这些“公司”都会强调，培训是员工正式上岗前的必要条件，培训费只是由员工自己先行垫付，之后公司会报销。这种“合理”解释往往使得应聘者极易掉入骗子设置的圈套。

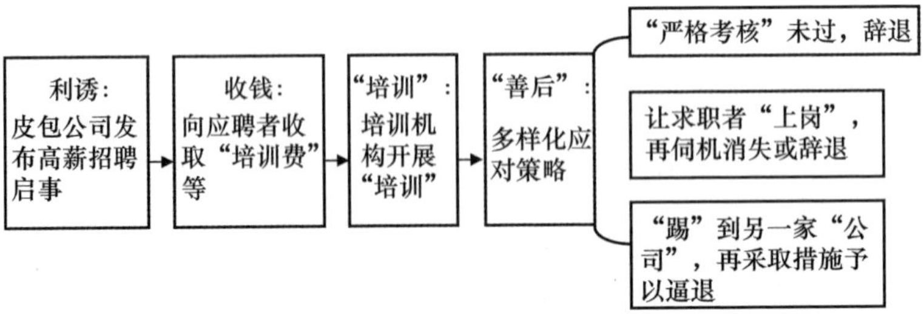

图 3－12 “培训费”型的行骗模式

此类骗局中，不同皮包公司在培训结束后会以不同措施来“善后”。最低级的是，原先接待的皮包公司对求职者进行严格“考核”，然后以他们没有通过考核为由予以辞退。更高级的则是，先让已取得培训合格证的求职者做些与之前承诺不一样的无聊工作，然后再“人间蒸发”或“找碴儿”辞退求职者。也有的由培训机构将培训后的求职者“推荐”给另外一家皮包公司，让其以苛刻的工作环境、要求和极低待遇等“逼”退求职者。（见表 3－1）

---

① 央视二套：《黑职介覆灭记》，“经济与法”节目，2006 年 12 月 4 日，http：//www.cctv.com/program/jjyf/20061205/101403_1.shtml，最后浏览日期：2015 年 4 月 20 日。

表 3-1　常规骗局中骗子多元化的“善后”方式

隐蔽性	类型
低端 ↓ 高端	“骗了就跑型”（土遁法） “恐吓型”（恫吓法） “推托、拖延型” 主动退少部分钱的“息事宁人型” 提供虚假、过期或未经授权信息之“折腾型” “考试/培训/面试/体检不过关型” “任务无法完成型” “先上岗再逼人辞工型” “拉人入伙型” 特定条件下退回大部分或全部费用型 ……

十　“美丽贷”骗局

“美丽贷”也称为“整容贷”，是这两年才开始被各地媒体频频曝光的招聘骗局，其实质上是由所谓的招聘单位与整容医院、贷款公司等合伙设置的“套路贷”陷阱。[①] 此类骗局的受害者，几乎清一色为社会经验不足的年轻女性。

根据警方破案资料，此类招聘骗局的具体诈骗手法如下：首先，通过在招聘网站、微信等各类网络平台大量发布虚假高薪招聘信息，用总经理助理、主播、模特、网拍等高端职业的“高薪”来吸引求职者。其次，当求职者前往面试时，利用“高薪”需要更匹配的“个人形象”之类话术，诱骗其接受整容。骗子要么先予以“录取”，再以在正式入职前需进行“个人形象微调”或“面部提升”对求职者进行诱骗；要么直接以求职者的个人形象“达不到招聘标准”，引诱其接受整容。接下来，把求职者带到整容医院。为达到“骗贷整容”的目的，骗子要么以明显高于市场价的费用向求职者进行报价，逼迫其接受并办理整容贷款；要么直接用求职者的手机、身份证、银行卡等先把贷款办下来，造成既成事实。如此这般操作后，网络贷款直接发放到整容医院账户。当求职者完成整容后，骗子要么直接失联，要么各种推托、拒绝提供此前承诺的

① 央视十三套：《帮你整容给你高薪工作？求职陷阱！》，“东方时空”节目，2018 年 12 月 24 日，https：//tv. cctv. com/2018/12/24/VIDEHHW0btWycFnplhJ0UaP2181224. shtml，最后浏览日期：2021 年 10 月 3 日。

高薪工作，要么以裁员为由直接开除求职者，要么安排求职者去做非正常工作（如陪酒、陪睡）。最终，这些求职者不仅没有获得高薪工作，反而背上高额债务，有的甚至被毁容。

图 3－13　“美丽贷”的行骗模式

在这类骗局中，有几个关键点值得注意。其一，为打消求职者的还贷顾虑，骗子要么以“贷款是暂时的，公司会给还的”，[①] 要么以“工作后完全有能力偿还贷款”[②] 为由，引诱求职者办理整容贷。其二，为防止求职者反悔，在把其带到整容医院后，有的骗子会先强制性地没收她们的手机，阻隔求职者与外界的联系，直至办完贷款、做完手术，才返还。[③] 其三，为阻止受骗求职者事后报警，一些骗子在其应聘时或做完整容后，要求她们上交自己的裸体照片或视频。[④] 其四，有的骗子还会趁受害求职者被催还贷款之机，企图以帮还贷款为由进行骗色，甚至以此引诱她们从事色情行业。[⑤]

“美丽贷”骗局的变体，还包括以招聘为名设置的“培训贷”陷阱。“培训贷”招聘骗局的受害者往往是初入职场、经验匮乏的大学毕业生。据了解，“培训贷”的实质是，一些用人单位和从事“培训贷”的公司合谋，利用求职者之就业心切，以“高薪”“工作轻松”“前途光明”等虚假承诺为诱饵，引诱求职者办理“培训贷”。但培训结束后，求职者

---

① 刘文静：《00 后女生遭遇“电视剧版”求职套路》，《燕赵晚报》2020 年 11 月 23 日第 4 版。

② 俊江：《恶劣！找工作，被骗贷款整容，贵阳警方抓获“整容贷”团伙》，贵州交通广播百家号，2020 年 7 月 16 日，https://baijiahao.baidu.com/s?id=1672382287773093056&wfr=spider&for=pc，最后浏览日期：2021 年 9 月 30 日。

③ 徐斌：《高薪招聘整容上岗？女生小心这类陷阱》，《深圳晚报》2020 年 12 月 23 日第 A09 版。

④ 徐斌：《高薪招聘整容上岗？女生小心这类陷阱》，《深圳晚报》2020 年 12 月 23 日第 A09 版。

⑤ 刘文静：《00 后女生遭遇“电视剧版”求职套路》，《燕赵晚报》2020 年 11 月 23 日第 4 版。

的遭遇和上述“美丽贷”的受害者并无二致。又因招聘单位并不会与求职者签署正式劳动合同，而是以所谓的“协议书”替代，并设置一系列明显不利于求职者的苛刻条款和高额违约金，致使受骗求职者即使维权也会面临诸多困难。①

还有骗子利用在校大学生兼职挣钱心切的心理，打着招聘学生兼职的幌子，诱骗应聘大学生注册各类网贷平台账号，要求他们在平台上办理手机购买分期付款和网络贷款业务，并将所得物资交给自己。骗子通常许诺每单分别给予学生几十到几百元不等的“提成”，并强调自己会“按时还款”，无须学生承担风险。在合肥警方侦破的一起此类案件中，骗子正是嗅到了多家互联网平台可为在校大学生办理分期贷款与分期购买手机业务却无须任何担保和资质的“商机”，诱骗并利用学生身份办理贷款进而非法占有。至案发时，警方统计有 246 名学生受骗，涉案资金 300 多万元，贷款平台 19 家。②

综上，除以上十种最为常见的钱财骗局外，这类打着招聘幌子的违法犯罪活动还有其他不同形式。譬如，以招聘为名对前去应聘的求职者实施抢劫，甚至绑架，向其家属索要赎金等。这是所有招聘陷阱中影响最为恶劣的一种，不论最终结果如何，其行为本身已触犯《刑法》规定。这类骗局的受害者以女性求职者居多，其中又以女大学生因应聘家教进而被绑架乃至杀害的恶性事件最为突出。其他的还包括采用一些“非常规”方式来施展骗局。譬如借招聘之名“设局”，骗取求职者随身携带的贵重物品，或利用求职者的“在场”来骗取其他人的财物等。据报道，近年来，又有不法分子购买一些网站的账号，使用这些账号在网站上发布大量虚假招聘信息，收集应聘者的个人信息，再将这些信息贩卖给他人牟利。③

---

① 黄浩铭、林凡诗、刘岭逸：《“培训贷”套路到底有多深？》，新华社南宁电，2021 年 5 月 13 日电，HTTPS：//BAIJIAHAO. BAIDU. COM/S？ ID = 1699719745147184782&WFR = SPIDER&FOR = PC，最后浏览日期：2021 年 9 月 30 日。

② 王海涵、王磊：《大学生做兼职也能遇上校园贷》，《中国青年报》2017 年 11 月 3 日第 8 版。

③ 章程：《在 58 同城发布虚假招聘，转手卖出 4. 2 万条应聘者信息，法院判了!》，《广州日报》百家号，2021 年 4 月 21 日，https：//baijiahao. baidu. com/s？ id = 1697624768473088926&wfr = spider&for = pc，最后浏览日期：2022 年 9 月 7 日。

第三节　劳力骗局

所谓劳力骗局，是指招聘方通过各种手段来骗取求职者的劳动成果——既包括富有创意的脑力劳动成果，也包括体力类劳动成果。根据具体行骗手法的不同，又可分为以下五类。

一　“能力考核”

招聘方以考核应聘者的能力为由，无偿占有其劳动成果。据悉，很多中小企业甚至个别大型企业，因临时接了活儿，本公司人手不够或能力不足，故以招聘考试为名，将公司接下的项目作为考题直接交给应聘者完成。最后，在不支付任何报酬的情况下，占有应聘者的劳动成果且不录用该成果的创造者。这类成果多涉及程序设计、广告策划文案、文章翻译、软件开发设计图纸、商标及铃声制作等脑力产品——故也被称作“智力陷阱”。此外，也包括打字、校对和排版之类普通劳力产品。由于通过招聘考试来淘汰应聘者的现象非常普遍，故相比于直接骗取求职者钱财的做法，这类剽窃无形资产的招聘骗局更具隐蔽性和迷惑性，很难被及时发现。

二　“试用期”

这是一种利用“试用期”骗取廉价甚至免费劳动力的招聘陷阱。因求职者在试用期所获取的工资和福利待遇与被正式录用后的存在较大差异，这就为一些用人单位通过无休止的“试用”来获得求职者极其廉价的劳力提供了“契机”。“试用期”成为“廉价期”乃至“白用期”。该陷阱大致有两种形式：其一，试用期限合法，一旦结束即以求职者“不符合公司要求”为由予以解聘；其二，找理由或非法延长试用期，无论应聘者接着如何卖力表现，最终换来的依然是解聘。

试用期陷阱的受害者主要是大学毕业生。在校大学生在寻找兼职的过程中也可能遇到类似骗局，只不过其“试用”期限相对更短（如一个周末），且更可能因“试用不过关”而拒付任何报酬。这种兼职试用陷阱的翻版则是，一些用人单位以“实习”为名，拒绝支付兼职大学生应得的报酬，由此便有了下面的“欠薪陷阱”。

三　欠薪陷阱

这类骗局的主要受害者是兼职大学生。根据中国现有相关法规（详见第七章第二节），在校学生利用课余时间开展勤工助学，不被视为就业，故不受《劳动法》保护。这一“事实”正好为许多居心叵测的用人单位和个人提供了机会。在他们看来，大学生缺乏社会经验，又不受《劳动法》保护，比较好“坑”。故为降低用工成本，大量雇用在校大学生做工，同时又千方百计压低其兼职工资，有的甚至从一开始就不打算支付薪酬。

此类陷阱中，用人方最初许以求职大学生比较合理甚至诱人的报酬，但到最后支付报酬时却找种种理由进行克扣或拖欠。某位曾被拖欠兼职薪酬的女大学生告诉记者，当她兴冲冲地按照协议规定的时间去兼职的广告公司领取工资时，却被泼了一头冷水：

> 这家公司的行政主管简直像变了一个人似的。她冷冰冰地问我来干吗，我当时就有种被欺骗的感觉。就在前些天，这名主管还在促销员的例会上表扬我的促销成绩是最好的，现在到了领钱时又像是不认识我了。①

据媒体调查，此类陷阱十分普遍，以致许多兼职大学生早已陷入“讨要”薪酬的艰难境地。他们中的一部分人经过持久维权，或能“幸运”地讨回属于自己的工资。还有许多人经过漫长的等待与索债，其应得薪酬终究还是被“赖掉”了。

四　“高职位”

其实质是“高招低用”，也被业内人士称为“岗位粉饰”。之所以出现此类骗局，主要是因为如今某些低职岗位在劳动力市场上不好招人，譬如业务员、推销员、代理员和搬运工等。于是，某些用人单位将这些

① 邱伟、光炜：《假期打工工资被拖欠 大学生成为讨债“新一族”》，《北京晚报》2003年2月12日，news. sohu. com/81/65/news206316581. shtml，最后浏览日期：2015年6月6日。

岗位美化为“市场部经理”“事业部总监”“营销助理”“储备干部”或“管理培训生”等为求职者所心仪的“高职位”。待求职者“入职”后，这些单位再以“实习”“先熟悉工作”或“先到基层锻炼”为由，诱骗其投入单位真正需要用人的岗位。尽管一些招聘单位的确支付了与求职者实际工作对等的低职报酬，但这类招聘在本质上仍属欺诈，因为它旨在通过提供“虚而不实”的职位来骗取所需劳动力。

五　“高待遇”

此骗局与“高职位”相似，可称之为“粉饰待遇”，其实质在于，用人单位旨在通过虚假承诺骗取所需劳力，根本就不会兑现招聘时承诺的“诱人”条件。具体来看，招聘单位在与求职者签订合同时，在岗位待遇方面使用一些模棱两可的言辞，致使求职者误认为其比较合理，进而接受合同规定。可一旦入职，求职者才发现自己上当受骗。譬如，合同中约定“月薪2000元”，实际上发现“工资不按时发放，且经常被克扣”等。用人单位还根据合同振振有词，甚至刁难意欲辞职的求职者。

六　境外高薪招聘骗局

“高薪诚聘，缅甸工作，让你轻松实现发财梦……”“境外高薪招聘，日均收入1000元，包机票、包签证、包吃住……”，诸如此类境外高薪招聘广告近年来屡屡出现在各类网络平台上。不少抱着“一夜暴富”幻想的人，往往为此动心，渴望出境觅得一份高薪工作。殊不知，此类招聘广告只是为境外诈骗团伙招募“业务员”而设置的骗局之第一步。据报道，近年来，随着国内对电诈、赌博等违法犯罪活动的打击力度不断升级，柬埔寨、缅甸、老挝、越南等东南亚国家逐渐成为电信诈骗、赌博团伙首选的犯罪栖身之地，急需诈骗“人手”，故而炮制了此类境外高薪招工骗局。此类骗局的受害人，文化程度普遍不高，多来自边远山区或欠发达农村地区，自我保护意识较弱，一旦被诱骗出境，便被迫从事网络刷单返利、网络赌博、网络交友、网络投资理财与网络贷款等诈骗活动，沦为帮凶。鉴于此类招聘骗局所造成的恶劣影响，在2022年8月18日的例行记者会上，外交部发言人汪文斌“再次提醒中国公民警惕境外网络虚假招聘信息”。[1]

综合相关报道，待满怀期望的受害人到达境外“公司”后，会立即遭遇如下一连串噩梦。首先，遭受囚禁，身份证、护照等证件被扣押，通信工具等个人物品被没收。其次，被迫进行诈骗活动的相关培训。诈骗团伙会安排专人教受害人学习如何拉人头、实施诈骗等违法犯罪活动。再次，受害人每天都有固定的任务指标需完成，若有不从或诈骗绩效不佳，就会遭受殴打、电击、辣椒水喷眼睛、强灌陈醋等非人道待遇，甚至被转卖给其他诈骗团伙或人贩子。最后，若要正常离开，受害人需向诈骗集团缴纳数万至数十万元不等的赎金。被“高薪工作”诱骗到东南亚诈骗集团的还包括中国香港与台湾地区民众，他们与内地去的受害人有着类似遭遇。[2]

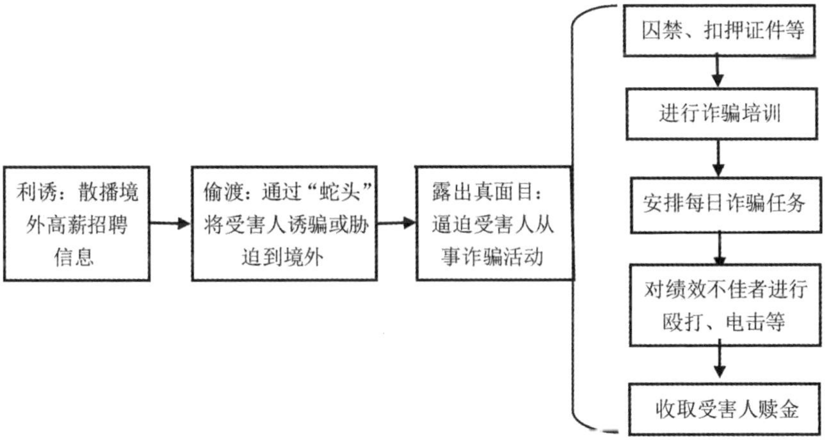

图 3－14　境外高薪招聘骗局的实施模式

---

① 刘晓琰：《外交部：再次提醒中国公民警惕境外网络虚假招聘信息》，《北京日报》百家号，https：//baijiahao. baidu. com/s？ id = 1741486054177241089&wfr = spider&for = pc，最后浏览日期：2022 年 8 月 24 日。

② 央视四套：《台湾超 5000 民众被骗至柬埔寨囚禁凌虐》，央视网微博视频号，2022 年 8 月 11 日，https：//weibo. com/yangshiwangnet？ tabtype = feed，最后浏览日期：2022 年 8 月 15 日；赵友平：《港人被诱骗到东南亚从事非法工作，香港警方锁定疑犯拘捕 5 人》，环球网，2022 年 8 月 21 日，https：//china. huanqiu. com/article/49KOVnyWdCu，最后浏览日期：2022 年 8 月 21 日。

这种被骗至境外从事电信网络诈骗的情况远非个例。据报道，2021年在公安部的统一部署下，在全国范围内开展了劝返滞留缅北的非法出境人员和从事电信网络诈骗人员专项行动，同年从境外劝返回国者就多达21万人。[①] 那么，境外电信诈骗集团又是如何物色到如此之多的受害人的呢？据相关报道，可归纳如下：其一，跨境非法组织或直接或委托境内劳务中介，编造“招聘客服、销售、运维”等种类繁多的“岗位”，在互联网上广撒网，以“高薪”“海外务工”等字眼，诱骗“入网之鱼”。其二，不法分子以“到境外工作可以获取高薪”为由，花言巧语诱骗亲友、同乡“抱团”出境。其三，有不法分子甚至免费提供出境机票、住宿等，以获取受害人的信任。“听说那边工资很高，开始还有些怀疑，但对方为我购买机票，又转来不少生活费，我就打消了疑虑……”被骗至缅甸某网络诈骗组织的湖北恩施州居民小李如是说。[②]

第四节　色相骗局

色相，这里泛指男女两者具有“性”意涵的身体部位及其接触、展示等。色相骗局着重在于侵占求职者的色相，或诱骗、逼迫求职者“出卖”自己的色相。简单来说，就是“骗色”“抢色”。自2002年以来，相关事件时有报道。据众多曝光案例，此类陷阱所涉主体既包括皮包公司、色情行业从业人员，也有普通市民、农民等。就性别而言，尽管也有男性求职者遭遇同性或异性性骚扰的个别案例，但此类陷阱的受害者多为女性尤其是女大学生。一些劫色的骗子并不会直接侵占求职者钱财，但因其不愿承担“骗色”可能支付的经济成本（如酒店房费等），故最终也会使得受害者既“赔”色又蚀财。[③]

---

① 曾小威：《揭秘高薪务工骗局：以为是“淘金”，结果是逃命》，中国青年网百家号，2022年5月11日，https：//baijiahao. baidu. com/s? id = 1732494367011504756&wfr = spider&for = pc，最后浏览日期：2022年8月19日。

② 佚名：《警惕境外“高薪招聘”圈套》，新华社北京电，2021年2月28日，https：//www. sohu. com/a/453333720_ 162758，最后浏览日期：2022年8月19日。

③ 于杰：《男子骗奸8名求职女大学生 受害者称接受潜规则》，《京华时报》2009年2月12日，news. sohu. com/20090212/n262191211. shtml，最后浏览日期：2016年3月8日。

色相陷阱中虽有受害者也被劫财，但骗子的主要目的是“劫色”。也有骗子从一开始就预谋同时侵占求职者的钱与色。譬如，广西一诈骗团伙伪造数家公司的虚假证件，在网上发布公司招聘文员的虚假信息，引诱求职者前去面试，并通过收取门卡费以及让受害者到指定医院体检等手段骗取钱财。随后，再以求职者发货单填写错误造成公司巨额损失为由，要求其与团伙成员发生性关系，弥补“损失”。至落网时，该团伙共诈骗了二三十名受害者，多为刚毕业的大学生和急于找工作的求职者。① 还有骗子先利用求职者急于求职的心理进行骗色，而后再对其本人或父母进行敲诈勒索。②

概观诸多新闻案例，色相骗局主要有如下四种形式：第一种，在招聘过程中或利用“招聘”对求职者进行性骚扰——被认为是一种语言或身体上“不受欢迎的”性注意，从未经许可的调情到令人不快的身体接触等都属于该范畴。③ 譬如，以“岗位”所需，要求“裸测”应聘女大学生的三围或检查下身；第二种，利用求职者对模特、演员、主播和空姐等特殊职业招聘中“潜规则”的认可，对其施以“骗奸”——行为人虚构招聘事实，诱骗求职女性主动或自愿与其发生性行为。因没有侵犯女性的性自主决定权，加之受害女性具有将性行为作为换取工作的主观意图，故其并不构成强奸；第三种，以招聘为幌子，强奸求职者。这是最为暴力的性侵犯。也有骗子为了规避强奸的罪名，先通过拍摄猥亵求职者的照片，再以对私密照片进行传播相要挟，强迫求职者与其发生性关系④；第四种，以常规岗位（如文员、理发店学徒、饭店或 KTV 服务员等）的招聘为名，胁迫求职者从事色情业，使之成为赚钱工具。在许

① 谭贵中、谢东珊、王刚：《广西一团伙借招聘诈骗 逼女员工“发生关系 5 晚”》，中国新闻网南宁电，2013 年 4 月 13 日，NEWS. SOHU. COM/20130413/N372583234. SHTML，最后浏览日期：2021 年 9 月 20 日。

② 栗占勇：《女大学生网上求职“面试”失身》，《燕赵都市报》2006 年 7 月 12 日，news. sina. com. cn/o/2006-07-12/09229438390s. shtml，最后浏览日期：2021 年 9 月 28 日。

③ ［美］迈克尔·休斯、卡罗琳·克雷勒：《社会学和我们》（第 7 版），周杨、邱文平译，上海社会科学院出版社 2008 年版，第 256 页。

④ 《女大学生应聘模特被骗：假摄影师拍私密照后多次胁迫将其强奸》，澎湃新闻百家号，2018 年 2 月 22 日，https：//baijiahao. baidu. com/s？ id = 1593063500843304703&wfr = spider& for = pc，最后浏览日期：2021 年 9 月 28 日。

多情况下，不法分子会先对受害女性施以骗奸、强奸甚至轮奸，以打击受害人的廉耻心，突破其心理防线，使之更快、更好地沦为赚钱工具。

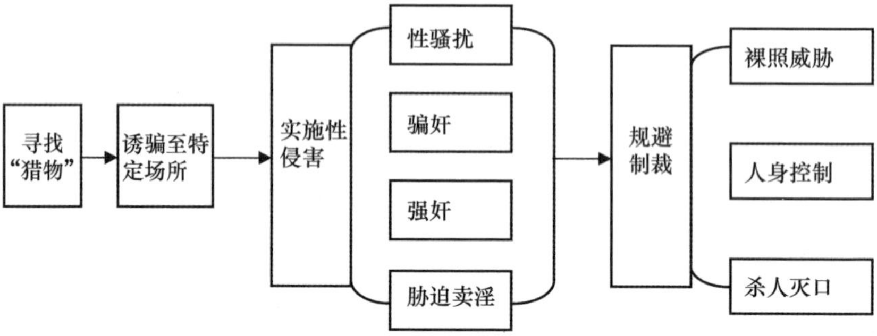

图3－15　色相骗局的实施模式

通常，不法分子通过网络、人才市场、职介所以及大学校园等发布虚假招聘信息，有的还主动通过网络收集求职者个人信息或直接在车站等公共场所物色对象。一旦接触到潜在目标，便设法将其诱骗至出租屋（多为民房）、旅社、宾馆以及自己家里，实施性侵害。为规避法律制裁，不法分子还可能通过诱骗或胁迫的方式为受害者拍摄裸照或私密照片，以在事后“堵”住受害人的“嘴”，或趁机进行敲诈勒索，或以此来胁迫其从事色情服务。也有不法分子因遭遇受害人的强烈反抗，残忍地将其杀害。一些卖淫团伙为了让受骗女性“乖乖听话”，除进行威胁外，还会利用她们急于脱贫的心理对其进行“洗脑”。譬如，对受骗女孩鼓吹，“接客只不过是利用了一下嫖客的爱心而已”，“你多挣一点钱，你父母就会开心一点，日子也过得好一点，人家都会看得起你一点”，等等。

第四章　骗子："难道就我们有错？"

> 大一时，被叫去和其他高校的学生交流，结果被那里的老师（职介人员）说得感动得不行了，感觉浑身充满了正能量。后来，对方喊我们交一万（元）的兼职费，说保证我们在大学四年里都有工作可做。还特别强调说，做兼职也是实现大学理想的一个重要途径。我觉得一万（元）太多，没有交。如果当时只是喊交几百（元），我肯定就给了。刚才听老师这么一说，我才意识到那很可能就是骗局。不过，即使当时真交了几百元，事后也知道自己被骗了，我都觉得"值"。毕竟，对方讲得的确很好，句句说到心坎里，很是激励人心。

在2014年上半年的一次课堂调查中，C市某财经大学一位男性大学生道出如上一席话。从中不难发现，"能说会道"是骗子成功行骗的一大利器。在受访大学生中，关于骗子言语表达特征的这类叙述可大致概括为："套近乎，博取信任"；"言语很煽动"，或"花言巧语，鼓动自己做些不经大脑的事"；"动之以情，晓之以理，实行心理攻击"，或"抓住了我们的心理，运用人情攻势，换位交谈，让你觉得他纯粹就是无偿帮助你的好人"等。甚至是"讲普通话"，在部分大学生看来，也可以构成一种有力的言谈方式。除"能说会道"外，骗子还采用了哪些手段来实施欺骗，进而使得大学生这一高智商群体早已成为主要受骗者之一呢？抑或受骗大学生等求职者的平均智商或情商低于常人？西方学者对虚假广告易感性之影响因素的研究发现，诸如性别、智力等个体特征与消费者对虚假广告的易感性之间，并不存在密切关联。[①] 那么，答案究竟何在？本章就是要探讨这一系列问题：骗子是如何进行虚假表演的？他们采用了哪些印象管理技术？他们是如何走上虚假招聘这一越轨道路的？他们如何看待自己所从事的越轨活动？又是如何规避客观存在的法律风险与道德负担的？

第一节 剧班共谋：招聘表演的印象管理策略与技术

戈夫曼（Erving Goffman）明确区分了虚假表演与普通或诚实的表演，[②] 据其论述，本书中那些实施虚假招聘的骗子无疑是精通各种舞台表演手法的行家，他们向求职者提供自己所捏造的东西，运用几乎所有可能的符号为实际上子虚乌有的东西作证。换言之，许多骗子都是成功的虚假表演者，他们具有足够的动机（为了一己私利）与能力（演技高超）来假扮某种招聘角色，通过既定的恰如其分的表达向求职者误传事实——确实有所宣称的岗位提供。如果说求职者也是表演者的话，那他们充其量只是在进行普通的甚至是诚实的表演，因为其印象管理通常都是在并非刻意关注、更谈不上精心设计的情况下完成的。既然骗子的表演具有某种职业性和专业性，那么骗子高超的演技体现在哪些方面？或者说，他们如何确保自己演技高超呢？本部分着重采借戈夫曼印象管理理论的分析框架与重要概念，分析骗子群体中广泛使用的印象管理策略与技术，这些策略和技术恰是作为表演者的骗子确保自己演技高超的奥秘所在。

一 "招聘"前台：擅用各类表达性装备

戈夫曼使用"前台"一词来指称个体在表演期间有意无意采用的、标准的表达性装备，其主要由"舞台设置"与"个人前台"这

---

① Latour, K. A., and M. S. Latour, "Positive Mood and Susceptibility to False Advertising", *Journal of Advertising*, Vol. 38, No. 3, 2009.

② ［美］欧文·戈夫曼：《日常生活中的自我呈现》，冯钢译，北京大学出版社 2008 年版，第 57 页。

两部分构成。其中，"舞台设置"指的是表达性装备的场景部分，包括舞台设施、装饰品、布局以及其他背景项目；"个人前台"指表达性装备中能使人们与表演者产生内在认同的部分，其随着表演者的移动而移动。[①]

（一）招聘表演的舞台设置

舞台设置在招聘骗局的上演过程中发挥了不可或缺的作用。通常，不同的招聘骗局会借助不同的舞台场景。譬如，"公关"骗局多利用一些知名酒店、娱乐场所作为行骗空间；一些常规兼职骗局利用街头由他人搭建的真实产品展示台以及知名商场、真实卖场作为行骗舞台。更多的钱财骗局则会利用被刻意装扮过的"办公室"作为施骗舞台。"还有专门的办公地点"，这恰是调查中相当一部分大学生认为自己受骗的一个重要原因。部分骗子还会租用比较高档的写字楼作为"招聘"场所，这是利用了人们对租用此类办公空间之公司实力的盲目信任。如有受骗者称，"看见公司所在的是高档写字楼，就更不会怀疑了"。

骗子通常会在租用的"招聘"舞台的布置上煞费心思。从基本的办公设备到一些装饰物，虽可能简陋却一应俱全，以博取求职者的信任。比如，在一些"星梦"骗局中，为让渴望成名的应聘者相信自己"公司"的实力，骗子多会在办公室墙上张贴自己与很多知名导演的合影照片等。一些黑职介或皮包公司还会在办公桌上摆放有关劳动法律法规的书，有的甚至还插上几面国旗，也有的会在墙上显眼处悬挂所谓的营业执照，有的则会张贴"诚信为本"之类的标语以及所谓招工单位的内部照片等。这些被刻意营造出来的"招聘"场景，无非都是为了给应聘者留下真实、"正规"的印象，进而诱使其掉入圈套。

常规骗局中的场景总体多具有如下特征：办公场地比较狭小，办公设备比较简陋，场地多为民房以及生意较为清淡或比较破旧的商业用房与写字楼等。在类似招聘场景中，有的设备纯粹是为了"装样子"，譬如电话可能未插线，电脑主机可能是空的。我曾在课堂上对此类场景中

① ［美］欧文·戈夫曼：《日常生活中的自我呈现》，冯钢译，北京大学出版社2008年版，第19—20页。

招聘行为的可靠性做了一个调查（展示了实地拍摄的一个虚假招聘场景），结果发现，有部分大学生明确表明了自己的不信任，理由是“办公室布置过于简单，不像办公地点”等。但也有许多大学生对其持肯定态度，他们给出的理由正好相反，如“面试很正式，很庄严，心理可能紧张”，“屋内摆设看起来让人信服”，以及“看到此布置，感觉应聘地方很休闲，心情会变轻松些”等。对于同样的“招聘”场景，不同应聘者得出完全不同的判断，这取决于他们的过往经验。然对骗子而言，只要此类舞台设置能赢得相当一部分求职者的信任，他们的招聘表演就成功地进行了一半。

“招聘”舞台本身的选址也很重要。据对C市虚假招聘的调查，许多骗子会把舞台设在市中心相关地带，以及各行政区的商业集中区域和火车站、汽车站等地带。这些区域是在校大学生与外来务工者频频出现之处，便于集中施展招聘表演，故而成为黑职介与皮包公司的聚集点。

（二）骗子的个人前台

成功地施展招聘表演，除了要细致慎微地设计舞台，骗子还得小心谨慎地使用他们的个人前台。毕竟，举止、仪表这等被世人广泛用作自我隐蔽的手段，可以发挥一种对头脑简单者维持支配地位的作用。① 骗子的个人前台突出表现在仪表、言谈与举止这三个方面。以仪表为例，部分大学生自认受骗的原因之一就在于，对方“看起来挺老实的”，“外表像学生，不像骗子”，“衣冠楚楚，一表人才”，或“穿职业装，拿公文夹，看起来是个白领”，诸如此类。尽管骗子不会把这两个字刻在脸上，但许多时候求职者还是很容易被其衣着、长相乃至年龄蒙蔽。骗子正是充分利用了求职者中普遍存在的这种“以貌取人”的符号接受倾向，进而置之于被误导、被欺骗的境地。对此，有受骗大学生事后称，“看似善良的人居然是骗子，实在难以想通”。

此外，如本章开始所言，多数骗子都是言辞表演的行家。他们精通巧言令色之道，擅蛊惑人心，进而实现对求职者在言语上的积极暗示，致使许多求职者陷入一种极度兴奋的无意识状态。如法国社会心理学家

---

① ［美］欧文·戈夫曼：《日常生活中的自我呈现》，冯钢译，北京大学出版社2008年版，第55页。

勒庞（Gustave Le Bon）所述，[①] 一旦求职者在骗子言语催眠下陷入无意识状态，他们大脑的知性活动便被抑制，正常的思维活动被麻痹，但行动的能力犹在，这就使得其成为一台完全听命于脊椎神经外部刺激信号的电子细胞装置。此时，求职者有意识的自我人格全然消失，原本明晰的意识力与判断力荡然无存，其一切感情和思想皆听命于骗子的外界指令。即便是高智商的大学生，也沦为这些扮演着类似催眠师角色的骗子所随意支配的无意识活动的奴隶。

从行为层面上对求职者施以强有力的暗示，在招聘表演中亦十分重要。在调查中，许多大学生都向我强调，骗子的行为极具迷惑性。如一位遭遇手工制作骗局的女大学生认为，自己之所以在受到过"要小心求职被骗"之类告诫的情况下还会受骗，主要原因之一就在于：

> 老板先让我和另一位同学试绣，看看动作快慢。结果，那位同学因动作慢未被录用，我自己因手脚快被录用了。这一招聘过程看起来非常正规，所以自己就放松了警惕。

在该女大学生看来，正是骗子在行为举止上展现出的"正规"性使得她上当受骗。事实上，"正规"一词不止一次地出现在许多接受调查的大学生的描述中。"貌似'正规'，将各种招聘手续做得比较详细，尽量像真实的一样，包括给你看营业执照、办工作证，甚至现场提供其他应聘成功者的个人资料，让你进行信息核实"，以及"签合同、开收据"等，都是多数受调查大学生对骗子在虚假招聘中所施展之行为表演的共同认识。那么何谓正规呢？如戈夫曼所言，完全虚假的表演为了减少怀疑会突出"常规化"的感受。[②] 就虚假招聘来看，骗子的表演必须符合求职者对常规招聘情境的定义与预期，即"该有的都有，至少从程序、步骤与要件上看"。

---

① ［法］古斯塔夫·勒庞：《乌合之众：大众心理研究》，戴光年译，新世界出版社 2010 年版，第 11—12 页。

② ［美］欧文·戈夫曼：《日常生活中的自我呈现》，冯钢译，北京大学出版社 2008 年版，第 67 页。

骗子的“行”还应当与“言”相匹配。S_3与同学的下述遭遇就生动地展示了招聘表演中，骗子在“言”与“行”之间的巧妙配合以及适时、恰当的运用：

> 这是一家所谓的×××文化传播有限公司，办公室里只有两间屋子，一间大，一间小，大的那间有好几张小桌子，中间摆着一张大桌子。当时里面没有其他应聘者，只有约10位工作人员，他们七嘴八舌，一起围攻我俩。对方先给我们“灌迷药”，之后就喊我们每人交20元的咨询服务费。最后，又让我们每人再交500元服装押金，理由是害怕我们把工作时穿的衣服给穿走了，并强调之后会退给我们。当我们俩“稀里糊涂”交钱后，对方又拿出一份合同让签，上面有很多条款，尽管我们是学法律的，但很多东西并不明白。合同中有一条规定，“如果违约不去工作，押金就抵作违约金”。当时我们想，“只要我们不违约就没有问题”。我们还主动找对方索要收据，但对方称，“合同上写了的嘛，服务代办费”。我们感觉不对，明明是服装押金，怎么合同上写的是服务代办费呢？于是立马向对方提出质疑。对方却显得很不耐烦甚至很不屑的样子，称“这个没关系，都是一个意思”。看到对方这个样子，我们以为“就是这个样子了”，就没敢再多问，以免对方觉得自己“很无知”。

事后，这位女大学生认为骗子“装专业”。当自己提出质疑时，骗子就会“在语气上重一点，在气势上压倒你，打消你的疑心病”。总之，他们通过在言辞与行为上的配合表演，“就是要让你相信他”。

二　“招聘”剧班：共谋虚假表演

戈夫曼采用“剧班”这一概念来表示在表演同一常规程序时相互协同配合的任何一组人，并以此区别于“个体表演者”的概念。他强调，剧班这种集合体与社会结构或组织无关，而是与维持相关情境定义的互动或互动系列有关。① 这里的招聘剧班是指表演某种常规招聘剧情时进

① ［美］欧文·戈夫曼：《日常生活中的自我呈现》，冯钢译，北京大学出版社2008年版，第70、89页。

行合作的一些人，或者说是，为在求职者面前营造出自身所期待的某种正规、合法的招聘印象而一起演戏的团伙或组织。诸多调查表明，以剧班表演方式施展招聘骗局的骗子比例，总体上远多于个体骗子的单独表演。在我所调查的大学生虚假招聘案例中，团伙作案至少占了74%；单独一人作案仅占7%。总体来看，招聘剧班的成员上演的或是彼此一致的个体表演，或是彼此不同却组合成一个整体的表演。作为剧本的知情人，他们共同保守着剧班秘密，在招聘表演的前台区域进行着适宜于剧情的行为，以富有表现力地维持着预设情境定义的稳定性。这种"共同演戏"的偏好在于，如若没有一定数量的剧班成员间的默契配合与技术性互助，前述之演技的高超或就无从谈起。换言之，通过组成剧班的方式进行"招聘"，本身就是作为表演者的骗子用以确保自身表演成功的一种防卫性策略。

（一）剧班内部的层级化

在团伙化行骗中，骗子间通常会发展出较为明确的分工。随着团伙队伍的不断壮大，一些团伙发展成为更大规模的犯罪集团，组织化程度加强，作案预谋性更强，分工负责也更加严密。在这样的剧班内，成员间呈现出较为明显的等级分化，传销集团正是这方面的典型。此处以同样典型的黑职介为例，予以分析。

根据对诸多新闻案例的分析可以发现，但凡具有一定规模的黑职介，其内部都具有较为严密和完整的组织结构（见图4－1）。即这些黑职介内部业务分工明确，分别设有业务部、招聘部、安置部、管理部和财务部等部门，每个部门各有经理负责。在每个部门下，是众多一般员工。这种内部组织结构在本质上大同小异，只是部门多少及名称上有所不同。譬如，有的黑职介将员工囊括在"营业部""退费部"和"前台"这三个部门下，前两者各类似于图4－1中的"业务部""安置部"，后者则类似于某些职介的"接待部"。另据一些有关深圳黑职介的内幕资料，其中专门负责业务的部门一般还会再分为若干组，设立小组主管，由其负责业务员，同时"摆平"诸多麻烦事。设立众多各不相同的部门，既是内部分工与管理的需要，又可彰显"公司"实力，更好诱骗求职者。

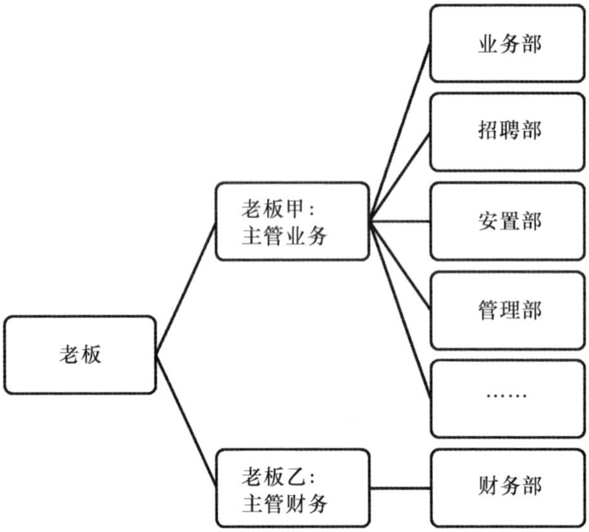

图 4－1　黑职介内部的组织结构

资料来源：根据诸多新闻资料归纳而成。

1. 老板

据公安机关所侦破案件及有关内幕揭秘资料，可以认为，作为首犯，老板在剧班集团中的地位最高。老板中，部分是“夫妻”老板，或具有同居关系，或是法律上的夫妻关系。这种情况下，男老板通常主管业务，女老板主管财务。① 还有相当一部分老板，或负案在身，或已有过监狱生涯，属于典型的惯犯。老板行踪一般较为神秘，很少甚至从不在“公司”露面，几乎都在幕后操纵。就职责而言，老板掌控的都是比较重要的事情，承担着黑职介的建立和诸如设点、骗术创新与财务等核心工作。就收入来看，除掉其他成员的提成与必要的“关系打理”费用，黑职介老板的收入相当可观，其中一些人取得了人生中第一桶金，完成资本原始积累。黑职介规模越大，总的诈骗收入越多，老板可获取的收益也更多。这就解释了，为何许多黑职介总会想方设法拉受害求职者入伙，扩

① 参见《“高薪招聘”骗局背后：受害者应聘受骗 转而加入行骗团伙》，央视网新闻百家号，2019 年 9 月 24 日，https://baijiahao.baidu.com/s?id=1645541276803806730&wfr=spider&for=pc，最后浏览日期：2021 年 9 月 6 日。

大自己的诈骗网络。

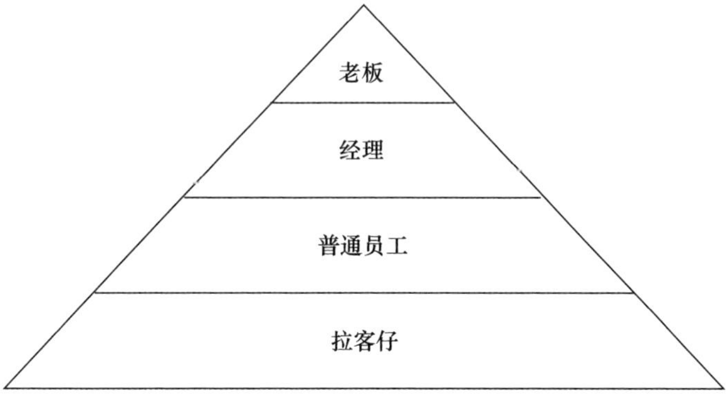

图4－2　黑职介的内部等级

这些老板又是如何成立黑职介的呢？他们可能到职能部门进行注册，以便拥有行骗的"合法"证照；也可能绕开上述注册环节，直接"成立"黑职介。比如，北京某黑职介老板杨某于2002年初在某写字楼开办职业中介，最开始什么证件都没有。其花钱在报纸上刊登了一些招聘广告后，求职的人越来越多。随后，杨某加大广告投入，三个月后，便利用从求职者那里骗取的钱注册了一家信息咨询公司，而其办公室墙上挂着的《职业介绍许可证》则是另外一家公司的复印件。自2002年"开张营业"到2003年被工商行政部门查处的这一年多时间里，杨某从求职者手中至少挣了100余万元。①

2. 经理

此类经理级人物通常都由老板统管，负责打理公司的事。现有资料中有关此类剧班成员的信息较少，目前获得的仅涉及如下方面：其一，职责与收入。在老板不公开露面的情况下，公司的日常事务一般都由经理管理。经理是公司的负责人，或者说是剧班集团的主要成员，从定罪角度来看，他们和老板一起同属主犯。就收入而言，多为底薪加提成。据悉，经理提成的高低可能还要分部门。以深圳某黑职介为

① 佚名：《黑职介自曝内幕：先"吹"后"拖"坑骗求职者》，《新京报》2004年5月7日第A07版。

例，接待招工的面试经理，其提成高于退款经理，前者是 12%，后者是 8%—10%。[①]

其二，至于这些经理级成员来自何方，或者说老板是通过什么途径招来这些负责人，则是各不相同。有由黑职介老板或诈骗团伙的核心成员亲自扮演经理这类角色的，也有业务突出的普通员工被晋升为经理的。还有案例表明，这一重要角色也可能来自被骗求职者，不过被物色者需要某种比较突出的能力。如某案例中的求职者在知道自己受骗后，面对老板打手的威胁，在其他上门讨钱的受害者都“乖乖”离去的情况下，依然坚持“讨说法”。这种胆识与气魄震住和征服了对方经理，最终他被拉拢并成为团伙中的又一位经理。[②]

3. 拉客仔

最后是普通员工与拉客仔（即业务员），其属于剧班集团中的普通员工，也是底层员工，流动性相对较大，尤其是处于最底层的拉客仔。在这些员工中，除拉客仔外，常见的一些角色还包括接待员、收银员、安置员、打手，有的还包括接送业务员的司机、伙食员等。这里重点认识一下“拉客仔”这一人数最多，也较为特殊的剧班成员。之所以把其归于最底层，在于诸多内幕人士（其中许多当过拉客仔）的曝料，以及记者暗访所披露的事实。

其一，多为受害者。许多黑职介以招聘业务员或文员为由，将一些求职者骗进公司，在收取几百元不等的押金后，给他们“洗脑”，灌输骗人理念。还有一些黑职介假扮附近正规工厂进行“直招”，对求职者进行诈骗，待受骗求职者上门讨钱时，再让他们留下来做“业务员”，去骗其他求职者的钱。如在《南方日报》记者的暗访[③]中，一位带着记者去“拉业务”的拉客仔说道：

---

① 佚名：《深圳招工骗局曝光　黑职介关门拉客仔匿迹》，《南方都市报》2006 年 10 月 13 日，news. sohu. com/20061013/n245780645. shtml，最后浏览日期：2016 年 5 月 10 日。

② 佚名：《黑职介老板骗女大学生当情妇》，《重庆晨报》2006 年 2 月 7 日，news. sohu. com/20060207/n241701099. shtml，最后浏览日期：2016 年 4 月 8 日。

③ 这位记者于 2012 年 9 月和 2013 年 2 月，两度以求职者身份卧底进入东莞市长安镇一家黑职介，以下引文皆出自其暗访报道。参见佚名《揭秘黑职介乱局》，《南方日报》2013 年 2 月 26 日第 A13 版。

> 这个所谓的工厂人事部实际上就是一个黑职介，业务员拉到求职者后就以各种名目骗钱，如报名费、联网费、体检费、伙食费和工衣费等，只要想得到的都可以。"你现在要么走，要么就在这里做业务员，钱肯定是没有了，你去要，说不定还会挨一顿打。"他说自己最开始进来的时候，也被骗了1600元。

果不其然，没多久，那位面试记者的"李经理"（真实身份是该黑职介老板）把记者带回办公室，并明确告诉记者：

> "相信你已经知道我们是做什么的了，你现在要么走，要么就留在这好好给我拉人。"记者表示愿意，并要求退回之前所交的数百元钱，但遭到了拒绝。"李经理"还叮嘱记者要好好学，"一定要多拉业务，每单给你返30%的提成。"

该记者在接下来的暗访中发现，大部分被骗的人都不会回来"要钱"。而那些回来"要钱"的少数求职者通常会被痛打一顿，但更多的是被留下来成为一名没有底薪的黑职介业务员，从被骗者变为行骗者。记者还发现，留下做业务员的受骗者中，多数人在得知"黑职介"真相后，都会因为害怕而主动走人。

其二，没有底薪，收入全靠提成。这种薪酬方式既不会增加黑职介的成本，还能充分调动拉客仔的积极性。为了提高收入，许多人每天晚上都会参加黑职介组织的有关物色被骗对象的培训。为多拉到业务、多提成，许多拉客仔不择手段，对求职者甚至已经由暗骗变为明抢。从有关资料来看，拉客仔成功一单的提成比例在不同公司各不相同，从6%、15%到35%不等。在一些黑职介，拉客仔的提成比例与受害者所交费用直接挂钩，如"5000元以下18%，5000元以上20%，10000元以上22%"。[①] 有黑职介还采用了类似传销的方式：若拉客仔先把求职者骗进公司，并发展为自己的"下线"，然后再让其到外面去拉客行骗，这样

---

① 佚名：《深圳黑中介连环诈骗求职者　称大学生最好骗》，《南方都市报》2006年12月6日，news. sohu. com/20061206/n246840846. shtml，最后浏览日期：2016年5月13日。

拉客仔就可得到每位“下线”30元的介绍奖金；如果“下线”能骗到人，作为介绍人的拉客仔还能按3%的比例拿提成。正是因为采取了这种“业绩”激励机制，这些黑职介的拉客仔每月收入比较可观，一般在5000元左右。[①] 春节后农民工返城找工作的高峰期，也是黑职介与拉客仔的“创收旺季”。如在前述《南方日报》记者的第二次暗访中，一位负责账务的前台告诉记者，在元宵过后的高峰期，两家店每天的总业绩估计能有两三万元。

在对受骗女大学生S_2的访谈中，我了解到C市黑职介拉客仔的有关信息，这在一定程度上丰富了前面对该群体的讨论：

> 我在圣灯乡某农民家中为其上初一的女儿做家教，这家女主人是一位40岁左右、很忠厚的农村妇女，对我很好。刚开始，我只知道她和老公都没有正式工作，她自己在市区看自行车，家庭经济条件不好。约半年后，我才了解到这位母亲工作的一些内幕：最初，她专门帮别人看自行车，后来有熟人介绍她帮忙给某公司发传单，周末再拉点学生上去。（这是C市市区周末极为常见的兼职口头招揽骗局，我所调查的大学生多掉入此类骗局。）因为都在一个地方，可边看自行车边兼职发传单和拉客，为多挣点钱，她接下了这份工作。
>
> 随后，她就在这家骗子公司扮演着大街上拉客的角色，而且专门拉学生模样的人。每拉一个人上公司，公司就会给她8元提成。被拉上去的人一般都会交20元所谓的咨询费，即使以后出了什么乱子，这20元都不会退，所以8元的提成始终稳定。她发传单的工资则是另外算，而且发传单的确是真的，不是为了掩护拉客，拉客只是顺便做的一件事情而已。这位母亲告诉我，这些骗子公司，有的是正规批准了的，有部分业务也是真的，如发传单；也有部分业务是假的，如所谓的帮大学生介绍兼职工作。也就是说，这些公司在合法工作之下还进行着隐蔽的招聘欺诈行为。
>
> 她还说，看见那些打扮得很妖艳，看着应该是有钱人家的孩子，

① 佚名：《拉客仔自曝骗抢黑幕》，《南方都市报》2007年12月7日第A28—A29版。

骗点钱自己也不会感到内疚，相反有一种心安理得的感觉。所以，她会设法骗对方上钩。但如果看到对方是农村的，是穷人家的孩子，就不会拉对方"做兼职"。但毕竟她们是一群人同时在下面拉客，她不去拉，其他人也会去拉。每当这时，她就会委婉提醒，"兼啥子职嘛，学生要好好读书嘛"。聪明的人一听就明白，就不上去了，可还是有人反应不过来，结果被同伙拉上楼去受骗。对此，她也感到无奈。

该母亲还说，自己一天最多可拉到十来个人上去。至于该骗子公司究竟有多少人在拉客，这些拉客的人都是怎样的背景，她没有告诉我。不过，她称拉客的以看起来很朴实的、30多岁的妇女居多。后来，她可能是觉得内心不安，不该骗学生，就没有再干拉客的活，改当保姆去了。至于她做拉客的活有多长时间，挣了多少钱，我不知道。当时我听说，之前她和自己的妹妹轮流拉客，此后她妹妹可能还一直在拉。最后，该母亲还称，"行有行规"，"自己知道就行了"，让我不要给别人说。她还提到，"这种事太多了，没办法"。

随着互联网招聘的发展，网络拉客仔群体迅速壮大。与传统拉客仔相比，网络拉客仔的行骗阵地为各类互联网平台，比如招聘网站、贴吧、QQ群、微信群等。除前期施骗舞台由大街变为网络空间外，这些拉客仔所扮演的角色并没有实质性改变，依然是发布虚假招聘信息，"钓"求职者上钩。

（二）剧班共谋

剧班共谋，用以指称任何一种秘密沟通，这种沟通方式极为小心谨慎，故不会对在观众面前所促成的假象构成威胁。① 总体来看，招聘剧班内部及其与其他关联剧班间的共谋，体现在以下两个方面。

1. 预警系统

任何招聘剧班若要进行印象管理，就得有一套难以为观众（求职者

① ［美］欧文·戈夫曼：《日常生活中的自我呈现》，冯钢译，北京大学出版社2008年版，第151页。

与执法人员等）所察觉的被戈夫曼称为“舞台提示”的秘密暗号系统。[①]尤其当剧班成员忙于施展招聘表演时，这种舞台提示的使用更为普遍，其中以预警系统为甚。这种系统实则是一套警示信号，不同于当求职者在场时剧班同事通常使用的那种非正式的、多为无意识习得的姿势与表情语言之类舞台提示。此类警示性提示，通常把那些在招聘前台专心投入表演的骗子与在后台提供帮助和指导的骗子联系起来。

正如戈夫曼所说，当表演者处于必定要自食其果的情况下时，他们的行为总是极为谨慎。[②] 对于招聘剧班而言，预警系统的存在正是其谨慎行事的突出展现。通常，无论是否有求职者在场，一旦发现有执法人员可能接近剧班工作地点，那些负责在附近区域“望风”的剧班成员会立即发出共谋的警示信号。在收到警报后，剧班工作地点的成员会迅速采取行动，以掩盖其从事欺诈性招聘的痕迹。尽管每个招聘剧班所构建的预警系统在效率和可靠性上高低不一，致使其“清场”效果各不相同，但通过此类暗号系统，剧班成功施展招聘表演的可能性得到极大提升。

据了解，这种预警系统在各地传销组织、黑职介与皮包公司中十分常见。以C市数码广场某黑职介被查处多次但总能在不久后重新开张这一个案为例，该市WH区劳动部门的执法人员也无奈地表示：“几个部门组成的综合整治队已经来这里4次了，由于屡屡上门，楼下发传单的拉客仔一看见我们到来，马上就会通知上面关门。”[③]

2. “托儿”

戈夫曼用“托儿”这一概念来指称那些看似一名普通观众，实际上却与表演者串通的人。[④]“托儿”本身的存在，即是招聘剧班“共谋”事

---

① ［美］欧文·戈夫曼：《日常生活中的自我呈现》，冯钢译，北京大学出版社2008年版，第154—155页。

② ［美］欧文·戈夫曼：《日常生活中的自我呈现》，冯钢译，北京大学出版社2008年版，第192页。

③ 佚名：《求职心切大学生接连上当　查处多次骗子照样钻空子》，《天府早报》2006年4月20日，news.sina.com.cn/o/2006-04-20/04208741462s.shtml，最后浏览日期：2015年10月22日。

④ ［美］欧文·戈夫曼：《日常生活中的自我呈现》，冯钢译，北京大学出版社2008年版，第125页。

实的客观写照。这种"托儿"既存在于同一招聘剧班内部，在不同招聘剧班或关联剧班之间也十分常见。先看"托儿"在招聘剧班内部可能是如何运作的。在识破自身遭遇的兼职骗局后，我几次通过电话要求最先接待我的那位骗子付某退钱，不料反被他威胁。但在我向一位警察朋友寻求帮助后，此前亲自收钱的另一位骗子邓某主动给我打来电话，佯装毫不知情地说道，"我不知道你们究竟是怎么回事，刚才付先生告诉我，你们闹得不愉快"。显然，邓某此时所扮演的正是"托儿"的角色。他企图以一位无辜者的身份来充当"和事佬"，以对付像我这样"难缠"的、可能给他们带去麻烦的求职者。（应该是那位朋友对他们说了些"狠话"后，他们心虚了，萌生了退钱给我的想法。经过内部商量后，由邓某主动出面，试图从我这里先探下虚实，再伺机行事。）

当邓某假惺惺地说出上述那番话后，我毫不客气地质问他，"昨天你不是在场吗？不是你收的钱吗？"我强硬的态度，彻底揭穿了邓某毫不光彩之"托儿"的面目。见已无法在我面前演戏，他又开始以认识黑白两道人物对我进行威胁。我不甘示弱，回之以相同威胁。邓某终于亮出他们的底牌："那你想公了还是私了？"我顺势而为，表示自己只想退回先前所交之钱。经过一番周旋，邓某在电话中委婉暗示道：他会保证退钱给我。最终，我讨回了大部分钱。

再来看在不同剧班之间，"托儿"这种剧班共谋手段又可能如何运作。在第三章有关"双簧戏"骗局的讨论中，已经较为详细地揭示了黑职介与正规企业、皮包公司、培训机构等相互勾结、合伙演戏，诈取求职者钱财的事实。其中，无论是正规企业还是皮包公司，它们作为配合黑职介进行招聘表演的剧班，所扮演的正是"工托"的角色；所谓的培训学校，配合黑职介进行与招聘表演相关的培训表演，所充当的则是"学托"。此外，还有"医托"等角色。

三　招聘表演：谨慎运用印象管理技术

如前所述，骗子若要成功地施展招聘表演，得预先构建一整套防卫性措施。这部分对此类措施进行集中讨论，主要涉及以下三个方面。

（一）强化剧班成员的忠诚

剧班成员的忠诚品质（绝不能泄露剧班的秘密）对于表演的顺利开

展至关重要，它类似于某种道德义务。为了维持剧班成员的忠诚，一个关键的问题在于，防止表演者因为过于体谅地依附于观众而向他们泄露自身表演印象的重要意义，或让整个剧班为这种依附付出其他代价。[①]这种因剧班成员的不忠进而可能威胁到整个表演的现象在虚假招聘中并不罕见，譬如前面S_2案例中那位扮演拉客仔角色的母亲，她在目睹穷人家孩子被同伙诱骗时就会进行委婉提醒的行为，正是一个例证。

新闻界有关虚假招聘内幕的诸多曝光，也牵涉此类不忠现象，其主要涉及两种“告密者”：一种为“探子”或曰“卧底”角色。即伪装成求职者身份前去应聘，得以进入“招聘”后台区域，借此获取有关“招聘”剧班表演的破坏性信息，再将之公开地“出卖”给求职者等观众。卧底于深圳、东莞等地黑职介的记者，他们所扮演的正是此类角色；另一种为“叛徒”角色。即曾经从事过虚假招聘的“同行”，基于一种道德立场，将他们曾经的同伙所从事之招聘表演的秘密，经由媒体出卖给更多观众。那些充当过拉客仔并在离职后向记者揭露职介黑幕的人士，他们所扮演的便是这类角色。

无论是上述哪类剧班成员的不忠，都直接损害了“招聘”剧班所建立并努力维持的情境定义。故为使自己免受此类不忠之“害”，“招聘”剧班通常会在剧班内部发展高度的内群体团结，且为每一位加入剧班的成员提供一个适当的位置与一种强有力的道德支持。在传销组织与黑职介中盛行的“洗脑”，正是为精心构建虚假招聘世界中的社会团结与社会共同体，而由骗子们所广泛采用的一种重要手段。借此，“招聘”剧班成员，尤其是那些普通成员和新成员，其道德与法律意识得以严重弱化。随着心理上的障碍逐渐被推倒，这些人最终脱离了道德的羁绊，可以在求职者面前施展欺诈性招聘表演，并使自己免受怀疑与内疚。

再以黑职介对拉客仔的区别对待为例，并非所有受害者都甘愿成为帮凶，或都具有拉客的能力。为此，黑职介会淘汰掉那些业绩很差或看似不够卖力以及可疑的拉客仔，如有黑职介会辞退连续几天仍拉不到客人的拉客仔。对那些业绩很好的拉客仔，除定期给予物质奖励外，黑职

① ［美］欧文·戈夫曼：《日常生活中的自我呈现》，冯钢译，北京大学出版社2008年版，第183—184页。

介还会提拔重用，把他们从咨询员或业务员晋升为收银员、安置员甚至经理等。这样做或是因为，在黑职介眼中，业绩突出的员工不仅有能力，更值得信任。此类筛选举措，正是一种"招聘"剧班确保其底层成员高度忠诚的重要技术性手段与保障机制。

（二）实施专业化培训

美国城市社会学家帕克（Robert Ezra Park）认为，在城市环境中，每一种谋生手段都带有职业的性质，秩序的性质，这是确保取得成功所必需的性质。为确保成功，还需其他的联系来加强这种趋向：不仅要使自身的职业专业化，还要合理化，要完善一套具体的技术去自觉地从事这种职业。[①] 帕克所述在这里同样适用。诸多案例表明，许多个体可能因某种机缘接触到虚假招聘，于是把之作为获取收入的一种来源，并逐渐产生路径依赖，以致最终把它发展成为一种取得主要收入的谋生手段。由此，虚假招聘成了一种职业，这种"职业化"趋势又进一步促成其"专业化"提升。换言之，"招聘"剧班对其成员进行专业化培训，使他们遵守招聘表演的纪律，并增强临场表演的能力，这对整个剧班谋取在大城市中的生存空间至关重要。下面着重从培训教材与实地示范这两个方面，概要展现了部分"招聘"剧班所开展的表演训练。

1. 培训教材——招聘表演的剧本

无论是传销还是其他一些钱财骗局，往往都有专门的培训教材。这些教材生动地展示了招聘表演者所预先设计好的一整套话语和行动模式，并由此成为刚"入行"的剧班成员进行招聘表演的剧本。完备甚至堪称"天衣无缝"的行骗剧本，正是骗子将虚假招聘从"职业"发展到"专业"的充分体现。

这些年时有曝光的传销教材可谓这方面典型，其揭示出传销组织从列名单、邀约、接站、摊牌、跟进与加盟这一系列步骤的完整欺骗链条与精心编排的行骗话术。传销教材在"列名单"部分，一般会对可能发展为传销人员的对象做详尽分析，这恰好说明了谨慎的表演者会试图选

---

① ［美］R. E. 帕克、E. N. 伯吉斯、R. D. 麦肯齐：《城市社会学——芝加哥学派城市研究文集》，宋俊岭等译，华夏出版社 1987 年版，第 42—43 页。

择观众，而这直接影响到招聘表演能否顺利开展。传销教材在“邀约、接站”部分的各种“语气”与“神态”培训，则体现了对成员个体表演能力的关键考验，只有通过了这种表情控制测验，其才能成为值得信任的表演参与者。综观传销组织的此类培训，实际上都是在预先排演整个常规程序，使其成员既能熟悉角色，又能对那些可能发生的意外预先做好准备。这些都充分展示了如戈夫曼所说的戏剧表演所应有之纪律性和谨慎性。① 有的传销组织还针对“摊牌”阶段专门编制了“洗脑”教程。在一次打击传销的专项行动中，警方起获了大量传销笔记，从中发现了传销者总结的“7 天洗脑术”。② 此种洗脑方式，旨在将求职者逼入某种特定的思维框架，促使其思想“走火入魔”，进而心甘情愿地加入组织。此外，被曝光的还有公关诈骗教材等，也是教行骗者“速成”用的，限于篇幅，不予细述。

2. 实地示范——招聘表演的剧情呈现

黑职介对拉客仔的培训煞费苦心，类似于传销的“洗脑”在这里普遍存在，对具体骗人技巧的口头与实地示范性传授十分常见。受骗者在转型成为一个“优秀”的拉客仔前，需进行不间断培训。培训的内容是如何在车站、广场等人流密集处物色潜在受骗对象，这被业内称为“看人下菜碟”。一位深圳某黑职介的拉客仔向《南方都市报》记者揭露了相关内幕。这名拉客仔是该报头日暗访③的一家人才市场的员工，于 2006 年被骗到该职介所，身上 800 多元钱全部被“没收”。没找到工作，又没了钱，在其他拉客仔的多次游说下，他加入了这个不法者的行列。“入伙”后，他接受了一段时间的培训。和其他拉客仔一样，为了提高收入，他每天晚上都会参加职介所组织的培训，培训内容都是在汽车站附近物色被骗对象的“技巧”。对此，这位拉客仔说道：

---

① ［美］欧文·戈夫曼：《日常生活中的自我呈现》，冯钢译，北京大学出版社 2008 年版，第 185—187 页。

② 丁阳：《大学生屡陷传销，只能怪自己糊涂?》，腾讯“今日话题”栏目，2014 年第 2857 期，www. 360doc. com/content/14/0717/09/6791042 _ 394960069. shtml，最后浏览日期：2016 年 5 月 2 日。

③ 佚名：《黑职介冒充警察 站前洗劫务工者》，《南方都市报》2007 年 12 月 6 日第 A38—A39 版。

所谓的"技巧"，主要是看人下菜碟。如果发现行人拖着行李，而且无人接，就可以判断此人是单身，拉客仔肯定会对这种人下手。另外，如果发现有穿得像务工者，而且个头瘦小的人，也会下手。如果对方反抗，附近的拉客仔就会一拥而上，对其进行殴打。①

在对C市黑职介的调查中，我也发现了上述对求职者仪表与心理的"专研"。这些黑职介的表演者还擅于对在场求职者进行"隔离"，以"单个击破"，确保招聘表演的成功开展。遗憾的是，我没有机会亲历该市黑职介在这方面开展的表演培训实践。《南方都市报》记者详细记载了其亲历深圳黑职介行骗表演之实地培训的过程，直观地为我们展示了此类剧班成员培训的"实战"色彩：

记者被带到三楼一间大办公室，等待分工安排。……盘问几句后，被安排跟着一名白衣男子"实习"，熟悉市场。和其他新手一样，记者也被派到工业区较多的登良路一个路段"实习"。一旁的老员工训导记者：做这行要勤快，传单发得勤、搭讪搭得勤。即使只有一线希望，都要费尽口舌将他（她）拉到公司来。记者还被告知，"我们只负责将他们拉到公司，至于进去了怎么样，就不用管，有人会招待的，多少都会交点钱。我们的工资就从他交给公司的钱里提……"。②

（三）创新表演手法

当既有表演套路被越来越多的媒体、求职者等重要观众识破时，骗子就会设法创新他们的表演手法，这也是虚假招聘"职业化"与"专业化"的应有之义。基于对相关资料的综合分析，历年的这种创新可大致归纳为以下几个方面。

1. 行骗身份"公司化"

这体现在由"职介所骗局"转变为"公司招工骗局"。一方面，劳

---

① 佚名：《拉客仔自曝骗抢黑幕》，《南方都市报》2007年12月7日第A28—A29版。

② 佚名：《深圳招工骗局曝光　黑职介关门拉客仔匿迹》，《南方都市报》2006年10月13日，news. sohu. com/20061013/n245780645. shtml，最后浏览日期：2016年5月10日。

动部门大约自 2000 年起基本不准私人办职业介绍所，这使得以前那些靠非法职介骗钱的人想出新招，绕过劳动部门的审批，直接以“某某经营部”或“某某信息咨询公司”等名义，在原工商部门领取营业执照。如此一来，“改头换面”后的黑职介便可以“公司招工”的名义继续行骗。这也是2000 年以来，中国皮包公司日益增多的原因之一。“公司招工骗局”之所以如此流行，与“职介”在公众中的不良声誉也有关联，这在我自身的维权经历中有着直观展现。当我去找骗子讨钱时，邓某告知他们是“某某信息管理公司”，专为其他公司与求职者提供信息。我反问道：“那你们不就是中介机构吗？”但邓某辩称他们是“信息公司”，而非中介。在我一针见血地指出他们的中介性质时，他道出实情：“中介机构在社会上的可信度太低，而信息管理公司则要好很多。”在 2008 年新劳动法实施后，一些黑职介又打着正规劳务派遣公司的旗号行骗。①

另一方面，还有很多黑职介根本就未曾取得过任何证照，而是捏造各种单位或假冒其他正规单位，进行虚假招聘。譬如，我对周刊上诸多招聘广告的调查就发现，绝大多数纯粹为骗子所捏造。所谓的单位人事部，实乃由骗子个体组成的“招聘”剧班。他们在招聘广告上标注“单位直聘，拒绝中介”之类字样，以迷惑求职者。当求职者要求到招聘单位的办公场所看看时，这些黑职介便会以各种理由来推托。他们还许诺求职者，只要先缴纳各种费用，随后便可去“单位”上班。随着互联网招聘的盛行，假冒各类正规单位的“招聘”又成为黑职介的一个常用手段，第六章会进一步述及。

2. “公司化”运作

越来越多的“招聘”剧班倾向于采用“公司化”运作方式来管理中下层成员，根据现有资料，这里将其大致分为如下方面：“洗脑”、亲情式管理与暴利留人。以新型传销组织为例，其改变了早期以暴力留人，非法限制求职者人身自由的传统手法，代之以诱骗和精神控制为主，擅以情动人，以钱留人，更加注重组织的长远利益。据悉，组织者文化程度较高的传销组织往往倾向于采用这种更具隐蔽性的控制方式；与北方传销组织相比，南方传销组织更多使用这种软性控制手

① 佚名：《揭秘黑职介乱局》，《南方日报》2013 年 2 月 26 日第 A13 版。

段。上述三个要素在黑职介与皮包公司中也发挥着类似作用。《深圳商报》记者对某黑职介的暗访就极为生动地展现了该组织的"利益留人"机制。

> 今晚公司要开大会表彰业绩最多的员工。平时没怎么出现的人今晚都出现了。所有员工加起来有30多个吧，分成业务部、安置部和前台，我们属于业务部的A组。除了女孩子，男的在这里还充当内保的角色。那天看到的黑衣男子是这里仅次于老板的经理，大会就是由他主持。他提了几点要求——卫生、签到和服装仪容之类的，然后就开始表彰业绩好的员工。……颁奖的时候，是靠着老陈在台上按5000元以上业绩，从多到少喊上台去的。两个月业绩最多的竟然有1.7万元，至少要骗800人。业绩好的都是老员工，起码都是做两个月以上的，而且这些人都属于前台。外带的人，只有一两个老员工得奖。奖品是VCD、被子、毛毯之类的。几个业绩不错的新员工，发给了收音机。最后那个黑衣经理让所有员工齐喊公司的口号：有福同享，有难同当，团结就是力量。①

诈骗团伙规模越大，"公司化"运作特征越突出。譬如，以南通警方侦破的一个专门从事网络兼职诈骗的特大诈骗团伙为例——这也是全国公安机关破获的首起包含完整黑色产业链条的网络兼职诈骗案，为降低受害人的警惕性，该团伙组织异常严密，设置了外宣部、客服部、培训部和财务部等，每个部门的负责人统称为主管，作案均为流水作业。具体而言，先由外宣部联系购买或租用非法软件，利用WB等网站的规则漏洞，在全国各地批量发布急求网络兼职的虚假广告，并留下QQ号码。一旦有求职者主动联系，外宣部助理则要求其注册使用YY语音通信平台，此时不谈任何费用。一旦求职者被引导到该语音通信平台，客服部助理再以各种理由收取99元至299元不等的各种名义

---

① 佚名：《女记者卧底日记揭露深圳职介所招聘骗钱内幕》，2007年，https：//china.findlaw.cn/laodongfa/laodonghetongfa/laodonghetongzhishi/118391_4.html，最后浏览日期：2021年4月20日。

的费用。之后，培训部再以培训费等名义对所谓的“入职”人员继续行骗。这些骗来的钱财实时汇入指定账号，再由财务部每天结算发放“工资”。还有专人为该团伙提供大量作案用的银行卡、支付宝账号及取款服务。①

3. 诈骗链条“产业化”

随着对虚假招聘打击治理工作的不断推进，为逃避打击、隐匿自身违法犯罪行为，越来越多的诈骗团伙采取多种手段绕过实名制监管，逃避司法机关侦查，由此催生了助推招聘诈骗实施的较为完整的黑灰产业链条。据了解，此类诈骗产业链涉及招聘代发、招聘账号与个人信息买卖、脚本编造、诈骗实施到销赃分赃的每一个环节。

有记者在2018年的调查就发现，网络招聘之所以日渐成为网络安全的重灾区，不仅限于招聘诈骗本身，还涉及为此类诈骗提供各种“服务”的网络黑市。譬如，在TB上就有多家店铺可以替企业发布招聘职位。这些店铺提供的代发业务，根据上架天数、刷新次数不同而收费不同，但均承诺为“企业会员账号代发，重点推荐职位，排名靠前”。上述店铺还大多提供“代过企业会员认证”业务，一家店铺向记者介绍，“不需要你提供企业资料，50元代认证WB的招才猫直聘，100元代过ZL双认证，企业认证与个人认证均过。这还有大量ZL双认证账号出售。”此外，购买上述代发服务“不需要你提供任何企业资质，求职者简历也是直接发到你的邮箱中”。除TB外，诸多QQ群中也存在很多出售招聘平台账号的从业者。该记者指出，上述业务需求量颇高，也正是这种低廉的成本（不到300元每月的代发业务，100元以下的认证服务费）帮助无数招聘诈骗从业者直接绕过了诸多网络招聘平台的审查体系。与此同时，TB多家店铺可以提供求职者的简历代下载业务，甚至在QQ群，还有从业者低价出售可供下载简历的企业账号。记者的调查还发现，在QQ群中存在大量以“HR简历共享群”为名的QQ群，百人以上的群超过100个，群中存在部分人力资源行业工作者，以及大量倒卖简

---

① 丁国锋：《南通破获全国最大规模网络诈骗案 团伙以招聘网络兼职为名骗取钱财》，《法制日报》2017年5月9日，www.xinhuanet.com/legal/2017-05/09/c_1120939207.htm，最后浏览日期：2021年8月3日。

历数据的黑产从业人员。[①]

再以前述刷单类诈骗为例，2018 年央视记者的调查发现，兼职刷单诈骗已形成了一条完整、高效的产业链，骗局的各个环节分工明确、相互配合。[②] 庞大的网络黑市以及大量非法交易，滋生了不少黑灰产业犯罪团伙。在 2022 年 8 月上旬，公安部组织指挥广东、河南、湖南等 30 个省区市公安机关，同步开展为期一周的集中收网行动，成功打掉一批刷单类电信网络诈骗及大量为刷单诈骗提供推广引流、返利收款、转账洗钱等非法服务的黑灰产业犯罪团伙，共抓获违法犯罪嫌疑人 1100 余人，缴获手机、电脑等作案工具 3000 余台，涉案金额 9000 余万元。[③]

据相关报道，刷单类电信网络诈骗的黑灰产业非法服务主要体现在以下几个方面：其一，买卖公民个人信息。其二，买卖、租借银行卡和手机卡。其三，量身定制非法 APP。其四，注册公司、开办银行对公账户并进行转卖。其五，转移资金洗钱等。[④] 即此类招聘诈骗已经实现全链条"产业化"，上下游的各个环节均有专业的"产业链"。这些诈骗团伙呈现跨地域（甚至驻扎在境外）运作的特点。团伙成员定期接受公司话术培训，从非法渠道获取被害人信息后，使用公司分配的虚假电话卡，打着"网络刷单返利"名义接近被害人，引诱其注册可以后台操控的刷单平台，进而实施诈骗。诈骗得逞后，诈骗分子会通过境内"水房"（洗钱团伙）、"跑分平台"拆分交易以及购买虚拟货币等快速转移涉案资金，以逃避公安机关的止付、冻结措施。[⑤]

---

① 陈宝亮：《传统招聘平台招聘诈骗黑产泛滥：审核机制失效 安全投入杯水车薪》，《21世纪经济报道》2018 年 11 月 14 日，https://baijiahao.baidu.com/s?id=1617084669242263050&wfr=spider&for=pc，最后浏览日期：2022 年 9 月 9 日。

② 央视十三套：《"网络兼职刷单"骗局真相》，央视网微博视频号，2018 年 7 月 15 日，https://video.weibo.com/show?fid=1034:4270701566215007，最后浏览日期：2022 年 8 月 16 日。

③ 央视十三套：《动动手指就"致富"？揭秘做任务式刷单多套路骗局》，央视网微博视频号，2022 年 8 月 11 日，https://video.weibo.com/show?fid=1034:4801258947805241，最后浏览日期：2022 年 8 月 15 日。

④ 李佳鹏等：《"定制""洗白"一条龙 电信网络诈骗呈产业化》，《经济参考报》2022 年 3 月 29 日第 A04 版。

⑤ 张莫：《"三探电信网络诈骗"系列报道追踪丨央行：高度重视涉诈"资金链"治理 压实金融机构风险防控主体责任》，新华社百家号，2022 年 4 月 1 日，https://baijiahao.baidu.com/s?id=1728865251106035097&wfr=spider&for=pc，最后浏览日期：2022 年 8 月 22 日。

4. “借师”行骗

身份也是个人前台的重要组成部分，这对骗子而言也不例外。一些骗子设法利用某些特殊社会身份者，以更好施展招聘表演。如部分骗子利用在校大学生作为行骗的“帮手”，前述“校园代理”骗局正是此类典型。更有甚者，直接瞄准高校老师这一更为醒目的社会身份。网络上这类曝光案例并不罕见。

无独有偶，我当班主任期间也遇到过此类骗局。当时我所带班级于2007年毕业，在当年5月左右，我曾先后几次接到自称广东东莞某公司人事部的电话。打电话的是一位声音十分温柔甜美的年轻女子，该女子称，他们单位需在我所在学校招聘数位公共管理专业的毕业生，请我推荐班上的优秀同学。对方怎么会有我的联系方式呢？一番询问，得知他们是通过我所在学院的上级分管部门获得的。挂电话前，该女子留下一个手机号码，并告诉我他们公司的网站名，让我上网看看。尽管当时我已开始关注虚假招聘问题，但并未把这件事与虚假招聘联系在一起，所以没有记住这位女子所说的公司名称，也没有向学院反映此事。

我唯一的疑惑是，自己所在学校是一所理工科学校，文科绝对弱势，而我所带班级的专业恰好属于文科范畴。在我看来，即使用人单位需直接到学校招聘人才，也理应是面向学校优势专业的毕业生，故一直没有将此“招聘”信息传达给班上同学。该女子此后又给我打了几次电话，称我校其他学院都已向她进行了推荐，唯独我还没有。此举让人更加生疑，难道我校学生如此畅销？于是，我以班上的优秀学生已找到工作为由，予以婉拒。

此后不久，当我收集虚假招聘资料时正好看到一则新闻，其大致内容是：某高校的大学生通过老师提供的就业信息到广东东莞去应聘，结果在路上被“用人单位”接站的人给骗取了手机。此案例中老师获取招聘信息的途径，与我先前的情形极为相似。我恍然大悟，更暗自庆幸，因为自己的“冷漠”，避免了可能给学生造成的损害。有资料表明，这种“借师”骗术至少在2004年前后就已存在。[①] 无疑，此类骗局抓住了高校急于将毕业生送出校门、送得越多越好的心理。尽管其具体行骗手

① 黄勇：《骗子乔装打扮屡屡“敲门”大学生求职谨防上当》，《中国青年报》2004年1月16日，zqb. cyol. com/content/2004-01/16/content_806742. htm，最后浏览日期：2016年4月2日。

法有所不同，但骗子一般都试图冒充某大型公司，再以大数额的用人计划作为诱饵，进行招聘欺诈。

5. 冒充执法人员

前述那位自曝深圳黑职介骗抢黑幕的拉客仔还告诉记者，他们"最近又研究出一个新办法，就是冒充政府公务员或者警察，以此骗取被害人的信任，然后将其带到职介所进行骗抢"。[①] 多年过去，此类极其恶劣的欺诈行径依然为一些黑职介所采用。譬如，在苏州有一伙人专门冒充便衣警察，见到年龄20多岁、带行李的人，这群"便衣"就会上前把人拦下，要求对方出示身份证。在看身份证的时候，会确认对方是不是来找工作的。一位受骗求职者告诉记者，"他说他是巡逻经过的，看上去像是便衣警察的样子。"第一次出来找工作，见到了"执法人员"，这位求职者和老乡略有惶恐。见此，"便衣"教训道，"出门找工作当然是要脚踏实地，不要以为一下子就能找到工资高又轻松的岗位。"这位求职者觉得"便衣"的话"挺有道理"，于是由"黑电摩"载到了其指定的中介。该中介实为黑中介，打着苏州本地某知名企业招工的幌子，诱骗求职者"应聘"并缴纳相关费用。最后，这位求职者和老乡则被中介提供的大巴载到了另一小县城的小企业。记者暗访证实，从"便衣"到"黑电摩"，再到所谓的"厂家直招"，这是一条充满了套路和花招的"人力资源供应链"。黑中介从此类欺诈中，既获得了小企业的"返利"（前提是被骗去的求职者上班满一定的时间，譬如一周），又从求职者处骗取了一笔数目可观的押金。[②]

第二节　沦为骗子——对虚假招聘的理论解释

一　"骗子也很可怜"：结构性紧张的挤压

"失范"这一概念对于理解诸多形式的越轨行为具有重要意义。从

① 佚名：《拉客仔自曝骗抢黑幕》，《南方都市报》2007年12月7日第A28—A29版。

② 叶永春：《在苏州的求职路上 热情"便衣"指的什么路?》，媒体大搜索百家号，2018年11月23日，https：//baijiahao. baidu. com/s? id = 1617882645343904562&wfr = spider&for = pc，最后浏览日期：2021年7月2日。

社会学角度看，失范被看作是文化结构的瓦解，尤其当文化规范和目标与社会结构给予社会成员实现这些目标的机会和能力严重脱节时。正是由于文化目标与合法机会间的背离产生了导致失范与越轨行为的张力，这被称为“社会结构性紧张”，这种张力迫使社会底层成员为取得金钱上的成功（文化目标）而去寻求不符合制度规范的革新行为（犯罪）。[①]根据默顿所述，越轨是社会底层成员在经济地位上实现向上层社会流动的有效方式，其取代了那些虽然合法却通常无效的努力。自默顿提出失范理论以来，这一分析视角日渐被运用到对许多现实问题的分析中，一般认为，这一理论尤其有助于我们理解经济犯罪。

那么，该理论对于中国又是否适切呢？有两位学者给出了相似的答案。[②] 在他们看来，中国社会结构所呈现的“倒丁字形”（或“倒 T 字形”）及其造成的结构性紧张可以用来理解和解释当今诸多社会问题。譬如，拉帮结派、互相扶持“走黑道”等系列越轨行为，正是许多底层成员无法通过正常渠道进入中上层社会后不得不选择的一种反常谋生之道。这一分析逻辑，同样适合本书中以虚假招聘为生的众多骗子。

根据众多曝光案例，招聘骗子（包括老板）总体以出身于社会底层的城市外来人口尤其是农村打工人口为主，大多仅有小学或初中文化，没有正当职业。其中，相当一部分骗子尤其是“老大”级别的，在从事虚假招聘前就已获得了某种越轨身份，要么属于通缉要犯，要么属于刑满释放人员。即这些个体早已非偶尔越轨者，而是长期处于某种越轨的状态。至于传销，一些传销组织成员的文化程度确实更高（以“金融项目”“资本运作”等新型“高层次”传销案例尤为突出），相当一部分成员都是被成功“洗脑”的在校大学生或大学毕业生。尽管如此，传销组织中这些高学历成员亦多来自偏远农村或城镇下岗职工家庭。从拥有的物质财富来看，他们大多处于社会下层，与一般骗子群体成员在社会经济地位上并无本质差异，都属于原有经济分层中的弱势群体。由此可以认为，实施虚假招聘（主要是钱财骗局）的众多个体，无论是组织者、

① ［美］罗伯特·K. 默顿：《社会理论和社会结构》，唐少杰等译，译林出版社 2008 年版，第 245、260 页。

② 李强：《“丁字型”社会结构与“结构紧张”》，《社会学研究》2005 年第 2 期；何清涟：《当代中国“官”“黑”之间的政治保护关系》，《当代中国研究》（美国）2007 年第 1 期。

领导者，还是骨干成员抑或底层成员，不论文化程度的高低，他们大多来自社会底层，经济地位较为低下。这正好符合失范理论的要义。

概言之，社会底层尤其是农村底层成员，在当前向上流动的管道依旧狭窄甚至更为梗阻、且成本日趋高昂的背景下，[①] 无论受教育程度的高低，他们大多无法通过制度化手段来实现自己早已内化了的追求物质成功的文化目标。在此目标与手段间的巨大落差下，尤其是在追求物质成功之"中国梦"的文化助长下，诸多底层成员趋向越轨的张力尤为强烈。一旦受到其他不良因素的诱发，他们极易通过各种非法手段来试图快速积累物质财富，从事虚假招聘不过是众多可能的越轨选择中的一种。与虚假招聘角色的偶然接触，就可能导致此种越轨行为的发生，而这与何清涟所说的加入黑社会组织之反常选择实属一致。何况一些虚假招聘团伙（比如黑职介），肆无忌惮地骗抢求职者钱财的行为，实际上早已具备或显露出"黑社会性"。[②]

上述看法在我的实地调查中也得到了印证。S省公安厅治安管理科某执法人员曾说，"骗子其实也很可怜"。坦诚地讲，这一说法当时令人极感不适。毕竟，对同样多为底层社会成员的受骗求职者而言，它显得很不"动听"。但不可否认，它确实又从某种程度上折射出骗子群体中诸多底层成员之生存窘况。虽说经济越轨行为跨阶层普遍存在，但不可否认，出身于底层的社会成员，不论以后从事何种职业，只要难以靠自身努力过上一种经济上体面的生活（对于那些出身于中上阶层的人而言，这点通常不会成为一个基本问题），在日渐攀升的生活成本与"没出息"的外在负面评价下，他们相对更易感受到一种失范的张力，从而更可能发生经济类越轨行为。想想下面的谈话情境：

> 情境一："你们大学老师工资肯定很高吧?"在得到否定回答后，随即说道，"大学老师工资这么低？那还不如人家打工的。你看别个张三，初中都没读完，现在都当老板了，一年挣多少多少钱"。

① 白天亮：《向上流动的路怎样才畅通》，《民生周刊》2010年9月16日第17版。

② 梁剑芳：《黑职介能打断求职者肋骨，谈何城市安全》，《新快报》2006年10月16日，star. news. sohu. com/20061016/n245814958. shtml，最后浏览日期：2014年1月6日；佚名：《黑职介冒充警察 站前洗劫务工者》，《南方都市报》2007年12月6日第A38—A39版。

情境二："你看人家李四，出去打工几年，都在城里买房了"，"你也出去打了这么多年的工，咋连回家盖楼房的钱都没找到呢?"

此类充满嘲弄意味的会话情境在日常生活中绝非少见，这也是我回老家时常常遇到或听到的一类情境。对于从农村走出来的诸多社会成员，不论是否受过良好教育，也不论从事什么职业，家乡人对他们的主要评价标准几乎都是"挣了多少钱"——在很大程度上，人们不会刻意去关注"钱是怎么弄到手的"，而只在乎"是否挣到了钱"。若不符合大家眼中的"有钱人"模样，他们就会被认为"书白读了"或"官白当了"。身处此文化背景中，来自"失败"的威胁构成了一种不可忽视的精神负担，现实的或预期的耻辱感必定促使其中的许多成员最终以"不道德的智慧"取代了文化所规定的"失败"——只要能"出人头地"，其他所有的越轨包括违法犯罪都不算什么事。于是，从农村外出到城市谋生的成员中，不乏靠实施各种欺诈来获取不义之财的群体，无数从事虚假招聘的团伙正是其中之一。即便是从事教师、公务员等更为体面的职业，上述文化压力也会促使其中的部分人走上违规补课、侵吞公款等越轨道路。也就是说，这些看似跨阶层的经济越轨现象，在一定程度上皆源于众多出身于底层的社会成员所感受到的失范压力。此点，正是本部分所要阐述的一个核心意思。

二 "再好的人都变坏了"：虚假招聘文化的传递

失范理论不意味着但凡社会底层成员不能通过合法途径来实现经济上的成功，他们就一定会诉诸经济越轨行为。在如今非常看重个体财富成就的宏观文化背景下，即便许多底层成员也想"发财"，但其始终坚守"通过合法劳动致富"的底线，不愿为了金钱而出卖自己的灵魂。纵然在传媒的影响下，这些成员早已意识到社会结构上的不公。于是我们会问，哪些人更可能去违法犯罪？若要使研究深入下去，就需把社会学的分析与心理学分析相结合，而这远非本研究所能解决。不过，文化传递理论还是为我们理解该问题打开了另一扇窗户。

源自芝加哥传统的社会学家萨瑟兰（Edwin H. Sutherland）对该理论做了经典论述，这生动地展现在他的差异接触理论（differential association theory）中。在萨瑟兰看来，越轨角色同常规角色一样，是在人际交往过程中学到的，尤其是在由越轨者构成的亲密群体（如同辈群体）中习得的。人们从中不仅习得了如何越轨，还习得了越轨的态度。针对与越轨群体打交道的人通常也会与家庭、学校和工作等更加传统的群体打交道这一事实，萨瑟兰给出的解释是：如果偏向越轨的情境定义与在其他情境中习得的反对越轨的定义相比占了上风，越轨就很可能发生。[①]虽然该理论并不适用于解释所有的越轨行为，如偶然的与情境性的越轨；也不能说明什么样的人在什么样的情况下更易受到越轨角色的影响。但根据现有资料，对虚假招聘这类越轨行为乃至态度的习得，的确是促使部分个体走上歧途的一个重要诱因。不论是何种类型的虚假招聘，以"假"和"骗"为核心的越轨亚文化在其中都扮演了重要角色。

（一）接触虚假招聘

综观相关案例，个体初次接触虚假招聘一般有两种路径：一是自己因求职而亲历招聘陷阱；二是通过朋友与熟人，间接了解到此类行为。在这些个体中，有部分人又因以下两种方式继而成为骗子：一是自己突然"开窍"，主动对虚假招聘行为施以效仿；二是因其他骗子的威逼或利诱，进而被"拖下水"。以上两种造就骗子的方式催生出骗子群体中的不同角色：组织型人物与其他普通成员。以下是其中一起典型案例：

> 王某于2007年中专毕业后，前往上海找工作。因工作难找，转到网上求职，结果被骗缴纳1000元的工作押金。发现被骗后，他多次前去讨钱。骗他的"公司"在"无奈"之下告诉王某，他们确实在行骗，但要还钱是不可能的，因为钱已经分掉了。不过，他们愿意让王某来公司上班，王某只需负责打杂，他们每月为其发工资。本来因为被骗而十分气愤的王某，为挣回自己被骗的钱，决定跟着对方一起行骗。在接下来的日子里，王某作为一个普通"工作人员"，逐渐弄明白了自己是怎么被骗的。
>
> 王某在"骗子公司"结交了几位朋友，几个人说起"公司"靠

① ［美］迈克尔·休斯、卡罗琳·克雷勒：《社会学和我们》（第7版），周杨、邱文平译，上海社会科学院出版社2008年版，第142页。

招聘骗人挣钱挺容易的，可是自己只是跑腿，也挣不到什么大钱。几次商量后，几人产生了到另一个地方也开一家“公司”行骗的念头。于是，他们先派一人到苏州打前站，租好房子作为办公地点，然后王某等人陆续赶到苏州开始行骗。他们完全照搬了上海那家“公司”的行骗模式，几个人分别扮演不同的角色，并按照每个人的分工进行赃款分成。在两个月的时间里，王某等人先后骗取了数十名求职者的押金和部分求职者的“红包”。因后来实在没有办法敷衍被骗求职者，他们本打算换到另外一个城市继续行骗。就在这时，警方根据诸多被害人提供的报案材料，将王某等人一并抓获。①

在这一案例中，王某因自身求职受骗而接触到虚假招聘这种非法机会结构，随后在骗子的利诱下加入行骗队伍。最初，他仅是作为普通成员学习进而习得了此种越轨角色。最后，又主动“照搬骗术，另起炉灶”，成为新的诈骗团伙的组织型人物。本案中，虚假招聘角色的传递显然是欺骗王某的骗子公司有意所为。在现实生活中，这种越轨文化的传递也可能出于无意，且呈现出“滚雪球性”——由最初的骗子在无意中传给了受害求职者，随后这一越轨角色又由受骗求职者有意地传递给了更多的人。也有求职者在接连被骗多次后，才走上虚假招聘之路。更有受骗求职者，主动联合曾经骗过自己的骗子一起施骗。

再看实施“男公关”招聘骗局的徐某，其虚假招聘从业之路展示了越轨文化传递的另一种路径。徐某毕业于某名牌大学，曾在一家贵金属公司上班。在了解到老家一些家庭通过此类骗局发财后，徐某联手自己曾在某证券公司工作的弟弟与赋闲在家的母亲，三人于2015年9月起开始了“招聘男公关”的“发家致富之路”。以下是她被逮捕后的供述：

我大学毕业后，应聘在深圳一家贵金属公司上班，见家乡有人靠在网上发布招聘男公关行骗，盖了大楼，买了豪华车，便辞去工

---

① 许慧：《从受骗到行骗》，《检察日报》2008年3月27日，www.jcrb.com/n1/jcrb1607/ca694716.htm，最后浏览日期：2021年5月6日。

作干起了这个行当。[1]

再看其他普通成员。不论是"经理"级别，还是如拉客仔这样的最底层成员，他们中的一部分人接触到虚假招聘的最初路径，与组织型人物一样，都源于自身求职受骗的经历。还有一部分团伙骨干，则是通过徐某这类同辈"引路者"而走入歧途。较之于那些组织型个体，此类非领导型成员之所以成为骗子，更多是因为包括组织者在内的其他团伙成员之威逼或利诱。

（二）"习染"：虚假招聘角色的强化

如果说接触虚假招聘导致了个体的初次越轨，那么要使之从即时或者说偶尔越轨发展成为一种持续的职业越轨模式，就离不开相关越轨亚文化的熏染。这里借助帕克提出的"社会习染"概念，来透视虚假招聘实践中的个体是如何强化他们最初所习得之越轨角色的。在帕克看来，城市生活通常呈现出一个特征，即贫民、堕落者、罪犯与其他变态人物都是自己成帮结伙地集聚在一起，进而构成了一种清一色的小世界。一旦进入这个世界，各种类型的人相互习染，就会更加鼓励他们的坏脾气，使之日渐无法与一般人相结合。[2]

本书中，诸如传销组织、黑职介与皮包公司等实施虚假招聘的团伙或组织，正是如帕克所说的"清一色的小世界"。在此类"小世界"内部，经由越轨群体自身一套合理化解释逻辑的反复灌输，加之个体从群体中日渐学会如何在越轨过程中躲避麻烦，进而使得许多最初仅有模糊冲动与欲望的新成员完全融入其所在虚假招聘群体。这意味着，他们进入持续稳固的虚假招聘行为模式，临时扮演的虚假招聘角色发展成为一种职业化角色，其越轨身份就此得以巩固。如此这般，我们便不难理解为何相当一部分虚假招聘团伙的组织者是"惯犯"，为何许多个体乃至受害者一旦"入伙"便沦陷其中，难以自拔。以拉客仔为例，受害者首先要通过黑职介的"洗脑"来习得骗人的理念，消解已有的对规范的认

① 李钊：《"高薪招聘男公关"大片 全家出演》，《大河报》2016年4月5日第A04版。

② ［美］R. E. 帕克、E. N. 伯吉斯、R. D. 麦肯齐：《城市社会学——芝加哥学派城市研究文集》，宋俊岭等译，华夏出版社1987年版，第46—47页。

知；其次，要通过黑职介的“培训”来学习具体的骗人技能；再次，要受到一系列奖惩机制的约束。由此，他们才能成长为一名合格乃至优秀的拉客仔。

总之，正是通过越轨动机与技能在这种人际间的相互激发与强化，虚假招聘角色愈益流传，甚而成为日趋常见的非法机会结构和相互效仿的越轨亚文化。这种亚文化一经产生，就在人群中广为传递，让更多的人（尤其是那些在追求致富过程中受阻于合法机会缺失的人）所习得和效仿。由此便造就了以“虚假招聘职业”谋生、发财之不计其数的个体和群体。深圳某拉客仔的如下话语对此给出了生动注解，他说：

> 我刚来深圳时也是什么都不懂，交了470元，还不一样？只是我坚持下来了，现在我早就将这笔钱赚回来了。这就是一环套一环，你骗我后，我又骗别人。干这行久了，再好的人都变成坏人了。①

在上述越轨亚文化的社会传递过程中，大众传媒亦扮演了不可忽视的角色，在无意中成为虚假招聘角色学习乃至创新的平台。譬如，媒体曝光的诸多虚假招聘案例在对求职者发挥着警示作用的同时，也在事实上为一些具有潜在越轨动机的个体提供了不良刺激，或成为既有虚假招聘“从业者”间彼此交流、学习的重要渠道。通过揣摩、研习媒体揭露出的形形色色之招聘骗术，骗子们不断“发扬光大”，创造出更多新式欺诈手法。

此处涉及另一个有待深入探讨的话题。诸多案例表明，同为虚假招聘越轨行为之初次接触者的受骗求职者，却可能有着完全不同的行动和反应：有的习得了虚假招聘，有的却选择了揭露与维权。这一事实表明，并非每一个越轨接触者都会踏上越轨的道路，即便其社会经济地位相似。对此，套用萨瑟兰的说法，原因或在于：当偏向越轨的情境定义与反对越轨的常规性因素交锋时，在诸如王某等受骗求职者身上是前者占了上风，对其他求职者而言则是后者占了上风。可究竟又是何种因素决定了

---

① 佚名：《深圳黑中介连环诈骗求职者　称大学生最好骗》，《南方都市报》2006年12月6日，news. sohu. com/20061206/n246840846. shtml，最后浏览日期：2016年5月13日。

是偏向还是反对越轨的情境定义取胜呢？这就涉及个体的成长经历和人格等更多因素，此处无法展开更为深入的探究。

三　"利润不比贩毒少"：基于违法合算的理性选择

无数个体和团伙之所以从事虚假招聘活动，在于他们可以从中获取较大甚至巨大的利益，特别是经济利益。那么，为了获得更大以及长期的利益，他们又是如何设法降低行骗成本特别是法律风险成本的呢？这部分着重从"成本—收益"角度，进一步展现从事虚假招聘行为是如何的"合算"。总体而言，从事虚假招聘的成本包括行骗的直接成本、骗子良心上的道德成本和法律风险成本，下面将重点讨论法律风险成本，特别是骗子为"最大化收益"而对此类成本所采取的相关规避途径和策略。

（一）直接成本

这类成本是从事虚假招聘的个人或团伙为成功行骗所必须支付的代价，通常包括一定的人力成本（如时间、精力乃至"员工"工资等），可能支付的房屋租赁、电话和打印复印等办公费用，以及刊登虚假招聘广告、购买或租用非法软件的费用等。不同目的与不同类型的虚假招聘，其所需直接成本会有所不同。譬如，旨在骗色的虚假招聘之直接成本往往低于重在骗钱的招聘骗局，因为后者通常更需要办公场所，故而更可能支付租赁与办公设备等相关费用。再如仅就经济成本来看，公关骗局的直接成本往往只是电话费，大大低于许多黑职介和皮包公司所实施的常规骗局。不过，无论直接成本的绝对值是高还是低，骗子始终都是通过自己特有的权衡和算计来实现在特定成本基础上获取相对较高的收益。

纵观多年来为媒体所曝光的虚假招聘案例，许多黑职介与皮包公司都是这种本着"低成本高收益"原则来开展违法行为的典型代表。譬如，前述那位《南方日报》记者于2013年初在对东莞黑职介的调查中，一位劳动监察部门的工作人员就说道，"黑职介的违法成本极低，封查一家店根本没什么作用，即使是被吊销了许可证。被查封后损失的也只有几张桌子和椅子。一打击，它就换个名字，跑到另外一个地方，重新登记注册，干回'老本行'"。[1] 还有骗子在短时间内利用受害求职者进

[1] 佚名：《揭秘黑职介乱局》，《南方日报》2013年2月26日第A13版。

行大规模行骗，凭借“规模化效应”，获取远超现有成本的收益。前述“校园招工代理”骗局，以及近几年兴起的“校园贷”骗局，就生动地展现了以“低成本”博取“高收益”的理性算计。央视记者对涉及长春多所高校的“校园贷”骗局之深度调查，为我们提供了一个例证。在该案例中，韩某是最早向公安机关报案的学生之一，他因信任身为“网购兼职刷单”校园代理的学姐而掉入“校园贷”骗局，并将几个信任他的同学带入该骗局中。如此利用在校大学生间的熟人信任和“见钱眼开”的心理，本案的主犯在较短时间内诈骗了近80人，涉案金额高达200余万元。①

另一则旨在骗色的虚假招聘案例，② 同样凸显了“理性”的色彩。北京某银行职员以招“空姐”为由，骗奸了8名求职的女大学生。其直接行骗成本几乎为零：利用互联网免费发布虚假招聘广告；酒店的开房费由受害者承担；只需准备所谓的劳动合同书和体检书等道具。对他而言，行骗目的本就是为了排解精神空虚，故时间成本在这里也彻底消失。与上述“零成本”形成鲜明对照的则是他所获得的“高收益”——8名年轻漂亮女大学生的身体。这种收益虽无法像金钱那样可以量化，但从刘某持续施骗的行为中可以断定其确实获得了身心上的巨大满足。

（二）道德成本

从事虚假招聘的人会在良心上感到不安吗？他们会经常或至少是偶尔体会到一种负罪感吗？又会通过什么样的方式来推倒良知上的障碍，进而化解自身行为的道德成本呢？不同层级的骗子在这方面又是否存在差别？据相关研究，不论是个体还是群体，越轨者都会通过各种方式来消解常规社会道德规范的控制力，进而实现对自身越轨行为的合理化解释。③ 个体此种摆脱日常行为规范的自我约束，进而将伤害行为转化成

---

① 央视十三套：《〈“校园贷”暗藏危机〉在校生做兼职 被迫还贷数万元》，央视新闻客户端，2016年10月30日，m. news. cctv. com/2016/10/30/ARTI2vBtE4bMS9Z1SErxiNxn161030. shtml，最后浏览日期：2021年9月6日。

② 于杰：《男子骗奸8名求职女大学生 受害者称接受潜规则》，《京华时报》2009年2月12日，news. sohu. com/20090212/n262191211. shtml，最后浏览日期：2016年3月8日。

③ ［美］霍华德·S. 贝克尔：《局外人：越轨的社会学研究》，张默雪译，南京大学出版社2011年版，第60—64页。

道德可接受行为的现象被称为道德松绑。津巴多（Philip G. Zimbardo）分析了使得任何人都可能实现道德松绑的四种认知机制，[①] 传销组织与黑职介中盛行的“洗脑”正是这种促使“招聘”剧班新成员实现道德松绑的重要手段。此外，“去人性化”是另一种重要手段。譬如，一些骗子把求职者称为“猪”，这种对求职者的污名化实际上就产生了一种“去人性化”的效果。骗子通过从意识中贬低或是抹消这些“他者”与其共享的人类特质，就可以暂时搁置他们针对同类的道德感，实现道德撤离，进而为所欲为地行骗。

尽管如此，骗子群体中的相当一部分人或多或少还是会为其违法行为而感到内疚，并由此不得不承担一定的道德成本。即便是那些因沉浸于团伙亚文化而看似恬不知耻的骗子，其在内心深处的实际情况可能也十分微妙。某黑职介拉客仔的自述，提供了一个例证：

> 这位曾为受害者的23岁拉客仔，大肆吹嘘自己的骗人业绩。他告诉记者，“我前段时间拉了个女孩进公司，她很相信我，交了750元，口袋都掏空了，最后是一毛一毛地凑齐的”，很是一副自得的样子。这时，记者问他，“她那么相信你，你不会良心不安吗?”拉客仔答道，“不安? 我高兴还来不及。她只干了两天就待不下去走人了，走时还跟我说谢谢。不过，那时候我倒有点内疚”。[②]

上述例子还表明，作为普通成员，纵然他们身处一个能为其提供道德支持的虚假招聘剧班，其中一些人还是无法获得将此类越轨行为继续下去的理由，如上面案例中那位仅干了两天就只得离开的受骗女孩。正是这种对社会道德的疑虑或者说“羞耻心”，促使他们在短暂的越轨后及时终止，退回到道德边界以内。现实生活中，此类虽已踏上虚假招聘之路却又“总感觉良心不安”的个案不少，也正是因为他们的存在，我们才总能从媒体上看到有关虚假招聘黑幕的相关报道。向媒体披露自身

① ［美］菲利普·津巴多：《路西法效应：好人是如何变成恶魔的》，孙佩妏、陈雅馨译，生活·读书·新知三联书店2010年版，第357—358页。

② 佚名：《深圳黑中介连环诈骗求职者　称大学生最好骗》，《南方都市报》2006年12月6日，news. sohu. com/20061206/n246840846. shtml，最后浏览日期：2016年5月13日。

"行业"的欺诈内幕，也是此类个体为化解自身遭受的道德困扰而采取的补救手段。譬如，一位在北京黑职介从业四年的男子告诉记者，在这几年时间里，他"把所受到的教育全部用来振兴了黑中介"，并从最初的一个普通接待员做到后来的经理。但他"再不愿意看到求职者上当受骗了"，故在退出这一行前通过媒体告诉人们黑职介的骗人内幕。他称，"不把这些说出来，良心上会不安的。"①

无独有偶，一位自称是深圳某夜总会"公关伴游"招聘人事主任的年轻男子也告诉记者，他于 2015 年元月来到深圳，一开始也想应聘陪游公关，后来被夜店"收编"，成了"招人的"。近一年的"招聘工作"，使他对这一行颇为熟悉。"我可以保证地说，深圳到处贴的这些小广告全是骗人的，目的就是骗钱。所谓的什么月入几万、提供富豪富婆等，统统是用来忽悠的"，这位男子还告诉记者，"这一行太黑了，简直是骗子，我做了快一年，现在完全不想干了，因为我还有点良心"。正是因为良心发现，想从此金盆洗手，所以在告别深圳前，他主动联系记者，将知道的行业内幕予以曝光。②

也有扮演过帮凶角色的个体在退出虚假招聘剧班后，为弥补良心上的愧疚，走上了帮助受骗求职者维权的公益道路。2015 年下半年，因研究的需要，我加入了苏州某受骗求职者公益维权群。该群创立于 2014 年 7 月，群主是一位 20 岁出头的小伙子，他曾经误入黑职介，在掌握其网络招聘骗局的套路后，成立了该维权群，帮助其他有维权需求的受骗求职者。当我建议他联合更多的人，成立一个全国性的求职者维权群或维权网站时，他说，"我没有那个本事啊"，"关键我是一个初中还没上完的人啊，有的都不懂"。最后他称，"没办法，只能帮一个是一个"，"我也是一个破打工的，能这样就不错了"。在调查期间，这一维权群内几乎每天都有上当受骗的求职者现身求助，群主也总是利用空闲时间为这些受骗者出谋划策。或许在这位小伙看来，如此助人至少在当时，多少

① 佚名：《黑职介自曝内幕：先"吹"后"拖"坑骗求职者》，《新京报》2004 年 5 月 7 日第 A07 版。

② 《究竟什么是男公关？深圳招聘男女公关的骗局揭秘》，华跃人才网官方微博，2012 年 5 月 26 日，BLOG. SINA. COM. CN/S/BLOG_7F6B4D4E01013QIJ. HTML，最后浏览日期：2015 年 9 月 30 日。

能缓解其曾经饱受的良心折磨吧。

不过，并非所有骗子都会受到或始终受到良心的谴责。那些主动成为骗子的组织型人物（不论曾经是否受骗过），会更倾向于主动、积极地为自己的虚假招聘行为进行辩解和开脱。通过建立一套合理化的解释逻辑，这些骗子获得了将虚假招聘持续下去的强大理由。下面是我在自身维权中与骗子的一些对话，从中可以看出此类个体用以平衡主流道德规范的多种方法。正是有了通过下述多种途径找到的"合理性"，这些骗子的道德感和犯罪感大大降低，从而可以肆无忌惮地从事虚假招聘之勾当。

一种，以当今社会上普遍存在的虚假行为来为自己开脱：

> 邓某："你说我们骗人，可我告诉你，我们是做正规生意的，没有骗人。"
>
> 我："可你们在周刊上刊登虚假的广告，这不是骗人又是什么呢?"
>
> 邓某："现在社会上刊登的虚假广告还少吗? 连世界著名的化妆品牌还打广告夸大自己产品的功效呢，你说它这不也是骗人吗?"

另一种，认为受害者活该，或者说是咎由自取：

> 邓某："难道你认为只有我们才有责任，而你自己没有责任吗?""难道你不该对自己的愚蠢负责吗?"
>
> 我：……

还有一种，以他人的责任来否认自己的罪责：

> 邓某："即使你要告我，那你还得先告周刊，谁让它登了我们的广告呢?"
>
> 我：……

如前所述，诸如刷单类诈骗多为非接触性犯罪，且诈骗的组织化与产业化程度不断加深。正是由于诈骗环节的精细分工以及黑灰产业链条的相对独立性，导致不法分子的悖德感和犯罪感明显弱化。如北京市检察院某检察官告诉《经济参考报》记者，部分嫌疑人会辩解“我就是爬取一下数据而已”“我只是把银行卡租借出去”,[①] 等等。如此一来，无数为诈骗分子提供服务的帮凶为获取不法利益而大肆参与其中，却无须受到良心的谴责。

（三）法律风险成本

法律风险成本是从事虚假招聘的个体或群体特别慎重考虑的关键成本。当人们站在守法与违法的边界上，是选择违法还是守法，起关键作用的往往正是这种法律风险成本。[②] 基于众多曝光案例及相关调查，从总体上可以认为，中国虚假招聘行为长期以来实际所承担的法律风险成本较为低下（通过招聘实施抢劫、绑架和强奸等恶性事件除外）。这在于：一方面，查处概率低。大多数骗子的招聘欺诈行为，以及单个骗子的大多数此类行为，难以得到有效追究。以我的调查为例，那些骗取了几十位受害大学生钱财的绝大多数骗子，至少在调查时，根本就没有受到任何法律追究。另一方面，惩罚较轻。即便少数骗子的少数招聘欺诈行为被查处，其所受到的惩罚相对于其违法所得，事实上也相当轻。以众多新闻案例来看，其中确定骗子已受到法律制裁的仅为少数，且大多是“退钱”或“警告与限期整改”，严重的也只是“几天拘留”。

近年来，诸如“网络兼职刷单”和“境外高薪务工”之类骗局，因涉及为诈骗团伙提供推广引流、偷越国（边）境等非法服务的黑灰产业犯罪团伙，社会影响恶劣，涉案金额巨大，而受到公安机关的重拳打击。在此背景下，一些诈骗分子及其帮凶最终受到了应有的刑事处罚。然而，这并没有从根本上改变一直以来存在的虚假招聘较低法律风险成本之现状。

---

① 李佳鹏等：《花样翻新 类型不下 50 种 防范电信网络诈骗仍需加力》，《经济参考报》2022 年 3 月 28 日第 A04 版。

② 游劝荣：《违法成本论》，《东南学术》2006 年第 5 期。

低查处概率与较轻的惩罚，客观上"造就"了虚假招聘行为的低法律风险成本和由此而来的"违法合算性"，并在较大程度上"助长"了该现象的盛行以及骗子群体在求职者面前的嚣张。那么，缘何如此？这与骗子精通相关法律法规，在实践中善于利用法律盲点来积极规避法律惩治风险密不可分。骗子自身对法律风险成本的主动化解，在一定程度上是实现虚假招聘行为之"违法合算"的有力举措。

1. 捏造身份

这种手法主要为那些组织型骗子所用，他们为规避法律制裁，会事先采取措施来遮掩其真实身份。据了解，做假身份证是其中最为普遍的一种。有的黑职介老板的真实姓名，甚至连他们下面的经理们都毫不知情。也有一些黑职介，不仅老板自己做假，甚至还会让各式"经理"也跟着做假。

这种现象在2006年的调查中得到印证。夏宇告诉我，在向工商部门申请注册皮包公司时，许多骗子往往会以事先办好的假身份证去银行开账户存钱，之后再拿假身份证到工商部门进行注册。如此，他们便可长期招摇撞骗。即使被行政机关"盯上"，在后者尚未查处之际，这些骗子便可轻易地换其他假身份证去注册所谓的新公司。这些所谓的公司和法人其实子虚乌有，故行政机关难以对其进行有效查处。在他看来，即使社会建立了信用制度，对这些骗子也不会奏效。至于如今是否还可以利用虚假身份证去开户和注册尚不明确，但可以肯定的是，许多骗子会通过网络等渠道购买或盗用他人身份证来办理银行卡与手机号码，也有骗子利用捡来的身份证进行伪装，从而实施诈骗。

近些年来，直接买卖或租借大量实名开立的银行卡和手机卡，成为骗子绕过"实名制管理"的另一种伪装身份的方式。以前述刷单类诈骗为例，《经济参考报》记者写道，"有人负责寻找开户人，有人负责为开户人注册公司、办理营业执照并开通对公账户，大量实名开立的银行卡、电话卡被诈骗分子购买或租借后用以实施电信网络诈骗。"① 这使得即使

① 李佳鹏等：《"定制""洗白"一条龙 电信网络诈骗呈产业化》，《经济参考报》2022年3月29日第A04版。

被执法部门查到，也非骗子本人，从而加大了执法查处难度。

2. 提前销毁行骗证据

实施虚假招聘的证据主要包括登记簿、账本和收据本等行骗材料，其中尤为关键的是受骗求职者的交费收据或与其签订的合同。为此，许多骗子采取“不给”策略，譬如在合同签订后，公司声称要对其进行统一保管；或“先给再收回”策略，即如果求职者坚持讨要收据，许多骗子也只得提供，但他们随后会以各种理由收回甚至是“抢回”。譬如有骗子佯装会退钱给受害者，以通过银行卡转账为由，让其把相关信息写在交钱收据上，趁机收回。此外，提前销毁求职者个人信息与交费记录等，尤其是在发现情况不妙后，这对逃避或减轻法律的制裁也十分重要。如有诈骗团伙在行骗成功后，当日便销毁各类纸质文件及电子文档，拉黑所有求职者，将骗来的钱发给每个参与者。①

以上种种举措，使得为数众多的受骗求职者中真正能出示受骗凭据的人很少。以自身经历为例，在我求职受骗的过程中，不止一次地讨要交费收据，但当时骗子以该收据会由他们直接传真给公司会计为由搪塞过去。当确定被骗后，我随即向C市WH区劳动部门报案，但接电话的工作人员毫不迟疑地以我手中没有交费收据为由，拒绝帮忙“讨”钱。

3. 设置合同陷阱

为加大对虚假招聘行为法律定性的难度，许多骗子想方设法钻现行法律的漏洞，为求职者预设各式合同陷阱。这使得许多广为各界“心知肚明”的招聘骗局，因有着诸多精心准备且看似合法的“手续”，最终因“证据不足”而难以“被查处”“被起诉”。由此，骗子将行骗的法律风险降至为零。前述“销售任务”骗局正是这方面的典型，其中十分关键的一环，正是招聘方与求职者签订的业务代理或销售协议。这种协议本身具有很强的欺诈性，因为招聘公司事实上向求职者隐瞒了他们所要销售“产品”的真实信息。其结果就是，按照所签订协议，求职者中无人能完成既定任务。如此，公司“顺理成章”地占有了求职者先前缴纳

① 《行骗有“剧本”402人网络求职被“套路”》，武威公安百家号，2020年11月2日，HTTPS：//BAIJIAHAO.BAIDU.COM/S? ID = 1682213396883394355&WFR = SPIDER&FOR = PC，最后浏览日期：2021年4月20日。

的数额巨大的周转金与违约金等各种费用。

南宁某会员卡销售骗局是一个代表性案例。凭借事先设计的"销售合同"，某商务公司每月收取的周转金、违约金高达3万多元。即使只开10个月就注销，该公司骗取的费用也不会少于几十万元。当有受害者的朋友历数该公司的无耻行径时，其负责人一直神态自若，称"你懂得可真多"。面对这位朋友发出的"把你们告上法院"和"将请记者来揭露你们的伎俩"之类警告时，该负责人很"洒脱"地表示没有问题，甚至还很嚣张地称，"大不了注销这家公司，再开另一家"。面对这家公司的猖狂，南宁市劳动局与工商局都表示无法给受害人提供帮助。理由各是，"作为代理协议，双方的分歧是一种民事争端，只有在法院才能得到解决"；"该公司所作所为是否超出其经营范围，尚很难界定"。①

中国《合同法》（2021年废止）第54条第二款规定，"一方以欺诈、胁迫的手段或者乘人之危订立的合同，受损害方有权请求人民法院或者仲裁机构变更或者撤销"。据此规定，招聘方因其主观欺诈意图与客观欺诈行为相当明显（有关信息的虚假性很容易被证实），故他们和求职者签订的合同属于"霸王合同"，在法律上无效。理论上，受害求职者完全可以通过证明招聘方实施了欺诈行为来提起诉讼，维护自己的合法权益。然在现有法律程序下，如此维权的成本极其高昂，这使得真正愿意和能够采取此维权路径的受害者少之又少。即使所有受害者联合提起诉讼，正如业内人士所言，按正常的法律程序，法院判下来"快则一两个月，慢则半年一载"。在此期间，招聘方要么到工商部门注销公司，要么直接人去楼空。

一些利用类似合同陷阱来实施诈骗的"星梦"骗局，同样因为骗子手中握有受骗者"自愿"与其签订的"委托协议"或"代理合同"，致使即便被媒体曝光，其仍可"毫发无损"地继续行骗。尽管业界人士与相关律师一致指出，正规的模特经纪公司要有相应的资质，也很少会收取兼职人员的钱，但当偶有受骗求职者集体提起诉讼时，这些"招聘公

① 马化政：《求职"陷阱"让误入者进退两难》，《法治快报》2005年1月31日，news.sina.com.cn/o/2005-01-31/17285001683s.shtml，最后浏览日期：2014年7月6日。

司”也会在庭审中向法庭提供相关证据，证明自己的行为“实属合法”，进而使得法院难以判案。①

正是鉴于此类合同陷阱具有的“威力”，以致有骗子在和上门维权的受骗求职者进行交锋时，毫不避讳地道出如下一席话：

> 骗子：“协议写得很清楚，口头承诺一律无效。对你们来说，你们不懂法吗？劳动合同法不懂吗？”
>
> 受骗大学生：“我们想看一下合同，你们都不让我们看。”
>
> 骗子：“问题是钱你交了，协议你签了，合同你签了。问题是你把任何人叫过来，当时的事情只有你说了算，我们也有我们的说法。两方都没有证据，就只能看协议。”
>
> 受骗大学生：“每次都是你们说了算。”
>
> 骗子：“我们必然说了算，因为我们是强势，你们是弱势。今天就让你见识一下，什么叫霸王条款！”②

4. 恐吓与要挟

不论骗子的演技有多好，其虚假表演迟早会被求职者识破。在第三章中，已对骗子应付此类表演崩溃的多种方式进行过概述，这里着重展现其中两种旨在阻止受害者维权的法律风险规避方式。

其一，恐吓。一般在求职者上门“讨说法”之际使用。主要有以下几种方式：找一帮打手（如五大三粗的“光头党”）对“找碴儿”的受害者进行当面震慑，甚至大打出手；嚣张地称自己“后台硬”，不怕受害者去“告”；威胁那些声称要投诉他们的受害者的人身安全等。在我的维权过程中，我先后几次在电话中遭到此类威胁。一些骗子甚至还当着执法人员的面恫吓受害人。更有甚者，将上述言语与壮汉威胁升级为行动上的恐吓。《南方都市报》记者对深圳一黑职介的暗访，就生动地

---

① 车洁莲：《路遇“星探”交钱办卡是“行规”还是“骗局”》，浙江网络广播电视台，2016年4月7日，https://www.bilibili.com/video/av40754967/，最后浏览日期：2021年2月5日。

② 陕西广播电视台：《虚假招聘谁来管？打着“快餐公司”名义招聘，欺骗大学生》，“新闻资讯”栏目，2013年4月17日，https://sd.ifeng.com/news/bl/detail_2013_04/18/723919_0.shtml，最后浏览日期：2015年6月16日。

再现了此类骗子的嚣张。一家并无职业介绍资质的某劳务派遣公司，以招工的名义对求职者进行诈骗。在暗访中，当记者坚持要求退回所有钱时，某经理说："你试一下，我把你腿都打断。"随后，记者表示既然不同意退钱，那就拿协议书去找律师。不料，对方吼道："有本事你拿这个东西走出这个门试一下"，还把桌上的水杯打得"砰砰"响。当记者表示，既然不退，那就算了。在准备起身走的时候，另一经理竟拦在前面说："现在不是你想走就能走的"，接着又说："你如果这样说话，我就找人来搞你再说，你不要说你不怕你不怕，我先搞你再说，反正我也是打工的。"①

2016 年 4 月 28 日下午 1 点多，有网友在前述苏州某受骗求职者公益维权群里寻求帮助。据介绍，受骗后她去市长信箱进行了投诉，此后经过劳动部门的介入，骗子同意把钱退给她，并且确认了"打钱时间"。然仅过一日，骗子便声称她的投诉导致自己申办营业执照受到影响，"开不了公司，损失 10 万，要我赔偿"，并威胁要去找她"算账要钱"。这种赤裸裸的恐吓，到该群求助的相当多网友表示都经历过，骗子的嚣张可见一斑。同样是在苏州，某黑中介犯罪集团把对求职者的诈骗行为称为"杀猪"，老板尹某要求安置部，"求职费收取后，能不退则不退，能少退就少退。遇见强行要求退费或想要报警的，可以狠一点、凶一点，必要时抓衣领、打嘴巴。"有时，遇见个别"硬骨头"，尹某还亲自出面，对其进行威胁、恐吓或殴打，以此施压不退或少退费用。他还把体型高大彪悍的员工安排在公司安置部，"因为我块头比较大，老板把我放在安置部，让我吓唬退费的人"，某员工如是说道。②

其二，要挟。指骗子握有受害者的某种把柄，然后以之进行威胁。相比之下，这是一种性质更为恶劣的规避法律风险的手段。据现有资料，骗子多以散布受害者裸照或色情录像的方式来控制求职者，使其不敢报警，甚至按照骗子的要求从事色情行业这样的违法勾当。在获得此类要挟"利器"的方式中，又以诱奸或强奸更为常见。如在郑州某黑职介案

① 陈思福：《暗访职介陷阱》，《南方都市报》搜狐号，2013 年 7 月 29 日，roll. sohu. com/20130729/n382777259. shtml，最后浏览日期：2016 年 6 月 2 日。

② 罗莎莎：《苏州黑中介犯罪集团覆灭记》，《法制日报》2019 年 6 月 23 日第 1 版。

中，受骗女大学生张小敏就有着如此不堪的维权经历。在讨要被骗的100元的过程中，在胁迫之下，被黑职介老板当众强奸，并被全程录像、拍照，以阻止她报警。①

在一些色相骗局中，除强行拍摄受害者裸照并以上传至互联网相威胁外，还会采取诸如“告知家人朋友”等威胁手段。发生在鲁东大学的校园代理骗局，还为我们提供了骗子进行裸照要挟的另一种可能做法。一位花500元买了四箱假冒伪劣洗发水的同学告诉记者：“骗子当时以办工作证为名，让我交了一张照片。事后，他打电话威胁我，要是敢报警，就把我的照片制成裸照，发到网上。当时特别害怕，更别说报警了。”②

5. 退费与逃跑

无论是我自己的经历还是前面诸多引述案例都表明，“退给求职者部分钱”，也是许多黑职介与皮包公司对付难缠求职者的一种重要手段。如此举措，既可避免“闹事”求职者影响其后续“生意”，还可通过这种“息事宁人”来规避法律风险。前述《南方日报》记者对东莞黑职介的暗访，为我们揭示了更多相关信息。据记者观察，一般被骗后回来要钱的人不超过10%，这些人里能要钱成功的只有五分之一，几乎没有全额要回的。能要到钱的，要么是一些老人和女人，中介怕惹事所以还钱，要么是一些带了一大堆人来闹事的。③

相当多的骗子把“逃跑”作为规避法律制裁的最后武器。通常，当上门维权的求职者人多势众、有关部门又查了起来，尤其当遇到媒体频繁曝光时，骗子多会立即关门走人。此后，或直接“换场地另起炉灶”，或伺机“原地东山再起”。一般而言，该规避手段在黑职介与皮包公司中更为常见，这与其相对低廉的直接行骗成本不无关联。也有骗子团伙为规避制裁，主动提前“逃跑”。如有团伙每行骗10多天后就另寻新的行骗地点，并停用原来使用的所有手机号码，启用新的

---

① 央视十二套：《求职的女大学生》，“法律讲堂”栏目，2008年12月13日，https：//v.youku.com/v_show/id_XNTkyNDc5MTI=.html，最后浏览日期：2015年8月9日。

② 夏明帅、张辉：《校园代理陷阱多 提高警惕防受骗》，《鲁东大学校报》（电子版）2009年第377期，http：//ldu.cuepa.cn/show_more.php？doc_id=125445，最后浏览日期：2011年10月15日。

③ 佚名：《揭秘黑职介乱局》，《南方日报》2013年2月26日第A13版。

手机号码。[1]

在前述全国公安机关破获的首起包含完整黑色产业链条的网络兼职诈骗案中，团伙幕后组织者李某见全国各地共计每天都有超过600人被骗，涉案金额已达数千万元，加之偶尔听闻有下线被捕的消息，故计划将整个团伙转手他人。鉴于媒体对大学生学费被骗事件的曝光，李某还要求团伙成员对学生"手下留情"；对一些反应激烈的受害人，主动退还其被骗钱财，以逃避警方视线。该团伙的核心成员还辗转浙江、福建、湖北等地作案，以逃避公安机关打击。[2]

前面通过对招聘骗局的三种成本及其控制方式的分析，已把骗子作为理性行动者的一面展露无遗。显然，这种"理性人"突破了"经济人"的狭义限定，他们所追求的除经济利益外，还包括色相利益甚至某种精神快感。不过他们的行为所竭力追逐和展示出来的这种理性，在本质上皆属于一种置伦理道德和公共利益于不顾的狭隘的功利主义理性。对于此种理性，本书在后面的分析中多采用"工具理性"这一概念，来凸显虚假招聘中以骗子为首的相关利益主体在行动选择上纯粹以己身利害为考量之"策略性行动"的属性。

---

① 《行骗有"剧本"402人网络求职被"套路"》，武威公安百家号，2020年11月2日，HTTPS：//BAIJIAHAO. BAIDU. COM/S? ID = 1682213396883394355&WFR = SPIDER&FOR = PC，最后浏览日期：2021年4月20日。

② 丁国锋：《南通破获全国最大规模网络诈骗案 团伙以招聘网络兼职为名骗取钱财》，《法制日报》2017年5月9日，www. xinhuanet. com/legal/2017-05/09/c_1120939207. htm，最后浏览日期：2021年8月3日。

第五章　求职者：“多一事不如少一事！”

挺丢人的其实，自己也是从来都不会相信的东西，也不知道怎么回事，昨天就脑子突然不对劲，就去试了。其实我知道那是诈骗，但是就是去试了，昨天就莫名其妙去试了，挺蠢的。

2021 年元旦过后不久，宜宾一所高校的大一学生小悦掉入了这些年极为流行的网络兼职刷单骗局。意识到自己受骗后，她立即询问我，如果报警是否能追回被骗的 1200 元钱？她说，这些钱对她而言挺多的。我提及，其实宜宾公交车和商场的电子显示屏上都有滚动提示这种兼职刷单骗局，而且上课时我也曾多次和他们讨论过招聘骗局，于是她说出了上述一席话。“就是还是自己蠢”，类似观点在我这些年对大学生的调查中频频出现，也表明了大学生们对自己或其他同学上当受骗原因的理解。那么，“蠢”在大学生求职受骗现象中究竟指的是什么？如第四章所述，骗子极具专业性的虚假表演固然是导致求职者变“蠢”的重要原因，但大学生自身又有没有认知上的弱点，使得其在面对骗子的招聘表演时更易变“蠢”呢？在大学生等求职者上当受骗的过程中，还存在其他哪些社会心理因素呢？此外，求职者自身如何看待求职受骗事件的影响？求职受骗事件的频频发生，又可能给整个社会带来何种危害？受骗求职者的维权实践又是怎样的？他们的维权选择和招聘骗局的愈益泛滥之间是否存在关联，以及存在何种关联？这一系列问题就是本章所要关注的。

第一节　“鬼迷心窍”：求职受骗的归因

通过对众多典型案例的调查和分析，我们认为只有研究特定社会情境下的求职者心理，才能更好地理解虚假招聘的发生机制。具体而言，骗子施展的虚假表演构成了一个强有力的不良社会情境，它作用于求职者固有的社会心理缺陷，并进一步激发了其潜在的更多思维盲区（这些盲区被心理学家公认为是人类普遍存在的），致使其正常认知活动受到严重干扰，继而上当受骗（图 5－1 简单呈现了这一因果链）。那么，求职者存在哪些思维盲区？又有哪些情境因素会加剧求职者的这种盲区呢？这正是本部分接下来要探讨的话题。

图 5－1　求职者上当受骗的逻辑

一　求职心切：底层社会心理

在就业形势始终严峻的客观背景下，社会中下层尤其是底层求职者在找工作的过程中不可避免地具有一些心理弱点，众多骗子也正是精心利用了这些固有弱点，进而“创造”出形形色色的招聘骗局。下面比较分析了未受骗大学生对自己未受骗的归因，以及受骗大学生对自己受骗的归因，从中可以更好地认识受骗求职者所固有的思维盲区。

（一）未受骗归因

接受调查的 22 位遭遇兼职招聘骗局但并未上当受骗的大学生，当被问及自己识破骗局的原因时，他们的回答可归纳为表 5－1。

表5-1 **未受骗的归因**

未受骗的原因	复选频次（百分比①）
了解有关求职受骗现象	20（91%）
招聘方的言行令人生疑	17（77%）
自己本身并不急于找到一份工作	5（23%）
其他	4（18%）

在他们中，有20人（91%）表示自己了解有关求职受骗的现象。他们看过有关求职受骗的新闻，或听父母、老师说过他人求职受骗的故事，或知道身边同学求职受骗的经历，或在刚进入大学时受到过学姐学长的善意提醒等。如$_{(未)}S_8$告诉我，“我看到过有关新闻，在高中时也听班主任讲过，她自己一个大学女同学找工作时被拐卖到一农村，几年后被警察找到时孩子都有了”。这位大学生还强调，“班主任是女的，高中毕业时就提醒我们，暑假若要出来兼职，一定要小心，以免受骗”。正是这种间接经验促使这些大学生中的许多人在遇到招聘骗局时能保持冷静，以一种自动化思维方式将“招聘方”的言行与大脑中储存的既有经验知识进行比较，故而发现其破绽（如“去了就喊交钱，感觉就不对”），避免了上当受骗。由此我们可把表5-1中的前两项概括为“相关经验较多，有较强的防范意识”。换言之，这些大学生之所以没有被骗，最主要的原因就在于他们拥有相关的社会阅历。

此外，“自己本身并不急于找到一份工作”是另一个较为明显的因素，共有5位大学生提及这点。这种良好的心态使得部分大学生在偶遇骗局尤其是大街上的“口头招揽”骗局时，能抵挡住对方的诱惑，不会“见钱眼开”，从而避免落入陷进。如$_{(未)}S_{11}$称，“自己没有十分急切地去想得到这份工作，因此不至于被动地接受骗子的驱使”。值得注意的是，这类大学生多具有相似的家庭背景（自认其家庭收入在当地属于中等或

① 在该问题的调查中，设计了开放式问题，此后对学生的回答进行分类并清点各类出现的次数。这里的百分比为各类回答的复选次数在该问题总回答人数（22人）中所占的比重。以“了解有关求职受骗现象”为例，其复选频次占总人数的比例为20次÷22人=91%。表5-2和表5-4的计算方法与此一样。

更高水平)，故并不迫切需要一份兼职收入，更不会视之为"重要生活来源"。他们本身也没有兼职的意识或想法，在面对骗子花言巧语的诱惑时，也才具有更强的抵抗力。

（二）受骗归因

受骗大学生又有着怎样的自我归因呢？他们是否正是因为完全不了解有关求职受骗的事才上当受骗的呢？调查结果令人大吃一惊。在这37位受骗大学生中，有24人（65%）表示自己看过有关求职受骗的新闻，或听说过他人求职受骗的故事，有的甚至既多次看到过有关新闻，也多次听说过他人受骗的故事。然其中仅5人（14%）认为自己了解求职中应当掌握的预防上当受骗的知识（在未受骗大学生中，这一比例为55%）。对此，有大学生解释道，虽然看到过有关新闻，但新闻中往往没有告诉求职者在求职中究竟该怎样去做。这种解释有一定道理，但又不完全如此。在我接触的诸多新闻中，大多比较详细地提醒过求职者应当重点注意的事项。那么，肯定有其他更多因素使得多数大学生在具有间接经验的背景下依然上当受骗，少数大学生还先后多次被骗。

表5－2较为细致地呈现了这些大学生对自己受骗原因的总结。针对"为什么有间接经验仍然受骗"与"为何多次受骗"这两个问题的部分回答，也一并被归纳在其中。从中可以看出，不论兼职是为了挣钱还是为了体验或锻炼，这些大学生多半（59%）具有一种共同的心态：求职心切。持有此种心态的大学生，大多家庭经济条件不好甚至很差。以极为明显的公关骗局为例，掉入此类陷阱的大学生几乎都是因为经济原因而被各式"公关"招聘广告中的极高待遇所诱惑。尽管他们都知道这类广告中所谓的"公关""特服""私人伴游"等高薪工作具有色情性质，但出于"赚大钱"的脱贫心态，这些大学生置主流文化的伦理道德于不顾，竞相奔向这种违规行业。只不过，结局却是成为骗子牟取非法利益的受害者。这样的例子，在传销、星梦和色相等骗局中也十分普遍。

表5－2 受骗的具体归因

受骗原因	复选频次（百分比）
急于兼职挣钱或锻炼自己或获得全新的体验	22（59%）

续表

受骗原因	复选频次（百分比）
骗子很会说，很会伪装，很会骗	21（57%）
没有求职经验或相关经验不足	19（51%）
单纯，把社会想得太好，易轻信他人，警惕性不强	19（51%）
待遇高，工作也轻松	12（32%）
其 他	8（22%）

此外，“没有求职经验或相关经验不足”“单纯，把社会想得太好，易轻信他人，警惕性不强”，则是继“求职心切”后同等重要的社会心理因素（皆为51%）。换言之，即便这些大学生中的多数人都对求职受骗现象有所了解，但依然有过半的人认为自身“经验缺乏或不够多”，故而“容易轻信他人”。这两类具体因素都可归结为大学生社会阅历或经验的欠缺。进一步看，“骗子很会说，很会伪装，很会骗”与“待遇高，工作也轻松”这两类回答，在印证外在社会情境的有力影响时（后面将做进一步分析），实则也凸显出这些大学生社会经验的贫乏。故而调查发现，许多骗子把缺乏社会经验的大学生都称为“傻子”，这倒与受骗大学生认为自己“蠢”的看法不谋而合。

综上分析，我们认为求职心态与社会阅历是两个至关重要的因素，正是在这两个变量上的明显差异，在较大程度上决定了遭遇骗局的大学生之不同结局。具有较多经验的大学生，加之许多人可能并不急于求职，故显示出更高水平的认知能力和努力，倾向于批判性地分析招聘信息。这类大学生往往扮演着积极信息处理者的角色，力争把呈现在眼前的招聘信息与自身既有的经验知识和看法进行比较，由此产生了有效的批判性思考。譬如，有大学生经过思考后，认为对方态度不够诚恳，或认识到对方提供的工作“收入过高而要求又太低”，或感觉到对方的招聘方式过于随便等。正是这种对接收信息的积极处理和批判性思考，使得他们能及时找出对方在言行等方面存在的漏洞，避免了上当受骗。反观之，经验不足的大学生，加之许多求职心切，在面对招聘信息时通常表现出极低水平的认知能力和努力，缺乏对信息的批判性分析。这类大学生通常扮演着被动信息接收者的角色，较易受到外来暗示的影响，或者说，他们多在一种很肤浅的层面上处理信息，倾向于自动地把外界信息译成真实的。如此，在前类大学生看来非常令人生疑的一些因素，却成为这类大学生难以抵抗的诱惑；骗子被前者视为"真会装"的"能说会道"，却成为导致这类大学生失去自主意识的"迷药"。

需注意的是，社会经验与求职心态本是两个独立因素，各自发挥着影响力。譬如，部分未受骗大学生也渴望快速找到一份工作，但因有着较为丰富的社会经验，故能及时识破骗局；反之，部分受骗大学生其实并不急于甚至本无意找工作，却因缺乏应有社会经验，故在面对一个看似非常不错的意外诱惑时，也会"见钱眼开"、掉入陷阱。只不过在多数情况下，这两种独立因素的影响或正好叠加：求职心切的大学生，多缺乏足够的社会经验，而相对不那么求职心切的大学生，又多具有较为丰富的社会经验，如此就导致了他们遭遇骗局时的不同结果。

二　理性错觉：屈服于诱惑

现在进一步探讨不良社会情境是如何作用于求职者上述固有心理弱点，进而使之最终偏离了理智轨道的。

（一）求职受骗："情境型"行动凸显

从社会学视角看，求职行为是一种涉及人的各方面利益特别是经济利益的理性选择行为，然此观点并不适用于所有情境下的求职者群体。如科尔曼所述，即便人们是"有目的的行动者"，但若无法了解其他人的行动战略，行动者甚至连合乎理性的定义都存在问题，或曰"在前所未遇的形势下，行动者有可能以不利于自我的方式行动"。[①] 对这类情形的理解有助于我们更好洞悉行动者个人的复杂内部结构，此类探讨集中体现为认知心理学偏离理性的研究。2002 年诺贝尔经济学奖获得者卡尼曼（Daniel Kahneman）是这方面研究的杰出代表，他对理性选择展开了广泛的心理研究，最重要的成果之一是关于不确定情形下人们判断与决策过程的研究。其研究表明，即便是正常人在思考时也容易出现系统性

① ［美］詹姆斯·S. 科尔曼：《社会理论的基础》（上），邓方译，社会科学文献出版社 2008 年版，第 463、466 页。

失误（系统性地偏离了标准经济理论所预测的结果），这种失误和偏见是由人类认知机制的构造即启发式原则导致的，① 启发式指的是“人们在面对大量信息处理时使用的心理捷径”。②

基于上述观点，求职受骗是现实生活中偏离理性之众多行为中的一种。具体来看，身处骗子设置的极具诱惑性的“招聘”情境中，大学生等求职者实际上并没有进行丝毫科学意义上的计算分析与逻辑推论，他们几乎完全任由感性意识活动来支配自身的行为选择。即便面对“低成本—高收益”的虚假声称，不排除有部分求职者也会产生某种有意识的思维与判断，进而做出看似“划算”的“合理性选择”，可上当受骗的后果最终证明了这不过是一种“理性错觉”。这类求职者主观上认为自己采取的行动是合理的，客观上却背离了行动的合理性。简言之，那些受限于就业资本和各种文化与心理因素的求职者，多难以开展有效的理性（哪怕是有限理性）选择。以大学生为例，无论是在校大学生还是大学毕业生，多缺乏对招聘信息进行有效分析的能力和条件，通常进行的是那种被动的、非推论性的、模糊性的和紧迫性的求职行为。

这并不是说求职者在求职过程中完全缺乏理性思维的能力，而是说在情境变量的作用下，求职心切的心理驱使在很大程度上蒙蔽了他们理性的心智，使之感性意识占据了主导。如在调查中，许多受骗大学生一致感慨，“骗子口才太好，不容我们思考”，“自己被‘编’得完全没有了自主意识”。按照韦伯对社会行动类型的界定，③ 大学生这种既缺乏工具理性也谈不上价值理性的求职行为，属于典型的情感式行动——一种在特定的环境刺激下由“当下”的情感和感觉状态所决定的行动。以我自身例子来看，外在环境是如何促使求职者偏离理性轨道的：

> 应聘中当得知要先交钱时，我不能确定是否该交此钱，于是给朋友打电话，征询意见。不巧，电话无法接通。正当犹豫之时，骗

① ［美］丹尼尔·卡尼曼：《思考，快与慢》，胡晓姣等译，中信出版社 2012 年版，序言。

② ［美］爱德华·J. 巴莱森：《骗局：美国商业欺诈简史》，陈代云译，格致出版社、上海人民出版社 2020 年版，第 28 页。

③ ［德］马克斯·韦伯：《社会学的基本概念》，顾忠华译，广西师范大学出版社 2011 年版，第 51 页。

子对我说："这点事，你这么大的人了还不能自己做主呀？"或许正是此番言语，直接把我推向了某种冲动的情绪中。当时我身上只有一百元，对方便让我先交这一百，再陪我下楼去取余下的140元钱。

毫无疑问，对正规招聘单位而言，上述举动并不寻常，但当时的我对此毫无警觉，而是按照对方的提议一一照办。在围绕交钱的整个过程中，我几乎完全丧失了批判的意识。在骗子的热情、保证和鼓动下，自己渴望寻找一份兼职工作的心态已被无限"放大"，加之经由如此"顺利"求职所激发的自信心的驱使，我最终做出了后来被发现是非常不可理喻的行为。事后反思，我当时完全没有任何所谓的理性算计，更谈不上追求收益的最大化，完全是凭着由骗子言辞表演所刺激出的感觉、感情在冲动地行事。在我看来，这其实也可视为一种"情境型"行动，即受当时情境刺激而不自觉地做出的没有明确的逻辑、没有在意识层面上认真思考过的行动。那么，这当中究竟蕴含着怎样的认知偏差呢？

（二）轻信

勒庞指出，"群体永远只看到他们认为应该看到或是他们希望看到的东西"。[①] 正是因为这种原本就存在的不合理的期待意识，致使来自外在情境的任何不良信息都可能触发某些个体对他人的无意识轻信，进而落入骗局。此一认知现象在本书中极为明显，这从前面有关受骗大学生自我归因的分析中可略见一斑。进一步来看，即使是那些自认为"单纯"的受骗求职者在日常生活中也非总是信任他人（包括身边他人），他们通常也需要一个较长的时间来建立对他人的信任——这点与其他社会阅历丰富的个体相似。那么这些并非如此绝对"单纯"的求职者，又为何会在很短时间内轻易地相信那些多为陌生人的骗子呢？另一个非常重要的关联因素就在于，骗子向求职者许诺的预期利益极为丰厚（至少在求职者本人看来是如此），而这恰是其内心所期望的。如此一来，这些求职者不自觉地陷入上述思维盲区，故而上当受骗。一言以蔽之，骗子许诺的预期利益对求职者具有很大诱惑力，触发了其轻信的心理弱点，而

① ［法］古斯塔夫·勒庞：《乌合之众：大众心理研究》，戴光年译，新世界出版社2010年版，第31页。

这在他们与其他人的交往中则是难以发生的。

对于个中缘由，科尔曼做过较为详细的阐释。其研究发现，如果受托人可靠的概率与其不可靠的概率（1 – P）之比（其中的 P 为人们对他人可靠程度的一个基本估计值），大于可能所失（L）与可能所得（G）之比，即“P/（1 – P） > L/G”，理性行动者将决定给予信任。相比与一般人信任关系的发展，当与素不相识的骗子打交道时，骗子所使用的一个基本方法便是向委托人证明，其可能获得的利益明显大于可能遭受的损失（即 G > L），致使 L/G 很小。这意味着，“P/（1 – P） > L/G”这一等式明显成立。科尔曼指出，除非人们把 P 值降到极低水平，否则即便人们在某种程度上降低 P 值，上述等式依旧成立。在此情况下，人们自然信任实际上是骗子的受托人。①

上述观点在我的调查中得以印证。表 5 – 2 中，“骗子很会说，很会伪装，很会骗”（57%）与“待遇高，工作也轻松”（32%）这两类回答，所占比重即是明证。其表明，许多大学生之所以上当受骗，在很大程度上正是因为骗子所许诺的工作在他们看来属于“高收益”（不仅是收入，还有工作经验的积累等）却又几乎没有什么门槛和损失的“好工作”，致使其不由自主地高估了骗子值得信任的概率。这同样适用于那些有一定社会阅历的大学生。譬如 S_9 认为，“觉得自己还是挺谨慎的，当时只是想去看看，居然就在骗子的循循善诱下交了 20 元钱，就这么稀里糊涂地被骗了”；S_2 也看过有关求职受骗的新闻，却先后 2 次掉入同一种招聘骗局，当被问及第二次受骗的原因时，她说：

> 最初想到可能是骗子，毕竟有了第一次经历，但就想去看看他们是怎么骗人的，打定主意不交钱的，但最后还是被高额的兼职收入给打动了。

实际上，骗子向求职者做出的“美好许诺”本身正是骗子言辞表演中的一个重要部分。如第四章中揭示的，骗子密集且高强度的语言攻势，

① ［美］詹姆斯·S. 科尔曼：《社会理论的基础》（上），邓方译，社会科学文献出版社 2008 年版，第 91—98 页。

阻止了大学生进行彻底悠闲、理性的信息分析，即此种情境变量客观上不允许他们对所获信息进行广泛、深度的加工，从而使其最终屈服于诱惑。即便是那些社会阅历比大学生更丰富的求职者，他们也很可能在骗子许诺的“好工作”所能带来的预期“高收益”之诱惑下，被激发出“神奇的信任感”，并最终成为一个如勒庞所说的“不具备逻辑能力与判断力的智力泯灭者”[①]。以前述发生在苏州某受骗求职者公益维权群里的对话为例（这一对话发生在2016年3月23日晚上11点左右），当某受骗在校大学生表示不能理解为何已经35岁的农民工乙还会先后两次为黑职介所骗时，农民工乙与农民工甲的对话为我们提供了重要信息：

农民工乙：我朋友都说我，闯荡多年居然发生这样的事情。

农民工甲：我不也是。我都“老油条”了。其实大家心里都有数，只想好好挣钱。

农民工乙：有时候一不留神就上钩了。

农民工甲：谁知道职介这么黑？

这一现象在那些骗局本身并不高明乃至漏洞百出的案例中体现得尤为淋漓尽致，央视报道过的某星梦骗局提供了一个例证。该案例中的骗局有很多漏洞，受害者但凡多留个心眼便可避免上当受骗。但那些年轻女性原本就有“一夜成名”的明星梦，而骗子许诺的“丰厚利润”（片酬40万至80万元）与“成名机会”——关键还在于，这“并不需要付出那么多努力”——对她们构成了一个强有力的刺激与诱惑，使之陷入轻信的思维盲区，进而掉入“我本不高明”的招聘骗局。[②]可见，一旦求职者沉迷于符合其个人偏好之虚假声称的暗示，他们就极易受到影响，进而失去批判性。这类因骗子抛出的“高薪”而导致求职者心智迷失的新闻案例绝非少数，此处难以一一列举。

① ［法］古斯塔夫·勒庞：《乌合之众：大众心理研究》，戴光年译，新世界出版社2010年版，第35页。

② 央视十三套：《“潜规则”包你一夜成名？讲好“条件”包你成名 如此容易？》，“法治在线”节目，2014年3月31日，https：//tv. cctv. com/2014/03/31/VIDE1396242545216812. shtml，最后浏览日期：2021年9月6日。

（三）积极心境的诱导

基于既有针对虚假广告易感性（susceptibility）之影响因素的研究，西方劝说研究者指出，或许不是去寻找“是谁”，而更应该去寻找“何时”，消费者更容易接受广告信息。在这一问题上，许多研究者认为，易感性过程主要取决于情境因素，而心境（mood）是一个广告商可以极大地施以影响的情境背景。较早的研究揭示出，积极心情使得消费者更少批判性，更易受到虚假广告暗示的影响。较近的研究又表明，在积极心境下，认知的更加精致化可能有助于消费者在更大程度上审查虚假广告，进而更易发现虚假信息。①

求职者是诸多虚假招聘广告的消费者，故上述有关心境状态与个体对虚假信息易感性间关联的研究具有重要启发。仔细审视我自身经历以及其他诸多求职受骗过程，不难发现，积极心境在其中的确扮演了十分重要的角色。只不过，其所发挥的效应似乎更好地印证了上述早期研究的结论。即各色骗子通常采用情感煽动的方式“帮”求职者营造出一种良好心境，致使其更易受到虚假招聘暗示的影响，进而对招聘声称做出更有利的评价。在这一过程中，前述由骗子再三保证的“预期高收益”恰好也是诱发求职者积极心情的一个重要乃至核心手段。

以大学生为例，许多人本身就存在思维盲区（往往倾向于相信自己愿意相信的“好工作”就在眼前），而骗子通过热情、赞美、许诺和鼓动等手段所催生的积极心情则加剧了此种盲区，使之在互动中过于注重对方所鼓吹的招聘岗位的优厚待遇或美好前景，却疏忽了对招聘声称的周全考虑。他们在骗子所营造的“此情此境”中，因沉醉于或憧憬着对方所承诺的虚假主张，而放弃了对不利证据的思考——譬如，最初骗子称不收费，但之后又要收取不同名义的费用；明明说收取的是服装押金，但在收据上写的却是服务费；广告中明明写的是单位直聘，到现场却告知是中介，等等——无视了一个平常心个体较易看出的破绽，甚至还替被察觉到的破绽寻找借口。就此而论，“积极心境说”可以被看作是对前述“轻信”观点的进一步阐释。

① Latour, K. A., and M. S. Latour, “Positive Mood and Susceptibility to False Advertising”, *Journal of Advertising*, Vol. 38, No. 3, 2009.

（四）侥幸心理作祟

侥幸心态的实质在于，行为主体通过"否认"以减轻由外在信息所带来的恐惧。在现实生活中，受骗求职者侥幸心理的具体展现有着多种形式。譬如在我的调查中，有部分大学生事先知晓虚假招聘现象的存在，但认为它"是小概率事件，自己肯定不会碰到"，结果在毫无防范的情况下上当受骗。还有一些求职者明知招聘可能有假（譬如发现对方是黑中介，或感觉让交钱的行为本身有问题），或者说，他们对招聘方"可能是骗子"这点已有所隐约察觉，但因急于找到一份满意的工作，仍愿"试一试""碰碰运气"，寄希望于"万一运气好呢"。也有求职者是在已经被骗了一部分钱的情况下，不甘心让其沦为"沉没成本"，于是只得在"赌一把"心态的驱使下，在骗局中越陷越深。

大一学生小蒋的受骗经历提供了一个生动例证。"开始说只花 50 元登记，就可以安排工作"。为此，小蒋和室友各掏了 50 元。可登记完个人信息后，对方又要求他们再交 300 元择业信息管理费。"我们当时就怀疑被骗，可如果不按照要求缴费，之前的 50 元钱就打水漂了"，小蒋称，"要是交了钱有工作也还行吧，万一被骗就当花钱买个教训，所以我们又交了 300 元"。[①]

如今，许多地方政府早已在各种公共场所设置了警示信息。即使如此，依然有许多人在侥幸心理的助推下掉入一些毫无新意的招聘骗局。如本章开始提到的那位宜宾某高校的大一学生小悦，时隔三个月后，当我再次问及为何在事先了解兼职刷单骗局的情况下还上当受骗时，她总结如下：

> 抱有侥幸心理，认为自己是个幸运儿，遇到的是真实可以做的，因为有以前的同学在做，并且是真的有返，所以认为自己也可以做。恰好在自己很缺钱的一段时间，对找兼职去填补这个经济空缺的意愿很强。

---

① 张慧萍：《"十一"假期学生兼职陷阱多》，《武汉晚报》2013 年 10 月 8 日，news.sina.com.cn/o/2013-10-08/032028372667.shtml，最后浏览日期：2016 年 6 月 8 日。

应该说小悦还算是幸运的，在连刷几单都未得到对方事先承诺的返现后，她怀疑自己遇到了骗子，不再进行刷单操作，因而得以及时止损。相比之下，其他很多受害人可没有如此“幸运”。在前述之骗子的各种套路下，许多受害人不断投入本金进行大额“刷单”，而投入的越多，就更不愿损失前期投入的本金。也正是这种“拒绝沉没成本效应”的非理性心理，又进一步强化了许多人原本存在的侥幸心理，致使其最终被骗取数万元不等甚至更多钱款。来自北京的李女士为我们提供了一个例证：

> 2017 年底，李女士收到一条关于兼职刷单的商业推广短信。原本就希望利用业余时间挣些外快的她，与对方取得了联系。在填写入职申请表后，她接到了第一次刷单任务。就前后几分钟的时间，李女士很轻松拿到了 5 块钱佣金。面对轻松的赚钱机遇，李女士开始了更大手笔的刷单，因为对方告诉她，“只要刷单金额越多，返还的佣金就越多”。然而，接下来的大额刷单任务完成后，她不仅没有收到佣金，连本金也要不回来。“意识到被骗了，我存在侥幸心理，我就想把那些本金赢回来……”为了能把前期投入的本金要回来，李女士又继续完成了多次任务，前后投入了七万八千六百元。①

（五）盲信“潜规则”

吴思创造了“潜规则”这一概念，它指的是隐藏在正式规则下，却在实际上支配着中国社会运行的不成文规矩。在吴思看来，正是因为此种规则得到了多数人心照不宣的默许和遵守——即便这些人很多并非法律意义上的坏人——才使之成为可与“显规则”相抗衡的另一套行为准则和规范。吴思指出，这种在实际上得到遵从的隐形规范背离了正义观念或正式制度的规定，侵犯了主流意识形态或正式制度所维护的利益，因此才不得不以隐蔽的形式存在，而当事人对这种隐蔽形式本身也有明

① 央视十三套：《“网络兼职刷单”骗局真相》，央视网微博视频号，2018 年 7 月 15 日，https：//video. weibo. com/show？ fid = 1034：4270701566215007，最后浏览日期：2022 年 8 月 16 日。

确的认可。[1]

不可否认，吴思所言的这种潜规则早已渗透到中国社会生活的方方面面。这一社会文化生态，客观上为诸多招聘骗局的施展提供了空间。就骗子而言，可以通过刻意地暗示、渲染社会上普遍存在的此类规则来实施招聘骗局；就求职者来看，他们会因早已在日常生活中"见惯了某个领域的潜规则"或"多少有所耳闻"，而企盼自己也可以从"潜规则"中分一杯羹。由此使得，当"招聘方"提出不合理乃至非法要求时（譬如，索讨"打点费用"、性要求等），这些为潜规则文化所浸淫的求职者就会信以为真地认为，自己也可借助"被潜规则"来获得某种通过常规途径难以获得的高收益。在此心态下，纵使骗局呈现出明显纰漏，他们也断然不会进行批判性思考，反而为其寻找合理化支撑。即便是生活在象牙塔中的大学生，也不例外。譬如在前述"银行职员利用潜规则骗奸8名求职女大学生"这一案例中，几名受害者在面对办案人员的调查时大多表示，"自己以为公司面试时有这样的'潜规则'"。故在骗子提出性要求时，这8名受害者自始至终都未怀疑过他，在被侵害时也没进行反抗。[2]

吴思认为，大多数人对潜规则的遵循无关道德善恶，而是基于大家都可以理解的趋利避害的现实考量——践行潜规则，可从中受益，否则便要吃亏。[3] 无论是大学生还是其他求职者，他们对所谓招聘潜规则的默许和遵从正是源于这种"理性"的算计：本企图通过与招聘方的权色、权钱等见不得光的交易来获取一份看似不错的工作，不料"被潜"的结果却是上当受骗。

第二节　习惯性怀疑：求职受骗的影响

至此不禁要问，虚假招聘究竟有何危害？综合西方学界有关广告欺

---

① 吴思：《潜规则：中国历史中的真实游戏》，复旦大学出版社2009年版，第194页。

② 乐毅：《我们何时"习惯"了潜规则》，《扬子晚报》2009年2月13日，star. news. sohu. com/20090213/n262217496. shtml，最后浏览日期：2015年7月6日。

③ 吴思：《潜规则：中国历史中的真实游戏》，复旦大学出版社2009年版，自序。

骗危害性的研究，[①] 可以认为，虚假招聘的后果绝不仅局限于骗子与求职者间的二元关系，而是延伸到更广的社会文化世界。本节先探讨了求职受骗事件对求职者自身的即刻不良影响与潜在心理创伤，然后分析了其可能具有的潜在长期不良效应。

一　受骗求职者的利益损害

（一）显在的即刻危害

虚假招聘导致了即刻不良后果，这集中体现为对求职者财产权、知识产权（劳动成果）乃至人格权的侵害。综观诸多案例，受骗求职者被侵害的权益还往往不止一种，多涉及财与色（人格权中的贞操权）、财与力、财色（力）与人身自由、人格尊严乃至生命健康权等多个方面（见表5－3）。其中最为悲惨的莫过于生命本身的损失。失去了最为宝贵的生命，也就意味着这些求职者永无“纠错”和得以“弥补”的机会。不幸的是，自2003年以来，有关求职遇害的新闻时有发生，其中又以女性求职者（特别是那些做家教的在校女大学生）被绑架、遭遇性侵害并被残忍杀害的事件最为突出。此类求职者同时被劫去了“财、色、命”，这给她们的家庭造成了巨大创伤。

表5－3　**受骗求职者的直接损失**

其一，损失数额不等的钱财
其二，损失劳动成果（含脑力成果）
其三，人格权受损（人身自由、人格尊严、贞操权和生命健康权）
其四，以上权益中的两种或更多种同时被侵害

还有受骗求职者因触犯刑法而沦为阶下囚。譬如，成都两名大二学

① Carson, Thomas L., R. E. Wokutch, J. E. Cox Jr., “An Ethical Analysis of Deception in Advertising”, *Journal of Business Ethics*, Vol. 4, No. 2, 1985. Mujtaba, B., and A. L. Jue, “Deceptive and Subliminal Advertising in Corporate America: Value Adder or Value Destroyer?” *The Journal of Applied Management and Entrepreneurship*, Vol. 10, 2005. Shabbir, H., and D. Thwaites, “The Use of Humor to Mask Deceptive Advertising: It's No Laughing Matter”, *Journal of Advertising*, Vol. 36, No. 2, 2007.

生为兼职挣快钱，明知出租银行卡的行为可能涉嫌违法犯罪，为获取每天350元的好处费，仍将自己的银行卡交由他人转账使用。最终，他们不仅没拿到钱，还因为他人实施电信诈骗提供支付结算帮助而获刑，罪名是"帮助信息网络犯罪活动罪"。[①] 近年来，这种因"贪图小便宜"而将自己的银行卡、手机微信、支付宝账户等交予他人帮助电信网络诈骗团伙洗钱的案例时有曝光。在校大学生参与电信网络诈骗活动的案例也不在少数，他们为赚取佣金沦陷于"跑分"（即利用个人收款码代收账，以此赚取佣金）兼职活动中，随时面临承担刑事法律责任的风险。[②]

（二）潜在的心理创伤

在社会心理学家看来，挫折是指当人们的目标活动受阻时产生的一种负面情绪状态。这种挫折感在求职受骗者中普遍存在，即求职受骗的经历致使许多求职者在心理上产生诸多不良反应。通过对受骗大学生的考察，我们发现此类反应因人而异，大致存在如下三种情形。

一种是非常负面的极端，即受骗者在心灵上受到重创。他们要么变得极为消沉，试图自杀；要么郁闷至极，心生仇恨与报复，进而做出违法犯罪行为。后面有关受骗求职者暴力维权与自杀维权案例的分析，展现了此类极端反应。或可认为，采取自杀行为的受害者更多地把受挫折的原因归结为"自己太傻、太幼稚"，而采取暴力维权的受害者则更多地把"真可恶的骗子"视为自己受挫折的原因。也有求职者在受骗后因感到十分郁闷和苦恼，遂将自己的不良情绪宣泄或转嫁给其他无辜者。

另一种极端是，求职者根本不认为上当受骗经历对自己有何影响。以接受调查的受骗大学生为例，这类人占总人数的25%。他们都比较乐观，把受骗经历权当自己人生中所要承受的诸多挫折之一，强调自己从受骗经历中所吸取的诸多直接或间接经验教训。如S_4认为，"受骗经历对自己影响不大，只是使我更加成熟，更加了解这个社会"；S_{26}也指出，

① 任鸿：《成都两名大学生有偿转借银行卡 被判帮助信息网络犯罪活动罪》，川观新闻百家号，2021年9月17日，https://baijiahao.baidu.com/s? id=1711149834660423793&wfr=spider&for=pc，最后浏览日期：2021年9月22日。

② 钟晓璐：《为挣快钱 成都一大学生帮诈骗团伙"跑分"洗钱80余万》，封面新闻百家号，2021年9月15日，https://baijiahao.baidu.com/s? id=1710946791969431042&wfr=spider&for=pc，最后浏览日期：2021年10月9日。

“影响不大，因为我从来就不相信世界上没有坏人，只要自己小心点就好。受一次骗，也为我提供了一种经历和经验，有助于我以后少上当受骗”。

相比之下，大多数受骗求职者则处于上述两种极端之间。上当受骗的经历最初给他们造成了较大的心灵伤害，伤心、自责、愤怒和恐惧的情绪屡屡可见，但最终他们走出了阴影。譬如在调查中，“很受伤”“很压抑”，以及“无法接受这种残酷的社会现实”，甚至于“开始否定自己”“仇视社会”之类的话语，其频次合计占受骗大学生总人数的61%。那么，这些大学生又是如何摆脱求职受骗经历所带来的不良影响的呢？其策略或许在于，他们对自身负面经历所进行的积极认知处理。如S_3指出，“刚开始比较愤怒，但时间长了仔细想想，也没有什么。自己小心点就好，吃一堑长一智嘛”。她还强调，“社会还是美好的，只要你有发现美的眼睛”；S_8认为，“现实有时真的很丑陋，但我还是相信世上好人多”。对此，S_{14}也指出，“坏人好多，不过，好人应该也有”。

综上而论，无论是否体验到了求职受骗经历的负面影响，多数大学生实际上都采取了认知上的积极处理方式。正是这种无意识的认知失调处理策略，帮助他们走出上当受骗的阴影。认知失调指的是，当个体行为违背了其固有的积极的自我概念时所导致的不适感。① 在本书中，大学生求职受骗的行为与其“我不可能这么笨”或“我是一个聪明人”的自我概念发生了冲突，为此他们会感到不适。为减少这种不适感，许多大学生便通过增加如表5－4所列举的诸多新的正面认知，以达到降低失调的效果。

大学生从求职受骗经历中汲取的兼职经验与教训主要包括：要谨慎对待兼职信息；不能相信大街上的兼职信息或广告；寻找兼职要与同学结伴前去；最好通过熟人介绍兼职工作；要先交费才安排工作的都不能去；应到正规企业或正规场合寻找工作；求职中应详细阅读合同；不要相信大街上那种不现实的高工资；不能轻信许多所谓的中介等。除求职经验外，受骗大学生还丰富了自己一般意义上的社会阅历，这涉及对他

---

① ［美］埃略特·阿伦森、提摩太·D. 威尔逊、罗宾·M. 埃克特：《社会心理学》（插图第7版），侯玉波等译，世界图书出版公司北京公司2012年版，第178—181页。

人尤其是陌生人的信任、重大行为决策、自我保护能力以及抵抗外界诱惑等。如 S_{11} 说，"感觉社会好黑暗，但受骗也是成长的必经之路，我的阅历增加了，变得世故了"。

表 5－4　　受骗大学生所获取的经验教训

其一，有关兼职经验的获取（72%）
其二，不能轻易相信他人，尤其是陌生人（47%）
其三，遇事要三思而后行（28%）
其四，提升辨别能力或自我保护意识（14%）
其五，终于明白"天上不会掉馅饼"（11%）

C 市某财经大学的大一学生刘佳，经由我在社会学课堂教学中针对虚假招聘问题的案例展示和讨论（本次课堂讨论[①]发生在 2015 年的上学期），她才逐渐发现自己掉进了一个以某知名分类信息网站为广告平台的兼职招聘陷阱。当问及"从本次经历中，有没有学到什么东西"时，刘佳道出了如下一番颇具社会学意味的话语：

> 筛选信息。现在处在信息时代，信息量比以前大了，要在这些信息中找到真正有价值的可能比较难。但也要去做，不然就像这次，一不小心就掉进了一个坑。
>
> 多关注社会问题。以前可能觉得这些比较空，现在看来和我们的生活息息相关，那些正在被报道的，说不定哪天就会发生在自己身上。有了这些积累，才不会被某些表面现象所欺骗。
>
> 问题意识。看似不起眼的一件小事，背后隐藏的关系可能盘根错节。多多思考这些现象，有些虽然表象不一样，但背后所反映的问题实质是一样的。

① 自发现虚假招聘问题的严峻性以来，我都会在课堂教学中择机进行相关讲述和讨论，以此来更好地培养学生的问题意识，同时警示那些会到劳动力市场上求职的大学生。

二 “习惯性怀疑”[1]：社会信任危机的强化

虚假招聘具有潜在长期不良效应。作为价值破坏者，它可能累积地贬低了社会信任和诚实的总体水平，具有培养任何类型之不信任的可能（无论是一般的还是具体的，抑或以其他方式导致被认为是合意的道德价值观受到侵害）。众所周知，社会信任危机已是当今中国社会无法回避的一个现实问题。有学者深入分析了当代信任危机的三个维度：政府和民众间的信任、市场利益主体间的信任，以及一般社会成员间的信任。[2] 各类骗子的猖獗既是该问题的一个生动写照，又势必加剧和强化着当前中国社会的信任危机。譬如，为规避法律风险，有相当多旨在骗取钱财的虚假招聘采用分散、“小金额”的行骗手法，此类骗局常常被认为是不那么重要的，至少从对单个求职者的实际危害而言。然据斯科特（James C. Scott）对这类微小社会行动之大量聚集所可能导致的重大后果的论述，[3] 无数看似微不足道的求职受骗事件或行为的大量聚集，可能构成一种足以瓦解社会整体信任水平的“雪崩式力量”。这在于，个体层面上的受骗经历导致了一种群体层面上的心理及行为的改变，经由一种放大效应，其最终会在更为宏观的社会层面上展现出来。下面着重以受骗大学生为例，分析上当受骗的经历在求职者中是怎样滋生出“不相信”的情绪，这种情绪又是如何可能波及、蔓延至更为宽广的社会生活领域，进而对社会信任的总体水平造成累积性贬低效应。

（一）“杀熟”：腐蚀着熟人间的人格信任

学界有关中国社会传统信任的一个共识性看法是，其建立在亲缘和地缘基础上，是家族和共同体生活中基于相互依赖所产生的一种自然的

① 此处对“习惯性怀疑”的使用，采借了“人民论坛问卷调查中心”在《当前中国十大社会病态分析报告》（《中国新闻周刊》2014 年 9 月 15 日）中的提法，指的是“社会诚信危机导致人与人之间缺乏信任和安全感，从而怀疑一切”。在该报告中，此病症以 40.4% 的百分比排在第四位。报告还指出，弱势群体是易患此病症的第一大人群。

② 郑永年、黄彦杰：《中国社会信任危机》，《文化纵横》2011 年第 2 期。

③ ［美］詹姆斯 · C. 斯科特：《弱者的武器：农民反抗的日常形式》（第 2 版），郑广怀等译，译林出版社 2011 年版，第 37 页。

社会心理状态。[①] 这种传统信任是一种个人层面的信任，是在熟悉的基础上建立起来的熟人间的人格信任。这种自然而然产生的社会信任，即便在今日中国社会大转型的背景下也是一种十分重要的信任结构。虽然社会转型对信任提出了新的要求，但因尚未构建起有效的替代品，故当代中国社会生活在较大程度上还需依赖于以熟人为基础的人格信任。[②] 但据郑也夫之论述，本书中主要出现在传销骗局中的经济"杀熟"现象不过是中国历史上政治"杀熟"运动的后来者。这类杀熟现象还警示着每一位求职者，跟熟人交往也要特别"留神"，否则就可能被骗。如此，上述基于熟人关系的传统信任方式必然受到影响。

以大学生为例，一方面，传销骗局中的"杀熟"促使许多大学生意识到"连熟人也不能相信了"；另一方面，许多掉入传销陷阱的大学生在自身不慎成为"杀熟"的受害者后，为挽回个人经济利益，纷纷加入"杀熟"队伍，成为摧毁当今中国传统人格信任的一支"生力军"。尽管在这些"杀熟"的大学生中，有相当一部分人受到了传销组织的精神控制，但这并不意味着他们的杀熟行为就不具有主观欺诈意图。一位转变为"杀熟者"的大学生覃某，于一年前被同学骗到慈溪。他告诉记者，"发展的下线其实都是自己的亲人、朋友，以找工作为由将他们骗过来"，覃某说，他一开始确实相信，后来也产生了怀疑，"但是毕竟已经投入了这么多钱，想想还没赚回本，心不甘"。[③]

从客观结果的角度来看，大学生等此类"杀熟"力量的大行其道势必侵蚀着人与人之间的社会信任感，尤其是原本被视作理所当然的熟人间的信任。对此，下面这个"骗我的就是我的高中同学"案例中的主人公洪昆便深有体会。这是一位安徽某高校的大四学生，2012 年 9 月，他相信了高中好友的实习介绍，被骗到淮南一处传销窝点。历经了"传销惊魂 48 小时"后，洪昆把自己的经历写成日志，发表在网络空间，以此

① 郑永年、黄彦杰：《中国社会信任危机》，《文化纵横》2011 年第 2 期。

② 郑也夫：《走向杀熟之路——对一种反传统历史过程的社会学分析》，《学术界》2001 年第 1 期。

③ 陈运运：《90 后大学生误入传销陷阱 遭洗脑后骗来同学限制自由》，慈溪新闻网讯，2014 年 1 月 6 日，news. eastday. com/csj/2014-01-06/917271. html，最后浏览日期：2021 年 4 月 2 日。

告诫学弟学妹们，找实习千万要提高警惕，“有时连朋友都不可轻信。”[①]

据相关报道，近几年来，在前述境外高薪招聘骗局中，通过熟人或朋友的介绍或者邀请，是许多受害人被骗往乃至挟持到境外诈骗窝点的另一常见手段。[②] 新华社记者的调查也发现，除部分受害人被跨境非法组织编造的谎言诱骗外，更多案例集中于熟人范围内。湖北省公安厅出入境管理局办案指导支队某支队长告诉记者，“这就像传销组织一样，不法分子拉拢亲朋好友，偷渡出去一起从事跨境违法犯罪活动。”为赢得信任，除“打感情牌”外，这些不法分子在回国后，“常常穿金戴银，高调‘显摆’自己，给同乡好友营造一种‘境外即天堂’的假象”。于是，不少自我保护意识较弱的人在花言巧语的诱骗下，加之亲朋好友的信任纽带关系，往往动心，掉入陷阱。[③] 无疑，如同传销骗局中的“杀熟”，此等“杀熟”行为的蔓延也会在较大程度上导致人与人之间缺乏最起码的信任支点，从而进一步损害社会信任结构。

（二）“杀生”：阻碍了信任的社会化

齐美尔指出，随着货币成为社会交换的主要媒介，社会信任便从人格化转向非人格化体系，[④] 即日趋从熟人间的“人格信任”转向非人格化的“系统信任”（货币和专家系统）。这是一种陌生人间的信任，孕育了社会信任的社会化之势。信任的这种转型，并不意味着这两种信任间一定是此消彼长的对立关系。在某种意义上，系统信任可被视为是伴随着社会生活从熟悉走向陌生而得以构建起来的，它首先应是对传统信任的一种拓展和延伸，而非取代。当人类社会逐渐步入现代化轨道后，这两种信任理应相辅相成，共同支撑着社会生活的运行。人们不仅可以维护好传统的熟人间的人格信任，还能够靠着货币与专家系统在陌生的环

---

① 马宇平、范雪：《大学生实习背后黑色地带：藏陷阱被同学骗入传销窝点》，2015 年 2 月 2 日，yuqing. people. com. cn/n/2015/0202/c212785-26492606. html，最后浏览日期：2021 年 2 月 4 日。

② 朱婷：《柬埔寨网诈套路：高薪招工包吃住、“老朋友”突然邀约、老乡约见面》，上游新闻，2022 年 2 月 20 日，https：//i. ifeng. com/c/8Dn6M39iAgd，最后浏览日期：2022 年 8 月 24 日。

③ 佚名：《警惕境外“高薪招聘”圈套 》，新华社北京电，2021 年 2 月 28 日，https：//www. sohu. com/a/453333720_ 162758，最后浏览日期：2022 年 8 月 19 日。

④ 郑永年、黄彦杰：《中国社会信任危机》，《文化纵横》2011 年第 2 期。

境中建立起信任。[①]

然上述理想的信任进化模式只是一种奢望，至少就目前而言。以本研究为例，在“杀熟”导致受骗求职者的传统信任观日趋瓦解之际，为多数招聘骗局所采用的“杀生”策略（欺骗陌生人）又强化了其对陌生人的防范心理。这在我的调查中有着鲜明体现。求职受骗经历在较大程度上，动摇了受骗大学生乃至其他大学生对他者尤其是陌生人的信任。对此，S_2特别强调，要提防那些貌似善良的陌生人——如在大街上拉客的中年人；W_3也表达了类似看法，称“那些看起来那么善良的人竟然是骗子，难以想通!”有受骗大学生还表示，自己以后即使再找兼职，也只会通过“信得过”的同学或朋友去寻找。

除了影响针对陌生人的一般人际信任外，更为重要的是，求职受骗经历尤其是在受骗后的维权未达到预期目的的经历，还会损害大学生对政府的信任。最终通过熟人关系讨回被骗钱财的大学生 S_2，为我们提供了有关这方面的生动例证：

> 尽管之后几经周折，最终通过其他同学的母亲在政府部门的熟人关系，讨回了绝大多数被骗的钱，但那次报警经历让我对警察很失望。从那以后，认为“有困难找警察”是句空话，还是得找熟人才行。

如果说最初的道听途说不会影响 S_2对警察的基本信任，但报警维权未达目标的亲身经历则完全改变了她对警察群体的基本认知和态度。调查还发现，或许是因为缺乏更多的维权知识，打 110 报警通常是受骗大学生最先想到，也极可能是唯一能想到的投诉渠道。这些大学生都表示，最初本想找警察帮忙讨钱，不料警察称因为他们没有证据，没有办法进行执法。这种现实在受骗求职者看来却是执法机关的不作为，这在很大程度上打击了他们的维权热情，也让他们对公权力产生误解。

简言之，因为虚假招聘行为的隐密性，一般很难留下确凿的证据，

① 郑也夫：《走向杀熟之路——对一种反传统历史过程的社会学分析》，《学术界》2001年第1期。

导致地方政府职能部门在虚假招聘监管上存在无力执法的现实，必会引发或加重求职者对政府的不信任感。“‘干群’信任是最重要的，因为在中国的文化传统中，国家是规则的制定者和维护者，国民对国家的信任，很大程度是一般意义上的社会信任的基础。”[①] 也就是说，基层政府公信力的缺失会诱发或加剧经济与社会层面的信任危机，最后导致整个社会公信力的缺失。[②] 在此背景下，人们要么如诸多受骗求职者一样，臣服于血淋淋的现实教训，日渐认为“除了自己，谁也不能相信”；要么如部分受骗者一样，复制、繁衍着不诚实的风气，相互欺诈。若照此下去，又怎能构建起一套有效的系统信任机制来促进信任的“社会化”趋势呢？

第三节　受骗求职者的维权实践与困境

相比于学界着墨较多的农民、工人与城市业主等维权主体，受骗求职者的维权行动少有被关注。本部分所要讨论的正是求职受骗者的维权实践：他们最常见的维权途径有哪些？维权行动是否逾越现有制度的边界？身处弱者境遇，他们的维权行动又展示出怎样的逻辑？遭遇了何种困境等？

一　放弃维权：多数人的理性选择

（一）维权意愿及影响因素

在庞大的求职受骗者群体中，有多少人会采取维权行动呢？先看前述由中央电视台“东方时空”栏目组与智联招聘在 2005 年获取的一个网上调查数据，有 49% 的受调查者表示，“如果遇到招聘陷阱”，自己会“忍气吞声，继续找别的单位”。[③] 同一时期的其他诸多调查也表明，包

① 郑永年、黄彦杰：《中国社会信任危机》，《文化纵横》2011 年第 2 期。

② 2013 年初中国社会科学院社会学研究所发布的《社会心态蓝皮书》，为此提供了一个权威数据。其指出，中国社会的总体信任在进一步下降，人际间的不信任进一步扩大，群体间的不信任也在加深和固化。社会不信任导致社会冲突增加，这又进一步强化了社会的不信任，进而陷入恶性循环的困境中。

③ 央视一套：《就业“陷阱”何其多》，“东方时空”节目，2005 年 12 月 19 日，news.sohu.com/20051219/n241038172.shtml，最后浏览日期：2015 年 9 月 30 日。

括大学生在内的多数求职受骗者都倾向于选择"自认倒霉"。那么，受骗求职者的维权意愿在总体上又是否随着时间的推移而有所增强呢？再看来自英才网联的一组调查数据，在"遭遇求职骗局后，你会为自己维权吗？"这一调查中，有35%的人做了否定选择，21%的人表示"不知道"。[①] 两相对比，明确放弃维权的求职者比例明显降低。然2017年的调查数据再次显示，58%的受骗求职者表示"被骗后会选择忍气吞声"。[②] 故因样本差异，似难认为求职者的维权意愿整体上已有显著提升。

何况，有维权意愿的求职者并非一定会采取实际维权行动，这一点在我对兼职受骗大学生的早期调查中有着明确体现。在调查涉及的39次兼职受骗案例中，有27次（69%）都没有进行维权。在这些放弃了维权的大学生中，"主观上想过要维权，但实际上没有采取行动"的占了63%，"根本就没想过要维权"的仅占37%。那么，是什么阻碍了求职者实际维权行动的开展呢？从这些放弃维权的受骗大学生的回答中（见表5-5），或可管窥一豹。

表5-5 **受骗大学生放弃维权的主要原因**[③]

制约因素	复选频次（百分比）
没有维权意识，或不知道该如何维权	17（63%）
钱少，没必要，懒得麻烦	16（59%）
怕自己人身安全受到威胁	10（37%）
事小，认为政府不会管	8（30%）
个人力量太小，没有能力做什么	5（19%）
手里没有受骗证据	4（15%）
找不到骗子	3（11%）

① 黄晶晶：《3.15职场调查：近八成人曾遭遇求职骗局 侥幸心理是大忌》，英才网联，2014年3月14日，news.800hr.com/1394768605/137339/1/0.html，最后浏览日期：2021年4月3日。

② 《英才网联调查显示：83%求职者被骗过，防范意识薄弱是主因》，英才网联，2017年8月25日，https://www.sohu.com/a/167140981_361754，最后浏览日期：2021年4月20日。

③ 在该问题的调查中，我设计了开放式问题，之后对学生的回答进行分类并清点各类出现的频次。据此，共得到14类答案。根据各类回答复选频次的高低予以排序，本表格中呈现的是排在前7位的答案。表格中的百分比为各类回答之复选频次在大学生未维权总次数（27次）中所占的比重。

再看另外12次采取了维权行动的受骗大学生的维权路径及成效（见表5－6），从中或可找寻到更多答案。这些大学生的维权路径呈现出两种趋势：要么简单，要么复杂。所谓简单，指部分大学生自己一人或与同时受骗的同学结伴，直接去找骗子讨说法；所谓复杂，指部分大学生不止通过一种途径来维护自己的合法权益，如除了去找骗子讨公道外，还会采取报警、找媒体甚至托关系等多种方式。从表5－6中可以看出，在仅靠自己上门找骗子讨钱的这7次案例中，若讨回少数钱也算成功的话，那么其成功次数为4次，成功率为57%。再看较为复杂的5次案例，除个案S_{18}失败外，其他四个个案的维权行动都在不同程度上取得了成功，总成功率为80%。那么，这一高成功率是否与其“多管齐下”的维权策略有关呢？答案是否定的。因为在他们总计6次（S_2和S_{22}各两次，S_{11}和S_{16}各一次）成功讨回部分被骗钱款的情境中，有4次（67%）仍靠受骗大学生自己上门理论才取得成功的；另外1次（S_2）则是依靠同学母亲的熟人关系；有1次（S_{22}）是倚赖了职能部门的帮助。

表5－6　**受骗大学生的维权路径及成效**

维权路径	频次	成效
自己上门讨说法	7次（58%）	讨回全款（2次） 讨回少数（2次） 失败（3次）
多管齐下	5次（42%）	

S_2报警短期内没有结果，自己上门理论讨回少数钱，再托同学母亲在职能部门的关系，又讨回多数钱；
S_{11}找治保、媒体及报警短期内未能解决，自己上门讨回多数钱；
S_{16}自己上门讨回少数钱，报警短期内未能解决；
S_{18}报警短期内未能解决，又先后打了不同职能部门共计七八个电话，依然未解决，只得放弃；
S_{22}自己先去讨回少数钱，再上门索讨却被拒，准备放弃时，在接案前来执法的劳保局工作人员的帮助下，讨回多数钱

通过政府部门成功维权的S_{22}称自己运气好，钱“是‘捡’回来的”。对此，其道出了事件的始末：

骗子在市中心商业街问我俩做不做兼职，我们跟上去后，先交

了20元上岗证费用，还签了个象征性的合同。这个合同约定，若第二家单位没有用我们，我们就可以回到第一家（也就是这家中介），先退20%，一年后再退回剩下的80%。第二天去这家中介后，我们又被要求交了280元入场费。对方给我们开了收据，接着让我们到另一个地方去见工。到那里后，老板再次与我们签订了合同，并要求我们再交800元服装费。因觉得不妥，没交。我们回到最初交钱的中介，希望可以退回那280元。按之前签的合同，对方先退给我们20%，并收回了交钱收据。其余的钱，让我们一年后再去退。同学后来觉得一年太长，于是在3个月后我们又一起去找对方。但同一个地方，具体人员已全部换了，座机却一样可以打通。这些人已不认我们退钱的事。

我们正深感无奈、打算放弃时，遇到两个各被骗了1000多元的男生。他们叫我俩不要走，称自己已带了劳动部门的人来。随后，我俩也向执法人员讲了自己具体被骗的情况，并把电话留给他们。几天之后，执法人员给我们打电话，说可以去原地方拿钱了。次日，我们前去，在两位执法人员的帮助下拿回了自己被骗的钱。我们这钱真的算是"捡"回来的，因为运气好，碰到了这两个男生和两个好心的劳保局叔叔。

上述维权事实在一定程度上表明，求职者若单纯地只通过向职能部门进行反映和投诉，若无其他的维权路径可资利用，便常常带有碰运气的色彩。换言之，弱势民众在进行体制内维权时，其实际成效通常缺乏可靠的制度化保障。

从S_{18}失败的维权经历中还可以看出，"放弃维权"在这里除了指求职者一开始就不打算维权外，还包括另一种情形：那些最初采取了维权行动的求职者，因维权无望而心灰意冷，不得不放弃。此类中途夭折的维权实践在现实生活中极为常见，包括央视在内的诸多主流媒体都做过相关报道。那些最终选择"弃权"的求职者，与那些最初便拒绝维权的求职者一样，默默地接受了现实，成为"失声者"。事实上，在这两类放弃维权的大学生中，我都经常听到类似话语："花钱消灾"或"花钱买教训"。

上述调查还透露出另一个重要信息，即前述对职能部门信任的缺失这一民众文化心理在遭遇虚假招聘的两类大学生中都十分明显。这种信任缺失，一方面既阻碍了大学生们的维权实践；另一方面又通过他们不成功的维权实践得以强化。以那些及时识破骗局的未受骗大学生为例，他们中的多数人认为自己之所以未向有关部门反映自身遭遇的虚假招聘问题，一个重要原因就在于，主观上认为“即使举报，也不能惩治骗子”。如$_{(未)}S_6$认为：

> 感觉举报后也是徒劳，这些骗子出来混，肯定有什么后台，有办法、有路子。只要人没出事，在缺少确切证据的情况下，警察没法深入调查。更何况，我自己本身也不相信他们能把事办好。（当被追问何以有此看法时）我平时看到的、听到的，还有自己的经历，都让我有一种认识，那就是“高层政府值得相信，但基层政府办事不好，不值得信任，不可靠”。

这位大学生的看法在调查中相当具有代表性。从其言语中，还不难发现另一个在大学生中普遍存在的、妨碍其向政府进行投诉的重要因素——“钱少”意味着“事小”这一流行观点。那么，究竟何谓“事大”呢？许多大学生都表达了他们对该问题的相同看法，即“只有出了人命，才是大事”，才可能引起政府的重视。也就是说，在虚假招聘的日常治理中，通常只有那些“出了人命”或至少是对求职者的人身安全造成严重后果的招聘骗局，受害求职者或其家人的维权行动才有望成功。这就折射出当今中国社会，群众有一个可怕的认知，即认为必须等到出了人命，有些社会问题才可能会得到重视。这种现象在我自己受骗后的报警维权中也有体现。当时接警的工作人员先问我：“对方（骗子）有没有动手？”我回答否后，他直接说，“没有发生肢体冲突，我们就不好管了”。

（二）放弃维权背后的理性考量

从前面论述中不难发现，包括大学生在内的广大求职者，他们放弃维权的行为与骗子施骗的行为一样，也是基于对维权成本与收益进行大致盘算后做出的较为理智的选择。尽管他们无法完全借由经济学中工具理性的计算原则去做严谨分析，也并未试图去追求某种利益的最大化，但其"维权与否"的考量确实展示出一种个人的利害权衡取向。调查中，"钱少，懒得麻烦"与"多一事不如少一事"之类话语频频出现。求职者所考量的有关维权选择的成本和收益，除经济因素外，还包括时间、精力和面子等更多的非经济因素。值得注意的是，如本章第二节所论，受骗后果其实还关涉心理成本，但大学生似乎都有意无意地忽视了这一点，仅强调金钱这类显而易见的损失。然而在考量维权成本时，他们又多考虑到面子、自尊之类心理成本，"不能既丢钱又丢脸"的心态较为普遍。

下面先对这些大学生在维权与否两种情形下的"成本—收益"状况进行粗略比较，以更好地理解"放弃维权"为何乃大学生个体的最佳选择。如前所言，在受骗大学生看来，他们所损失的几乎都是从几十元到几百元不等的经济成本，而此种数额多被单个大学生视为"少的"。如若不维权，大学生的损失也就仅限于起初被骗的"区区"数额的金钱。即使谈不上什么收益，但通常也不会产生更多损失。更何况几乎所有受骗大学生（不论是否进行过维权），都认为他们从自身受骗经历中汲取了宝贵的经验和教训。更有部分个体视此等经历为自身成长的必经之路。由是观之，即使不维权，众多受骗大学生的成本收益率也至少不会为零。

反之，如若维权，大学生可能面临两种情况：一种，维权成功。讨回少数或多数经济损失，这是收益。一旦如此，他们的收益事实上还应包括自尊的补偿和由此带来的愉悦心情。但为了获取上述经济上"微不足道"的收益，这些大学生往往需要耗费大量的时间、精力与车费、电话费等，甚至还可能受到来自骗子的人身攻击；另一种，维权失败。即无法讨回一分钱，收益几乎为零。可他们同样付出了上述代价，甚至还会为此承担进一步受挫的自尊成本。更重要的是，现实生活中这类维权失败的例子比比皆是。

综上而论，对大学生等求职者个体而言，维权行动的报酬价值并不高，加之获得报酬的可能性比较低，这就使得他们在大致盘算维权的成本与收益后极易放弃维权。如此一来，事先或中途放弃维权就成了一种理性的选择，此举虽无法挽回受骗损失，但至少可及时"止损"。对大学生们而言，上述“道理”似乎无师自通。这点在2015年、2016年针对“90后”大一学生的课堂调查与辩论中，多次得到印证；在2019年、2020年和2021年针对“00后”大一学生的课堂调查中，再次得到证实。我提出的问题是，“如果兼职被骗的钱为几十至两、三百元，有维权与不维权两种选择，你认为哪种选择是理性的？”结果表明，大多数同学都表示“不维权”才是理性的。其理由是：“大学生的主要精力是学习”，“维权只会让维权者得不偿失”，“应该让那些更有能力的人去维权”。还有同学认为维权不成功会导致心理上的“二次伤害”，即“受骗后不去维权，忘了，怨气就消失了”，相反，“去维权，希望越大，失望越大，怨气越重，感觉更加憋屈”。

又如前所述，因被骗的钱“不多”，许多受骗大学生才放弃了维权，用他们的话说便是“懒得折腾”。当我追问“被骗数额多少才算多”时，一位损失了几十元的女大学生称，若被骗金额达到两三百元以上，她就会努力维权；若只有二三十元或七八十元，她还是会“认栽了”。事实果真如此吗？调查发现，相当一部分受骗金额远超过两三百元的求职者，实际上也没有选择维权。这又是为什么呢？其涉及前述“面子”“道德”之非经济因素在部分求职者中所具有的突出重要性，在求职者因自身动机不纯而引致的虚假招聘案例中，这类因素尤为突出。一位掉入公关骗局并被骗了3200元的大四男生，当被问及“知不知道月收入2万至3万元的‘男公关’都做些什么”时，他低着头，称自己只是想通过做陪聊、伴游等工作赚点钱。但他又明确告诉记者，“我不敢报警”（痛苦地用双手抱住脑袋），“学校知道了肯定得处分我”。[①] 这位男大学生的想法绝非个案，而是反映了此类受害者中普遍存在的一种心态——因“怕丢人”而只能“自认倒霉”。对他们而言，尽管被骗的数额远多于一般求职者（被警方立案的可能性也相对更高），但因其自身有“不走正道”的越轨动机，且他心里清楚自己的“求职行为”有可能触犯法律法规，故争取“不被处分”“保全面子”较之于“追讨金钱”就显得更为重要。

此类“面子理性”在包括大学生在内的很多受骗求职者中都普遍存

① 经森：《大学生为筹考研费应聘男公关两次被骗》，《华商晨报》2004年4月26日，news. sina. com. cn/s/2004-04-26/05203165044. shtml，最后浏览日期：2015年4月9日。

在，不论他们遭遇的是何种招聘骗局，也不论他们是否采取了维权行动。女大学生 S_9 的下述话语，提供了"要面子"心态的另一种形式：

> 受骗回学校后，我去找人了解是否有同学被骗时，才知道另一个寝室的某同学也被骗过。当得知我的受骗经历时，对方反应是，"啊，我也遭骗过"。但先前我并不知道她受骗的事。同学之间互相不通气，大家有一种"家丑不可外扬"的观念，好多仅限于"寝室内消化"，这使得大家不能及时相互借鉴。一般情况下，一个寝室有同学被骗了，会对其他人说，"别到外面讲，丢脸!"也不会给班主任和其他老师讲，"不好意思"，怕别人说自己"笨"。

下面是 2016 年 3 月 23 日晚上 11 点左右，发生在前述苏州某受骗求职者公益维权群里的一段对话，从中亦不难体悟到这些求职受骗者敏感的心态：

> 农民工甲：你是大学生?
> 在校大学生：对啊。
> 农民工甲：你也被骗了，大学生?
> 在校大学生：找兼职被骗的。
> ……
> 农民工甲：我明天去做临时工啦。
> 在校大学生：你们为啥不去当兵啊?
> 农民工乙：老了，35（岁）了，当兵是没机会了。
> 农民工甲：我也老了。
> 在校大学生：35（岁），大哥，不对，大叔，你还能被骗?
> 农民工乙：今年第二次了，而且很惨。
> 农民工甲：你大学生不也如此?不是也被骗啦?
> 在校大学生：我们又没有社会经验，被骗很正常，好哝?
> 农民工甲：呵呵，想得开。
> ……
> （农民工甲与在校大学生的舌战由此展开）

概观之，“自尊心”与“小金额”是导致诸多受骗求职者保持沉默的关键因素，而这无疑是对招聘骗局的助长。如在前述南通破获的全国最大规模网络兼职诈骗案中，因损失不大、怕麻烦等，多数受害人不愿意主动前往当地公安机关报案。海门市公安局刑警大队执法人员告诉记者，“有的一听要去报案录材料，嫌麻烦，直接说钱不要了，为我们下一步侦查和办案带来很大不便”。还有受害人本就事先抱着试试看的心态，认为真遇到骗子，就权当花点小钱买个教训。正是这种普遍存在的求职心理，促成了此类招聘诈骗滚雪球式的发展。①

二 碎片化的维权行动：弱者逻辑的展现

为更好认识受骗求职者的复杂维权实践，通过搜集整理诸多文献，本部分以是否借助相关制度为依据，将其维权行动做如下归纳（见表5－7）。

表5－7 受骗求职者的维权行动

维权行动	具体行为
制度内维权	行政投诉：向劳动、工商和公安等职能部门反映虚假招聘遭遇，表达自身利益诉求（常见）
	申请劳动仲裁
	向法院起诉
制度边界不明的维权	求助媒体（常见）
制度外维权	找骗子交涉，讨要说法（常见）
	网络晒黑：在网络论坛等虚拟空间吐槽自身经历，揭露骗子行径及相关信息（常见）
	找刊登虚假招聘广告的媒体进行交涉
	报复性回应：采取打恐吓电话、捅死骗子等非理性方式

在上述维权措施中，比较常见的既包括行政投诉这类制度内维权行动，也包括其他非制度化的维权方式。值得注意的是，其一，制度外的维权行动不一定都是非法的，而是合法性与非法性并存。譬如，求职者

① 丁国锋：《南通破获全国最大规模网络诈骗案 团伙以招聘网络兼职为名骗取钱财》，《法制日报》2017年5月9日，www.xinhuanet.com/legal/2017-05/09/c_1120939207.htm，最后浏览日期：2021年8月3日。

自己找骗子交涉，只要没有做出过激行为，其行动便属合法。再如，网络晒黑所揭露信息若属实，此举理当合法，但若有不实信息，就难逃诽谤、侵权之嫌。其二，求助媒体，有两种可能：一种是由记者陪同求职者直接去找骗子讨要说法，这在本质上仍属制度外维权。另一种，通过记者帮忙联系相关职能部门进行投诉，这就属于制度内维权。在日常生活中，这两种利用媒体的维权实践并非孤立，极有可能在同一维权案例中呈现出更为复杂的运作态势，故称之为制度边界不明的维权行动。

（一）"单打独斗"：求职者的日常维权图景

诸多有关底层工农维权抗争的研究表明，工农的维权行动通常以局部的、具体的利益为取向，具有"弱组织性""现实功利性"和"非政治性"等特征。[①] 求职者的维权行动同样是基于自身权益受损而不得不做出的一种"反应"，对个体自身权益的补救通常是其主要乃至唯一目标，而不论权益的具体内容为何。尽管如此，工农维权实践中存在一个不争之实：都存在着或多或少的集体性维权行动（譬如集体上访、集体静坐等），尤为引人侧目的是与这些集体性维权活动相伴相生的众多群体性事件。相比之下，在求职者维权实践中，上述集体性维权行动甚少出现，与之相关的群体性事件更是绝无仅有（从现有文献中，几乎难以找到有关求职者此类行动和事件的蛛丝马迹）。

总体来看，求职者在遭遇虚假招聘侵害后，其维权反应并未呈现出"组织化""结构化"的群体特征，而是展示出个体化、分散化的碎片式特征。或者说，求职者的维权行动通常表现为一种个体自助形式，基本上不需要事先的协调或计划，而主要是利用各种合法的制度化与非制度化渠道。前述行政投诉、求助媒体、找骗子交涉和网络晒黑等维权形式，正是求职者作为弱者所采用的如斯科特所说的日常维权武器。[②] 只不过，此类维权的日常武器既可以是"隐蔽的"（如许多网络晒黑行为），也可以是"公开的"（如行政投诉等）；且不论这些日常维权武器是否遵循了

---

① 王洪伟：《当代中国底层社会"以身抗争"的效度和限度分析：一个"艾滋村民"抗争维权的启示》，《社会》2010 年第 2 期。

② ［美］詹姆斯·C. 斯科特：《弱者的武器：农民反抗的日常形式》（第 2 版），郑广怀等译，译林出版社 2011 年版，前言，第 2—4 页。

现有明文规定的规章、制度，其几乎都是“合法”的。纵使求职者的“权益受损”乃至“维权无门”通常与政府的“不作为”或“慢作为”存在关联，但这并没有激发出他们针对公权力机关之“无为”与“无能”的抗争行动。尽管为同一伙骗子所害之求职者，有时也会为了收集警方立案所需证据，临时自发召集，但这样的群聚行动具有偶发性，也谈不上组织性或协作性，极易如“乌合之众”般“作鸟兽散”。

（二）弱者之“势”或“殇”？

董海军曾提出“作为武器的弱者”这一概念，旨在强调弱者身份在维权行动中所具有的社会力量与道德潜力。[①] 概言之，这些研究中作为维权主体的弱者在许多情形下都具有一定的“势”，而弱者身份本身正是其中的一种即“弱势”。那么受骗求职者又具备哪些“势”？这种“弱势”在他们当中是否也有着鲜明的体现呢？

如前述维权大学生所表现的那样，一些求职者事实上也会根据维权情境的变化（通常是在制度内维权受阻后），有意无意地先后或交替利用各种潜在的资源，以取得维权行动的实质进展。概观之，求职者对自身内外资源即“势”的运用，主要体现在“呈现威胁姿态”“利用关系网络”“借媒势”乃至“造众势”等方面。“呈现威胁姿态”，指对骗子施以威胁，如“请媒体来揭露你们的伎俩”“投诉你们”以及“把你们告上法院”等；“利用关系网络”，指发掘和利用自身社会关系网络中的资源，使其在维权过程中发挥特定作用。比如让亲朋好友一同前去找骗子交涉，再如托其他熟人关系出谋划策等；“借媒势”，指借助新闻媒体的曝光力量和社会网络资源，震慑骗子，获得维权信息、资源乃至情感上的支持；“造众势”，则指部分求职者深谙“人多力量大”的道理，通过各种途径（如建 QQ 群、校园张贴启事等），聚集其他受骗者，进行集体维权。不过，“造众势”在求职者维权实践中相对较少发生。

受骗大学生 S_2 的维权经历就生动地展现了对上述“势”的运用。S_2 与同路同学掉入大街上口头招揽的兼职陷阱，自己被骗去 420 元，同学被骗了 20 元。她详细地道出了自己一波三折的维权过程，其中“呈现威

① 董海军：《塘镇：乡镇社会的利益博弈与协调》，社会科学文献出版社 2008 年版，第 218—219 页。

胁姿态"与"利用关系网络"这两种"势"都得到了较好的利用：

> 第1次受骗后，我们本想打110，但在被骗广场附近的路上听到其他陌生的也疑是受骗者的两三个男女在聊天。他们说，"打110也不管用，说不定110与他们（骗子）串通好，是一伙的，骗了钱一家一半。"我不清楚这几个人是在哪里受骗的，但听到这番话后，我和同学只好愤愤回到学校，放弃了报警维权的念头。
>
> 第2次受骗后，因被骗的钱比第1次多很多，所以我还是首先想到去附近派出所求助，（问及为何要找派出所）不是说有困难就找警察吗？结果派出所的工作人员称我们的问题不在他们的职责范围内，无法立案。他们说，"人家没有抢你的钱，是你自己心甘情愿给的，何况你没有明确证据证明人家骗了你"。我们只得自己去找骗子，以"要报警"相逼，讨回了100元钱。之后，同学给另一位女同学打电话求助，托她在另一派出所工作的母亲帮忙。这位母亲立马电话联系了某街道办事处（管辖骗子行骗区域）劳保科的熟人。我俩后来得知，该问题本不在劳保科的职责范围内，但因是"熟人委托"，对方才"超职责"介入。下午四点多，在街道办事处三位工作人员与JJ区劳动部门一位工作人员的陪同下，我们又去找骗子。当时，骗人的中介公司已下班。
>
> 第二天上午，我们又去了，先是街道办事处劳动保障科的两位工作人员和我俩一起上去。骗子当时不买账。劳保科的一位工作人员火了，"人也在这里，钱你们也收了"，并把头天登记的本子往桌上一甩，"退不退，你们自己看着办"。这时，骗子才赔笑称，"几百元钱何必这样劳师动众呢？你们打个电话就行了"。然后，骗子把剩下的300元退给我俩，称另外40元的咨询费就不能退了，"毕竟给你们介绍了工作的"。拿到钱后，劳保科的人叫我俩快点走，以免遭骗子报复。这时，JJ区劳动监察大队的两位工作人员也赶了过来，也叫我俩快走。

但并非所有求职者都拥有或懂得运用这些"势"，亦非在所有情况下，对这些"势"的运作都能取得成功。在我自身的维权经历中，"呈现威胁姿态”与“借媒势”皆无效，最终靠“利用关系网络”才取得了成功。用“势”失败的情形，在那些法律风险规避较好的招聘骗局中尤为明显。而较之于工农维权实践中那些已被揭示出来的有着精心设计的行动路线和抗争艺术，求职者对上述“势”的运用也显现出较强的即时性、随意性，少了谋略性。

在许多维权情形中，求职者的遭遇所展示出的非但没有弱者之“势”，反而是弱者之“殇”。面对骗子的猖獗，却苦于四处维权无门，任其逍遥法外，此等痛楚与悲哀岂是局外人所能体悟的？应星[①]指出，“气”是中国人追求承认和尊严、抗拒蔑视和羞辱的情感驱动。虽然这种“气”在求职者的维权实践中甚少激发出广为关注的群体性行动或事件，却可能使得受害者个体以一种非理性甚至违法犯罪的方式进行回击。譬如，2012 年 2 月，湖南男子吴某在东莞求职受骗，几番维权无果后，用水果刀扎死骗他的舒某。事后，吴某没有逃跑，而是打电话报警。整个过程中，吴某反复念叨着：“让你骗人!”“骗子，骗了我 300 块钱，该死。”[②] 这类极端报复性维权事件，无疑凸显了此类“弱者之殇”!

客观而言，董海军提出的作为一种力量之源的“弱势”本身，在这则暴力维权事件中也有着展现。譬如，吴某在面对围观群众时通过“喊话”的方式为他捅杀舒某的行为进行辩解——舒某设圈套骗走了他 300 块钱。吴某还希望现场记者曝光他的受骗经历。此举有意无意地凸显了吴某自身的“弱者”身份，为他赢得广泛的社会关注与部分道德支持。这从下述事实中可得以确证：在有关该事件的新闻报道自 2012 年 2 月 16 日见诸网络后，瞬时引发众多网友的强烈反响，他们纷纷参与到对该事件的评论中。截至 2014 年 2 月 21 日，先后共有 235874 人参与新闻讨论，11299 人跟帖。[③] 在这场声势浩大的网络评论中，“杀人偿命”的呼

① 应星：《“气场”与群体性事件的发生机制——两个个案的比较》，《社会学研究》2009 年第 6 期。

② 佚名：《找工作被骗 300 元 90 后小伙一刀割喉“黑中介”》，《河南商报》2012 年 2 月 17 日第 A24 版。

③ 网友参与讨论的主要网页参见 http：//comment. news. 163. com/news _ shehui7 _ bbs/7QCLUKC200011229. html 以及 http：//bbs. tianya. cn/post-free-2387061-1. shtml，最后浏览日期：2016 年 4 月 5 日。

声基本不见踪影，取而代之的反而是针对吴某杀人行为的一片叫好声。本该令人扼腕叹息的恶性杀人事件，却因被杀害的对象是骗子而激发了人们在网络上肆意的恶语狂欢。此等“网络泄愤”现象看似充满暴戾之气，实则透射出一个令公众不安的现实，那就是对社会上众多欺诈类行为的深深无奈和愤恨。但凡深谙于此的人或许会认为，吴某是被逼到绝境才做出如此过激行为。随着该公共话题的持续发酵，网友中也出现了超越纯粹泄愤的争议性声音，其中不乏一些反思性的、较为理性的认知。

此类理性认知触及下述三个议题：其一，受骗求职者面临的维权困境及其灾难性后果。正是因为前述之维权的艰辛，多数求职者忍气吞声，进而更加助长了骗子的嚣张；反过来，嚣张的骗子也注定会激发少数求职者暴力维权的非常规性抗争。相比于那些因求职受骗而自杀的案例，这种暴力维权虽能在一定程度上震慑骗子，但鉴于其“两败俱伤”甚至“两败俱亡”的惨重代价，它所蕴含的社会性悲剧色调自是十分鲜明。其二，骗子的层级化。被杀死的舒某（来自贵州，与吴某同为 21 岁）也不过是一个社会底层的打工人员，只是黑职介幕后老板用以骗钱的工具，甚或其本身也是受骗者，而后沦为黑职介的帮凶。若此，该事件的悲剧性色彩岂不更加浓厚？其三，基层治理的困局。导致求职者维权困境的原因不止一二，但治理层面的因素最为网友所关注。早在 2011 年深圳发生类似事件后，网友中就不乏这样的见识：“若处理不好，类似事情还可能会发生……”然而，时隔不到一年，这样的事件就在东莞重演。有所不同的是，这次事件或因新闻报道中呈现了血淋淋的杀人场面而更加触动公众原本就敏感的神经，这也反映了探索基层治理的现代化任重而道远。

综上可见，无论是纯粹的网络泄愤还是理智的反思性认知，都在一定程度上为此类暴力维权者及其行为提供了部分道德支持，使之呈现出或多或少的“弱势”话语特征。但此情此境中的“弱势”并非为求职者所精心运用，相反纯粹为事后外部供给所致，展现了高度的被动性。何况可以肯定的是，上述案例中的吴某必会受到法律的严惩而非庇护。尽管像他这样的弱者所获得的道德同情与支持早已越出法律的框架，然弱者所蕴含的社会道德力量在法律面前被部分地消解了，法律对违法弱者的惩罚同样严厉。就此来看，这类极端案例所折射的绝非弱者之势，而是典型的弱者之殇。可谁又能保证这种悲剧真的不会再上演了呢？只要无数求职者遭受虚假招聘及维权失败之双重挫折的现状不能彻底扭转，就难以避免其中部分个体（尤其是那些来自底层社会的）因瞬时体验到一种尤为强烈的挫折感，进而在“气”的驱动下做出极端攻击行为。对于那些怀揣几百元到城市求职的底层民众，当盘缠被全部骗走且维权无果时，他们体会到的挫折感相对最为强烈，由此引发极端直接攻击行为的可能性也最大。这种“报复”现象的发生，也被认为是“受困扰社会”中最为普遍的社会进攻方式。[①]

（三）“以死抗争”：一种隐含的文本

“以身抗争”“以死抗争”被一些学者[②]视为底层个体“求助于内”的另一种维权策略，在本书中，此类因求职受骗而导致个体自杀的案例虽不多见，但也时有报道。有所不同的是，这些案例中自杀的个体并非一定是求职者本人，还包括欲替子女找工作的求职者父母，而企图自杀者通常都是直接受害人。有自杀未遂者甚至在被救后，声称对自己的自杀行为“不后悔”。无论是杀死骗子还是自杀，这两类行为的相同之处在于：事件中的行动主体因遭受“被骗”的“重大”挫折，故而失去了继续生存下去的信心与意志。譬如，吴某虽没有采取自杀举动，但也明确向围观群众喊出“恨死这帮人了，我也不想活了”的话语。即较之于自杀行为，吴某的“砍人”行径在本质上与之并无大异，因为其知道自己杀人的后果。

再进一步看，如果说杀死骗子的行为具有明显的“以死抗争”色彩，那么上述单纯的自杀行为似因显得过于软弱而不具有“抗争”的意蕴。细细思量，其实不然。不可否认，这些因求职受骗而自杀的个体在主观上实无运用自身作为“受骗者”的“弱势”来对骗子施以某种威慑的抗争意图。不论自杀是否成功，这些个体企图自杀的举动或自杀行为本身都不是在刻意的“作秀”。即便如此，此类自杀事件依然蒙上了一

① ［美］孔飞力：《叫魂：1768 年中国妖术大恐慌》，陈兼、刘昶译，生活·读书·新知三联书店 2012 年版，第 286—287 页。

② 王洪伟：《当代中国底层社会“以身抗争”的效度和限度分析：一个“艾滋村民”抗争维权的启示》，《社会》2010 年第 2 期。

层“抗争”的色彩，只不过它具有某种隐含的意味，故这里称之为维权抗争实践中一种“隐含的文本”。

何以言此？首先，个体毁灭自身“身体”或“生命”之举，客观上具有极为悲壮的色调，有力地折射出受骗底层民众的凄惨境遇——无力对外抗争时只有对内抗争、结束自己“卑微”的生命，以终止自身所受之苦；其次，就实际效用而言，因“出了人命”或可能“出人命”，这些受骗个体的权益侵害问题更有可能受到相关部门的重视和解决（尽管这对殒落的生命已于事无补），从而在一定程度上间接地实现了权益的伸张。

（四）再现的弱者逻辑

至此，不难概括出作为弱者的求职者在维权实践中展现出的行为逻辑：多数人自认倒霉，对自身权益所受侵害听之任之；极少数人悲观绝望、冲动行事，不是“杀他”便是“自杀”；其余的人虽“合法”伸张自身权益，却也奉行实用主义乃至机会主义，见好就收、知难而退。有鉴于此，这里着重探讨，为何在工农维权实践中普遍存在的策略性抗争在求职者中明显少见？为何死磕到底的个体维权行动和有一定规模与持续性的集体维权行动，在求职者中尤为缺失？为何作为“弱者”的求职者并不等于“有势者”（道德之势）？

首先，求职者维权缺乏必要的空间环境。相比于那些长期居住在某一社区的居民或是在某一单位工作的工人，极为分散、素不相识的求职者因“生存空间环境”的缺失，难以形成稳定的关系网络，而这恰恰是个体得以被动员、组织起来开展集体维权活动的重要基础。尽管网络空间在求职者的维权实践中早就得到利用，在一定程度上促进了相关求职者间集体维权行动的开展，但与现实中“朝夕相处”的空间环境相比，此种虚拟空间尚不能很好地构造出如面对面“草根动员”中那样的人际情境压力。

其次，求职者更缺乏必要的用于开展维权行动的时间、精力乃至金钱。如对在校大学生而言，他们有繁重的学业需要完成；对大学毕业生而言，他们更急于找到一份可靠的工作以资谋生。“要毕业了，精力有限，多一事不如少一事”，正是一些调查所揭示出来的此类大学生的普遍心态。更何况，对多数求职者来说，“小金额受骗”在某种意义上属于“小事”，还不至于触犯他们最基本的生存底线。这就意味着，此类求职者因受骗所感受到的压力程度远不及其他维权情形中的工农，致使其在维权上“不够作为”乃至“毫不作为”。

再次，“责怪受害者”的归因倾向抑制了求职者的“弱势”。社会心理学研究表明，人们通常具有一种“责怪受害者”的倾向，即将受害者的困境归因于他们在能力或性格上的缺陷，[①] 受害者自身甚至也不例外。以我调查的大学生为例，受骗者多把自己受骗的原因归咎于自身经验的欠缺以及求职心切的心理弱点，很少有人把原因归责于其他利益或责任主体——仅有 S_3 一人从总体上把大学生求职受骗的原因归结为“政府监管不到位”。未受骗大学生也多认为，受骗者之所以被骗，主要在于他们“自身太笨”。相应地，这些大学生无一人在识破骗局后向政府部门进行举报。在他们看来，“大学生求职受骗现象太普遍了，属于‘小事’，得靠自己小心，政府管不了，也没有必要管”。对于那些主观上有明显不轨动机的受骗求职者，上述归因偏见尤为明显，“幼稚”“虚荣”“财迷心窍”与“自作自受”通常是公众对其受骗行为的解释。“责怪受害者”的归因倾向是如此普遍和顽固，这使得：一方面，受骗求职者多因自身“面子上挂不住”而“不愿张扬”，更谈不上在维权中对自身“弱者身份”的刻意运用；另一方面，他人的上述归因偏差也在客观上削弱了“受骗者”这一弱者身份所蕴含的社会力量和道德潜力。

三　浮现的“亮点”

所谓“亮点”，指的是有助于提升整个求职者群体的维权意识，进而有望在一定程度上改善其维权境况的某些积极行为与事件。尽管其中一些仅是昙花一现，然其出现本身就有着重要意义。

（一）基于网络平台的维权抗争

求职者针对招聘骗局的“晒黑”行为，以及由此发展而来的旨在集

---

① ［美］埃略特·阿伦森、提摩太·D. 威尔逊、罗宾·M. 埃克特：《社会心理学》（插图第7版），侯玉波等译，世界图书出版公司2012年版，第118、481页。

中曝光不良招聘单位的民间求职“打假”论坛或网站，正是其中典型。相比其他求职者，网络“晒黑”行为在大学毕业生中似更为盛行。他们将自己求职被骗的遭遇在网上发布，有的还将骗子公司的名称、地址、电话号码和行骗手法等详细信息进行收集整理，并公布在网上，于是就有了各地“骗子公司大全”这样的“信息库”（多为论坛或博客类网页），甚至还催生了一些纯粹公益性的民间“求职打假”网站——此类网站不同于“网页”类“打假”信息库，需正式向有关部门申请域名。如南昌大学某毕业生于2005年9月创建了一个直接以“黑名单”拼音命名的网站（www. heimingdan. net），被众多媒体称为“求职黑名单”网站。该网站自创立以来，在约五个月的时间内就获得了20多万人次的浏览量。通常，诸如此类的“晒黑”几乎没有任何人进行组织、号召，而是大学生们的自发行动。

这些“晒黑族”有着怎样的动机，又能发挥什么样的实际作用呢？创办上述“求职黑名单”网站的大学毕业生告诉记者，他在求职过程中饱受虚假招聘信息的困扰，故而建立这样一个打假网站，以“希望尽自己的力量帮助求职者规避风险”。据调查，该网站在当时各地高校里已有一定知名度。有毕业生称，此类网站很受欢迎，在其看来，“做个参考也不错，起码心里有个数”。[①] 其他调查对此也多有印证。如针对曾出名一时的“反骗子公司联盟”个人博客的意义，一位大四学生告诉记者，他们刚迈出校园，没有多少社会求职经验。要是被骗上一两百块钱，也不好麻烦相关部门。如果不是靠网上这些防骗信息，真不知道要上几回当。[②] 可见，网络“晒黑”实则是受骗求职者在普遍面临维权困境之背景下所找寻的一种特别的利益诉求表达方式，一种无须实际成本的无奈抗争手段。

但调查也发现，对许多毫无防骗意识的初次求职者而言，上述借鉴、警示作用可能会大打折扣。因为他们中的多数人，在受骗前根本就不知道有“晒黑”论坛或网站的存在。S_{27}就是其中一例，当提及2008年暑

---

① 徐园：《“求职黑名单”网站宁波惹争议》，《浙江日报》2006年2月20日第8版。

② 佚名：《毕业生防求职受骗，组［反骗子公司联盟］》，《文汇报》2008年4月21日，http：//paper. wenweipo. com/2008/04/21/CH0804210034. htm，最后浏览日期：2016年3月3日。

期南京大学 BBS 上由校团委转发的求职受骗提示帖时，他说：“并非人人都会去上网，都看得到这种帖子”，“再说大一刚进来时，都没有电脑，也没法上网”。数年过去，这种局面并未有明显改观。在我任教的学校中，许多寻求兼职的“90 后”“00 后”大一学生同样对此毫不知情。即使是在受骗后，部分学生看似也无意去网络上查找相关线索。

对于求职者自发的网络“晒黑”行为，社会又有何回应呢？一方面，针对这种民间打假行为，许多人士首先表示“应当鼓励和支持”，认为它“的确是好事，也是善举”；但另一方面，他们也表达了一个共同的关切，就是此类行为的关联主体可能因“信息失真”而承担相应的法律风险。即此等“网络晒黑”是一把“双刃剑”，稍有不慎，“晒客”自身也可能受到伤害。因此，便有了诸如“求职打假，慎用‘黑名单’”，以及“‘求职黑名单’最好来个官方版”之类呼吁。[①] 也正是因为无法避免此类法律风险，才导致一些主要由个体负责管理和运转的求职打假论坛与网站最终销声匿迹，前述“反骗子公司联盟”个人博客就是其中一例。另外，这些个体负责人往往都是利用业余时间从事网络打假，有限的精力与能力也会阻碍其公益行为的可持续发展。前述那位创建了“求职黑名单”网站的大学毕业生就是一个例证，他对记者道出如下苦衷，“由于能力所限，没法对网友刊登的信息逐一核实”。[②] 该网站在 2006 年暂停三个月，此后又重新运作，但最终还是因创办者势单力薄而被放弃。

除网络“晒黑”外，越来越多的受骗求职者开始建立 QQ 或微信维权群，这是利用网络进行维权抗争的又一体现。此种方式重在维权行动的发起与召集，最终会从线上走到线下，或者说，只是通过在线上建群的方式来搜集线下投诉、举报所需的证据，以对其共同遭遇的骗局进行有效讨伐。在此类集体维权中，行动主体以那些网络招聘骗局的受害者

---

① 孙瑞灼：《为民间版求职黑名单叫好，更期待官方版》，《厦门晚报》2006 年 1 月 25 日，news. sina. com. cn/c/2006-01-25/14388079484s. shtml，最后浏览日期：2015 年 6 月 7 日。

② 丁晓虹：《大学生建“求职黑名单”网站》，《宁波晚报》2006 年 2 月 14 日，news. cnnb. com. cn/system/2006/02/14/005076445. shtml? utm_source = UfqiNews，最后浏览日期：2021 年 2 月 5 日。

为主，他们一般来自全国各地，其中大学生的身影尤为突出。[①] 譬如，在上海某公司施展的“岗前培训”骗局中，骗子利用了“培训贷”，致使受骗大学毕业生损失的金额普遍多达上万元。这迫使部分大学生在找工作之余还得承担起另一项重要“工作”，即收集被骗人信息，牵头维权。为此，他们组建了“维权英勇者”这一微信群，该维权群分为“上海群”和“全国群”，分别统计上海本地和全国其他城市受害者的人数及相关信息。[②] 还有少数公益维权群，多在群里发布有关如何维权的知识，并为群成员提供具体维权指导，但不会帮助其开展线下维权行动。

（二）日渐发展的维权志愿者团体

与网络“晒黑”行为一样，维权志愿者团体的发起人主要是大学生；不同之处在于，此类团体在依靠网络进行线上宣传的同时，特别注重开展线下的维权动员与实际的维权援助工作。其中一个成功的典型，是由凌云和吴俊于2006年底创立的中国首个民间“反传销志愿者联盟”（www.fcx114.com），其在维权的道路上取得了显著成效，是求职者维权实践中最大的“亮点”之一。2007年5月，中国反传销志愿者联盟首次开展解救传销人员的实地工作，由此拉开了该团体的实际维权救助工作。此后，多家媒体纷纷报道了其开展的针对各地传销受害者的解救活动及成效，这极大地提升了中国反传销志愿者联盟的社会影响力。此后，该民间团体的维权工作超越了单纯的解救，拓展到对传销受害者或醒悟者的技能培训与就业帮扶等诸多方面。2021年浏览其网站时，我发现其工作内容又有了进一步拓展，网站栏目也愈加丰富。其中一个页面上这样写道：“【反传联盟】致力于预防曝光传销、防范金融骗局、普及防范非法集资知识。防治传销与反欺诈、反诈骗，维护消费者权益，促进市场秩序规范!”应该说，这类成功的案例尚较为少见，但也让我们看到了未来求职者维权领域变革的希望。

诸如民间反传销协会之类民间维权团体也不可避免地面临着一些困境，譬如经费问题、人力问题和合法性问题。目前社会对这类民间团体

---

① 周德庆：《被骗者自建QQ群 集体维权》，《海峡都市报》2014年5月28日第A38版。

② 王烨捷：《求职身陷“贷款门”受骗大学生维权难》，《中国青年报》2016年4月23日第1版。

存在的质疑主要体现为：解救传销受害者，是否该收费以及该收取多少费用？解救手段是否合法？对被解救受害者实施的“反洗脑”是否合理等？[①]

四　困局犹存：理性或非理性

无论是民间的网络“晒黑”行为，还是维权志愿者团体的出现乃至消亡，都折射出求职者维权实践中所面临的诸多机制与文化障碍。在此种客观背景下，大多数求职者所表现出的理性的一味忍让，反过来又强化了既有的机制和文化困境。如此一来，纵使求职者维权实践中已经展现出上述“亮点”，但若大多数人的选择始终未能改变，那么当前受骗求职者面临的维权困境就难以破解。以大学生为例，正是由于受骗大学生中流行的前述各种功利心态，才为越来越多招聘骗局的上演提供了绝好的文化土壤，并导致越来越多的人上当受骗。骗子深谙此道，持续猖獗。受骗大学生同样深知这一“事实”，却无心也无力从自己开始进行改变。进一步而言，受骗大学生中盛行的那种“理性”亦可能并非理性，或者说，至少从另一种角度来看是非理性的。它在客观上纵容了骗子的欺诈行径，而这种对不良行为的默许与纵容恰恰构成了姑息之恶。[②]

借用韦伯有关理性的论述，放弃维权对诸多受骗大学生个体而言符合工具理性的原则，但对整个求职者群体乃至社会而言却违背了应有的价值理性原则。更为重要的是，韦伯所言之价值理性与工具理性间的对立、排斥乃至相互否定，[③] 在这些大学生中也有着鲜明体现。在调查中，当面对是否应该维权的更多考问时，许多受骗大学生都流露出一种犹豫的情绪。也就是说，他们事实上曾在工具理性与价值理性间徘徊过，不知道究竟该以何种理性原则作为自己行为的根据，也不知道究竟该怎样做才是“真正”合乎理性的。最终，上述两种理性之争的结果通常表现

---

① 辽宁卫视：《反传销成了一门生意?》，“老梁观世界”栏目，2015 年 8 月 20 日，jishi.cctv.com/2015/08/20/VIDE1440084432224294.shtml，最后浏览日期：2021 年 10 月 8 日。

② ［美］菲利普·津巴多：《路西法效应：好人是如何变成恶魔的》，孙佩妏、陈雅馨译，生活·读书·新知三联书店 2010 年版，第 360 页。

③ ［德］马克斯·韦伯：《社会学的基本概念》，顾忠华译，广西师范大学出版社 2011 年版，第 54 页。

为，多数受骗大学生选择了工具理性原则。在调查中，不论我如何循循善诱，促使他们审慎思考“不维权的社会性后果”，其依然多坚持“放弃维权”这一务实的选择。

不可否认，部分大学生的网络晒黑或找媒体曝光等维权行为无论是从其主观动机还是客观成效来看，都在一定程度上展现出他们试图在这两种理性间进行整合的努力。如少部分此类维权者，既讨回了自己被骗的钱，又以自身经历警示了其他求职者，进而践行了一个公民应尽的义务。可以认为，他们在一定程度上成功地整合了这两种通常被认为是无法调和的理性。其余者，虽未能成功地讨回自己受骗的钱，甚至一开始便不抱有此等想法，但至少履行了公民之责。换言之，价值理性诉求的实现似可在一定程度上弥补受骗求职者在工具理性诉求上的缺失——至少有助于他们内心怨气的合理宣泄。当然，对于受骗大学生等总体上难以令人乐观的维权现状，我们不能完全归咎于其自身。在一定程度上，他们只是被我们整个社会功利文化所“习染”罢了。

第六章　媒体："继续严把信息质量关！"

> 看到分类信息网站 WB 上关于"酷我 Coffee 公司"的某条兼职招聘信息，我们立马与对方取得联系，并按照短信回复，到了华夏英汇在某酒店处的报名地址。到那里后，一名女性工作人员诱导我俩花 100 元办张华夏英汇网的"终身会员卡"。当对方喊我们交钱时，我朋友总觉得有问题，但又说不出问题在哪里。我就问："那我们怎么知道你们是不是骗子？"那个接待我们的女的就开始解释："你看我们是和 WB 联盟的，很少有公司像我们这样用 WB 做宣传的哈。"交钱后，对方给了一张便签，上面写有咖啡厅的兼职工作和联系方式。起初，我们给这个联系方式发短信，但一直没收到回复。在您的课堂讨论激起了我的怀疑后，我们再次拨打了该便签上的联系电话。接电话的男子说自己就是咖啡厅的经理，称自己在外面忙，许诺回公司后再答复我们。但几天过去了，我们依然没有等到回复。

这是前述那位在 2015 年上半年掉入网络兼职陷阱的大一学生刘佳的受骗过程。在刘佳看来，WB 是一家大公司，上面发布的信息理应可靠。按照功能主义视角，媒体最重要的社会功能之一是提供有关世界的持续不断的信息流，[①] 或也因此，人们久而久之对其产生了一种高度信任感。在我的调查中，不少大学生与刘佳一样，对在正规媒体上刊登的信息流

① ［英］安东尼·吉登斯：《社会学》（第 5 版），李康译，北京大学出版社 2009 年版，第 491 页。

露出一种天然的信任感。"刊登在报纸上，比较有权威""此广告是较正规、较有名气的刊物所登，有公司网址、地址，较有安全感"，此类话语在我更早针对周刊虚假招聘广告可信度的课堂调查中十分常见。这也反映出一个事实，即从"看报刊广告"到"看门户网站广告"是许多求职者寻找工作的重要渠道。于是，这就不可避免地涉及媒体在虚假招聘中的角色话题。有关媒体角色和责任议题的研究颇为丰富，各不相同甚至相互矛盾的界定凸显出关于媒体本质的两种对立视角：一种，强调媒体整合社会之正面角色的功能主义思路；另一种，强调媒体追逐自身利益尤其是经济利益之负面角色的冲突论思路。时至今日，功能主义看法似已日渐衰微，各种冲突论思路随之走向前台。[①] 更有学者开门见山地指出"媒体是商业性的"，因为"媒体上有广告"，其使得许多媒体为取悦广告商而放弃了自己理应承担的社会责任——"避免公众接触可能虚假或具有欺诈性的广告"正是其中之一。[②] 那么，这种媒体属性的嬗变是否也发生在中国？再或者说，中国媒体商业主义在招聘广告领域有何具体表现？虚假招聘广告在不同媒体上又呈现出何种样貌？媒体在虚假招聘泛滥中究竟扮演着怎样的角色？本章即将探讨这一系列问题。

第一节　传统媒体上的虚假招聘广告

本部分以前述刊登虚假招聘广告的 C 市某周刊为例，通过对其历年所刊招聘广告的调查，着重揭示了过去以纸媒为代表的传统媒体上时常出现的虚假招聘广告的主要特征和欺诈手法。

一　广告收入：周刊基本盈利模式

周刊乃生活类周报，于 2004 年初复刊并公开发行。历经几次革新，本已具有一定规模和影响，现已停刊。在 2015 年第 15/16 期合刊（总第 594/595 期）中的目录页上，它提供了如下信息：

---

① ［英］安东尼·吉登斯：《社会学》（第 5 版），李康译，北京大学出版社 2009 年版，第 491—493 页。

② ［美］克利福德·G. 克里斯琴斯等：《媒体的良心》，孙有中等译，中国人民大学出版社 2014 年版，第 130、136 页。

据国内权威的央视研究（央视 CTR）监测数据显示，周刊读者中：大专以上学历者占99%，月均收入为3400元，平均年龄为31岁，25—45岁者占92.8%，女性占70%。

周刊先后荣获：中国最具成长性媒体，全国城市周报（刊）十强，中国最具投资价值媒体，2009—2010中国报刊广告投放价值排行榜生活服务类第二名，中国最具品牌价值城市周报。

这里姑且不论上述数据的真实性，但引领丽人流行风尚、打造C市白领的精致生活特区始终是周刊所宣称的办刊理念。在此理念的引领下，它在C市乃至S省区域内的都市生活类周报中曾走出了一条自己的路。作为地方性的市场化媒体和以盈利为逐利动力的纯商业媒体，城市周报（刊）的基本盈利模式主要靠广告争取收入来源，该周刊也不例外。其总经理在沈阳“第五届全国生活服务类报刊峰会论坛”（2007年10月）上作为嘉宾发言，为我们提供了一组有关它办刊成本与收益的历史数据：

从传媒投资的角度，做周刊三年半了，投资是3600万（元），发行有10万份，平均每期作了100多版。一年的印刷成本就占去了1250万（元），工资占到400万（元），其他费用是四五百万（元），加起来是900万（元）。一年的广告收入是2000万（元）多点，一年赚两三百万（元），什么时候才能收回成本？

从这组数据中不难看出，广告收入几乎是周刊唯一的收入来源。正是在此基本背景下，它自创刊之日起便努力开辟多元化的广告收入来源，并取得了业内公认的较为不错的成绩。尽管如此，上述话语中所显现的基于办刊“成本—收益”的隐忧，亦恰恰为周刊虚假广告的肆虐做了注解。据周刊原广告部负责人周礼（下文简称“A”）透露，他之所以在周刊待了两年多后选择离开，主要原因就在于周刊已变成了一种近似DM（派发的以广告为主的直投式广告）的特殊媒体。在他看来，周刊广告太多，偏离了最初“时尚、新潮、另类、年轻、前沿”的办刊理念，在与高层沟通无果后，只能选择离开。A还告诉我，周刊与其上级主管单位之间仅属挂靠关系，它的总编、总监皆为挂名，具体运作则由编辑部和广告部主任全权负责。实际上，这两个部门也被承包出去，由承包者自己招人和运作。这种运作方式势必在更大程度上导致具体运营者唯自身经济利益为重，尽可能刊登更多的广告，却置广告本身真实性于不顾。

事实上，我在2007年7月的调查中也了解到，有消费者早已向原S省工商行政管理局举报过周刊上刊发的医疗美容类广告。这表明，除我所考察的招聘广告存在问题外，周刊刊登的其他广告也存在问题。由此可见，周刊因过度逐利而在客观上沦为虚假广告之重要舞台的事实，已是无可争辩。

二　周刊虚假招聘广告的主要特征

源于我自身求职受骗的经历，自2005年12月底至2008年底，我始终关注着周刊上的招聘广告。起初是为了弄清周刊招聘广告的真实性，随后是进一步了解它是否知晓自身所刊登招聘广告的普遍虚假性，以及面对求职者投诉时的反应。总体来看，在我考察的这些招聘广告中，除极少数手工艺制作广告属于第三章中界定的"声称—事实不符"类外，其余几乎都属于"恣意妄为的谎言"类——彻头彻尾的招聘陷阱。这类虚假招聘广告涉及不同行业的不同职位，从模特、公关、形象代言人、礼仪、演员，到文员、接待、营业员、商场促销人员、广告单派发人员、收银员，再到押运、保安和驾驶员等，应有尽有。

（一）"豆腐块"排版

就排版而言，这些招聘广告篇幅很小，在报刊上呈矩形字阵，很像一个豆腐块，故被业内人士俗称为"豆腐块"广告。无论是字体、字间距还是行间距，都非常小，读者在多数情况下需凑近仔细辨别，才能看清广告中的具体信息。总体来看，周刊上的"豆腐块"招聘广告多为7.8cm×5.4cm和4.0cm×1.6cm左右的规格，最小的仅为3.7 cm×0.2cm（只是一小行字）。骗子之所以选择刊登这种小块广告，是为了降低广告成本。通常，这类广告所包含的信息不完整或比较模糊，如有些没有招聘单位的名称，有些不注明招聘单位的具体地址，还有的除招聘岗位与联系电话外没有其他任何信息。

（二）多种招数吸引求职者"眼球"

图6－1是我遭遇过的那伙骗子于2006年1月中旬刊登的另一则虚

假广告，它较为全面地展示了单则虚假招聘广告所采用的欺诈招数，可概括如下：第一，“招聘单位”多是大型集团或连锁企业，但实为子虚乌有；第二，因业务发展需要，急需批量招聘多种职位的员工；第三，没有任职内容的介绍，对应聘者几乎没有要求，提供的待遇不低甚至优于市场；第四，招聘程序非常简单，不遵循“投简历—筛选—通知面试”的常规流程，而是让求职者直接前往面谈；第五，许多特别注明“直聘”“拒绝中介”的字样；第六，相当一部分尤其是工艺制作类广告，醒目注明“欢迎大学生兼职”之类字眼，有的还声称“不收任何费用”，等等。

国内连锁　☆星满家　☆量贩超市

星满家量贩超市是经营销售日用品、家用电器、食品、纺织品、皮具、生鲜等于一体的大型购物超市，全国多家连锁店。超市以优质的产品服务于广大顾客，深受社会好评。

因业务需要急聘以下人员：

经理助理1名 2200元/月	驾驶员8名 1600元/月
文秘2名 1600元/月	押运10名 1500元/月
文员/接待6名 1500元/月	库管10名 1200元/月
店长10名 1200元/月+提成	电工3名 1300元/月
理货员15 名1100元/月	保安20名 1300元/月
播音员3名 1100元/月	保洁6名 700元/月
营业员40名 900元/月+提成	
收银员6名 1200元/月	

提供兼职岗位35名50—200元/天

图6－1　周刊上的一则虚假招聘广告（略去地址和电话）

（三）混淆视听，误导求职者

在我调查的几年时间里，曾有数个骗子团伙捏造各式各样的招聘单位，在周刊上发布虚假招聘广告。为掩人耳目，骗子通常会在招聘广告中不断改变自己的联系电话与地址，这是他们混淆视听的主要手法。但若长期进行仔细比对，还是很容易通过电话号码发现其中端倪。这里以某骗子团伙于2006年2月下旬和3月上旬，在连续3期的周刊上所刊发的4则虚假招聘广告为例（自无意中发现这伙骗子以来，我发现由其刊登的这类广告有近10则），对此类误导求职者的手法做一具体展示。

2月21日："中外合资凯乐连锁超市聘"，地址为"C市一环路东三段玉双路2号5楼A座7-1凯乐连锁超市筹备处"，电话为"844××367、1305×××6698"。

2月28日：同时刊发2则，分别为"808量贩娱乐空间"，地址为"一环路东三段工人日报斜对面重庆德庄火锅五楼，单位筹备处"，电话是"844××368、1305×××6698"；"泰华药业连锁超市"，地址为"C市玉双路2号玉双大楼5A-1号，泰华药业人事部"，电话为"844××367、880××468"。

3月7日："中外合资万金连锁超市"，地址是"C市一环路东三段宝岛眼镜店5楼71号单位筹备处"，电话为"844××367、817××302"，"全国招商热线"为"1305×××6698"。

在上述四则广告中，骗子所留地址看似各不相同，但实则是同一大楼的同一房间。再看电话号码，尽管2月28日的2则广告中所留电话也不相同，但若留意察看前后四则广告，便能明显看出系同一伙人所留。在这几则广告中，还例外地出现了座机号码——"844××367、844××368"。据观察，其他广告中骗子一般都只留小灵通和手机号码（为逃避有关部门追查，骗子经常换地方行骗，无须使用座机）。由此推测，这伙骗子本是准备长期留在此处行骗，只是没料到会被人盯上。说到这里，有必要交代一下我是如何觉察到这伙骗子的。

2006年2月27日，先看到周刊上刊登的上述"泰华药业连锁超市"的招聘广告，后又在同期周刊的另一个广告版面上看到上述"808量贩娱乐空间"的招聘广告。隐约感觉这两则广告很有可能是虚假的，但因其中所留的地址和电话都不一样，所以我当时并未想到它们会有何关联。随后一天下午，在未事先打电话的情况下，我直接去找这两家公司的应聘处。碰巧的是，我发现这两家公司居然都在玉双大楼5楼。当时，楼下保安告知，"别人已经在4点半下班了"。"这么早就下班了？"带着疑问，我还是上5楼去探下虚实。上楼后，只见"泰华药业"广告上留的5A-1招聘路标非常显眼地张贴在电梯对面的走廊柱子上。顺着标识找到该房间，但房门紧锁，似乎真的下班了。于是我顺便去看看另一家"808量贩娱乐空间"，可5楼一共有很多房间，而其广告上并未提供具体信息，现场也没有提示，我最终没能找到，只好暂时放弃。

次日，我仔细看了看这两则广告，意外注意到其中各有一部电话看起来很像是同一间办公室的两部，因为其（844××367、844××368）尾部是相连的两个数字“7”和“8”，且前面一样。我开始怀疑这是同一伙骗子同时发布的两则虚假广告，而下面的通话经历为此提供了确证：

> 我先拨通了“泰华药业”的电话。对方询问了我要应聘的职位，又问了身高和学历，随即说我符合他们的要求，要我前去面谈。当我问他们药店的具体地址时，对方说在西门和南门都有，并强调只要通过面试，他们肯定会把求职者带到总部去。挂断电话后，我又拨通了“808量贩娱乐空间”的电话，也是一个男子接的，开始的过程雷同。在被问到他们的面试有无相关要求时，对方称只需带上本人身份证即可。因此前没有找到他们的面试房间，于是我询问其办公地点在哪。这时，该男子以“广告上有”进行搪塞，似乎不愿多说。我只好进一步问道，“是5楼哪一家呢?”对方可能完全没料到我已前去考察过，撒谎称，“5楼只有一家”。见此，我只好交代自己已经去过，但没找到。男子这时才说，“是5A－1”，还称，“那里有标识”。

至此，这伙骗子的欺诈伎俩已显露无遗。不久后，我再次拨通其中一部电话，问他们是否是中介，不料对方矢口否认，强调自己是“单位直接招聘”。我坦承告知，自己前去应聘时发现上述几家招聘单位恰好都在同一地方办公，且还发现后来招聘广告中所留的电话也与之前的相同。这时，对方立即称，“这几家单位都是一个大公司下面的分支机构”。我故意再问了一遍，“你们是一家吗?”“应该是一家”，对方语气中透露出一种猝不及防的慌乱感。显然，“应该”这两字透露出极其微妙的信息，它也反映了说话者内心的些许心虚。

此后，这伙骗子又继续捏造其他名义的“单位直聘广告”发布在周刊上，前述“万金连锁超市”是其中一例，还有一则是“好世纪连锁超市”。这伙骗子对“超市”似乎情有独钟。坦诚地说，当我书写这些经历时，似乎已有一种轻松感甚至是调侃的意味，但当时身处“此情此境"中的我极为气愤和无奈。毕竟，骗子持续刊登虚假广告的行为发生在我向 CH 区劳动部门和周刊进行举报之后。于是，我再次拨通了骗子的电话：

> "是好世纪超市吗？"
>
> "是"，对方回答干脆。
>
> 我懒得绕圈子，直接问："是中介吗？"
>
> 不料对方立即警觉起来，并回以脏话，"你要找中介啊，到……去找"，随即挂断电话。（这伙骗子应该是已经受到过 CH 区劳动部门的盘问，故对上述询问有所警觉，也不再有心情像以前那样装君子了。）

事实上，骗子用以误导求职者的伎俩还有很多。以招聘广告中的地址为例，与上述几则广告中的模糊写法不同的是，许多虚假招聘广告所留地址根本就不存在或与实际不符，我在 2008 年暑假的实地考察中发现了这一点。那又该如何应对求职者可能产生的质疑呢？骗子很容易做到。求职者一般先会电话咨询，骗子只需在这时告诉其真实地址即可——有骗子甚至不会直接告诉具体地址，而是在一番折腾后才露底。个中用意，很明显。这样既逃避了有关职能部门的监管，也有助于应对媒体例行公事的审核。即便求职者对"地址不符"的事实产生疑问，骗子也会以"广告刊登时出错"等为由，搪塞过关。

许多骗子利用那时部分大学生的认知错觉（留有单位网址的招聘广告就是可信的），在后来的招聘广告中纷纷留下网站，这在手工制作广告中尤为多见。实际上，这些网站都是业内俗称的"问题网站"，访问量很少，也很简陋，没有任何实质性内容。以第三章中述及的 C 市某工艺美术厂为例，其在招聘广告中宣称，"我厂是一家从事工艺制品的专业厂家，秉承'一流技术，品质卓越'的宗旨，产品供不应求……"。但在这家"大厂"的网站（www. ypgy. cn）上，根本找不到任何实质性信息。再者，前面"万金连锁超市"广告中留下的"全国招商热线：+1305×××6698"，也是该骗子团伙所采用的用以误导求职者的新伎俩。

三 周刊虚假招聘广告的消失

通过对这三年中周刊虚假招聘广告数量的统计，我发现其大致如下：2006 年，平均每期 14 则；2007 年，平均每期 10 则；2008 年，平均每期 5 则。这些数据表明，周刊上的虚假招聘广告呈逐年减少之势。不过单就这三年来看，周刊发布的虚假招聘广告总体并不少：在我统计的 128 期中，共有 1247 则虚假广告，平均每期在 10 则左右。这些五花八门的招聘广告中的许多，都分别出自不同骗子团伙之手。如某骗子团伙于 2006 年至 2007 年间，在 C 市某假日广场租赁过 8 间供“招聘”使用的门面，并在周刊先后发布了 43 则不同的“单位直聘”广告。2008 年暑假，根据这些虚假广告，我前去进行实地考察，发现除其中一间仍在使用外，其余 7 间中有 2 间处于空置状态，另 5 间已租给了其他商户。但据观察，当时这伙人并未在周刊上继续发布虚假广告，可现场迹象又表明，他们仍在进行欺诈性招聘。看来他们还在通过其他途径继续发布虚假广告，只是已经放弃了周刊这一传统渠道。

在随后的 2009 年和 2010 年，我没再密切关注周刊上虚假招聘广告的数量，只是偶尔抽查一下。几次抽查结果都表明，其数量较之于往年已有显著减少，有时几乎没有。其后又已过去五年，当我再次在周刊上搜寻招聘广告时，却未见此类广告的踪影。虚假招聘广告，已经从周刊上长久地消失了。大约也在这个时间段，周刊停刊了。与之相应，网络媒体逐渐取代了周刊这类纸媒，成为骗子发布虚假招聘信息的重要平台。

第二节 网络媒体上的虚假招聘广告

互联网尤其是移动互联网的普及，在很大程度上推动了网络招聘的快速发展。从 20 世纪 90 年代末成立的前程无忧、智联招聘等老牌招聘网站，到后来的各类垂直招聘网站、分类信息网站以及近年兴起的直播招聘等，一应俱全。相比于传统招聘，网络招聘信息因其覆盖面广、不受地域限制，招聘成本低且方便快捷，早已成为求职招聘的主流形式。然此类招聘信息同样良莠不齐，并因上述信息传播优势而显著扩大了虚假信息可能给求职者造成的损害。本部分着重以分类信息网站为例，分析了网络虚假招聘广告泛滥的现状、原因与主要特征和欺诈手法。

一 现状：虚假招聘信息网络扎堆

较之于周刊等传统媒体，横行于众多招聘网站的虚假信息有过之而无不及，即便是 ZL 这类资深专业人才网站也难以摆脱虚假信息的困扰。① 总体而言，在某些知名分类信息网站上，虚假招聘信息似更为泛滥。中央人民广播电台经济之声《天天 315》记者曾通过诸多例证，揭露了这类网站早已成为"诈骗信息集散地"的怪象：据消费者投诉，在 WB、GJ 等知名网站上搜索到的"高薪酬"招聘信息有很多是虚假招聘，一旦应聘者上钩"面试"，对方便以培训费等名义，收取几百元至上千元不等的押金。警方调查发现，所谓招聘，大多名不副实。②

在相关新闻的网友跟帖评论中，也不乏针对此类网站上虚假招聘信息成堆的质疑声。如有网友说，"骗子一大堆，找工作特别坑"。尽管一些网友基于自身经历的评论难免有偏激之嫌，但众多此类信息的集中展现则再次凸显了虚假招聘信息在这些知名网站上泛滥成灾的事实。WB 一位工作人员亦坦承，即便是在那些得到网站认证的交费会员中，也有近 30% 的公司只是为了以"招聘"之名行"赚取点击量"之实。换句话说，它们是"只宣传不招人"。③ 这一数字还不包括那些专门以骗钱为目的的黑中介和皮包公司，此类"招聘"主体实际上占据了远甚于前者的比重。这从以下数据中或可管窥一豹。根据 WB"反欺诈联盟"提供的数据，2013 年至 2015 年，网络招聘欺诈在网民投诉的网络欺诈类型中占比最高，其中通过各种名目骗取钱财的诈骗比例高达 74%。很多不法分子甚至利用正规网络平台来收集求职者个人简历，实施精准诈骗。④ 利用招聘网站开展色情、传销活动的违法行为，也十分突出。正是鉴于

---

① 高立红：《"智联招聘"发布虚假信息 公司主张名誉权被驳》，《城市快报》2012 年 2 月 20 日，www. anhuinews. com/zhuyeguanli/system/2012/02/20/004779373. shtml，最后浏览日期：2016 年 4 月 2 日。

② 《分类网站虚假招聘信息扎堆 高薪招聘人多名不副实》，央广网，2015 年 4 月 23 日，finance. cnr. cn/315/gz/20150423/t20150423_518383610_1. shtml，最后浏览日期：2016 年 4 月 20 日。

③ 呼延世聪：《求职者受骗凸显招聘网站问题》，《燕赵都市报》2014 年 8 月 28 日，hebei. ifeng. com/detail_2014_08/28/2842377_0. shtml，最后浏览日期：2016 年 4 月 6 日。

④ 罗筱晓：《200 多家招聘网站被查》，《工人日报》2016 年 6 月 13 日第 3 版。

网络虚假招聘已严重影响了在线招聘市场的健康发展，2016 年 2 月，国家网信办会同有关部门发起“招聘网站严重违规失信”专项整治行动，截至 2016 年 6 月中旬，在这一专项治理中，已有超过 200 家网站被查处、关闭。①

然而，2017 年发生的轰动一时的“李 WX 案”（大学毕业生李 WX 因在某直聘平台应聘，陷入天津传销骗局，失联后不幸身亡）再次警示人们，网站上的招聘陷阱依然无处不在。“李 WX 之死”，亦牵出诸多求职大学生被骗至传销组织乃至不幸身亡的案件，且最终将矛头指向网络招聘平台。② 的确，互联网招聘平台迄今依旧乱象丛生，相关媒体的调查为此提供了诸多例证。譬如，有记者以“WB”和“虚假招聘”为关键词查阅中国裁判文书网公开信息，截至 2022 年 3 月 23 日，共搜索到 276 份判决书，裁判年份显示，最早的一起可追溯到 2012 年，2018 年裁判了 107 件，随后的三年也没有断过。诈骗方式大多是通过 WB 发布虚假招聘信息，虚构“资料费”“办证费”等收费项目，骗取众多求职者的钱财。③

二　原因：“低门槛”与“大市场”

至此不得不问，虚假招聘信息为何会在网络平台尤其是上述知名分类信息网站上肆虐呢？与周刊一样，招聘网站也是纯商业性媒体，依靠的是点击量、访问量所带来的广告收入和付费业务收入——为客户提供一揽子服务所收取的费用。这些服务包括给企业刊登招聘信息、对信息进行更新和置顶、查看简历等。要言之，归根结底，是商业模式和利益的驱使导致了招聘网站上虚假信息泛滥之现状。对于网站来说，设立更高的门槛意味着更高的投入。故在利益的驱使下，招聘网站沦为骗子的温床。某大数据人力资源公司合伙人刘某就向《21 世纪经济报道》记者

① 佚名：《在线招聘欺诈乱象又抬头　虚假职位鱼目混珠问题多》，《新快报》2016 年 6 月 15 日，edu. youth. cn/2016/0615/4538553. shtml，最后浏览日期：2021 年 9 月 2 日。

② 佚名：《求职者李文星之死，招聘网站难辞其咎》，《新京报》2017 年 8 月 3 日第 A02 版；谢洋：《工作越难找，“李文星”们越容易身陷传销》，《中国青年报》2017 年 8 月 4 日第 08 版。

③ 蔡淑敏：《58 同城“顽疾”难除》，《国际金融报》2022 年 3 月 28 日第 12 版。

坦言，造假是招聘网站公开的秘密，"本质上来说，招聘网站就是求职中介，就跟房产中介似的，需要双方更多的信息才能进行匹配。但是一些小的创业公司，一门心思求快，在审核流程和机制上偷懒，甚至是默许。"前述"李WX案"中的涉事公司，正是一个典型。[①] 那么，在这一基本盈利模式下，又有哪些因素使得WB和GJ格外受到众多骗子的偏好呢？综合相关资料，这里将之概括为"低门槛与大市场"。

（一）低准入门槛

较之于早期专业收费招聘网站，招聘业务只是WB等分类信息网站的众多业务之一，且属于自身发展较晚的业务。面对网络招聘市场日趋激烈的竞争，为吸引更多的招聘方和应聘者，这些"后起之秀"不惜为用户设置一个很低的准入门槛，甚至根本不设门槛。如此，各种虚假招聘信息有了可乘之机。以媒体上时常曝光的WB、GJ和BX为例，其皆把"招聘"放在众多分类业务的首位，用户都能通过点击其网页上的"免费发布信息"之快捷键，轻易地发布各式全职、兼职招聘信息。以我的调查为例：

> 2015年6月14日11点左右，在无须填写个人注册信息的情况下（只需通过手机短信验证码），我在BX上成功地发布了一则虚假学生兼职信息。三小时后，在没有对该异常简陋的"招聘信息"进行刷新等进一步推广下，我接到一位年轻男子的求职电话。

再看自称在信息审核方面拥有机器与人工审查团队的WB，它曾通过电子邮件对某记者做了如下回复："对于招聘频道，WB会根据不同城市、不同行业和不同用户信用水平采取验证电话、执照等方式来鉴别。WB会将相关验证信息提交政府相关管理部门核实，并开设客服投诉机制。"然这位记者随后的试验表明，实际情况并非如上述回复那般。记者胡乱编造了公司名称、公司地址、岗位名称和待遇薪酬等，仅花10分

---

① 陶力、韦静：《"李文星之死"背后：招聘网信息审核形同虚设，造假已是公开的秘密》，《21世纪经济报道》百家号，2017年8月4日，HTTPS：//BAIJIAHAO. BAIDU. COM/S? ID = 1574782486925582&WFR = SPIDER&FOR = PC，最后浏览日期：2021年10月20日。

钟就填完了一则招聘信息。随后 10 分钟不到，审核就通过了。这则职位完整度仅 55% 的招聘信息在 2 天内被浏览 19 次，并在邮箱中收到了 2 人投递的简历。该记者在 BX、GJ 也发布了同样的假信息，均顺利通过。[①]可见，这些免费发布信息的网站确实成了诸多骗子的“帮手”——帮助他们发布大量虚假招聘信息，诱使众多求职者上当受骗。

那些付费发布的招聘信息又是否更安全呢？毕竟，付费的招聘主体一般得到了网站的预先审核和认证。然相关新闻表明，即使是付费招聘信息也存在虚假的情况。如中国广播网记者的调查发现，“招聘网站已认证企业名称可能成黑中介马甲”[②]，而网站认证本身是需要收取费用的。这意味着，网站对招聘企业相关证件的审核可能只是流于形式，从而为骗子冒用其他正规企业信息进行所谓认证提供了便利。如此以致，许多求职者在被骗后感叹道，“没想到招聘网站上已通过认证的企业竟然也是‘黑中介’”。进一步深究，付费也没能阻止虚假招聘信息的发布与这些网站的收费总体偏低或不无干系。如在 GJ 招聘的企业用户中，10% 的企业用户为付费用户，其平均付费为 88 元/月。[③]

可见，在网站对信息真实性审核存有严重缺陷的背景下，免费或低成本的付费使用也就意味着发布网络招聘信息的零门槛或低门槛。这无论是相比于周刊等传统纸媒还是其他传统招聘网站，都势必构成一个吸引众多招聘骗子的强大拉力。而在这一“拉力”的背后，还必定潜藏着一个巨大的受骗者市场。

（二）低端求职者市场庞大

仍以 WB 和 GJ 为例，较之其他老牌招聘网站，这两家网站的在线招聘业务虽起步较晚，却在短时间内取得了看似相当不错的业绩。就 GJ 来看，自 2013 年将主要精力转向在线招聘领域以来，连续三年取得了系列

---

① 言莹：《审核形同虚设　58 同城 10 分钟搞定假招聘》，《新闻晨报》搜狐号，2013 年 10 月 9 日，roll. sohu. com/20131009/n387772021. shtml，最后浏览日期：2015 年 4 月 8 日。

② 央广网：《“58 同城”认证公司为黑中介 众多求职者受骗》，经济之声“天天 315”节目，2013 年 7 月 30 日，jingji. cntv. cn/2013/07/30/ARTI1375163614722469. shtml，最后浏览日期：2015 年 8 月 2 日。

③ 吴倩男：《赶集网去年在线招聘营收 7. 68 亿 春节打广告花了 4 亿》，凤凰科技，2015 年 3 月 10 日，https：//tech. ifeng. com/a/20150310/41004205_0. shtml，最后浏览日期：2021 年 5 月 4 日。

佳绩，并在2015年成为国内最大的在线招聘平台。[①] 尽管无法获取有关WB在线招聘的早期相关数据，但其在线招聘业务的迅速发展之势亦有目共睹。2015年WB与GJ合并为一家后，其在招聘业务领域成为了行业最大。[②] 上述业绩的取得与分类信息网站“定位于本地社区及免费分类信息服务”的特点密不可分。由于它们提供的本地生活及商务服务类信息遍及人们日常生活的各个领域，这就为其在线招聘业务的拓展积累了众多潜在用户资源。如当GJ的老用户想找工作时，就会很自然地想到“先上GJ看看”，这点在我的调查中得到了证实。前述那位上当受骗的大学生刘佳，她在寒假萌生兼职想法时几乎就没有考虑过其他信息获取路径，而是理所当然地“上GJ和WB”查询相关招聘信息。

分类信息网站的用户群总体上还具有一个明显的阶层特征，即社会中低层级。按照GJ时任CEO的话说，如果把整个求职人员视为一个金字塔，那么GJ瞄准的是金字塔的下面部分，传统招聘网站则是金字塔的上面，而下面人群肯定远比上面部分庞大。换言之，GJ启动了“蓝领招聘”在线招聘策略，这也正是GJ与传统招聘网站相比所具有的差异化优势。作为该招聘策略的后续系列支撑，GJ在2015年相继启动了各种类型的招聘节，以将精准匹配的优质工作机会实时推送给求职者。[③] 此类针对用户群阶层特征的在线招聘策略，为GJ赢得了不错业绩。此外，在市场营销上持续的重金投入与接地气的广告语，也为这两家网站赢得了包括求职者在内的广大公众的高度信任。正因为它们是知名的招聘信息平台，因此在广大求职者眼中，这样的网站发布的招聘信息“理当”是真实可信的。与此同时，骗子也正好利用网站的名气为自己“撑腰”。如在记者对TB客服招聘骗局的暗访过程中，为劝说记者交保障金入会，对方反复强调，“一般骗子是通不过网站审核的，你不相信我们，也应

---

① 吴倩男：《赶集网去年在线招聘营收7.68亿 春节打广告花了4亿》，凤凰科技，2015年3月10日，https://tech.ifeng.com/a/20150310/41004205_0.shtml，最后浏览日期：2021年5月4日；孙雨：《赶集网今年广告投放将超2亿》，《北京晨报》搜狐，2014年2月18日，roll.sohu.com/20140218/n395165062.shtml，最后浏览日期：2021年1月4日。

② 杨浩涌：《创业者一万个里混出几个就不错》，凤凰财经《总裁在线》节目，2015年7月15日，www.biliyu.com/article/922.html，最后浏览日期：2016年5月9日。

③ 赵陈婷：《58赶集合并 惨烈广告战将烟消云散》，《第一财经日报》搜狐号，2015年5月27日，roll.sohu.com/20150527/n413836213.shtml，最后浏览日期：2015年9月20日。

该相信 WB 吧”①。

既然通过分类信息网站寻求工作的求职者多属低端人才，而我们在第五章中又讲过，较低的社会经济地位使得这些求职者在遇到招聘骗局时更易因“求职心切”而沦陷其中。如此，便不难理解为何诸多网络求职受骗事件中的受害者不是寻求兼职的在校大学生，就是迫切寻找司机、保安、前台、销售和服务等低端工作的社会蓝领阶层。所有这些都意味着，上述知名分类信息网络平台聚拢了一个庞大的低端求职者市场，而该市场恰恰又是一个巨大的潜在受骗者市场。如此一来，瞄准该市场的骗子纷纷聚集于此，自是十分“正常”。

三 网络虚假招聘信息的特征

综观网络虚假招聘信息，其主要特征可归纳为“大单位、低职位、高薪水、低门槛和直聘”五个方面。此外，广告中多留私人手机号码，单位地址模糊不清或虚假，信息完整度不够等，也是众多此类信息的共性。这些特征与前述周刊上的虚假招聘广告并无大异。此处重点谈谈网络虚假信息的特色所在。

（一）假冒他者名义

概览既有虚假招聘新闻，尤为突出的一个事实是，骗子多假冒其他大公司、大集团乃至大明星的名义发布虚假招聘信息。在这众多假冒招聘信息中，还包括一些事先经由网站认证了“企业”营业执照看似更为可靠的招聘广告。下面来看一则假冒“C 市 ML 咖啡餐饮娱乐有限公司”之名，在 WB 发布虚假兼职广告的个案。该公司成立于 2004 年，在 C 市本土属于一家比较有名气的公司。在骗子看来，这样的公司显然属于值得一“傍”的“大款”，为此不惜制造虚假的营业执照，并申请 WB 的官方认证，再以此为幌子在网上行骗。这则发布于 2015 年的虚假兼职广告，其宣称的薪水为“150 元/天”，相比于市场价已属“高薪”（当时 C 市学生兼职市场价通常为 60—80 元/天），而这家被假冒公司全职服务员的日薪也不及 150 元。此外，“日结”以及广告中给出的其他“优待”

---

① 叶佳琦：《招聘陷阱 大学生应聘兼职“刷信誉”被骗两千》，《劳动报》2014 年 12 月 24 日第 4 版。

条件，也使得该“招聘信息”对许多求职者极具诱惑。用他们的话说，这是一份“看着还不错的工作”，“值得试一下”。

对比该公司在ZL网站上发布的真实信息，可从上述假冒招聘广告中发现更多疑点。譬如，正规信息中留的是公司办公电话，而假广告中留的是两个手机号码；正规信息中的地址非常清楚，而假广告中的地址与之不符且很笼统；从正规信息中可以看出这家公司的几家店都位于C市主城区，而假广告中覆盖的工作区域相当广。经过电话咨询，我获悉这家公司只招全职人员。当听说WB上有他们公司的兼职招聘信息时，对方工作人员很肯定地告诉我，“那是假的”，“是有中介在假冒我们公司的名义”。从这位工作人员处，我了解到他们其实早就知道“有这回事”。他还见怪不怪地告诉我，C市另一家有名气的咖啡餐吧也被这些中介假冒过。当我询问为何不去找WB讨要说法时——我的理由是，有部分不明真相的求职者在受骗后可能会怪罪于他们公司，却得到了这样的回答：“这个我们也没有办法，WB他们自己也没有办法。”

（二）广撒网

正是利用了前述诸多门户网站在发布招聘信息时所设置的低门槛甚至零门槛这一“优势”，许多骗子在相当长一段时间内将不同虚假招聘信息同时发布在同一网站和更多其他网站。这点与前述骗子在同一期周刊上刊登不同虚假招聘广告的做法雷同，但其波及面更广，所造成的危害更甚。如苏州某黑中介犯罪集团冒用其他公司名义，于2017年春节后，在短短四个月内就诱骗全国各地2000多名务工人员到苏州实地应聘，再虚构收费项目骗其钱财，非法获利近24万元。该诈骗团伙业务部经理吴某自称其骗人的撒手锏有两个：其一，利用外挂软件连续在网络上发布招聘帖子；其二，在招聘信息中冠以“高薪、直聘、包吃住”等字眼。检察机关认定，该招工诈骗团伙构成涉黑涉恶犯罪。该案是苏州市扫黑除恶专项斗争领导小组首批挂牌督办案件，也是该市查处的首例黑中介恶势力犯罪集团案件。[①]

在调查中，我也发现了一个典型的黑职介广撒网案例。这家黑职介

---

① 罗沙沙：《苏州黑中介犯罪集团覆灭记》，《法制日报》2019年6月23日第1版。

自2014年以来在百度贴吧上一直为众多网友所声讨——控诉其长期在WB上发布各类虚假兼职信息，再以办兼职卡的名义骗取求职者钱财。如某网友于2015年2月13日在回复其他求职者时，写道：

> 确实是骗子，我在WB上面找的婚庆兼职，过去到某酒店办公楼10楼11号，营业员推荐我办一张卡，要先交100元卡费，说有卡才能去兼职。办了以后，她说暂时没有婚庆的工作，有服务员的工作，只要不怕吃苦就好。我当时想，说的也对，营业员让我回家登录网上预约就好。我回家后登录网站，才发现他们那个网站也是假的，界面都不健全，很多地方点不进去，直接被坑了100元。希望大家以后不要再去相信这样的兼职公司了。①

上述在社交论坛上进行控诉的网友只是被这家黑职介所蒙骗的众多求职者中的少部分，还有一些受骗者实际上并未“出声”，譬如前述那位经由我的课堂讨论才发现自己掉入了兼职陷阱的大一女生刘佳。如本章最开始所述，她和朋友的受骗经历大致印证了网友们的控诉。起初，刘佳等并不知道发布招聘信息的是“华夏英汇”这家中介，而以为是“酷我coffee公司”在“直聘”。当她们到了原以为是这家咖啡公司总部的办公地址时，才发现“结果是家兼职公司”。当确定自己上当受骗后，刘佳电话联系了“华夏英汇”那位工作人员，告诉对方自己不打算做兼职了。她试探地问道，“是否可以退钱？”由此，展开了下述对话：

> 女工作人员：这个是不能退的，当初协议上写了的，再说我们又不是没给你安排兼职。如果我没给你安排，你可以找我们老板投诉我们。
>
> （“这次打电话时，她承诺了给我发短信，内容比之前写在便签上的要简短，是举牌子和一个联系电话。但这份兼职与现场办卡时

① 现可见于https：//zhidao. baidu. com/question/432338506599430644. html，最后浏览日期：2021年5月7日。

的承诺不符，所以我再次电话联系了该工作人员"——刘佳解释）

刘佳：在现场的时候，我们说的是要找书店、咖啡店或者奶茶店这种兼职，为什么短信上是举牌子的工作？

女工作人员：你们只做周末、日结，现在不能日结，只能按月结，每周工作两天也不行。

刘佳：为什么当时签协议时有那种工作，现在就没有了？

女工作人员：以前有，但是现在没有。

从最初交钱办卡到随后的电话联系，短短几天时间内，"华夏英汇"工作人员的说法大相径庭。我在S省信用网上对刘佳此次兼职受骗事件中涉及的三家"单位"进行了企业信息查询，发现所谓的招聘单位"酷我coffee公司"和兼职中介"华夏英汇"并不存在。对这两家"公司"进行百度搜索的结果也发现，前者除招聘信息外，并无能够证明其实体咖啡店存在的任何信息；后者除网友投诉信息与一个问题网站外，也没有其他信息。在"华夏英汇"提供给刘佳的交钱收据上，盖章公司为第三家单位即某科技有限公司。我在S省信用网上搜索到有关该公司的注册信息，在黄页88网站之"企业名录"下也搜到类似信息。从注册信息中可以看出，这家公司的经营范围并非职业介绍服务，注册信息中的联系电话正是"华夏英汇"兼职网站与其会员卡上所显示的办公电话。其在C市黄页88上所留的网站（http：//www. dxcw. cn），在搜索时显示"找不到服务器"。

可见，这家科技有限公司是在超范围经营，所从事的正是黑职介业务，而"华夏英汇网"不过是用以欺诈求职者的一个幌子和渠道。如此就不难理解"华夏英汇网"呈现出的诸多疑点。譬如，该网站的实际网址是"http：//www. jianzhika. com"，但在给求职者的"华夏通超级会员卡"上却显示为"www. myxylife. com"，而该公司在"黄页88"上留下的又是前述并不存在的网站。此外，该实际运作的网站上除招聘信息外，其他信息少有更新；网站上的兼职信息虽看似丰富，不乏"家乐福""沃尔玛"这类大单位的兼职信息，但点击后并无实质内容。后续调查还发现，纵使一些虚假招聘信息经过网友投诉而被网站查封，但更多类似信息却源源不断地出现在相关网站上。譬如，在那则直接以“酷我 coffee 公司”名义发布的虚假兼职信息被 WB 注销后，我又发现了直接以该所谓科技有限公司名义在更多招聘网站上发布的各式虚假兼职信息。

（三）钓鱼网页盛行

不同于前述那些由黑职介或皮包公司所做的问题网站（只是迷惑求职者的一个辅助工具），此类虚假招聘钓鱼网页通常是捕捉求职者眼球的一个主要武器，骗子直接通过它来接触不明真相的求职者，进而施展骗局。这类网页使用前述各种欺诈手法，充满各种虚假宣传，诱惑求职者主动与页面上的在线 QQ 客服聊天，进而使之一步一步陷入预设网络兼职骗局。据 360 安全中心的一组数据显示，早在 2013 年初，网上日均新增虚假招聘网站（其实多为此处所说的钓鱼网页）351 家，浏览器日均拦截的此类钓鱼网站或网页高达 16120 次；从 2012 年 7 月至次年初，因虚假招聘钓鱼网站或网页受骗申请赔付的案例在网上购物投诉中占比为 10.7%。360 安全专家石晓虹指出，这类网站主要通过四个骗术诱惑人们上当受骗：谎称“淘宝刷钻”空手套白狼、“高薪打字员”诈骗保密费、组装圆珠笔等手工活骗押金，以及网上创业骗局。这些骗术所提供的招聘岗位普遍“门槛低、回报高”，对急于找到工作的求职者而言极具杀伤力。①

以我调查的一个兼职“刷信誉”钓鱼网页为例，因媒体对此类兼职骗局多有曝光，WB 等网站日渐强化了对此类招聘信息的监管，致使其在这些招聘网站上日趋隐身。不过，当循着 WB 上一个“日薪 300 元”的兼职信息点击进入后，便再次发现了这种虚假兼职网页。这个网页上的虚假信息极其明显，无论是假冒 WB 的认证，还是杜撰的其他知名合作商等，只需稍微辨别即可证伪。遗憾的是，对许多不明世事的求职者而言，这些虚假信息具有不可抗拒的魔力。在浏览此类网页时，通常会主动弹出一个对话框，向求职者推荐“兼职岗位”。我故意回复，“上次朋友找你们兼职还没拿到钱呢”，对方立即不再作声。

---

① 向阳：《360 揭密网络招聘四大骗术》，《科技日报》2013 年 3 月 27 日第 10 版。

第三节　媒体的角色与责任之争

本节所要进一步关切的是，这些媒体是否知道自己发布了虚假招聘信息？又是如何应对的呢？或者说，媒体自身在虚假招聘信息的泛滥中扮演了何种角色？又该承担何种责任？

一　纸媒：利益合谋的典型

图6－2呈现了我与周刊相关工作人员的互动图景，从该互动中收集到的一手资料就成为本部分展开讨论的重要依据。结合其他记者对此类媒体的暗访，这里生动地展现了诸多地方性纸媒在虚假招聘现象中所发挥的同谋者效应。

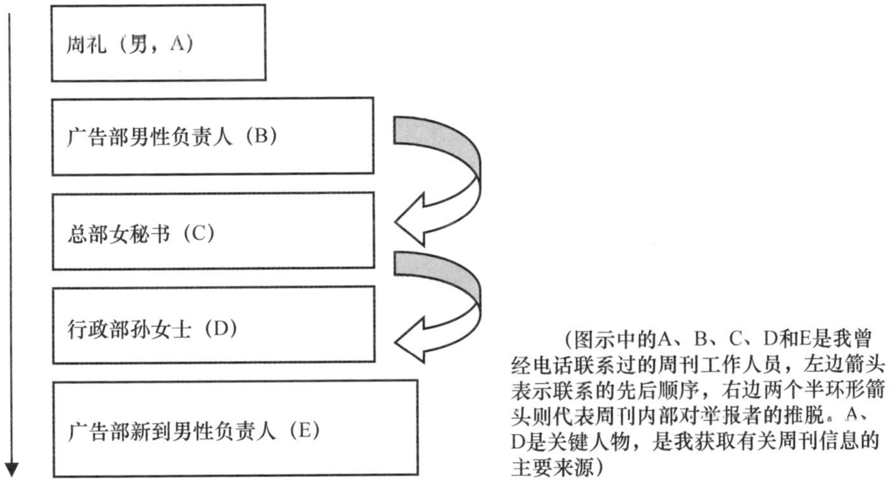

周礼（男，A）
广告部男性负责人（B）
总部女秘书（C）
行政部孙女士（D）
广告部新到男性负责人（E）
（图示中的A、B、C、D和E是我曾经电话联系过的周刊工作人员，左边箭头表示联系的先后顺序，右边两个半环形箭头则代表周刊内部对举报者的推脱。A、D是关键人物，是我获取有关周刊信息的主要来源）

图6－2　与周刊工作人员的互动图景

（一）流于形式的自我审查

有人指出，广告经营单位既是经营者又是审查者，其往往在自身经济利益的驱使下不严格审查甚至放弃审查，[①] 此话道出广告单位自我审

① 马发明：《论虚假广告的治理》，《发展研究》1996年第8期。

查之弊病所在。以对周刊的调查为例，2007 年 5 月 16 日，见周刊上刊登了广告业务员的招聘广告，我以应聘者身份对其刚上任的负责人 E 进行了电话调查。在电话中，E 告诉我，他们对业务员的唯一要求是，“能力强、会电脑”。当我主动询问广告审核的相关情况时，E 称需要审核客户证件，这包括营业执照的原件、复印件，代办人的身份证复印件，广告单位盖的公章。见我有些犹豫，他随即表示：“广告由周刊审核，一般都会通过，管得不严。”

这种审核究竟又是如何“不严”的呢？为弄清黑职介是如何将虚假招聘广告投放到深圳一些媒体上的，有记者以刊登广告为名进行了暗访。记者了解到，媒体的招聘广告业务一般都“卖”给了专门的广告公司，由其代理，也有为数不多的是自己经营。于是，记者先拨通了本地一家代理招聘信息的广告公司电话。在交谈过程中，记者得知，招聘广告词可由自己随便写，并只需把单位营业执照复印件拿过去就可以了，其他的什么都不要。在该记者对另一家媒体广告代理公司的调查中，记者将一张假的模糊不清的复印件传了过去，没过三分钟，对方告知“审查”已通过，并要求记者赶快将钱汇过去，“一行广告收费 50 元，五行 250 元，如果连载，还可优惠。”由此就揭示出一个事实：刊登虚假招聘广告，只要花一点钱就可以搞定。①

为此，这位记者采访了深圳市工商局分管中介服务市场的一位负责人。据其介绍，广告公司处理业务时，按照严格一点的程序一般会有登记、审查、复审和建立广告业务档案这几个步骤。对于这类比较容易出现问题的由中介公司打出的招聘广告，除需提供营业执照原件外，还需要劳动部门和用人单位的证明以及人事局的批文。而现在一般的代理公司只需一个营业执照复印件就可刊登广告，这就为那些黑职介“做手脚”提供了方便，因为它们很多根本就没有营业执照。如此这般，诸如周刊等媒体的自我审查实际上就形同虚设。不仅如此，其事实上还会以假广告提供者“手续齐全，无法辨别广告真假”为由，给自己所扮演的骗子同谋者角色构造合法性借口。

---

① 华克涧：《虚假广告给钱就登 一个电话就搞掂》，《南方日报》2004 年 10 月 8 日，edu. sina. com. cn/l/2004-10-08/87203. html，最后浏览日期：2015 年 4 月 6 日。

（二）唯利是图下的明知故犯

由上可知，对于自身发布的众多虚假招聘广告，许多媒体其实“心知肚明”，并“明知故犯”，这在我对周刊的系列调查中亦有着生动体现。在第二次交谈中，A 告诉我，他起初并不知道招聘广告是假的，随着求职者投诉的增多才日渐明了真相。但那时，他和周刊其他所有工作人员（从广告业务员到高层主管）一样，因利益当头，加上“反正无人过问”，故对此问题虽已是“心里有数”，却早已“不感冒”，“睁只眼闭只眼”。从 A 的上述谈话中可以看出，周刊最初确实只是因为缺乏审核经验而在无意中为骗子提供了假广告的发布平台，但在了解实情后，却并未因此强化对广告真实性的审核，而是对假广告“听之任之”。A 还两次向我详细介绍过辨别假广告的经验。他指出，广告幅度越大，信息越可能真实；越是小媒体上刊登的“豆腐块”，越不真实。周刊上的“豆腐块”招聘广告，恰是例证。以此而论，周刊工作人员无论如何都不能辩称自己对假广告毫不知情。何况 A 还坦承，对刊物编辑和广告部门的员工而言，但凡稍有常识，凭直觉就可以识别出假广告。我自身因调查的需要，在较短时间内就学会了如何识别虚假招聘广告，这也印证了 A 的上述看法。这种明知故犯性，在我后来与周刊其他工作人员的互动中得到了进一步确证。

2006 年 2 月 28 日，我看到同一期周刊发布了同一伙骗子捏造的两则招聘广告（见前述周刊虚假招聘广告中“混淆视听”部分），遂以求职者身份拨通了其广告热线，并告之上述实情。时任广告部负责人 B 告诉我，那是一家中介，但拒绝透露该中介的名字。他只是对我说，“你不要去了，我会下去调查一下”。B 真的会去调查吗？答案是否定的，因为在随后一期的周刊上，我再次发现了那伙骗子的假广告。为引起重视，3 月 15 日，我以 CH 区劳动部门实习生的身份去质询周刊。我声称接到了很多有关其广告的投诉，要他们去查查。接电话的仍然是 B，但他称周刊没有专门负责招聘广告的，让我打总部电话问问。B 的反应有些耐人寻味。“不巧”的是，总部女秘书 C 告知，两位负责人都不在，且不肯透露他们的联系方式。在得知我的“身份”和来意后，C 把我推给了行政部，并提供了联系电话。接电话的是孙女士（以下简称“D”），不过她先称自己在外面办事，要我直接找周刊广告处。无奈之下，我称，“正是广告处让我找你的”。她这才答应，回去查查情况再和我联系，并要我提供主要是哪期上的哪些广告。

当日中午，D 给我打来电话，仔细询问了有关那伙骗子前后刊登的四则假广告，并表示问清楚情况后再联系我。她还指出，可能是中介骗了周刊，中介以帮其他单位登广告为由，通过直接留招聘单位的地址来行骗。次日中午，D 如约给我打了电话。从她那里，我了解到那伙骗子并非以中介名义，而是打着“单位直聘”的名义刊登广告。由于骗子向周刊递交的只是广告上所谓单位的营业执照复印件，这就为其在广告中所留地址和电话上“做手脚”提供了便利。我提出质疑，“你们业务员应该能轻易辨别出广告的真假呀，只需要稍微留意下前后几则广告所留的电话即可”。D 对此坦诚地检讨了他们工作中的过失，并称：

> 业务员只想拉到广告，看重经济效益，缺乏对公众的责任心。另外，周刊自身办广告的时间短，程序不很正规，有漏洞，有待完善。这件事情也引起了我们的高度重视，今后将对广告业务持慎重态度，要求单位在登广告时必须带上所有证件的原件，否则宁愿不登。

3 月 24 日上午，我再次联系 D 反映其他虚假广告。她称，“已有人投诉过，已责成业务员去查明原因，但业务员推卸责任，竟说自己不知道广告是怎样刊登上去的”。对业务员这一推脱行为，她表示自己“哭笑不得”。D 再次承诺，出于维护周刊的信誉，从下期起，他们将严格审读业务员递交的广告，做最后的把关。她表示，着眼于长远利益，周刊以后将尽量减少广告，最起码要保证广告的真实性。D 还告诉我：

> 我们已将这一道理向业务员说清，让他们好好珍惜周刊这一平台，不能为了短暂利益而毁了周刊的前途。如若以后再发生类似现象，我们将追究相关业务员的责任。

在此次交谈中，D 十分诚恳，这让我极为感动，也充满期待。当天晚上，我再次接到她的电话。D告知，她当晚审读业务员递交的广告时，又发现了之前两伙骗子的广告。对于这些已被投诉过的虚假广告，她肯定不再刊登。但对于其他类似广告，她表示因对方提供的营业执照都是"真"的，且手续齐全，除非以后有人举报，否则他们很难核实广告的真假。这是否意味着，她已经发现自己无法兑现当日上午所做的"保证广告真实性"的承诺了呢？不巧的是，当时正准备上课，无法给她细说。我只是向她提议，希望周刊能专门做个有关这类虚假招聘广告特征以及求职防骗注意事项的栏目，给广大求职者提个醒。另外，我建议周刊能把针对求职者的提醒语做得更加醒目，让他们更容易发现。D称他们的版面在周六就要出来，很难进行大调整，不太可能采纳我的建议。当晚下课后，我试图给D取得联系，详细陈述自己有关广告审核的看法。电话通了，她没有接。

3月27日下午，我翻开D之前承诺要确保广告真实性的新一期周刊，发现上面同样有假招聘广告，且欺诈手法与之前如出一辙。我开始对D产生怀疑，为安慰自己，我也设法为D开脱：或许是她事情太多，尚未弄清这类虚假招聘广告的特征。我再次产生了向D告知自己总结的一套辨别虚假招聘广告经验的强烈欲望。当日下午6点过，我再次拨通了D的电话，她称自己很忙，随即匆匆挂断。4月3日晚上，我又鼓起勇气联系D，她说自己正忙于筹备周刊当晚的两周年庆祝晚会，称有空了再和我好好聊聊。我于4月5日下午再次也是最后一次拨通了其电话，不料，她直接按断。显然，D的态度已发生根本转变：从之前对投诉的积极对待转变为消极逃避。

我想，或许是最近她已被假广告折腾够了。即使她打算认真解决这一问题，但迫于来自领导与同事追求经济利益的压力，她已备感个人力量的渺小，所以不想为此再伤脑筋。毕竟，随同其他人对假广告听之任之，既不危害周刊的经济利益，她自己也不会因得罪同仁而受到排挤。在这种利害算计下，她先前做出的承诺又算得了什么？想到这里，我不愿再隐瞒自己的真实身份，给D连续发了7条短信，在短信中我充分表达了自己内心的想法，其中不乏对周刊为虎作伥行径的责备。我不知道她看完短信后会有何反应，甚至不清楚她是否会看完我的短信。不过，下述意料之中的事实也展现了周刊的立场：周刊此后依然充斥着各种虚假招聘广告，其中一些假广告的幕后骗子团伙还是我曾向D反映过的。

（三）差别化对待投诉

从与A的交谈中，我得知周刊在面对不同的投诉者时会有差别地予以对待。

首先，相互推诿。据A所言，他在周刊工作时，办公室每天都会接到不少于10位求职者的投诉电话，但接电话的工作人员通常会相互推脱。在此情况下，投诉者大多无奈作罢。在向周刊反映情况的过程中，我最初也遭遇了这种相互推脱：广告部把我推给总部，总部又把我推给行政部，行政部又欲把我推给广告部。在类似情况下，若不具有“一定要讨个说法”的坚定信念，求职者很快就会自认倒霉而放弃，尽管他们的内心有着诸多无奈和不甘。

其次，寻求“私了”。对少数较真的求职者（反复找周刊讨说法，不达目的誓不罢休），周刊会寻求“私了”，即让求职者以周刊的名义直接去找骗子退钱。据了解，为了以后能继续利用周刊这一平台，骗子一般会按60%的比例把所骗之钱退给求职者。A称，这种做法早已成为业内行规，是骗子与媒体间的潜在约定。

（四）擅钻制度漏洞

根据《广告法》（1995）① 第38条规定，刊登虚假广告的媒体应承担连带责任甚至全部民事责任。骗子也曾这样说过，“即使你要告我，你还得先告周刊，谁让它登了我们的广告呢？”既如此，周刊为何还敢肆无忌惮地刊登虚假招聘广告呢？难道除了前述形同虚设的广告审查外，它还有更多帮助自己逃避法律责任的“高招”？

1. 掩耳盗铃式的求职警示

据观察，周刊多数情况下都会在刊有招聘广告的版面上标注提醒语：“国家规定用人单位不得向求职者收取任何费用”。然这类提醒语无论是从字号、颜色还是排版位置来看，都极不醒目，难以进入求职者的视线。但在周刊看来，这类提醒语的存在具有重要意义：至少表明它事先履行

① 中国《广告法》自1995年2月1日起施行，并于2015年和2018年做了两次修订。其中，2015年修订版在具体条款上与老版存在较大差异。本书根据相关调查发生的时间，在引用该法时通过标注当时生效中的具体版本予以区分。

了对求职者的求职风险告知义务。如此，一旦出现源于周刊虚假招聘广告的求职受骗事件，它就可以此为自己的"审查失职"进行开脱，而不用为求职者蒙受的损失承担责任。换句话说，周刊在明知为假的招聘广告旁标上所谓的提醒语，不是为了警示求职者求职中的风险，而只是用来抵挡受害者的谴责和逃避法律责任的挡箭牌。我曾建议 D 将虚假招聘广告的特征等刊文在周刊醒目位置，以切实提升求职者防范虚假招聘广告的意识和能力，但遭到拒绝。试想，倘若周刊真的是为了求职者利益着想，那么在上述提醒语事实上无效的情况下，为何还不进行及时补救呢？为何还不愿为减少潜在的受害者出点力，以弥补自己长期从刊登虚假广告中牟取非法利益之"过失"呢？难道他们担心，一旦帮助求职者增强了识别虚假广告的能力，招聘广告会因此失去市场，进而连带损害周刊从中捞取的收益？

2. 诉诸监管漏洞

A 表示，尽管从法律上看，骗子在媒体上刊登虚假招聘广告，媒体的确负有连带责任，但因行业内刊登大量虚假招聘广告早已是"公开的秘密"，故求职者若想通过法律途径来追究媒体的责任，必将耗时、耗力且难以奏效。当我询问周刊是否害怕求职者去政府部门进行投诉时，A 表示"不怕"，因为"我们关系到位"。A 强调，只有国家新闻出版总署（现国家新闻出版署）才具有对周刊的停刊、整顿权，但求职者"不可能投诉那么远"，加之全国媒体太多，新闻出版总署也"管不过来"。另如第七章中相关调查所示，招聘广告和周刊本身平时基本不在工商行政部门等的审查和监管范围内。正是由于以上诸多因素，合力使得周刊事实上处于管理的"真空"中，并为其与骗子的合谋提供了制度空间。

二　网络媒体："把关人"角色之争

（一）三种不同观点

随着网络虚假广告的泛滥，有关网络信息服务平台的角色和责任问题在社会各界尤其是法律界一直存有争议。这主要在于：网络广告数目庞大、形态多样和市场准入门槛极低，致使对涉事网络媒体之实际角色与相应责任的确定更为困难。现有争议的核心紧紧围绕如下话题展开：

网络媒体是否应该如传统媒体那样，承担严格的广告信息审核责任和义务。放在本书中就是，倘若求职者因招聘网站上的虚假信息上当受骗，这些网站是否应该承担责任以及该承担何种责任。根据相关文献，这里把部分社会人士有关上述问题的看法大致归为如下三种。

1. 严格责任说

即不论如何，作为网络信息服务平台，这些网站都应对招聘信息的发布方以及信息本身的真实性进行必要审查，以切实维护网络平台自身的真实性。否则，一旦出现因虚假招聘信息而导致的利益受损事件，网站难辞其咎。部分律师和媒体人士持此种观点，而包括受骗求职者与被假冒单位、个人在内的公众更是普遍认为，网站应对招聘信息进行事前审核，屏蔽虚假信息，切实扭转前期监管不力的现状。在前述“李WX案”发生后，“严格责任说”这一观点似受到更多有识之士的认可。有媒体社论就指出，在该事件中，某招聘网站没有尽职审核招聘信息，负有不可推卸的责任。在其看来，招聘网站尽职审核招聘企业的资质，避免让违法组织出现在招聘网站上，这是行业的底线，无论如何不能突破，逾越雷池者理应受到法律的惩处。① 还有人犀利地指出，比“骗子抓不完”更让人担忧的是，部分平台对招聘信息的审核形同虚设，在诸多诈骗事件中扮演着“助纣为虐”的不光彩角色。有时平台提供线索或协助了警方，还被认为“有功”。只惩罚违法犯罪者，不严格规范为违法犯罪活动提供便利的招聘平台，骗子自然难除尽。故其认为，“目前应尽快通过立法完善有关法律法规，明确、细化平台的审核和把关责任，建起‘防火墙’，从源头上将虚假招聘信息拒之门外”。②

2. 有条件责任说

在特定条件下，此类网站所担负的责任不尽相同，但在具体该如何承担责任上，又涉及三种不同的观点。

其一，“付费信息无责，免费信息有责”。持该观点的人士认为，网络平台服务者应承担一般形式的检查责任（即核对企业营业执照、公司

---

① 佚名：《求职者李文星之死，招聘网站难辞其咎》，《新京报》2017年8月3日第A02版。

② 陈广江：《打击虚假招聘　平台责任需细化》，光明网—时评频道，2018年6月25日，https：//m. gmw. cn/baijia/2018-06/25/29450568. html，最后浏览日期：2021年9月5日。

代码等基本信息），就资质审核通过的企业，才允许其发布招聘信息。若此，即便出现了虚假信息及其导致的相关利益受损，网站也因履行了形式审查之责而无须承担责任。反之，若是任由没有经过身份审查的公司直接在其网站上发布招聘信息，并因此造成应聘者利益受损的，网络平台服务者则要对损害结果承担一定责任。鉴于通过身份审查进而在网站上发布招聘信息的主体，通常要向网站支付一定的服务费，故可以把这种观点称之为"付费信息无责，免费信息有责"。

其二，"付费信息有责，免费信息无责"。持这种观点的人认为，用户付费发布的招聘信息明显属于广告，要接受《广告法》的相关规定。故如果信息的真实性出现问题，那么网站需承担相应的连带责任。如果是免费发布的招聘信息，即便它是虚假的，但通常难以去追究网站的连带责任，除非网站对这些免费发布的信息有着推送、置顶等收费行为，又或者没有履行好相关法律规定的删除、屏蔽和断开链接等防止损害结果扩大的义务（原《侵权责任法》第36条和现行《民法典》第1195、1197条）。

其三，"承诺责任论"。持这种观点的人，一方面，认为网络虚假招聘的发生主要责任在发布信息的"招聘方"。因为网络本身只是一个工具，关键是使用工具的人出了问题；再者，求职者自身缺乏应有的鉴别力，完全把工具当作信任本身。另一方面，又认为像WB这样的大型知名网站，因其信息极为丰富，同时又向公众广泛地做了"人人信赖的生活服务平台"之类广告宣传与服务承诺，这些信息的真实性就会对包括求职者在内的众多消费者产生相对更大的影响。故在此情况下，这样的网站就应对其平台上的所有信息进行甄别。

3. 无责任说

那么，这些网站本身又持何种观点呢？总体来看，无论是专业招聘网站还是分类信息网站，它们始终强调自身中立第三方"平台提供者"的角色，弱化或回避其实际上也是利益相关之"广告发布者"的角色。（在针对网络广告的诸多讨论中，把经营性网络信息服务提供者视作类似于传统媒体的"网络广告发布者"的观点依然明确。）即使是收费业务，一旦所发布的招聘信息为虚假，网站的立场也不例外。此外，在司法实践中，若平台对虚假信息发布并不知情，事后只要涉事平台履行了删除、屏蔽和断开链接等防止损害结果扩大的义务，法院一般都会做出“免责”决定。一则有关 ZL 虚假招聘广告的判例就是典型。[①] 作为专业招聘网站的 ZL 尚且如此，其他分类信息网站对上述立场的强调就更加“理直气壮”。譬如，WB 工作人员曾表示，招聘网站是一个免费开放的平台，任何人和单位都可以任意发布信息，而如此海量的信息管理起来十分困难，网站根本做不到对信息真伪进行事先审核。[②]

针对网络虚假招聘信息的泛滥，以及有关网络服务提供者角色和责任的争议，自 2021 年 3 月 1 日起施行的《网络招聘服务管理规定》（中华人民共和国人力资源和社会保障部令第 44 号）做了明确回应。该法规第二条把“网络招聘服务”明确界定为：“指人力资源服务机构在中华人民共和国境内通过互联网等信息网络，以网络招聘服务平台、平台内经营、自建网站或者其他网络服务方式，为劳动者求职和用人单位招用人员提供的求职、招聘服务。”根据这一规定，诸如 ZL、WB 等招聘网站或分类信息网站，皆属于以专营或兼营“网络招聘服务平台”方式从事网络招聘服务的“经营性人力资源服务机构”。这部行政法规突出强调了人力资源服务机构的信息审查责任，其第十七条明确规定：“从事网络招聘服务的人力资源服务机构应当建立完备的网络招聘信息管理制度，依法对用人单位所提供材料的真实性、合法性进行审查。”在第三十四条中其进一步规定：“违反本规定第十七条规定，未依法履行信息审查义务的，由人力资源社会保障行政部门责令改正；拒不改正，无违法所得的，处一万元以下的罚款；有违法所得的，没收违法所得，并处一万元以上三万元以下的罚款。”此外，该法规第二十四、二十五和二十六条还对网络招聘服务平台所应履行的信息审核义务做了专门规定。应该说，《网络招聘服务管理规定》的实施为规制网络招聘服务平台的信息审查行为提供了直接、明确的法律依据，在一定程度上化解了前述争议，但此类平台在信息认证审核环节上所承担的主体责任似因缺乏一

① 高立红：《“智联招聘”发布虚假信息 公司主张名誉权被驳》，《城市快报》2012 年 2 月 20 日，www. anhuinews. com/zhuyeguanli/system/2012/02/20/004779373. shtml，最后浏览日期：2016 年 4 月 2 日。

② 呼延世聪：《求职者受骗凸显招聘网站问题》，《燕赵都市报》2014 年 8 月 28 日，hebei. ifeng. com/detail_2014_08/28/2842377_0. shtml，最后浏览日期：2016 年 4 月 6 日。

个具体的可供参考和执行的责任认定标准而尚未普遍予以落实，这从下文论述中可略见一斑。

（二）监管实践

鉴于网络虚假招聘信息的泛滥，近些年来中国对网络招聘服务平台的监管一直是社会关注的热点。前述国家网信办联合有关部门在全国范围内启动"招聘网站严重违规失信"的专项整治，正是一个例证。在此背景下，因频频曝光所带来的强大舆论压力，以及来自监管部门的点名约谈压力，部分大型网站建立并日趋完善了对虚假招聘信息的甄别机制。这里以 WB 为例，对其招聘信息监管机制进行简要讨论。

1. 构建信息综合审核机制

在近些年诸多记者的调查中，WB 的相关负责人都表示，作为分类信息行业的领军者，WB 设立了信息质量部，在信息审核方面投入了大量人力物力，进行虚假信息的辨别和删除。具体而言，所有招聘信息先要经过智能审核系统进行过滤；然后还会经过人工复核，人工团队会通过线上、线下（包括电话、走访等形式）对系统过滤后的信息进行核查。尽管如此，有关 WB 上虚假招聘信息的报道依旧层出不穷。仅 2018 年 6 月，WB 和 GJ 被爆出存在招聘骗局，超过 5500 名被害人受骗，诈骗金额近亿元。在诈骗金额最高的一份判例中，受害者达 2000 余人，被骗"中介费"共计 6270 万元。[①] 既然 WB 已经构建了如此立体多元的招聘信息筛选甄别体系，为何始终无法遏制虚假招聘信息的泛滥呢？调查表明，其对发布招聘信息之"企业"的审核存在较大漏洞。譬如有记者尝试在 WB 发布招聘信息时发现，能够成功发布招聘信息的"公司"甚至仅需通过平台的"企业认证"与用户"实名认证"，而企业营业执照、对公银行账户和企业法人身份这三项资格皆无须认证。此外，平台并不会对通过认证之"企业"发布的招聘信息进行审核，[②] 这就为诸多黑职介假冒正规企业或捏造所谓的企业发布虚假招聘信息提供了空间。

① 董湘依：《因为这个问题，58 同城年内被点名约谈十余次，仍在犯错!》，"中新经纬" 2018 年 10 月 14 日，http：//www. jwview. com/jingwei/html/10 - 14/188104. shtml，最后浏览日期：2022 年 9 月 11 日。

② 王维祎：《58 同城：流量原罪下的监管博弈》，《北京商报》2018 年 10 月 22 日第 3 版。

WB 亦并非不知晓这种前期监管中存在的漏洞，新华社记者的调查为此提供了例证。该调查发现，只要给平台缴纳“渠道费”就能标“名企”。一家在 WB 上招送餐员的中介公司其实是卖电动车的，这家涉嫌诈骗的公司就显著地标示了“名企”字样。记者在网上随意下载了一家公司的营业执照图片，试着在 WB 上发布招聘信息，信息审核起初并没有通过。但 WB 招聘事业线的业务员随后数次给记者打电话，并发去各种求职季热销招聘套餐，在未核实记者身份的情况下就如何通过审核给记者支招。[①] 如此一来，WB 所谓的“所有在平台上发布的职位信息，均需通过系统加人工的双重审核”这一信息审核机制，实则沦为了摆设。

2. 推送防骗提示

这些年来，WB 也通过不同形式，提示广大用户在 WB 浏览招聘信息时一定要关注网站上防止受骗的友情提示。这种提示的方式，在我调查的不同时期也有所不同。譬如，在 2015 年的调查中，通过在 WB 网站上搜寻，我发现有关招聘陷阱的防骗提示主要是在部分招聘信息网页上跳出“防欺诈提醒”这一方式。其警示如下：凡告知“无须任何条件、工作地点不限”，收取服装费、报名费、押金等各种费用的信息均有欺诈嫌疑，请保持警惕。同时，WB 在许多招聘信息“申请职位”栏下方，还注有两行并不显眼的灰色小字——“此职位已承诺不收费。如有不实，立即举报”。点击“立即举报”，进入举报页面，这就涉及下面要介绍的客服投诉机制。通过在 WB 网站上仔细搜寻，我发现在“帮助中心”之“常见问题”的详情页上，还设置了“防骗常识”栏目，而其首项便为“网络招聘防骗手册”。点击进入后，求职者便可了解到有关“全职”“兼职”与“黑职介”相关的部分招聘骗局。

但有多少求职者会真正留意并认真关注上述提示信息呢？毕竟，如此重要的信息并未被以更加醒目、更具吸引力的方式设置在网站的显著位置。像我这样刻意在网站上搜索此类防骗提示信息，也得费尽周折，又何论其他毫无经验和防骗意识的求职者呢。譬如，当问及“网站上还

---

① 刘娟、胡林果：《互联网招聘依然乱！卖电动车的招送餐员，营业执照注销企业仍在招聘》，新华社“新华视点”，2019 年 4 月 15 日，https://baijiahao.baidu.com/s?id=1630886099632818819&wfr=spider&for=pc，最后浏览日期：2021 年 5 月 6 日。

是有一些提醒求职者的防骗提示，你有没有事先看到”时，前述受骗女大学生刘佳告诉我，“我觉得第一个不太明显，第二个字该大一些”。接着，她又说，“一般想到用电话联系都不会怎么关注电话下面的内容”①。也就是说，她是在受骗后再次有意识地返回网站浏览类似招聘信息时，才注意到这些防骗提示。我后来把自己搜寻到的更多 WB 有关求职防骗的提示信息发送给刘佳，并告诉她，“WB 现在针对虚假招聘的措施还是有点多，比传统纸质媒体好多了”。对此，刘佳再次称，“嗯，还是有很多提示和处理办法，我们当时太大意了”。她说，“像我们以前没经验的，就不太会去关注这些”。

2021 年 5 月 15 日下午，再次浏览 WB 招聘网页时，我发现其依然充斥着大量非常明显的虚假招聘信息，譬如冒充五粮液子公司高薪招聘普工等。在申请职位下方，我发现平台发布的公告声明，点击“查看详情”按钮，进入“公告声明”页面，见到如下提示：

> 鉴于招聘刷单、刷钻、优惠券推广人员、要求预充一定金额的款项（预充/预缴形式包括但不限于要求购买/充值彩票，要求进行网络游戏虚拟币充值/交易等）等，可能涉嫌违法/虚假招聘，故 WB 禁止招聘单位在 WB 上发布上述类目的招聘信息。求职者若被 WB 上的招聘单位要求从事刷单、刷钻、优惠券推广、充值彩票/网络游戏虚拟币等，WB 建议求职者严正拒绝。
>
> WB 在此郑重声明：因求职者未注意到上述风险所导致的任何损失或责任，均由求职者自行承担，WB 对此不承担任何责任。如求职者因此给 WB 造成其他负面影响，WB 保留追究其法律责任的权利。
>
> （上述声明的落款日期为 2019 年 2 月 15 日。）

2022 年 9 月 11 日下午，当我再次浏览 WB 电脑版网页时，发现从其首页“全职”按钮点击进入后，任意点击进入某一具体招聘职位页面，

① 当时她遇到的虚假兼职信息，需要把联系电话后面的“点击查看”按钮点击打开，网页上才会在电话号码下面弹跳出防骗提示。

在醒目的“申请职位”下方依然保留了平台发布的“公告声明”，但点击“查看详情”按钮进入的“公告声明”页面内容已经发生了显著改变——变成了更为详细的“求职防骗指南”（见图6－3）。从首页“兼职”按钮点击进入后，在页面顶部更为醒目地显示了“警惕招聘骗局”字样，点击进入即可看到相关骗术提示（见图6－4）。

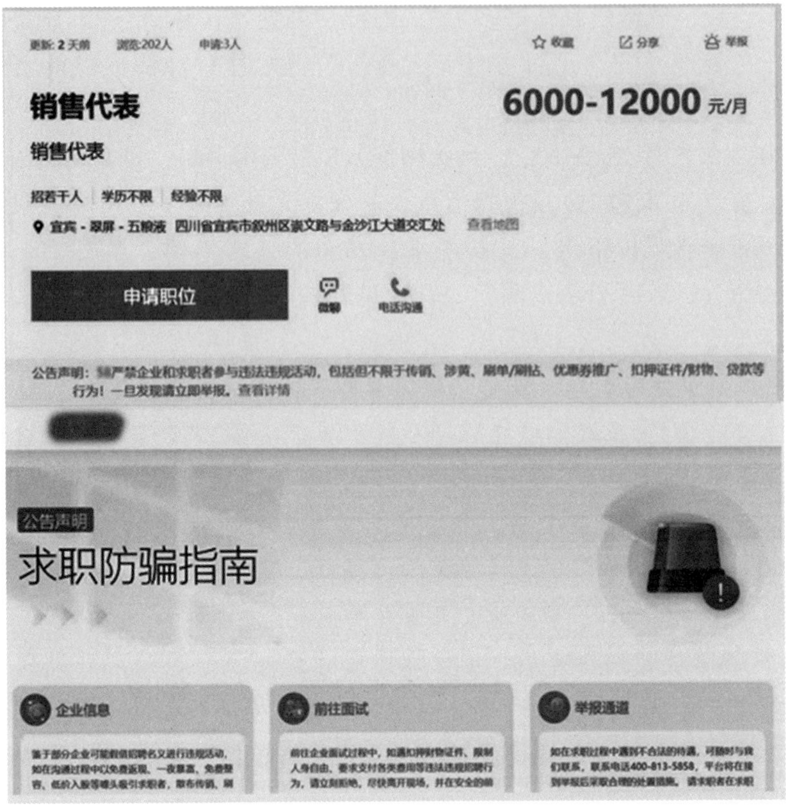

图6－3　WB电脑版网页全职页面“求职防骗提示”截图

可见，WB运营方也在根据市场情况不断更新自己的防骗提示。但这种针对特定招聘骗局的提示是否会被求职者及时关注到呢？又是否会误导关注到它的没有求职经验的求职者呢？因为众多黑职介在发布假信息时定会规避上述提示中提及的那些“招聘”特征。以前述那则冒充五粮液子公司的虚假招聘广告为例，发布信息的宜宾某企业管理有限公司

图 6 – 4 WB 电脑版网页兼职页面“求职防骗提示”截图

在平台上仅通过了普通企业认证和普通实名认证。当我通过平台软件询问对方是五粮液哪家子公司时，对方始终不肯透露，而是直接给出手机号让我给他们电话联系。再或者，让我留下联系方式，他们联系我。最后，当我说自己有亲戚在五粮液上班，准备问下其子公司招人的事后，对方不再理我。然而，就是这则明显虚假的招聘信息，已有 2000 多人进行了职位申请。因此，这种防骗提示的实际效果有待进一步观察。

3. 设置客服投诉机制

在 2015 年的调查中，我发现在几乎所有招聘信息的后面都设有“举报”按钮。点击按钮，可进入举报页面。在该页面上，用户可举报职介、联系电话虚假与虚假违法信息这三种情况。从“举报”按钮，还可分别点击进入另两种举报网页：“电话被冒用”与“企业被冒用”。此外，在 WB 网站首页最下端，还留有“违法信息举报”电话与邮箱。经过仔细观察，我发现在部分招聘信息网页最底端还设有“举报招聘欺诈”按钮，点击即可进入网站“帮助中心”之“联系客服”页面，从而对相应问题进行举报。2021 年 5 月 15 日下午，再次浏览 WB 招聘网页时，我发现该平台的举报设置虽有所改变（譬如，不再把“举报”按钮设置在每条招聘信息后面），但依然有不同路径进行虚假信息的投诉。比如，在网站首页“联系我们”菜单中，可点击“监督举报”或“维权报案”，进入后续操作。WB 还成立了自己的“反欺诈联盟”，并面向 WB 网的注册用户征集志愿者。

上述举报投诉渠道看似完备，但实际运行效果不甚理想。据悉，受骗者面对的最大困难是平台客服不予受理或受理后反馈时间较长，这从 WB 客服官方微博的诸多网友评论中可见一斑。此外，对于被投诉的虚假招聘信息，WB 采取的只是直接删除或屏蔽相关链接，而无法提供企业相关详细信息等。平台也没有采取其他更具实质意义的做法，如针对一些经过营业执照认证的假冒他者的虚假招聘信息，WB 并未在网页上刊登信息更正，告知此前的信息是虚假的，应聘人员别上当；也没有将被查询账号的相关信息在网站醒目位置予以公示，以使更多求职者更直观、更快捷地将这些虚假信息加以排除。以我对上述那则冒充五粮液子公司的虚假招聘信息的投诉为例，WB 虽然及时通过短信给予了回复，我也通过短信中的链接点击进入看到了对该投诉的最终处理结果（见图 6－5），但 WB 只是删掉了这则虚假信息，并没有采取措施阻止这家假冒五粮液子公司的黑职介继续发布其他明显虚假的招聘信息。

4. 推出先行赔付服务

WB 在几年前就针对部分职位推出了“招聘先行赔付”保障服务。2021 年 5 月 15 日下午的调查发现，在招聘信息列表页面的右边，现以十分醒目的方式贴上了“蓝领扶助发展基金”及其承诺字眼：“放心工作有保障，千万管赔基金，为您求职保驾护航”。下面则写道：应聘带有代招、名企等标识的职位，如被企业骗取押金等费用，“WB”管赔！那么，这种先行赔付保障服务在实践中又运作得如何呢？或者说，如此多的受骗求职者，他们真的都能获得平台的先行赔付吗？如果求职者一旦通过该平台找工作被骗，都能获得赔付，那又是否会滋长求职者面对明显虚假信息时的侥幸心理呢？事实上，WB 并没有明确说明求职者应聘带有上述标识的职位，在何种具体情况下，受骗才可能获得先行赔付。或者说，该平台在实践中为其先行赔付设置了较为苛刻的条件，而骗子又非常熟悉这种条件，并在欺诈过程中事先予以规避，从而使得部分受

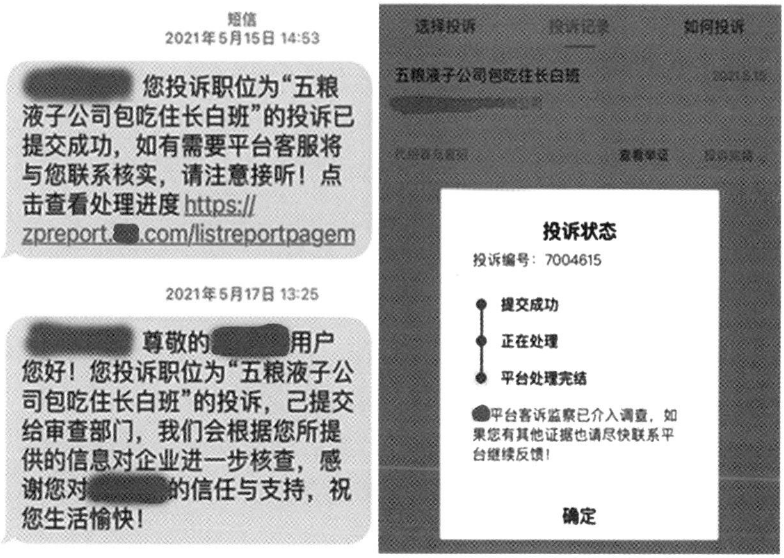

图 6－5 WB 虚假招聘信息投诉反馈截图

骗求职者难以获得所谓的先行赔付。

一则题为“WB 招聘被骗无法先行赔付，如何投诉?”的帖子（见于 https：//zhidao. baidu. com/question/1436654585805977939. html），向我们揭示出其中一些隐晦的信息。该发帖网友在 WB 找工作时看到一个先行赔付的职位，感觉有些保障，就前往面试。在面试的过程中，因考虑到 WB 有先行赔付的承诺，故先后向骗子缴纳了 700 元费用。确定受骗后，该网友向 WB 申请赔付时才得知需要满足两个条件：其一，“必须有你投递简历界面上的商家（发布招聘信息的单位）电话号码通话录音”；其二，“商家在电话通话录音中明确表示他不会退你钱”。在这位网友看来，因为骗子完全了解 WB 的上述规则，所以从实施招聘诈骗开始到后来应付求职者的维权，故意规避了这两条规则，使得其根本无法获得平台的先行赔付。以下是网友原话：

> 如果是骗子看到你的简历，用其他手机拨打电话，抱歉，这个不算证据。事实上，我遇到的就是这样，骗子完全了解 WB 的规则，

用不相关的号码拨打了我的电话，后面面试的时候，让我先后联系了孙经理—康经理—马经理—古经理。

我遇到的情况是，商家没有明确表示不会退我钱，只是推脱了15日后，后面拨打电话再也无法拨通，但WB说这不算证据，很扯是吧，这样不要脸的话都能说出来。挂断我的电话后，直接发短信告诉我证据不足。他们也不会为你审核情况是否属实。

上述网友的遭遇绝非个案。前述新华社记者协助受骗者向WB致电，要求维权，但对方表示必须警方立案才可以启动企业审查和赔偿程序。然而记者发现警方立案的程序也比较烦琐，受骗者表示无力维权。[①] 这其实就间接回答了WB为何敢于推出“招聘先行赔付”保障服务，并且把之置于非常醒目的位置。从某种意义上看，这一“承诺”实际上变相地促进了招聘信息的虚假繁荣。

概观WB上述信息监管机制，其在践行大型知名网站应有社会责任的路途上似已迈出重要步伐。然鉴于其“流量为王”的盈利模式并未转变，故尚难以指望它能将上述信息审核机制真正落到实处。[②] 截至目前，该平台虚假招聘信息泛滥的消息依旧屡屡见诸报端便是此之实证。对此，有律师亦道出如下关键原因：其一，利益捆绑。商业性招聘平台的收入源自招聘单位，因而存在内容审核不严甚至故意“放水”的内在驱动和不良倾向；其二，市场集中。主要商业性招聘平台的市场占比过高，存在滥用市场支配地位或优势竞争地位的可能，损害公平有序的市场竞争秩序；其三，违法成本低。近些年来，执法案件数量与求职者的投诉和社会的感受不尽匹配，存在处罚过少、过轻的问题。[③]

作为行业领军者的WB尚且如此，遑论其他网络信息服务平台呢？

---

① 刘娟、胡林果：《互联网招聘依然乱！卖电动车的招送餐员，营业执照注销企业仍在招聘》，新华社“新华视点”，2019年4月15日，https：//baijiahao. baidu. com/s? id = 1630886099632818819&wfr = spider&for = pc，最后浏览日期：2021年5月6日。

② 王维祎：《58同城：流量原罪下的监管博弈》，《北京商报》2018年10月22日第3版。

③ 央广网：《网络招聘沦为“精准诈骗”帮凶 谁之过?》，经济之声“天下财经”节目，2022年8月20日，https：//baijiahao. baidu. com/s? id = 1741668568425838731&wfr = spider&for = pc，最后浏览日期：2022年9月8日。

毕竟，媒体工作是一种重要的信息产业。它们不断追求更大的市场占有率、更多的利润和更大的全球影响力。如此以致，在这种产业中的工作者和其他所有劳工一样，为现实生计所驱，不得不背离媒体工作中尤为重要的诚实、真相、客观和公正等道德原则，以实现占主导地位的财务目标。[①] 众多网络媒体也不例外，如果没有骗子和虚假信息，信息量就会大量减少，平台的收入就会显著下降。故为了业绩，虽迫于监管部门的压力，平台在口头上声称会不计成本与发布虚假信息的违法行为斗争到底，但在实践中又通常有意无意地放松了监管。如此一来，与前述周刊等传统媒体一样，这些网络媒体在市场竞争中最终也无法逃脱沦为利润和财富之追逐工具的命运。

① ［英］马修·基兰主编：《媒体伦理》，张培伦、郑佳瑜译，南京大学出版社 2009 年版，第 3—11 页。

第七章　政府：“坚决捍卫求职者的合法权益！”

> 受骗当天，我和同学一共打了七八个电话。先打一个部门（不记得具体名称了），该部门让我们打另一个部门的电话，最后又推到了劳动仲裁委员会，一个女的说不归他们管。这些部门相互推脱，最后没辙，我们也就算了。不过，执法人员的态度给我留下了深刻印象。我很困惑，在C市的市中心商业区，有许多靠口头招揽方式进行招聘诈骗的骗子，可怎么就没人去管呢？这一问题其实很严重。受骗后，大部分同学都没有向当地执法部门反映。当然，我（觉得）即使反映了也没有什么效果。地方政府只管大问题也管得好，但通常可能会认为每个学生被骗几百元钱，金额太少，是小事情，而不把它放在心上。他们可能想不到，几百元是一个学生一个月甚至几个月的生活费。像这种真正关系到老百姓切身利益的小问题，许多基层执法人员由于不能切身理解和体会，也就管不好或不想管。

大学生S_{18}在受骗后先是报警无效，又先后给多个政府职能部门打电话维权，依然无效，最后只得放弃。正是这一彻底失败的维权经历，使得他说出上述看法。S_{18}的维权经历绝非孤例，而是凸显了受骗求职者体制内维权的普遍不易。考虑到自1998年开展劳动力市场秩序集中整治以来，中国政府在虚假招聘领域就已形成了常规治理与运动式治理相结合的双重治理机制，可这多年来为何虚假招聘非但没有消失，反而愈益猖獗？为何不少的受骗求职者可以通过私人行为获得救济，却无法获得来自地方政府部门的帮助？不可否认，如前面几章所论，骗子、求职者乃至媒体都在其中扮演了不光彩的角色。作为社会公共利益维护者的政府，又是否在其中发挥了某种助推作用呢？进一步而言，虚假招聘之所以成为中国政府治理弱项之一，其根源主要在于制度设计层面，还是制度执行层面？抑或，两者兼而有之？本章试图对上述问题做一系统讨论。

第一节　虚假招聘的治理实践与创新

既然虚假招聘在中国社会已经存在二十余年，且结合社会发展趋势和时代热点不断衍生出诸多新型欺诈手法，那么针对动态变化中的虚假招聘，中国政府的治理实践呈现出怎样的动态面貌？或者说有何创新举措？取得了哪些治理成效？又面临何种局限？这些正是本部分所要论述的话题。

一　依法治理：日趋完善虚假招聘立法

"法律是治国之重器，良法是善治之前提"，党的十八届四中全会提出的这一论断被认为是切中了国家治理的要害。没有法治，就没有国家治理的现代化。[①] 党的十九大和十九届四中全会一再确认了"法治保障"在完善社会治理体制中的重要性，明确了要提高社会治理的法治化水平。党的二十大进一步明确提升社会治理法治化水平，加快建设法治社会。这种法治思维在虚假招聘治理实践中亦有着鲜明体现。近十年来，随着虚假招聘尤其是网络虚假招聘愈演愈烈，中国在立法层面上为虚假招聘设置了日趋严密的法律治理体系，相关立法规定也在渐趋细化，以应对骗术不断升级的各类虚假招聘行为。那么，关涉虚假招聘的现有立法是怎样的？这种立法层面的革新又主要体现在哪些方面呢？

（一）现行法的治理架构

涉及对招聘行为进行间接规范和约束的现行法律主要包括《劳动合同法》（2013）、《就业促进法》（2015）、《网络安全法》（2017）和《民法典》（2021）等。其中，《劳动合同法》和《就业促进法》分别对用人单位与职业中介机构的招聘行为进行了规范和约束；《网络安全法》和《民法典》则为虚假招聘治理间接提供了法律依据。譬如，前者第四

① 俞可平：《走向善治：国家治理现代化的中国方案》，中国文史出版社 2016 年版，第 57、83 页。

章“网络信息安全”的相关条款为网络平台上的虚假招聘信息提供了治理依据，后者则为治理虚假招聘提供了“民事权利”、“民事法律行为”与“侵权责任”等方面的法律依据。此外，因虚假招聘行为在具体情节上千差万别，故根据其所具有或造成的社会危害性，现有《治安管理处罚法》、《刑法》和《广告法》等法律中的具体条款同样适用于对特定虚假招聘的判定与惩处。如《刑法》中有关合同诈骗罪、组织或领导传销活动罪、绑架罪和诈骗罪等条款就适用于前述传销、绑架以及所涉财物金额较大的招聘骗局。

此外，即将自2022年12月1日起施行的《反电信网络诈骗法》（中华人民共和国主席令第119号），其第二条将“电信网络诈骗”明确界定为“指以非法占有为目的，利用电信网络技术手段，通过远程、非接触等方式，诈骗公私财物的行为”。根据公安机关的执法实践以及这一条款规定，前述刷单类招聘骗局正是《反电信网络诈骗法》的规制对象之一。由此，该部法律的全部条款规定都适用于对此类虚假招聘行为的打击治理。据了解，刷单类诈骗在近些年来已成为五种高发电信网络诈骗类型之一。诈骗分子利用新型电信网络技术手段，利用非法获取的个人信息以及网络黑灰产业交易，不断升级犯罪工具，进行组织化、链条化运作，实施精准诈骗，给人民群众生命财产安全造成极大威胁，也严重扰乱了正常市场秩序，侵蚀社会诚信根基。在此背景下，对此类诈骗行为的治理亟须“注重源头治理、综合治理、全链条治理，建立健全信用惩戒制度”①。《反电信网络诈骗法》由此应运而生，该法突出强调“强化行业治理和提高企业社会责任”。譬如，第四章“互联网治理”部分明确要求，互联网服务提供者应当依法要求用户提供真实身份信息，否则不得提供服务；对监测识别的涉诈异常账号应当重新核验，根据国家有关规定采取限制功能、暂停服务等处置措施；对涉诈应用程序重点监测、及时处置；应当依照国家有关规定，履行合理注意义务，防范其相关业务被用于实施电信网络诈骗，等等。无疑，这也为治理前述各类网络招聘服务平台虚假信息泛滥问题提供了更加明确的法律依据。

对招聘行为进行直接规范和约束的现行立法则主要是三部行政法规：

① 向子丰：《严打电信诈骗 夯实诚信根基》，《人民日报》2022年6月20日第10版。

《就业服务与就业管理规定》（2015）、《人力资源市场暂行条例》（2018）和《网络招聘服务管理规定》（2021）。其中，自 2018 年 10 月 1 日起施行的《人力资源市场暂行条例》（中华人民共和国国务院令第 700 号），是改革开放以来中国人力资源要素市场领域第一部行政法规，其明确必须查处黑中介以及人力资源市场的其他违法犯罪行为；《网络招聘服务管理规定》则专门针对网络虚假招聘进行了立法。这两部行政法规的实施体现了中国在虚假招聘治理领域的与时俱进。

（二）对虚假招聘的立法规定及创新

这部分着重对上述三部行政法规的相关条款予以概要呈现，以进一步分析中国针对虚假招聘的现行立法的治理框架，特别是行政规制工具体系，以及主要创新之处。

1. 对用人单位和人力资源服务机构招聘行为的规范

从表 7－1 中可以看出，这集中体现在：招聘信息必须真实、合法；不得以招聘为名牟取不正当利益，特别是侵害劳动者的合法权益（如向劳动者收取押金等财物、窃取劳动者的技术和智力成果等）。此外，招聘各方的责任得到进一步强化。后两部行政法规除明确用人单位的主体责任外，还突出强调了人力资源服务机构（包含以往立法中的职业中介机构）的信息审查责任。从中不难发现，与对商业广告的事前行政性审查不一样，现行法对招聘信息或广告的事前审查不是由行政机关负责，而是交由发布信息的媒体或人力资源服务机构负责，更偏重行业自律。

表 7－1　**禁止虚假招聘的条款概览（部分有所简化）**

《就业服务与就业管理规定》	《人力资源市场暂行条例》	《网络招聘服务管理规定》
第十二条　用人单位招用人员时，应当依法如实告知劳动者有关工作内容、劳动报酬等相关情况	第十八条　经营性人力资源服务机构从事职业中介活动的，应当依法向人力资源社会保障行政部门申请行政许可，取得人力资源服务许可证	第四条　从事网络招聘服务，应当遵循合法、公平、诚实信用的原则，履行网络安全和信息保护等义务，承担服务质量责任，接受政府和社会的监督

续表

《就业服务与就业管理规定》	《人力资源市场暂行条例》	《网络招聘服务管理规定》
第十三条　用人单位不得擅自使用劳动者的技术、智力成果	第二十四条　用人单位发布或者向人力资源服务机构提供的单位基本情况、招聘人数、招聘条件、工作内容、工作地点、基本劳动报酬等招聘信息，应当真实、合法	第九条　经营性人力资源服务机构从事网络招聘服务，应当依法取得人力资源服务许可证。涉及经营电信业务的，还应当依法取得电信业务经营许可证
第十四条　用人单位招用人员时不得有下列行为： （一）提供虚假招聘信息，发布虚假招聘广告； （三）以担保或者其他名义向劳动者收取财物； （六）以招用人员为名牟取不正当利益或进行其他违法活动	第二十七条　人力资源服务机构接受用人单位委托招聘人员或者开展其他人力资源服务，不得采取欺诈、暴力、胁迫或者其他不正当手段，不得以招聘为名牟取不正当利益，不得介绍单位或者个人从事违法活动	第十五条　用人单位向人力资源服务机构提供的单位基本情况、招聘人数、招聘条件、用工类型、工作内容、工作条件、工作地点、基本劳动报酬等网络招聘信息，应当合法、真实
第四十六条　从事职业中介活动，应当遵循合法、诚实信用、公开、公平的原则，禁止任何组织或个人利用职业中介活动侵害劳动者和用人单位的合法权益	第二十九条　人力资源服务机构发布人力资源供求信息，应当建立健全信息发布审查和投诉处理机制，确保发布的信息真实、合法、有效	第十七条　从事网络招聘服务的人力资源服务机构应当建立完备的网络招聘信息管理制度，依法对用人单位所提供材料的真实性、合法性进行审查
第五十五条　职业中介机构提供职业中介服务不成功的，应当退还向劳动者收取的中介服务费		第十九条　从事网络招聘服务的人力资源服务机构，不得以欺诈、暴力、胁迫或者其他不正当手段，牟取不正当利益； 从事网络招聘服务的经营性人力资源服务机构，不得向劳动者收取押金，应当明示其服务项目、收费标准等事项
第五十八　禁止职业中介机构有下列行为： （一）提供虚假就业信息； （八）向劳动者收取押金； （九）以暴力、胁迫、欺诈等方式进行职业中介活动		第二十三条　从事网络招聘服务的人力资源服务机构应当建立网络招聘服务有关投诉、举报制度，健全便捷有效的投诉、举报机制，公开有效的联系方式，及时受理并处理有关投诉、举报

2. 对行政机关监管责任的规定

行政机关所肩负的事中、事后监管责任，在这三部行政法规中都得到了明确规定（见表7－2）。从表7－2中可以看出，与十九大提出的"打造共建共治共享的社会治理格局"之社会治理理念相一致，后两部行政法规创新了事中、事后监管，提出要实施"双随机、一公布"的监管方式（见其第三十五条、第二十七条）。《网络招聘服务管理规定》还在上述第二十七条规定中突出了"科技支撑"这一社会治理新元素，旨在提升社会治理的"智能化"水平。总体而言，新近实施的两部行政法规注重运用随机抽查、信息公示、信用约束、信息共享和公众参与监督等事中、事后监管手段，以构建职责法定、协同监管、社会共治的虚假招聘监管格局。依据现行立法，人力资源社会保障行政部门为虚假招聘治理的主管部门，公安、市场监督管理等有关部门在各自职责范围内负责虚假招聘的监督管理工作，从而强化了"1＋X"的监管体制。

表7－2　**虚假招聘监督管理条款概览（部分有所简化）**

《就业服务与就业管理规定》	《人力资源市场暂行条例》	《网络招聘服务管理规定》
第三十五条　县级以上劳动保障行政部门应当按照信息化建设统一要求，逐步实现全国人力资源市场信息联网。省、自治区应建立人力资源市场信息网省级监测中心，对辖区内人力资源市场信息进行监测；劳动保障部设立人力资源市场信息网全国监测中心，对全国人力资源市场信息进行监测和分析	第三十五条　人力资源社会保障行政部门采取随机抽取检查对象、随机选派执法人员的方式实施监督检查。 监督检查的情况应当及时向社会公布。其中，行政处罚、监督检查结果可以通过国家企业信用信息公示系统或者其他系统向社会公示	第二十七条　人力资源社会保障行政部门采取随机抽取检查对象、随机选派执法人员的方式，对经营性人力资源服务机构从事网络招聘服务情况进行监督检查，并及时向社会公布监督检查的情况 人力资源社会保障行政部门运用大数据等技术，推行远程监管、移动监管、预警防控等非现场监管，提升网络招聘服务监管精准化、智能化水平

续表

《就业服务与就业管理规定》	《人力资源市场暂行条例》	《网络招聘服务管理规定》
第五十九条　县级以上劳动保障行政部门应当依法对经审批设立的职业中介机构开展职业中介活动进行监督指导，定期组织对其服务信用和服务质量进行评估，并将评估结果向社会公布	第三十六条　经营性人力资源服务机构应当在规定期限内，向人力资源社会保障行政部门提交经营情况年度报告。人力资源社会保障行政部门可以依法公示或者引导经营性人力资源服务机构依法公示年度报告的有关内容	第二十八条　人力资源社会保障行政部门应当加强网络招聘服务诚信体系建设，健全信用分级分类管理制度，完善守信激励和失信惩戒机制。对性质恶劣、情节严重、社会危害较大的网络招聘服务违法失信行为，按照国家有关规定实施联合惩戒
	第三十七条　人力资源社会保障行政部门应当加强人力资源市场诚信建设，把用人单位、个人和经营性人力资源服务机构的信用数据和失信情况等纳入市场诚信建设体系，建立守信激励和失信惩戒机制，实施信用分类监管	第二十九条　从事网络招聘服务的经营性人力资源服务机构应当在规定期限内，向人力资源社会保障行政部门提交经营情况年度报告。人力资源社会保障行政部门可以依法公示或者引导从事网络招聘服务的经营性人力资源服务机构依法通过互联网等方式公示年度报告的有关内容
	第四十条　人力资源社会保障行政部门应当畅通对用人单位和人力资源服务机构的举报投诉渠道，依法及时处理有关举报投诉	第三十条　人力资源社会保障行政部门应当加强与其他部门的信息共享，提高对网络招聘服务的监管时效和能力
	第四十一条　公安机关应当依法查处人力资源市场的违法犯罪行为，人力资源社会保障行政部门予以配合	第三十一条　人力资源社会保障行政部门应当畅通对从事网络招聘服务的人力资源服务机构的举报投诉渠道，依法及时处理有关举报投诉

3. 对法律责任的规定

除对招聘信息的事前行业自审，行政机关的事中事后监管外，责任威慑也是虚假招聘行政规制工具体系的另一重要组成部分（见表7－3）。从表7－3中不难发现，对虚假招聘的责任威慑在不断优化：一方面，扩展了威慑范围。除发布虚假招聘信息、收取求职者财物或押金、牟取不正当利益外，黑职介、未按规定提交经营情况年度报告、未依法履行信息审查义务等，在后两部行政法规中也被纳入责任威慑范畴；另一方面，统一了相似违法行为的责任条款规定。譬如，《就业服务与就业管理规定》对用人单位与职业中介机构发布虚假信息、收取钱财等违法行为设立了不同的法律责任，后两部法规整合了这类相似违法行为的责任惩处规定。

表 7－3　　虚假招聘法律责任条款概览（部分有所简化）

《就业服务与就业管理规定》	《人力资源市场暂行条例》	《网络招聘服务管理规定》
第六十七条　用人单位违反本规定第十四条第（三）项规定的，按照劳动合同法第八十四条规定①予以处罚。违反第（一）、（六）项规定的，由劳动保障行政部门责令改正，并可处一千元以下的罚款；对当事人造成损害的，应当承担赔偿责任	第四十二条　违反本条例第十八条第一款规定，未经许可擅自从事职业中介活动的，由人力资源社会保障行政部门予以关闭或者责令停止从事职业中介活动；有违法所得的，没收违法所得，并处一万元以上五万元以下的罚款	第三十二条　违反本规定第九条规定，未取得人力资源服务许可证擅自从事网络招聘服务的，由人力资源社会保障行政部门依照《人力资源市场暂行条例》第四十二条第一款的规定予以处罚
第七十三条　职业中介机构违反本规定第五十五条规定，在职业中介服务不成功后未向劳动者退还所收取的中介服务费，由劳动保障行政部门责令改正，并可处一千元以下的罚款	第四十三条　违反本条例第二十四条、第二十七条、第二十九条规定，发布的招聘信息不真实、不合法，未依法开展人力资源服务业务的，由人力资源社会保障行政部门责令改正；有违法所得的，没收违法所得；拒不改正的，处一万元以上五万元以下的罚款；情节严重的，吊销人力资源服务许可证；给个人造成损害的，依法承担民事责任。违反其他法律、行政法规的，由有关主管部门依法给予处罚	第三十三条　未按照本规定第十三条规定公示人力资源服务许可证等信息，未按照本规定第十九条第二款规定明示有关事项，未按照本规定第二十九条规定提交经营情况年度报告的，由人力资源社会保障行政部门依照《人力资源市场暂行条例》第四十四条的规定予以处罚

① 该法第八十四条规定，"用人单位违反本法规定，以担保或者其他名义向劳动者收取财物的，由劳动行政部门责令限期退还劳动者本人，并以每人五百元以上二千元以下的标准处以罚款；给劳动者造成损害的，应当承担赔偿责任"。

续表

《就业服务与就业管理规定》	《人力资源市场暂行条例》	《网络招聘服务管理规定》
第七十四条　职业中介机构违反本规定第五十八条第（一）、（八）项规定的，各按照就业促进法第六十五条、第六十六条规定①予以处罚。违反第（九）项规定，由劳动保障行政部门责令改正，没有违法所得的可处以一万元以下罚款；有违法所得的可处以不超过其三倍的罚款，但最高不得超过三万元；情节严重的，提请工商部门依法吊销营业执照；对当事人造成损害的，应当承担赔偿责任	第四十四条　未按照本条例第三十六条规定提交经营情况年度报告的，由人力资源社会保障行政部门责令改正；拒不改正的，处五千元以上一万元以下的罚款。违反其他法律、行政法规的，由有关主管部门依法给予处罚	第三十四条　违反本规定第十五条第一款规定，发布的招聘信息不真实、不合法的，由人力资源社会保障行政部门依照《人力资源市场暂行条例》第四十三条的规定予以处罚 违反本规定第十七条规定，未依法履行信息审查义务的，由人力资源社会保障行政部门责令改正；拒不改正，无违法所得的，处一万元以下的罚款；有违法所得的，没收违法所得，并处一万元以上三万元以下的罚款
	第四十七条　违反本条例规定，构成违反治安管理行为的，依法给予治安管理处罚；构成犯罪的，依法追究刑事责任	第三十五条　违反本规定第十九条第一款规定，牟取不正当利益的，由人力资源社会保障行政部门依照《人力资源市场暂行条例》第四十三条的规定予以处罚 违反本规定第十九条第二款规定，向劳动者收取押金的，由人力资源社会保障行政部门依照《中华人民共和国就业促进法》第六十六条的规定予以处罚

二　双重治理机制：常规治理与运动式治理协同联动

尽管相关立法规定在不断完善，但依然无法改变虚假招聘早已泛滥成灾的客观事实。在一定程度上而言，虚假招聘已然成为当今中国社会的一个顽疾。诸多调查发现，一些针对虚假招聘治理的法律法规在许多

---

① 该法第六十五条，“职业中介机构提供虚假就业信息，为无合法证照的用人单位提供职业中介服务，伪造、涂改、转让职业中介许可证的，由劳动行政部门或者其他主管部门责令改正；有违法所得的，没收违法所得，并处一万元以上五万元以下的罚款；情节严重的，吊销职业中介许可证”。第六十六条，“职业中介机构向劳动者收取押金的，由劳动行政部门责令限期退还劳动者，并以每人五百元以上二千元以下的标准处以罚款”。

时候仅停留在字面上、纸面上，并未"落地"切实化作地方职能部门的实际"执法、护法行动"。以《网络招聘服务管理规定》（2021）为例，针对其实施后的执法实践，我们于2021年9月27日做了一个调查，以下是负责此次调查的学生的具体反馈：

> 我先后给CQ市两个区的人社部门和YB市劳动监察大队打电话反映WB上的虚假招聘信息，但都被告知，他们只管用人单位拖欠劳动者工资之类违法行为，无法监管第三方平台上的虚假信息。这种说辞显然与《网络招聘服务管理规定》赋予人社部门的监管职责严重不符。于是，在对YB市劳动监察大队的电话调查中，我依据该法规进一步询问其工作人员："人社部门平时究竟是如何履行该法规规定的监管责任的？如果人社部门都管不了这些虚假招聘信息，那哪个部门才管得了，请告诉我？那么多求职者上当受骗，为何不对网络平台发布虚假信息的行为进行严格处理，从根本上杜绝此类事件的发生?"然对方工作人员并未正面回答上述问题，只是加重语气，反复强调"不归我们管"这类话。

事后，做该电话调查的学生告诉我，"太波折了"，"感觉大家都知道问题的存在，但就是没有具体的方法落实下去"。她还说，"态度也不是很好，感觉他们像踢皮球一样把责任互推，都在应付群众"。这类事实无疑表明，中国虚假招聘之所以愈演愈烈，其中一个重要原因或在于相关法律法规执行不到位。那么，地方政府的虚假招聘治理实践究竟呈现出怎样的复杂面貌？又遵循着何种逻辑？这里从以下两个方面展开讨论。

（一）常规治理实践：任务、成效及局限

1. 虚假招聘常规治理的文本任务

毋庸置疑，对虚假招聘的常规治理指的是地方行政机构通过制度特别是法律制度来实现对虚假招聘广告和虚假招聘行为的日常监管，前面表7-2较为详细地呈现了行政机关对虚假招聘所肩负的监管责任。结合《关于进一步加强招聘信息管理的通知》（人社厅发〔2017〕101号）这一部门规范性文件，以及诸多日常监管案例，这里把地方政府和有关部

门针对虚假招聘的常规治理任务概述为如下几个方面。

其一，监测虚假招聘信息。对各类媒体上的招聘信息进行定期检查和不定期抽查，在早期主要是针对重点纸媒之招聘广告的监测，近些年来主要是针对互联网招聘平台信息的监测。其二，公示相关信息。这包括对人力资源服务机构进行监督检查的情况，人力资源服务机构的年度报告，以及对人力资源市场重大违法失信行为的查处结果等。其三，强化人力资源市场诚信体系建设。把用人单位与人力资源服务机构的违法失信行为记入信用档案，建立和完善守信激励与失信惩戒机制。其四，处理公众的投诉举报。畅通多元化的投诉举报渠道，依法及时处理有关投诉举报，并对有多次投诉或不良评价的监管对象实施预警。其五，教育引导求职者。以往的法律法规①并没有明确这一监管责任，但在上述部门规范性文件中有明确规定，如针对特定求职人群编制求职指南等材料，以及多渠道发布招聘欺诈典型案例和有关求职陷阱的专门提示，帮助劳动者提高警惕，增强防范识别能力和自身权益保护意识等。其六，舆情监督和应急处理。诸如前述“李 WX 案”之类性质极其恶劣的虚假招聘事件很容易成为舆情热点，引发舆情风险，进而损害地方政府和相关部门的形象与公信力。故近些年来，与虚假招聘相关的舆情日常监测与应急处置也被纳入常规治理工作范畴。应该说，《关于进一步加强招聘信息管理的通知》这一规范性文件本身的出台，就是针对“李 WX 案”所引发网络负面舆情的应急举措。

现代国家的治理都表现出科层制特征，譬如法治化、制度化和专业化等内在特质。② 从上述虚假招聘常规治理任务的相关文本规定中不难发现，中国国家层面在推进社会治理现代化方面的坚定努力，特别是在治理手段和方式上突出强调“法治保障”与“科技支撑”，以提高社会治理的法治化、智能化和专业化水平。如此，似旨在突破威权体系内在的治理有效性困境，亦或如周雪光所说的“一统体制与有效治理间的

① 即将实施的《反电信网络诈骗法》第八条，明确规定了各级政府和有关部门以及村民委员会、居民委员会和各单位应当开展的反电信网络诈骗宣传教育工作。

② 蔡禾：《国家治理的有效性与合法性——对周雪光、冯仕政二文的再思考》，《开放时代》2012 年第 2 期。

矛盾"①。

2. 虚假招聘常规治理的运作过程与成效

显然，上述常规治理的任务在从文本职责转化为地方政府和有关部门之实际治理绩效的过程中，会受到更多因素的干扰。这里以我自身针对周刊虚假招聘广告的举报为例，对这种常规治理的实际运作过程和成效做一生动呈现。

2006 年上半年，随着调查的深入，我进一步认识到虚假招聘广告的现实严峻性。调查也表明，各行政机关非常清楚此类问题的存在。为此，我越来越困惑：为何大家都知道问题的存在，却又做出一副"管不了"的样子呢？我开始联系工商部门以了解更多情况——因在对其他政府部门的调查中，他们曾多次提及该部门应当承担的监管责任。同年下半年，我先后拨通了 C 市与 S 省工商部门的电话。从市工商局了解到，省工商局负责发放广告经营许可证且有权予以吊销。正是这一信息，促使我开始了针对周刊虚假招聘广告的举报之路。

2006 年 10 月 26 日，我到 S 省工商局广告处举报周刊长期刊登虚假招聘广告的问题。为更好证实自己的举报，也为了其能更好地执法，我携带了刊有虚假招聘广告的两页周刊和一本完整的周刊。然负责接待的那位女士连看都不看一眼，便要我把这些东西带回去，说用不着。有些许失落的我，还是主动热情地给她介绍起周刊上的招聘广告假在何处等情况。该女士并不主动询问相关情况，只是在略听我的陈述后，不动声色地要我交举报材料。我跑到外面，将举报材料打印出来。在我递交材料时，她只是大致翻看了一下，没有多说、多问一个字。见此，我忍不住询问她之后的处理程序、方式等。她依然不冷不热地称，先调查再说，时间会比较长，但具体多久，也说不准。她只是强调，处理好了会打电话告诉我。至此，我已有一种强烈的被冷落感。为引起对方重视，我只好表明自己的研究者身份。我称，自己在做课题，他们的处理结果对我的研究很重要。这时，该女士似乎有所明白，并称目前假广告太多，这个课题不好做。见对方态度有所好转，我进一步解释，自己之所以选择招聘广告，因为题目更小，也很有意义。我还表示，希望以后能得到他

① 周雪光：《论中国官僚体制中的非正式制度》，《清华社会科学》2019 年第 1 期。

们的支持。尽管如此，她还是未能告知他们会如何处理我的举报，依然要我回去等消息。她称，“急不得”，并表示，“尚不清楚该由谁来负责处理你的举报”。

等待回复期间，因再次见到周刊上不断刊登的虚假招聘广告，作为一位举报者和研究者，我感到十分无奈和无助，甚至开始怀疑自己能否坚持下去。徘徊之际，2006 年 10 月 30 日上午，我接到 S 省工商局的电话。宋某，一位年轻男子，负责调查我举报的问题。宋某称已开始着手调查周刊上的假广告，需向我核实一些问题。这次通话让我看到了一丝希望，但仍忐忑不安。31 日，我主动拨通了 S 省工商局的电话，原本想为对方提供更好的建议，不料对方误以为我在催促他们，于是不等我表明用意，宋某直接说道，“刘老师啊，你催这么紧，我们不可能拿出时间表……由于权限……”不容我半点回应，他直接要我去找公安局，在被我否定后，又要我自己去找电视台等媒体。我告诉他，已找过这些机构，但没有任何效果。宋某这才称他们下午将开会进行讨论。谈话中，宋某还称自己职责有限，“往下看不深”，不认为我举报的问题有多严重。至此，我强烈感受到，在宋某看来，我就是“找碴者”，给他们制造了麻烦。但迫于有关规定，或许还有我的“特殊身份”，他们又只好勉强应付。我对宋某说，“很抱歉，给你们添麻烦了”。对方似觉理所当然。当宋某后来电话通知我有关骗子的处理结果时，也的确有一种因终于完成任务而如释重负的感觉。

2006 年 11 月 13 日中午，S 省工商局电话告知，我举报的情况属实，他们通过暗访发现骗子向周刊提供的证件和地址的确都是虚假的。如此，骗子就涉嫌诈骗，但因这超出了工商部门的职权，故已将该案件移交给 S 省公安厅。11 月 29 日，我再次被 S 省工商局电话告知，我所反映情况属实，被举报的“公司”都是虚假的，S 省公安厅已于当月 16 日对两个涉案骗子进行了治安拘留。

至此，本次举报看似取得了一定成效，毕竟在周刊上发布虚假招聘广告的骗子在我举报后不到一个月的时间内，就受到了被治安拘留几日的行政处罚。仅就 S 省工商局对我所反映情况的调查取证之速度来看，以及给我的处理结果之反馈来看，此次针对“公众投诉举报”的虚假招聘常规治理实践无疑是规范的、高效的。然细究这两个职能部门各自对骗子与周刊的惩处，又不难发现，无论是对周刊还是骗子，本次举报其实没有产生任何实质性影响。

首先，就S省公安厅对骗子的惩处而言，本举报案例中的两位骗子所欺诈的人数，仅据警方调查，便已达到几十人，公安机关理当按照诈骗罪对其招聘行径进行定性，并给予惩处。但因所能找到且愿意出面举证的当事人很少，加之骗子事先撕毁了相关证据，这使得公安机关所能取证的行骗金额达不到当时《刑法》中规定的"2000元"这一最低定罪额度。[1] 为此，S省公安厅不能对骗子进行刑事惩罚，只能根据《中华人民共和国治安管理处罚法》第四十九条[2]对其进行治安拘留。也就是说，此案中的虚假招聘本已构成了诈骗，但S省公安厅只能把它作为一种"侵犯求职者财产权利"的普通行为进行处理。这种不痛不痒的惩处不禁令人忧虑，如此之轻的处罚对该案中以及其他更多的骗子是否具有威慑力？骗子是否会因从事该违法活动的代价极低而在被释后重操旧业？在整个面谈中，S省公安厅的执法人员强调，依据现有规定他们的行为只能如此惩罚。

其次，再看S省工商局对长期刊登虚假招聘广告的周刊的监管实践。在调查中，C市劳动部门的工作人员几乎一致把矛头对准了刊登虚假招聘广告的媒体。在他们看来，媒体在这类事件中应担负主要责任，因为刊登虚假广告实则是媒体在经济利益驱动下的不诚信经营，对骗子的行为起到了推波助澜的作用，也给公众乃至社会造成了很大伤害。因此，只有从传媒这一源头杜绝虚假广告，才可能根治虚假招聘现象，否则仅靠劳动局等执法部门，将难以取得较大成效。有鉴于此，我此次举报所针对的实际上是刊登虚假招聘广告的周刊而非骗子。毕竟，只有管好媒体这一刊登虚假广告的平台，才可能消除骗子的欺诈行为。何况，骗子是流动的，而周刊相对固定。然而，围绕"周刊是否有责任"这一话题，作为媒体广告监管者的工商部门，却似持有一种不同的执法态度。

前已言之，S省工商局于11月13日中午电话告诉我他们对我之举

---

① 2017年10月1日，S省诈骗罪入罪标准上调至5000元。

② 该法第四十九条，"盗窃、诈骗、哄抢、抢夺、敲诈勒索或者故意损毁公私财物的，处五日以上十日以下拘留，可以并处五百元以下罚款；情节较重的，处十日以上十五日以下拘留，可以并处一千元以下罚款"。

报的调查处理情况。当我询问他们对周刊有何惩罚时，宋某称，“周刊无过错，因为证件齐全”。我只得进一步声明，自己通过调查证实，周刊工作人员仅凭经验便能辨别广告的真假。对此，宋某认为“个人责任心，这个追究起来就不好办了”。在连番追问下，他最后只说会去找周刊对其进行批评教育。我又告知，举报期间，周刊上的虚假招聘广告在短暂叫停一周后死灰复燃，如果不予惩罚，假广告马上又会大量增多。言语间，我流露出自己对此问题的愤怒与忧虑，但宋某对此不置可否。我只好再次强调，周刊太猖狂，太蔑视执法权力和法律。他顺口道了声“就是”，并表现出一副急于中断谈话的样子。11 月 29 日，在电话告诉我 S 省公安厅对骗子的处理结果时，宋某再次表达了周刊“无责”的看法。他指出，周刊广告审核手续齐全，只因其不能辨别信息真假，才导致了虚假招聘广告的发布。他还强调，媒体只有明知广告为假还予以刊登才具有责任。我继续追问宋某：“那以后周刊再发布虚假招聘广告，又该怎么办？”他开始称，我不能这样假设，之后又说我还可以再举报。

2006 年 12 月 5 日，我再次电话告知宋某，周刊仍在继续刊登虚假招聘广告。我质问道，周刊是否能以“审核手续齐全，不能辨别广告真假”为由，长期刊登虚假广告。宋某对此给予了否认，并称他们还会再去找周刊。他要我前去履行与此前类似的举报手续，在遭到我的拒绝后，宋某随即说出如下一番话：某商报等媒体也存在广告违规行为，电视台每年都要报道好几次，你为什么单单盯住周刊不放？对此，我称“周刊上的假广告都比较好辨别，而某商报上面的假广告相对更加难以甄别，且真假共存”。我反问道：“如果连简单易辨的假广告都不能解决，那还能处理好其他复杂的假广告吗？”宋某一时无语。其后，周刊上的虚假招聘广告依旧如影随形。就此来看，本次举报的真正目的并未实现。

2007 年 5 月中下旬，我再次向 S 省工商局举报周刊。应宋某要求，我于 2007 年 6 月 7 日再次递交了举报材料。有所不同的是，这次举报针对的是周刊上几乎所有的招聘广告。因为通过日常的观察与调查，我十分肯定这些招聘广告都是虚假的。我的举报目的也更加明确：执法部门应当严惩周刊，禁止其继续刊登假广告。2007 年 6 月 11 日，宋某打来电话询问，既然我没有在举报材料中指明哪则广告为假，那他们该如何去开展调查？我明确告知，骗子流动性很强，而周刊却不会跑，所以他们应在查明周刊招聘广告基本为假的情况下，直接去惩罚周刊。我再次指出，周刊因2006年并未受到惩罚，所以仍一直在刊登假广告。不料，由此引发了宋某与我之间的下述"口水仗"：

宋某："你怎么知道我们没惩罚周刊？C市有哪家媒体没受过我们的惩罚？"

我："我只看结果，事实上周刊就在长期刊登假广告。如果有惩罚，那也很轻，否则它就不会如此猖狂。"

宋某："除非把周刊关闭了，否则就不能操之过急。"

我："你们虽然没有权力取消周刊，但有权力吊销其广告经营权，不准它再刊登广告啊。"

宋某："今年我们打击虚假广告正往这个方向发展。"

宋某的口气看似有所缓和，但随后针对我有关严惩周刊的主张，他反问我该怎样惩罚周刊。我说自己不是执法者，但依据《广告法》就该严惩。宋某随即辩称，除非修改《广告法》，否则就只能这样惩罚。此后，我又去过一次电话。我问宋某，他们究竟是如何惩罚周刊的？为何这种惩罚对周刊一点威慑力都没有？以后他们又将如何进行惩罚？宋某称他们正讨论调查事宜，下次回复举报结果时一并告诉我。

2007年6月12日中午，我接到S省工商局广告处负责人雷某的电话。他称，我对受害人和受骗金额等情况的举证材料不足，并强调他们人手少，不好认定犯罪情况及责任。为此，我强调自己已于2006年进行过举报，而且他们通过调查取证也很容易证实了我所举报的情况。我也清楚地告知自己对周刊虚假招聘广告的有关调查情况，并提出一些实质性看法。于是，雷某约我前去面谈。在2007年7月10日中午，我见到了雷某。面谈中，雷某称他已找周刊的张总谈过该问题，并建议周刊"原则上不再刊登或少刊登招聘广告，且要加强对广告的审查"。雷某称，张总"态度端正"。[1] 当问及"若媒体长期刊登虚假广告，能否禁止

① 据谈话中他提供的信息，我推测当时还有人在举报周刊上的虚假医疗广告，所以他找张总谈话，顺便提及了我所举报的虚假招聘广告。

其永久不得打广告”时，雷某称，S省广告业发展很落后，媒体年广告收入之和远低于沿海地区，为促进广告业的发展，就不能采取这种“扒根式”的惩处方法。“要支持民营经济的发展”，“要促进广告业的发展”，这些话语始终为雷某所强调。

不出意料，周刊此后一如既往地刊登虚假招聘广告。在整个7月，我进一步调查了周刊上的虚假招聘广告，并累积了其更多虚假广告的证据。我日渐深感这些假广告其实很易识别，故迫切地想弄明白，为何它们还能长期横行于周刊之上。于是，我又一次电话联系上S省工商局，并直接问道：“真的因为种种原因而无力管周刊这种媒体吗？”“或者说，这类问题真的不重要，不值得认真管？”对此，雷某表现出一副无关紧要的样子。我只得声称，如果他们管不了，我会另想他法，譬如写内参等。雷某这才有所松口，说不是没有能力管，并再次强调他们的医疗广告等任务已很重。我只好再次表明上述意图。这时，雷某表示会将该问题反映一下，并要我再去递交举报材料，“写清假广告假之处”。这在我此前的举报材料中写得很清楚。我强调自己只能通过对周刊上部分假广告的调查以及长时间积累的经验，来判断周刊上那些招聘广告都是虚假的。我甚至多次强调，若他们的调查发现我的举报有不实之处，自己愿承担全部法律责任。最后，我指出自己无法对周刊上虚假招聘广告的总受骗人数与受骗金额等进行取证和举证，何况这更应是行政机关的责任。然雷某称，我若举报周刊上所有招聘广告都是虚假的，就必须写清上述信息，这是举报者该负的责任。随后，雷某挂断了电话。2007年8月17日，我第三次前往S省工商局，递交了最后一份举报材料。雷某不在，一位工作人员要我留下材料，并称“雷处之后会给你电话联系”。此后，我未曾接到来自S省工商局的任何电话，自己也不再与之联系。

透过上述我之举报的最终结局不难发现，部分地方政府部门对有关虚假招聘的投诉举报实则多持一种冷淡、漠然的消极态度，并不真正关心投诉举报者的根本关切。在某些情况下，因迫于有关规定或其他考虑，相关职能部门虽按行政程序接受了公众的投诉举报，但整个受理过程似乎就是为了机械地完成一个外部强加的“任务”，而投诉举报人正是这个“任务”的强加者甚至是“麻烦制造者”。换言之，地方行政机关只是“就事论事”，例行公事，并不会从投诉举报所指向的对市场秩序的根本维护出发来给予执法回应。抑或说，这种"无奈响应"的执法实践展示了地方政府部门在虚假招聘常规治理中的某种逻辑——避重就轻，"头痛医头，脚痛医脚"。显然，其背离了源头治理、综合治理和协同治理的现代化治理理念。

如前所言，我所举报的是长期刊登虚假招聘广告的周刊，只有充分发挥媒体之虚假招聘广告"过滤器"的作用，才有望阻止更多求职者上当受骗。根据《广告法》相关规定，在我的这一举报案件中，S省工商局应立即对周刊进行有效行政监管和惩处，以拯救更多潜在受害者。毕竟就行政执法经验而言，连作为"局外人"的我都能通过调查轻易地证明周刊的主观过错性，那么作为"局内人"的S省工商局，无论如何也不能辩称自己无法掌握周刊在主观上存有过错的证据。何况作为省级执法部门，其拥有权力、信息、技术和知识等多种优势。然S省工商局最终以我的举报材料缺乏受害者与受骗金额等信息而置之不理，由此导致了诸多本可以避免的虚假招聘事件的发生。难道仅因举报者无法提供有关受害者的具体信息，周刊的虚假招聘广告就不该受到应有关切？周刊就可以逍遥法外？更何况，根据多年的执法实践，S省工商局必定知道收集众多受害者的具体信息存在诸多困难。行政机关尚且如此，遑论一般公众呢。加之，我举报的用意很明确：只要S省工商局通过调查证实我所举报的信息属实，就应立即禁止周刊继续发布招聘广告，并进行彻底整改。如若周刊"死不悔改"，就应对其进行严惩，以切实维护广告及劳动力市场秩序，捍卫广大求职者的合法权益。毕竟如某国外评论所言："我不在乎报纸现在的财政处境多么糟糕，这都不是理由。他们为了钱而牺牲媒体的诚信。如果它们为了生存必须这样做，那它们就不值得生存。"[①] 据悉，这一问题不仅存在于虚假招聘常规治理实践中，也折射出工商部门在例行执法中很少对媒体处以有效行政处罚之普遍事实[②]。

此外，前述治理逻辑也出现在其他职能部门的日常监管中。仍以我的调查为例。2006年2月底，由于发现自己遭遇过的那伙骗子仍在周刊

---

① ［美］克利福德·G. 克里斯琴斯等：《媒体的良心》，孙有中等译，中国人民大学出版社2014年版，第144页。

② 宋亚辉：《虚假广告的法律治理》，北京大学出版社2019年版，第96页。

上发布虚假招聘广告，于是我前往 JN 区劳动局举报。该局工作人员赵雨告诉我，已有受骗者去投诉过，他们已派工作人员前去处理。但当获悉骗子自称是 WH 区的一家信息公司时，他立即对我说，根据“谁批谁管”原则，我应该去 WH 区劳动部门举报，并称他们这里已算是结案了。赵雨强调，尽管骗子在他们的地盘上设点行骗，但其营业执照应是 WH 区工商部门所发，所以我应该去找 WH 区劳动部门。若营业执照也是假的，则应该去找 WH 区工商部门。几天后，我联系上 WH 区劳动局询问处理结果，对方却说自己根本就没有接到有关那伙骗子的任何投诉，对相关情况一无所知。在我说明事情原委后，对方要求我自己先去从骗子那里取得该信息公司营业执照的复印件，然后再自行去该区工商局核查它的真实性。无奈之下，我只得继续给 JN 区劳动局打电话询问结果，接电话的是另一位工作人员，其告诉我正在处理中，要等一段时间。同年 3 月底，我再次联系上赵雨，从他那里得知，有一位持有受骗证据的求职者到该局投诉过，在他们的介入下，骗子退了钱，并被罚款 500 元。当得知这伙骗子仍在周刊上刊登假广告时，赵雨无奈地表示，他们已无法管，只有工商局才能管。这意味着，不少的虚假招聘案件在劳动局内部已经结案，而劳动局又无权处罚周刊，也没有将周刊违法案件移送工商局，周刊因此屡次成为“漏网之鱼”。同理，劳动局也没有对涉嫌诈骗的该伙骗子的虚假招聘行为做更多调查取证工作，以移送公安部门做进一步处理。

当然，上述例子仅展示了虚假招聘常规治理任务中地方政府部门针对公众投诉举报的治理样貌，并不代表其在所有常规治理实践中的全貌。据观察，近几年来各地公安机关针对求职者的防诈反诈宣传教育工作日趋细致和多元。总体而言，这类工作涉及以下几个方面。

其一，在反电信网络诈骗的宣传教育中，关于“反刷单诈骗”这类招聘骗局的教育警示工作在各地早已通过多种形式得到贯彻执行。譬如，早期主要通过在诸如公交车和商场之类公共场所滚动播放电子显示屏，以及在居民小区门口挂横幅，在大学校园里面立宣传展板等。如今，随着各地反诈微信公众号的纷纷注册，这类宣传愈益便捷，更能及时通过推文将各地最新诈骗案例传递给公众。在内容呈现形式上则是图片、短视频和文字的多元结合，加之详细的受骗案例介绍和文末警方提示，较之于以往相对单调的宣传教育手段，应能更有效地帮助求职者提高警惕，增强对虚假招聘的防范识别能力。此外，各地网警也利用抖音、百度百家号等网络平台，向公众揭示常见的招聘骗局及其欺诈套路，并提供防骗建议等（见图 7－1）。也有基层派出所别出心裁，针对爱喝奶茶的年轻群体开展了“反诈奶茶”活动。由派出所加印贴纸，与辖区内奶茶店、饮品店合作，在奶茶外包装上贴上派出所民警总结的防诈骗小贴士，如“高薪兼职做刷单的，就是诈骗”等，以提高这类群体的反诈意识，扩大反诈宣传的影响力。①

图 7－1 各地警方针对虚假招聘的宣传教育

资料来源：人民网抖音官方账号，2022 年 8 月 28 日；崇州市辖区社区发放纸质资料。

其二，各地公安机关针对辖区内招聘骗局的高危人群类型，或走进

① 央视二套：《江苏海安：暖心！公安推出“反诈奶茶”》，央视网微博视频号，2020 年 12 月 18 日，https：//video. weibo. com/show？ fid = 1034：4583430327828485，最后浏览日期：2022 年 8 月 16 日。

人才市场，或走进大学校园，有针对性地开展反欺诈宣传教育。如2022年7月2日，抚顺市公安局刑侦支队反诈大队在相关单位的支持下，到抚顺人才市场“春风送岗位”女性就业公益招聘会开展防范电信网络诈骗宣传活动，对参与招聘会的求职女性讲解防诈骗知识，并对在场人员发放防诈宣传单，以提高反诈防诈宣传的精准性，进一步提升广大群众的防诈识骗意识。① 此外，针对在校大学生一直是刷单类和套路贷等电信网络诈骗的高危群体，各地公安民警也会定期或不定期进入大学校园开展反诈宣传教育。如2021年4月17日，利用驻济高校毕业生就业双选会在济南大学举行的时机，济南市公安局市中区分局刑警大队反诈中队联合七贤派出所到现场开展反电诈宣传活动。针对在校大学生在兼职、毕业就业中容易遇到的新型网络诈骗案例，民警进行宣讲并发放防范电信网络诈骗宣传品，推广公安机关的反电诈公众号等。②

3. 虚假招聘常规治理的局限——小型案件治理低效

根据韦伯对现代科层制“理念型”的描述，尽管从纯技术的角度来看，其可能获得最高效率，但科层制侵入所有社会层面后也会产生负面效果，即官僚支配只肯造就一批愿意驯服适应的“秩序人”，其施政紧随自身的俸禄利益，而任何企图改革现状的理想都将遭到封杀。③ 这一主要由韦伯开启的对科层组织弊病的批判得到了其他学者的积极回应。以默顿为代表的美国社会学家则对韦伯所坚信的科层组织在效率上的优越性提出了质疑，他们发现，一个与韦伯之“理念型”相符的组织包含着很大一部分低效率。④ 与此同时，因循守旧、呆板僵硬和不负责任等更多科层组织功能障碍跃入人们的视野，相关理论解释也不断推进。一个不容回避的事实是，长期以来，此类科层弊病在中国虚假招聘的常规

---

① 刘潇：《【防诈反诈】刑侦支队民警到人才市场开展反诈宣传》，2022年7月11日，抚顺市公安局官方微信公众号，最后浏览日期：2022年9月27日。

② 卢鹏：《大学生如何防范电信诈骗，看民警宣讲走进校园招聘会》，《大众日报》客户端，2021年4月20日，https：//baijiahao. baidu. com/s? id = 1697546550456833442&wfr = spider&for = pc，最后浏览日期：2022年9月27日。

③ ［德］施路赫特：《理性化与官僚化：对韦伯之研究与诠释》，顾忠华译，广西师范大学出版社2004年版，第122页。

④ ［法］米歇尔·克罗齐埃：《科层现象》，刘汉全译，上海人民出版社2002年版，第213—218页。

治理实践中同样存在。总体来看，地方政府部门在传统的科层常规治理中存在的缺陷可概述为冷漠、互相推诿、仪式主义和政绩理性等。

鉴于大多数虚假招聘投诉举报案例都属于所涉金额从几百元到几千元的小型案件，故或可把虚假招聘常规治理的局限视作常规治理在虚假招聘小型案件治理上存在的不足。以前述我针对周刊虚假招聘广告的后续举报为例，调查发现，无论是对虚假违法广告的专项整治还是日常广告监管，S 省工商局都没有将极为猖獗的虚假招聘广告纳入其重点监管、整治范围。在访谈中，该局广告处负责人雷某一再向我强调，他们的重点监管对象不包括虚假招聘广告，日常监管中也根本不看招聘广告版。理由是，医疗、药品、保健品、化妆品和食品等广告的影响面广，涉及金额大，情节严重，属于群众高度关注的社会热点，乃重点监管对象；相反，虚假招聘广告影响面不广，涉及金额不大，不如前者那样明显威胁到人民群众的生命和财产安全。我在面谈中建议 S 省工商局设立一个举报档案——我的理由是，这样既节约公众的举报成本，推进部门执法工作的顺利、高效开展，同时还有助于促进举报者和行政机关间的有效互动，但雷某称，虚假招聘广告受害者的单个被骗金额少，且工商局惩罚骗子的罚款也上缴国库，无助于挽回受害者的经济损失。其言外之意是，他们治理虚假招聘广告对受骗求职者并无什么实际意义，故无须给予关注。

如果说我针对周刊虚假招聘广告的最初举报起码获得了 S 省工商局的"无奈响应"，而现实生活中还有很多针对虚假招聘的投诉举报所遭遇的仅是地方政府相关部门的"不响应"，即在尚未了解事情原委的情况下便匆忙以某种理由予以直接或委婉回绝。我在举报过程中所经历的诸多事情为此提供了印证。2005 年底，我本打算向 C 市劳动部门劳动监察处反映自身的兼职受骗经历，并期望其能重视周刊上的虚假招聘广告问题，不料，接电话的一位女性工作人员尚未弄清事情原委，便以十分肯定的语气称，"确实无法管，是报社和其他单位的事情"。她还强调，"若是被单位骗，才管，若是报社则不能管"。我不得不强调自己是以一位有社会责任心的公民身份，向他们举报媒体上刊登的虚假招聘广告，不是找他们"帮我讨钱"。这时，该工作人员才表示我可以前去举报或写信举报，并认为我一人所说不行，还需足够证据。在整个沟通过程中，她给人的感觉是爱理不理，毫无执法热情，我也因此打消了继续举报的念头。

面对求职者的投诉，地方行政机关除了反应冷漠外，还可能彼此间相互推脱，谁也不愿承担责任。2005 年底，遭遇虚假招聘后，我最初向 S 省 C 市 QY 区劳动局打电话举报，但该局工作人员声称，他们没有搜查权，让我去找公安局。于是我联系了 C 市公安局，却又被告知，应该先由劳动局受理举报并前去调查举证，若举报行为的确涉嫌诈骗并构成犯罪，再移交公安局。当获悉劳动局的人称自己没有搜查权时，公安局的工作人员强调劳动局是先去调查而非搜查，并指出劳动局的人之所以那样说，只是为了推卸责任。

随后我又多次联系 S 省宣传部新闻处，2006 年 4 月 20 日，终于打通了该处电话。我本抱着一线希望，或许该处能制止周刊刊登虚假广告的行径呢？毕竟，夏宇曾告诉过我，具有责任心的执法者可以警告媒体：若再刊登虚假广告，就让宣传部门来管它。谁知，接电话的工作人员推脱道：媒体手续齐全，宣传部不能管，只有当媒体上出现了有伤社会风气的显性内容时，宣传部才能管。至于媒体对广告审查不严，宣传部只能对其进行适当的批评教育。对方还称，媒体上的广告由工商部门审定或认证，所以应由工商部门调查了解并进行打假。最后，该工作人员连刊登虚假广告的是哪家媒体都没有询问，就匆匆结束谈话，把宣传部对“犯错”媒体批评教育的责任也“爽快”地推卸掉了。

这种相互推诿既发生在地方政府的不同部门间，也发生在同一职能部门的不同辖区间，甚至还存在于同一部门的不同层级间。在推诿过程中，执法者的说辞可能前后不一甚至相互矛盾。前述大学生 S_{18} 的维权遭遇，如出一辙。当然，我自身的投诉举报经历与受访大学生的投诉经历绝非个案。事实上，全国各地诸多有关大学生维权事件的新闻案例都一再揭示出上述冷漠和相互推诿等科层作风。或者说，地方政府部门在虚假招聘常规治理中展现出的这种科层弊病在过往多年在各地轮番上演，其中比较典型的两则案例来自西安和上海。

发生在西安的案例大致如下：某人力资源公司（实为歪中介）冒用肯德基等知名快餐企业的名义，以招聘为名，诱导大学生签订霸王条款，行诈骗之实。在记者的跟踪采访中，一共接触到 53 位有相同遭遇的大学生，他们中少的被骗了数百元，多的则有上千元。万般无奈下，这些大学生求助于西安市某区的政府部门。不料，最终遭到工商、劳动和公安部门的相互推脱。为此，记者采访了西安某律师，该律师指出这家公司"以合法的形式掩盖了他们非法占有大学生钱财的目的，涉嫌构成了合同诈骗。如果经过大学生的催要，工商行政管理部门和劳动监察大队对他进行行政处罚，依然拒不退还大学生钱财的话，他就构成了合同诈骗罪。公安机关应对此立案侦查，追究他们刑事责任的同时，应返还大学生相关钱财。"某电视台评论员指出，上述行政机关间相互推诿、扯皮的工作作风实则展现了基层执法人员在面对老百姓时的一种"精明"与"圆滑"，即"能推就推，能躲就躲，坚决不给自己多找一点麻烦，坚决维护多一事不如少一事的工作原则"。①

上海的案例发生在2016年。据记者调查，在上海某公司设置的"岗前培训"骗局中，仅在上海有确切个人信息的受骗求职者就有上百人，而全国范围内的受骗者至少数百人，甚至可能高达上千人。部分上海的受骗大学生集体前往该市某区公安分局报案，接待民警先是要求他们前往工商局找出公司背景，后又建议其到该区人民法院走诉讼渠道。在法院，法官在认真看完合同和此前播出的有关培训诈骗电视后，建议他们通过公安局进行刑事立案。这些受骗学生怀揣希望，回到该区公安分局后，却再次遭到接待民警的推脱。如此这般，半个月过去了，这群受骗大学生并未获得来自职能部门的实质性帮助。最令他们伤神的，早已不是"为什么被骗"和"被骗多少钱"，而是"如何维权"的问题。最终，在媒体记者的帮助下，他们只得通过聘请律师进行维权。在接受聘请的律师看来，"事件中的公司涉嫌诈骗，属于经济类犯罪案件，公安经侦部门应该立案"。该律师还告诉记者，要解决这个事情，"正常路径就是去报案，应该由公安部门出面解决这个问题，他们有侦查权"。②

近十年来，利用电信、互联网、银行卡等相结合的虚假招聘团伙案

① 陕西广播电视台：《虚假招聘谁来管？打着"快餐公司"名义招聘，欺骗大学生》，"新闻资讯"栏目，2013年4月17日，https：//sd. ifeng. com/news/bl/detail_ 2013_ 04/18/723919_ 0. shtml，最后浏览日期：2015年6月16日。

② 王烨捷：《求职身陷"贷款门"受骗大学生维权难》，《中国青年报》2016年4月23日第1版。

件更是与日俱增，刷单类诈骗正是其中典型。此类招聘骗局涉及受害人众多，受害人、犯罪分子和作案工具都极可能存在跨省甚至跨境现象，非接触式特征日趋明显，单次作案金额下限虽普遍从以往的几百元提高到上千元至一万元不等，但总体依然呈现出“案小面广”的特点。鉴于小型电诈案件网上追逃的地域协同成本与涉案金额不匹配，从分散的结果地（即众多受害人所在辖区）进行治理将面临高昂的治理成本，[①] 故对这类虚假招聘行为的常规治理无疑更难。虽然我们没能掌握有关此类非接触式虚假招聘案件的立案率和破案率，但相关数据或能提供一个参照。在实践中，受限于常规治理的高成本，公安机关的电诈治理往往采取“抓大放小”的策略，“很多被骗几千元、1 万元左右的案件，往往不了了之，甚至有些案件根本没有立案”[②]。换言之，一方面是案发数量急剧增长的电信网络诈骗案件，另一方面是大量小型案件无法立案，即使立案也多处于积压搁置状态。由此导致小型案件治理的权力真空地带。又因小型案件的受害者一般是大学生、家庭主妇、失业待业人员等弱势群体，案件金额虽小却影响很大，加之受害群体分布非常广泛，进而使得更多普通民众对包含招聘骗局在内的电诈治理效果不佳的感知更强。

要言之，对于大多数小金额虚假招聘案件，无论是接触式还是非接触式，地方政府及相关部门的常规治理通常多呈现出无效或低效样貌。对此，或可借鉴周黎安的行政发包制予以进一步解读。在周黎安看来，中国行政体制是层层“纵向发包”与“横向竞争”的有机结合体，中国国家治理能力（实现既定政策与目标的能力）强弱的分布与横向晋升竞争和纵向行政发包这两者的具体组合方式密切关联，其中国家治理在食品安全、医疗、环保等诸多为社会各界高度关注的民生领域惨遭失败，正是由于行政发包制与“政治竞标赛”的积极作用在这些领域同时受到抑制之缘故。一方面，这些领域的纵向行政发包程度很高，地方公务员因此掌握了较大自由裁量权；另一方面，有关这些领域的治理成效与责任长期以来并未成为地方公务员绩效考核的核心指标。此外，对这些问题领域的治理通常需要清晰严格的程序与规则、精细化管理、长期持续

---

① 安永军：《常规治理与运动式治理的纵向协同机制》，《北京社会科学》2022 年第 2 期。
② 朱建豪：《电信诈骗频发，破案率为啥不足 1%？》，《大河报》2016 年 5 月 25 日第 A10 版。

的监管以及廉洁尽职的行政人员，而这恰恰是行政发包制常态治理模式下的软肋。在地方公务员眼中，这些治理领域实乃"吃力不讨好"，故握有自由裁量权的他们不约而同尽可能少地分配部门行政资源到此类社会领域。作为非重点考核目标的这些领域的政府服务，也就成了"政治竞标赛"中被权衡和牺牲掉的对象。[①] 显然，虚假招聘就属于上述"吃力不讨好"的治理领域。

（二）运动式治理实践：任务、成效与局限

1. 虚假招聘运动式治理的必然性

中国社会科学界对运动式治理这一议题展开了诸多理论上的讨论。一般认为，运动式治理是针对中国科层制常规治理机制之无效而发展起来的一种应对机制，是国家"运动式治理"在新时期的特定表现形式。[②] 周雪光指出，权威体制与有效治理之间的矛盾是产生运动式治理的根本原因：面对国家的治理规模和多样性，官僚体制基础之上的常规型治理机制难以胜任，时常力不从心，表现出组织失控和失败。[③] 而运动式治理区别于常规治理的关键，就在于其对官僚体系的大规模动员，从而打破了建立在惯例之上的运行方式，使之进入一种非常规的状态。[④] 蔡禾进一步指出，威权体制下的政府，一方面承载着"体系特征合法性"和"体系作为合法性"双重合法性要求的治理有效性要求，另一方面却无法在常规化的国家治理实践中保障治理的有效性，其结果是政府不得不开展包括运动式治理在内的非常规化国家治理活动，以此来展现治理的有效性，累积治理的合法性。[⑤] 基于此，尽管尚存诸多争议，但运动式治理似可被认为是与常规治理共存共生且相互作用的治理机制，植根于稳定的制度化组织基础之上，有着一整套制度设施和环境，是国家治理

① 周黎安：《行政发包制》，《社会》2014 年第 6 期。

② 杨志军：《运动式治理悖论：常态治理的非常规化——基于网络"扫黄打非"运动分析》，《公共行政评论》2015 年第 2 期。

③ 周雪光：《权威体制与有效治理：当代中国国家治理的制度逻辑》，《开放时代》2011 年第 10 期。

④ 任星欣、余嘉俊、施祖麟：《制度建设中的运动式治理——对运动式治理的再思考》，《公共管理评论》2015 年第 2 期。

⑤ 蔡禾：《国家治理的有效性与合法性——对周雪光、冯仕政二文的再思考》，《开放时代》2012 年第 2 期。

制度逻辑的重要组成部分。[①]

前已述之，地方政府及相关部门针对虚假招聘的常规治理手段通常处于缺失或低效状态。相关科层弊病亦直接传递出地方政府部门在面对虚假招聘问题时所抱持的“不想管”态度，而通过对相关执法者言语的分析，又可发现在“不想管”的后面还隐含着另一层信息，即“管不了”。是因为“管不了”而“不想管”，还是因为“不想管”才导致“管不了”呢？对此，很难给出一个确切答案，但无论是何者，都在较大程度上折射出地方行政机关普遍存在的官僚主义惰性。针对这一治理困境，大约自1998年以来，中央和地方政府就针对劳动力市场秩序（后面提法为人力资源市场秩序）掀起了集中整治行动，这种整治行动通常都把“新闻媒体或互联网招聘平台刊登、发布虚假招聘信息”作为整治重点。近几年，国家网信办又联合有关部门在全国范围内启动“招聘网站严重违规失信”专项整治工作，虚假招聘信息正是其重点整治内容之一。“就业乃民生之本”，而虚假招聘行为的猖獗已严重威胁到中国社会的秩序与稳定。上述定期或不定期开展的集中整治行动及时回应了求职者对自身安全与社会秩序的强烈诉求，是中国政府在该民生领域展开的超常规强化治理，体现了鲜明的运动式治理特征，以破解常规治理中普遍存在的官僚主义惰性等科层弊病，进而提升虚假招聘治理的有效性。

2. 虚假招聘运动式治理的任务与机制

梳理这二十余年来的部门与地方工作文件，针对虚假招聘的运动式治理主要体现在集中整顿和规范劳动力（人力资源）市场秩序的专项执法行动中。虽然各省区市针对此类专项执法行动所颁布的地方工作或规范性文件不尽相同，但概括而言，其中针对虚假招聘的整治重点都是“以职业介绍或单位直聘为名，欺诈求职者”。为此，此类专项整治的具体任务主要涉及如下几个方面。

其一，严厉打击职业（人力资源）中介领域的违法犯罪活动。这包括：第一，未经许可、登记或备案，擅自从事职业介绍或人力资源

---

① 周雪光：《运动型治理机制：中国国家治理的制度逻辑再思考》，《开放时代》2012年第9期。

中介（服务经营）活动的职业中介行为，特别是未经许可擅自从事互联网招聘的行为（近年来开始突出这一点）；第二，职业介绍或人力资源中介（服务）机构未依法开展职业介绍或人力资源中介（服务）业务的行为，如不履行信息审查义务、发布虚假招聘信息、向求职者收取财物等。

其二，全面排查并依法严惩用人单位在招聘与用工过程中的违法犯罪行为。这包括：第一，发布虚假招聘信息、组织虚假招聘活动，骗取求职者财物的欺诈行为；第二，以暴力、威胁或非法限制人身自由为手段，强迫求职者从事某些活动的违法行为等。

其三，加大对虚假招聘广告的行政处罚力度。这包括：第一，对在报刊、电视和网站等媒体上代理、发布虚假招聘广告的广告主、广告经营者和广告发布者，由相关部门按照职能分工依法查处；第二，为规范招聘行为，部分地方政府在早期还制定了招聘广告的参照文本。以北京为例，在2007年3月9日发布的针对劳动力市场秩序专项行动的通知①中，由该市劳动保障局根据《广告法》、《北京市劳动力市场管理条例》及相关规定，发布了职业招聘广告（简章）示范文本，明确了招聘广告（简章）的必备要素和基本要求。该市劳动保障局和工商局还向全市广告发布媒体发出"发布规范职业招聘广告"的建议，督促广告媒体遵守《广告法》及相关法规，严格查验有关证明文件、审核招聘广告内容，力争杜绝虚假招聘广告等；第三，少数地方政府还针对印刷品类招聘广告（即以张贴或散发印刷品的形式发布的招聘广告）制定了明确的行政性审查规定。以上海为例，在2007年7月16日发布的整顿和规范该市劳动力市场秩序的通知②中，其提出要对影响社会治安的乱张贴和散发招工广告的行为加强管理。

其四，鉴于网络虚假招聘信息的愈益肆虐及其相比于传统媒体虚假招聘广告之巨大危害性，国家网信办联合有关部门于2016年2月初在全

---

① 北京市劳动和社会保障局等：《北京市劳动和社会保障局、北京市公安局、北京市人事局、北京市工商行政管理局、北京市城市管理综合行政执法局关于实施清理整顿劳动力市场秩序专项行动的通知》（京劳社就发〔2007〕41号），2007年3月9日。

② 上海市人民政府办公厅：《上海市人民政府办公厅转发市整规办关于整顿和规范本市劳动力市场秩序工作意见的通知》（沪府办发〔2007〕29号），2007年7月16日。

国范围内启动了“招聘网站严重违规失信”专项整治工作，作为整顿人力资源市场秩序的一项主要内容予以开展。根据相关文件[①]显示，此次专项整治工作的对象包括综合人才招聘、毕业生招聘、行业招聘等各类网站（含网站招聘频道、招聘网站 APP）。其突出强调要坚决查处利用招聘网站实施有组织诈骗行为的团伙，利用招聘网站实施卖淫嫖娼、非法传销行为的团伙，以及涉嫌弄虚作假、不正当运营、纵容违规失信行为发生的招聘网站等。概观之，此类针对互联网招聘平台的集中整治工作，其重心依然是各类甚嚣尘上的虚假招聘信息。对网络虚假招聘信息的集中整治也可能被涵盖在其他相关专项行动中，譬如“百日千万网络招聘专项行动”[②] 等。

上述专项任务尚只是文本职责，各省区市为使其能真正化作各区（县）、街道（乡镇）等基层单位的治理实践，以确保专项行动取得实效，通常会提出较为明确的工作要求，从中或可概括出虚假招聘运动式治理的主要运作机制（至少是上级政府所期望的）。这里将其概述为以下几个方面。

一是政治动员。在各地有关此类专项行动的通知中多会强调“在思想上高度重视”，督促被动员的基层执法部门充分认识到“集中整顿劳动力（人力资源）市场秩序的重要性”——不仅是保障劳动者合法权益和促进劳动力（人力资源）市场健康有序发展的重要举措，也是“坚持以人为本理念和落实执政为民要求”“兜住兜牢民生底线”“建设诚信社会、维护社会稳定”的重要举措。有研究表明，基层部门所承担的实际职责远远超出了文本职责，在基层政府或部门很少能够看到科层的常规化治理实践，取而代之的是来自多领域的表现为专项行动的任务驱动模式，而压力型体制中“权少责多”的现实，都使得基层执法者对疲于应付早已常规化的运动式治理感到无奈，进而出现“忙而不动”等敷衍塞

① 河北省人力资源和社会保障厅：《河北省人力资源和社会保障厅关于严厉打击“招聘网站严重违规失信”行为的通知》（冀人社函〔2016〕84 号），2016 年 3 月 8 日。

② 北京市人力资源和社会保障局：《北京市人力资源和社会保障局关于印发〈人力资源服务机构“百日千万网络招聘专项行动”实施方案〉的通知》（京人社市场字〔2020〕43 号），2020 年 4 月 5 日。

责状况。[①] 有鉴于此，上级部门对基层执法部门的政治动员似乎就成为一个不可或缺的激励手段。

二是建立、健全联席会议制度。专项整治尤其需要诸多执法机关之间的协同配合，故为加强对专项行动的组织领导、统筹协调，各地要求劳动和社会保障（人力资源社会保障）、公安、工商行政管理（市场监管）等部门要联合成立专项执法行动协调指导小组，并建立联席会议制度，联席会议办公室一般设在劳动和社会保障（人力资源社会保障）部门。除市级外，各区县也被要求组织相关部门建立相应的联席会议制度，推进落实专项行动的工作部署，及时沟通工作的进展情况，分析工作中遇到的问题，并进一步完善整治工作措施。[②]

三是建立、完善联动工作机制和信息共享机制。在具体执法层面，各地都突出强调了基层行政执法部门间要建立专项整治行动的联动工作机制，即"统一行动、分工协作、联合执法"，通过"齐抓共管"来实现对虚假招聘问题的综合治理。同时，始终强调要建立完善劳动力（人力资源）市场监管信息服务平台，建立健全行政执法部门间违法线索和执法信息通报共享机制，及时转递群众投诉举报信息，沟通和反馈执法活动信息，以促进联合监管和综合监管。

四是建立目标管理责任制。为更有效地驱动基层执法部门投身于劳动力（人力资源）市场秩序集中整治工作，各地逐渐将此类专项执法行动纳入目标管理责任制，试图将其制度化和常规化。从前述 2007 年北京市劳动力市场秩序专项行动通知所附的"清理整顿劳动力市场秩序专项行动统计表"中不难发现，这类专项整治行动试图借助于目标管理责任制的数字化和指标化等"技术治理"方式来实现提升治理绩效的目的。为此，需要将专项整治工作逐级分派，按照基层部门的实际完成情况予以奖励和问责，以充分调动基层执法人员的工作积极性。"要结合本辖区实际，将专项行动目标进行细化和分解，并纳入全年目标考

① 倪星、原超：《地方政府的运动式治理是如何走向"常规化"的？——基于 S 市市监局"清无"专项行动的分析》，《公共行政评论》2014 年第 2 期。

② 除参见前述北京上海的专项行动文件外，还可参见人力资源社会保障部等：《人力资源社会保障部、市场监管总局关于开展清理整顿人力资源市场秩序专项执法行动的通知》（人社部明电〔2020〕6 号），2020 年 4 月 7 日。

核内容”[①]，以及“监察部门要对各区县和各部门开展专项行动的情况进行监督，对敷衍塞责造成严重后果的地区和部门，严肃追究有关领导和人员的责任”[②] 等话语表述即为例证。

五是注重舆论造势与引导。这涉及以下几个方面：第一，利用新闻媒体对专项整治行动进行舆论宣传，营造有利于工作开展的舆论氛围；第二，通过线下线上平台强化对求职者相关法律法规的宣传教育，揭露招聘欺诈的惯用手法，发布维权知识等监管信息，提升其自我保护意识和防范能力；第三，通过媒体大力宣传职业介绍（人力资源服务）机构开展的诚信承诺服务，公示其签订的承诺书和责任状，并曝光问题突出、整改不力的机构，提升其守法意识；第四，构建线下线上投诉举报渠道，公布投诉举报电话，发挥社会监督的作用，营造打击虚假招聘、整顿市场秩序的良好氛围。

较为遗憾的是，本书缺乏深入虚假招聘集中整治实践层面的一手经验材料，无法对此类运动式治理在基层的“微观实践”进行洞察，故无法对上述运作机制在基层专项执法行动中的实际践行情况做深入讨论。尽管如此，结合前述文本资料与其他相关研究，在一定程度上可认为，虚假招聘运动式治理以“中心工作”（即招聘欺诈治理）作为驱动模式，正日趋重塑为精细化的目标管理责任考核制这类任务形式，且呈现出常规化之势。如北京市在前述 2007 年劳动力市场秩序专项行动通知中指出，在专项行动后，各级部门要总结专项整治工作的经验并将其纳入日常监管和执法检查工作中，“保持集中整治态势”。过去二十多年来，聚焦虚假招聘的劳动力（人力资源）市场秩序专项行动事实上也呈现出越来越频繁的趋势，以至于可以认为，基层执法部门对虚假招聘的常规治理在一定程度上是通过运动而非制度化的形式来得以推动。如此，有关虚假招聘的治理就展现出常规治理运动化和运动式治理常规化的复杂面貌。

---

① 北京市人力资源和社会保障局等：《北京市人力资源和社会保障局、北京市公安局、北京市工商行政管理局、北京市城市管理综合行政执法局关于开展清理整顿人力资源市场秩序专项行动的通知》（京人社监发〔2012〕33 号），2012 年 2 月 8 日。

② 上海市人民政府办公厅：《上海市人民政府办公厅转发市整规办关于整顿和规范本市劳动力市场秩序工作意见的通知》（沪府办发〔2007〕29 号），2007 年 7 月 16 日。

3. 虚假招聘运动式治理的成效及局限

前已述之，众多虚假招聘小型案件常常成为日常监管的漏网之鱼，但"案小面广"的特征又使得其对社会稳定与社会秩序的破坏性不容小觑。换言之，小型案件治理是否成功直接影响到虚假招聘治理能否取得成功。而虚假招聘运动式治理的目的就在于"集中力量"快速清除常规治理中积压的庞大的侵害求职者合法权益的违法"存量"，特别是小型案件。那么，在基层执法部门的运动式治理实践中，其实际成效如何呢？从各地有关劳动力（人力资源）市场秩序专项执法行动的工作总结中不难发现，此类运动式治理似确实能够通过"定向资源动员"①——为了满足"快"与"强"的目标，地方政府将有限的人、财、物等治理资源在短时间内迅速集中并投放于某个特定领域中——在短时间内清除职业中介领域和用人单位招聘、用工领域的部分违法"存量"。也就是说，其的确能在短时期间内制造出明显可见的治理成果。以安徽省为例，该省人力资源和社会保障厅从 2019 年 3 月 29 日至 4 月 26 日在全省范围内组织开展了清理整顿人力资源市场秩序的专项执法行动，有关此次专项整治的成效，其写道：

> 专项执法行动开展以来，全省各级人社、市场监管部门加强协作，密切配合，积极采取了一系列有效措施，及时纠正和处理各类违规违法招工问题，严厉打击以职业中介为幌子的违法犯罪行为，有效维护了求职者的合法权益，人力资源市场秩序有了明显好转，专项行动成效显著。此次专项行动，全省共检查 3904 户人力资源中介机构和用人单位，查处违反就业管理规定的行政违法案件 46 件，责令改正 14 件，关闭非法职介活动 9 件。②

相关研究表明，运动式治理的运行逻辑并非单一不变，基于议题的

---

① 郝诗楠、李明炎：《唐山"雷霆风暴"之下：运动式治理为何"用而不废"》，2022 年 6 月 13 日，《探索与争鸣》微信公众号，最后浏览日期：2022 年 10 月 14 日。

② 安徽省人力资源和社会保障厅：《我省清理整顿人力资源市场秩序 专项执法行动取得明显成效》，2019 年 5 月 7 日，http：//hrss. ah. gov. cn/csdh/ldjc/8436322. html，最后浏览日期：2022 年 10 月 14 日。

不同、目的的不同、领导的重视程度不同，导致其在结构与运行机制等方面都有很大的差别，[①] 这无疑会使得不同运动式治理的成效也各不相同。譬如，针对诈骗分子源头地集中的“同乡同业”型电诈犯罪，公安部牵头的电诈治理部际会议采取挂牌督办的方式，对电诈犯罪传播较为突出的重点地区进行集中治理。首批确定了11个电诈犯罪重点地区，挂牌督办的主体是公安部，挂牌督办的对象是重点县的地方政府，即重点县的党政领导负首要责任，督办的目标是重点县的电诈犯罪发生率明显下降直至基本清零，公安部验收合格之后才予以摘牌。显然，较之于前述全国范围内开展的劳动力（人力资源）市场秩序专项执法行动，公安部对重点地区的督办能给予地方政府更为强大的政治压力。被挂牌督办的重点县立即在全县启动百日攻坚行动，建立电诈治理的责任捆绑制，形成了电诈治理的高压氛围和“专群结合”的治理模式，最终在网上逃犯清空与犯罪输出遏制等方面取得了显著成效。[②] 上述研究提醒我们，涉及虚假招聘的各类运动式治理之成效，因具体议题、各地实情和党政领导重视程度的不同而难以一概论之。

不过，多年来针对（劳动力）人力资源市场秩序的清理整顿，尤其是近些年来针对网络招聘平台的专项整治，在一定程度上也促成了国家层面反诈骗治理体系的总体构建。当前，公安部、工信部和中国人民银行等部门深入推进打击治理电信网络诈骗违法犯罪，坚持打防并举、防范为先，构建推出了“五大反诈利器”——国家反诈中心APP、96110预警劝阻专线、12381涉诈预警劝阻短信系统、全国移动电话卡“一证通查”服务、云闪付APP“一键查卡”。[③] 在针对“刷单返利”之类非接触式招聘诈骗的预警防范方面，这五个主要反诈平台无疑正发挥着十分重要的作用。

尽管如此，一个不容回避的客观事实是，中国政府开展（劳动力）人力资源市场秩序专项整治迄今已有二十余年，其虽可以在短期内产生

---

① 倪星、原超：《地方政府的运动式治理是如何走向“常规化”的？——基于S市市监局“清无”专项行动的分析》，《公共行政评论》2014年第2期。

② 安永军：《常规治理与运动式治理的纵向协同机制》，《北京社会科学》2022年第2期。

③ 刘建辉、庞海波：《“五大反诈利器”多角度共编防诈安全网》，央视十三套《法治在线》节目，2022年5月19日。

直接的正面效果，但似乎并没有促成虚假招聘长效治理机制的有效构建。虽然各地早在十多年前便强调，要结合专项行动积极探索建立规范劳动力市场秩序的长效机制，即将集中整治获得的有益经验转化成制度化的常规治理手段，可长期如同痼疾一般存在的虚假招聘现象则折射出这种转化努力的失败。亦即，虚假招聘运动式治理在短期内取得的治理效果难以长期持续。加之昂贵的治理成本，使得其只能是暂时的、局部的，无法替代官僚体制的常规过程。[①] 前述C市劳动和社会保障局的时任负责人夏宇就曾告诉我，"这种集中整顿的成本很高，如果长期坚持，政府将无法承受"。这其实也反映了其他领域运动式治理所普遍面临的问题——随着时间的推移，运动式治理的边际效用递减愈益明显，不仅执行效率会逐步降低，而且实施效果也会越来越差。[②]

周雪光辩证地探讨过运动式治理机制的作用：一方面，它可以克服常规治理机制的"惰性和失控状态"；另一方面，一旦运动式治理常态化（譬如每年定期开展几次），它与常规治理机制间的边界会日渐模糊，并受到后者的束缚和同化，进而使得此类治理效果每况愈下。[③] 的确，当专项整治成为中国劳动力（人力资源）市场领域监管体制中的常态化构成时，也日渐不可避免地为日常监管实践中诸多固有的科层制作风所浸淫。特别是，只要前述地方公务员绩效考核的现状不改，他们依旧会把主要精力用于日常之核心考核领域，对中央政府从上到下的专项治理行动做出种种象征性努力，由此导致监管政策日趋加码与实际执法效果弱化之间的恶性循环。本书中所揭示的部分发生在各地劳动力市场秩序专项整治期间的求职受骗与维权失败案例，就是例证。我自己兼职受骗以及后来的系列维权、举报经历，与当时C市针对本地劳动力市场秩序的专项整治工作在时间上存在极大重合，而本节前述之相关细节无疑就凸显了C市基层执法部门对此类专项治理行动的消极应付。

① 周雪光：《中国国家治理及其模式：一个整体性视角》，《学术月刊》2014年第10期。

② 郝诗楠、李明炎：《唐山"雷霆风暴"之下：运动式治理为何"用而不废"》，2022年6月13日，《探索与争鸣》微信公众号，最后浏览日期：2022年10月14日。

③ 周雪光：《运动型治理机制：中国国家治理的制度逻辑再思考》，《开放时代》2012年第9期。

第二节　虚假招聘治理的结构性制约

通过对虚假招聘治理实践与创新的分析，可以认为，涉及虚假招聘治理的制度设计得到了显著改进与完善，前述相关法律法规的相继颁布和实施以及综合行政执法改革的不断推进便是显证。而基于虚假招聘投诉举报的诸多调查则表明，虚假招聘至今依旧泛滥的主要原因也许源于制度执行层面。换言之，立法上不少较为确定的制度安排在执法实践中并未得到有效落实，进而使得立法者期待的规制效果大打折扣。那么，这些制度为何没有得到有效实施呢？显然，法律制度能否得到有效落实，往往受到各种主观与客观、制度与文化、利益与心理等诸多复杂因素的制约，[①] 这部分试图对此类阻碍基层执法部门依法开展虚假招聘治理的相关因素做一讨论。

一　科层组织内部的利益错位

尽管中国政府科层制与典型的韦伯式科层制可能存在“形似而神不似”的问题，[②] 本书也未能掌握政府科层部门内部运作的更为翔实的一手素材，但有关西方科层弊病的解释对于理解中国政府科层弊病依然具有重要意义。对于西方科层组织的诸多弊病，学者们通常都着眼于其组织特征予以解释。这里着重引介科尔曼有关科层弊端的根源性分析。着眼于科层组织内占据每一个职位的受雇者都是具有目的性的理性行动者这一预设（把人类行动者本身视为“理性行动者”的预设，在默顿和科尔曼等有关科层弊端的论述中始终存在），科尔曼认为正是由于受雇者按照个人而非组织的利益行事，才导致了包括仪式主义在内的诸多科层弊病。而雇员自身利益与组织利益的不一致又是大多数社会组织的特征，也被视为是组织内部结构不当所导致的异化特征。

具体而言，大多数社会组织都具有一种“分离的权威结构”。在这

① 宋亚辉：《虚假广告的法律治理》，北京大学出版社 2019 年版，第 30 页。

② 周雪光：《运动型治理机制：中国国家治理的制度逻辑再思考》，《开放时代》2012 年第 9 期。

种结构中，一方面如同所有权威关系一样，支配者为了特定目标而使用代理人即被支配者的行动资源（一种不可转让的资源），这意味着行动的结果不仅依赖支配者的指令，还取决于被支配者如何履行指令；另一方面，支配者的命令与被支配者的利益不一致，这意味着权威的行使不会让被支配者获益，只有额外补偿才能保证被支配者的利益得到满足。如此就导致了分离型权威结构的主要问题：行动后果部分地依赖于被支配者，但他们却没有任何利益存在于行动后果中。换句话说，尽管被支配者把控制自身行动的权利转让给了支配者，但其自身利益并未在这种转让中消失。在科尔曼看来，除非权威无所不在或者支配者可以监督被支配者的行动，否则就无法保证受自身利益驱使的被支配者履行为支配者谋取利益的各种行动指令，进而就引发了科层组织的众多弊病。譬如，对于那些仅照章办事却不关注组织目标本身的科层人士，科尔曼写道：

> 事实上，这类刻板的官僚是在保护自己，无论行动后果如何，他都因遵守规则而无懈可击。如果工作人员把注意力放在组织目标上，就不会对每个行动是否符合规则而斤斤计较。为了取得较好的结果，有时允许出现某些违反规则的行动。但是，在这种情况下，工作人员得承担风险，一旦努力失败，他们有可能丢掉职位或接受纪律制裁。①

科尔曼的分析视角因把所有科层雇员作为原子化个体来进行考察，故而更具一般性，涵盖力也更强。其看法也得到了其他学者的支持，譬如克罗齐埃（Michel Crozier）在分析科层组织体系对个人的益处时就指出，"下级躲入惰性之中是有利的"。② 为此，本书循着科尔曼的上述分析思路，对虚假招聘监管实践中可能因上述利益不一致而引发的冷漠、推诿等科层弊病做进一步分析。

---

① ［美］詹姆斯·S. 科尔曼：《社会理论的基础》（上），邓方译，社会科学文献出版社 2008 年版，第 76 页。

② ［法］米歇尔·克罗齐埃：《科层现象》，刘汉全译，上海人民出版社 2002 年版，第 251 页。

在访谈中，夏宇曾多次提及基层执法者个人责任心缺失这一问题，他明确强调执法机关对骗子无须讲究执法程序，可以直接没收其行骗道具并进行罚款，因为骗子内心是“虚”的（S省方言，意指内心怯懦）。在他看来，只要执法者本身对劳动力市场秩序监管具有高度负责的精神，就完全可以突破现有部门间的藩篱，也可超越现有相关行政法规的缺陷，做到灵活执法，而非以难为难，把相关制度缺陷作为推脱自身应负责任的借口。既如此，为何还有那么多执法者始终拘泥于相关规章制度而不愿及时“出手”呢？或者说，促使基层执法人员不为或不力的根本诱因是什么？他们为何会展现出如此明显的机会主义倾向呢？显然，正是因为这些执法者非常明白，即使他们牢记组织捍卫公共利益的宗旨并全身心地投入监管职务中，组织也不可能给予其相应的足以匹配这种努力的回报。相反，在前述既有绩效考核偏好下，他们还可能为此付出更多代价并承担更多风险。尤其是在“向上负责制”这一被公认为是中国科层制核心的组织架构下，一旦面对民众求职安全与地方公务员主要考核指标间的严重错位，普通执法者在“揣摩上意”后，自然会假借规章制度之名，拒绝做出自己应有的监管贡献——哪怕从组织总目标出发，这种贡献是必需的。他们抑或在领导的授意下，只做一些表面文章，以更为像样地应付举报人。

换言之，作为政府科层成员的执法者，其与骗子、求职者和媒体人士一样，都是趋利避害、追逐自身实利的理性[①]行动者。前述科层制作风，不过是他们为了个体利益所做的一种理性选择。总体而言，相比于尽职尽责履行虚假招聘的监管职责，他们如此行动虽说不一定能得到什么明显益处，但至少可以规避违背上级意图的相应代价（这也可被视作是很重要的一种利益）。更重要的是，这么做至少不会失去什么。退一步而言，从“眼不见心不烦”的角度来看，他们或许还可从消极的监管实践中获得一种个人内心的自由、宁静乃至安全感。这可从前述那位CH区劳动局工作人员廖楠的下述言语中捕捉到一些痕迹。当我一再追问她

① 不论是尽职尽责的执法还是“依法不作为”，只要符合执法者自身在“此时此刻”的利益偏好，它就是理性的。这种利益既指职业本身的价值感，或是执法者个体内在的权力感、安全感，也包括上级认可所带来的嘉奖、职位晋升等俸禄利益。

举报[1]的处理结果时，或是为使自己的推脱合理化，或是为避免以后再被我"纠缠"，廖楠主动诉苦道：

> 作为具体执法者，自己感到非常被动、心累和疲倦，还时常受到不法分子的威胁。不法分子也经常"鸟枪换炮"，难以根治，自己为此少有成就感，并希望能换个岗位。

廖楠所言的确折射出基层执法者长期以来普遍面临的一个客观事实，即层出不穷的社会问题所带来的繁重监管任务，加之基层执法人员工资普遍偏低，从而使得严格执法本身对其而言是一种"高成本低收益"行为。尤其当这些执法者非常清楚地意识到，无论自己怎样努力"为求职者服务"，因自身角色能力所限，亦始终无法从根本上解决虚假招聘问题时。此一事实，便构成了如克罗齐埃所说的一种让科层成员个体显得十分脆弱的社会情形。他为此说道，"事实上，规章制度保护着个人，而且整个科层体系都可以被视为一种保护个人的必要结构。之所以必要，是因为在社会行动提出的问题面前，个人是十分脆弱的"。[2] 既如此，许多人势必不再把组织的终极目标当作一回事，转而把执法手段本身视为目的。"吃力不讨好"，又何必"自讨苦吃"呢？

在对劳动部门的调查中，我时常听到"虚假招聘难以根治"这一说法，它是部分基层执法者对该问题治理难易程度的一种主观理解。虚假招聘在中国存在了二十余年且愈演愈烈，这一客观事实又似乎在某种程

---

① 我于2006年2月底向CH区劳动局反映周刊上的几则由同一伙骗子发布的虚假招聘广告，其工作人员廖楠最初极为诚恳和友善地表示"会尽快去了解、处理此事"。此后她也的确按常规程序去接触了骗子（第六章中有关该伙骗子的调查为此提供了侧面证据），并让我再等等，就会有相关处理结果。随后因发现这伙骗子仍在周刊上发布虚假广告，于是我再次电话告知廖楠，希望他们能加快对骗子的处理进度，以免更多求职者上当受骗。在明白我的用意后，她并未多说什么，只称仍在处理中，在礼节性地说声"谢谢你"后，挂断了电话。同年3月底，我再次电话询问他们对骗子有何处理时，廖楠仍称尚没有结果。她告诉我，他们正把主要精力集中于社区充分就业工作上，没有更多精力来处理虚假招聘这一目前尚无法根治的难题。直至后来，我再次主动电话联系对方，并声称自己准备就该问题写内参时，廖楠才称，他们已处理该伙骗子，但并未细说是如何处理的。

② ［法］米歇尔·克罗齐埃：《科层现象》，刘汉全译，上海人民出版社2002年版，第253页。

度上佐证了此类理解。当然，后者或许也是这种主观理解的一种客观后果——究竟在多大程度上可以视之为众多基层执法者的一种自证预言，这是一个有意思的话题。比如我最初接触到的 QY 区劳动局某工作人员就坦言，招聘欺诈是客观存在的社会难题，他们对此很无奈。或是为了平息我当时比较激动的心情，也可能是为了打消我的不解，该执法者还称，“你就把它当作是中国特色社会主义的一部分好了”。这一观点随后又在 JN 区劳动部门得到印证，该部门的赵雨指出，骗子骗术不断翻新，在开拓着受骗市场的同时，也令执法部门感到万般无奈。夏宇也认可上述看法，他说国家每年对劳动力市场秩序进行四次集中整顿，整顿期间骗子望风而逃，整顿完毕又都再次复出。对于虚假招聘的未来治理图景，夏宇并不乐观：

> 现在骗子太多，职能部门的任务很重，即使行政机关间互通信息，但若完全靠执法者来监管，我们也会很被动和无奈，无法有效解决该问题。除非哪天求职者的素养普遍提高，骗子失去了市场，虚假招聘问题才可望得到解决。否则，这种劳动力市场的混乱秩序仍将持续一段时间。

从夏宇等执法者身上，我似乎见识到了贝克尔另一观点的魅力，这就是，“规范的执行者和执行机构有可能倾向于对人性持有悲观的看法”，“规范执行者的怀疑和悲观在他的日常工作中会不断加深”。[①] 不过可以认为，正是由于虚假招聘极为普遍的客观事实，以及难以从根本上得到治理的普遍预期，加之政绩理性的利益诉求，久而久之就导致了执法人员在监管实践中的冷漠、推诿和仪式主义反应。虽不可否认，这可能部分是因为他们早已对此类求职受骗现象产生了见怪不怪的麻木心态，并日渐丧失了对受害者的同理心。但更加难以否认的是，这是由于此类反应符合他们自身的利益——不必冒失败的风险，也无须面对其他执法者尤其是上级的敌意，更不用提防来自骗子的人身威胁。以此而论，前

---

① ［美］霍华德·S. 贝克尔：《局外人：越轨的社会学研究》，张默雪译，南京大学出版社 2011 年版，第 131 页。

述科层作风不过是行政机关工作人员在当前组织架构下的一种自我保护机制。正是由于这种对个体自身利益得失的精心权衡，致使求职者的利益连同组织的利益和总体目标，被一些执法者抛到了九霄云外。克罗齐埃在指出"科层组织僵硬的深层功能"是"一种保护功能"时，还注意到科层成员在受到保护时也付出了一定代价，即没有任何手段来衡量自己的努力。[①] 本书中，基层执法者普遍表露出的那种无可奈何感，或可算是一种如上所说的"代价"。

二　条块分割下的部门本位主义

众所周知，国家机构权力纵线和横线的交错以及党政结构在国家机构所有层次上的复制导致了极其复杂的"矩阵"难题，这种纵横交错的"条块关系"[②] 被视为一种"矩阵混乱"。在需要跨部门合作解决的问题治理中，此种纵横交错的权力线路就会变得异常复杂且麻烦。有鉴于此，中国政体被认为在一定程度上是一种"分散的集权主义"政体，政治管理结构中的这种权力分散使得某个人阻挠重要政策的采纳或成功实施变得相对容易，特别是由于同级单位和公务员不能彼此发布具有约束力的命令。[③] 赵鼎新也有着类似看法，他说中国的社会治理观念比较陈旧，治理手段与部门利益相关并形成了一定的利益集团，这些集团为维持自身利益而有兴趣维持惯常的无效治理方式。[④] 换言之，"九龙治水"各自为政的困局或难破解。

李侃如（Kenneth Lieberthal）和赵鼎新所揭示的此类问题在国内学界多被概括为"条块分割"下的"多头管理"与"部门本位主义"。对于条块分割问题在公共政策执行中导致的诸多负面效应，国内学界已有

---

① ［法］米歇尔·克罗齐埃：《科层现象》，刘汉全译，上海人民出版社2002年版，第254—255页。

② 纵向组织机构为"条"，体现的是以中央政府部委为主实施政府治理的集权方式；各级横向机构为"块"，体现的是以地方政府为主实施政府治理的分权方式。参见蔡禾：《国家治理的有效性与合法性——对周雪光、冯仕政二文的再思考》，《开放时代》2012年第2期。

③ ［美］李侃如：《治理中国：从革命到改革》，胡国成、赵梅译，中国社会科学出版社2010年版，第188—190页。

④ 赵鼎新：《靠"钱"管不了社会，要靠社会自我博弈》，载赵鼎新《民主的限制》，中信出版社2012年版，第236页。

不少研究。这些基于府际关系视角的研究表明，条块分割导致了国家治理中的权威碎片化，阻碍了条块部门间在众多问题上的跨界合作与协同治理，并造成了政府行政成本日益攀升而行政效率始终没有明显提升的困境。[①] 作为对这一问题的回应，党的十七大报告提出了“大部制”改革思路，即在政府部门设置中将那些职能相近、业务范围趋同的事项相对集中，由一个部门统一管理。为此，2008 年的国务院机构改革将原劳动和社会保障部与原人事部合并为人力资源和社会保障部；2018 年将原国家工商行政管理总局和国家质量监督检验检疫总局、国家食品药品监督管理总局合并，组建国家市场监督管理总局。“大部制”被认为是中国行政管理体制改革在新的历史条件下适应市场经济发展的一个新举措。不过，这一改革或难以从根本上解决上述矩阵难题，有研究为此提供了显证，[②] 而众多领域中长期以来普遍存在的政府职能交叉、政出多门和多头管理问题，恐短期难以消弭。

以虚假招聘来看，这显然是一个需要多部门跨界合作的“大问题”，广告主管机关是原工商（现市场监督管理）部门，招聘又涉及劳动（人社）部门，虚假招聘涉嫌违法犯罪还牵涉公安部门，近些年来对发布虚假招聘信息之招聘网站的监管又增加了国家网信部门。因矩阵混乱导致的协同治理困境在对该问题的监管实践中有着明显体现，甚至在各部门对劳动力市场秩序联合开展的集中整治过程中也不例外，这从前述地方职能部门相互间的推诿和指责等科层作风中不难发现。调查中，针对 S 省工商局因医疗广告等监管任务很重而放弃对招聘广告的监管这一做法，夏宇表示他赞同工商部门广告监管任务很重这一事实，“从感情上可以理解省工商局重点抓医疗广告的说法，但不认可其做法”。他指出，“S 省工商部门实际上凭经验就可辨别虚假广告，最终却以举报人缺乏相关举证信息而不予受理，是执法不灵活的体现，是在故意‘行政不作为’。在当前中国立法进展较为缓慢的情况下，尤需靠执法者的责任心和铁腕政策来监管市场秩序，而不该繁文缛节、僵硬执法。”夏宇还强调，工

① 贺东航、孔繁斌：《公共政策执行的中国经验》，《中国社会科学》2011 年第 5 期；李瑞昌：《中国公共政策实施中的“政策空传”现象研究》，《公共行政评论》2012 年第 3 期。

② 陈慧荣、张煜：《基层社会协同治理的技术与制度：以上海市 A 区城市综合治理“大联动”为例》，《公共行政评论》2015 年第 1 期。

商部门若已接到有关媒体刊登虚假招聘广告的举报，却还不进行积极处理，这种态度和反应称其为执法不力或行政不作为，"怎么说都不为过"。当问及"劳动部门的工作人员在对歪公司罚款后，是否还有责任把情况告诉工商部门，让他们对骗子进行继续处理"时，夏宇认为，作为一个较真的执法人员，应该也只能警告这些歪公司，并通知工商局吊销其营业执照。但他指出，作为平级单位，劳动部门无权要求工商局。他说：

现在采用通知书或通知函的方式已过时，因为事情可能就是瞬间的。打电话给对方，严格而言，又是违规的。况且，即使通过电话把信息传递给工商局，也可能石沉大海。

夏宇还透露了如下信息（其中数据与实际情况可能有较大出入），从中可以清楚地看到，即使是在由劳动部门牵头开展的虚假招聘专项整治中，工商等条线部门也可能因部门本位观念而轻视了与其他条线部门的合作：

2006 年有 100 多起投诉，其中 3 起是劳动部门审批的职介机构，8 起是由人事部门审批的人才交流机构，另外的全是该由工商局管却未管到的歪公司，工商局就是不作为。操作层面上，部门间牵头协调管理，可每次开会时，执法机关之间争吵，甚至打架。

再以某记者针对一家歪公司有恃无恐的招聘欺诈行为，向广州市劳动侦察大队的调查为例。据该部门一负责人介绍，这些歪公司多由之前靠非法职介骗钱的人成立，以单位招工的名义继续行骗。因不再以职介所名义，它们就可以绕过劳动部门的审批，直接在工商局领取执照。劳动部门在接到投诉对其进行处罚时，按现有规定，对用人单位违法招工只能处以 1000 元以下罚款（比对职介所的查处力度小很多），且无权吊销其营业执照。这位负责人也强调，劳动部门当然可以向工商局提出建议，"但你总这样提，人家也烦呀"。该记者随后又向为该歪公司颁发营业执照的广州市东山区工商分局进行了解，该局监督管理科的科长告诉记者，目前这种事确实很多，对方符合申领执照的条件，工商部门不能不批，可一旦出现招工诈骗，又要由劳动部门来处理。这位科长表示他们会对此案中的歪公司进行调查，但其“如果劳动部门有什么建议，我们会积极配合”的话语，却在不经意间折射出不同部门间那种微妙的关系。①

再看C市工商行政管理局的年度工作安排之一——“配合有关部门加强对劳动者权益的保护，……进一步整顿和规范劳务中介市场，坚决打击黑中介”（《C市工商行政管理局二〇〇七年上半年工作总结及下半年工作安排》，2007年8月20日），由此似可这样理解：在各地工商部门看来，劳动部门承担着监管劳动力市场秩序的主要责任，是主管部门，工商部门仅是配角，配合的前提则是政府的统一组织和协调。只有在各级政府高度重视的劳动力市场秩序集中整治期，工商部门才有必要、有可能更好地发挥“配合”作用，而在日常监管期则无须“多管闲事”。按照这一逻辑，就不难理解为何官方文件中早已倡导的“长效联动机制”始终无法真正建立起来，为何政府始终形成不了治理虚假招聘的整体合力。时至今日，即便是针对一些公认的典型招聘欺诈现象，地方执法部门依然没有建立起有效的协同治理机制。而综合执法的缺失，势必导致诸多虚假招聘行为固化为顽疾。譬如，一些通过在招聘广告中“美化”薪酬待遇等事项，等到签订劳动合同或兑现承诺时却又否认招聘信息法律效力的招聘陷阱，正是因上述协同监管机制的缺失进而少有被真正执法处理的一类愈加凸显的招聘欺诈现象。②

总而言之，在虚假招聘这一部门职责多有交叉的社会治理难点领域，一些条块部门存在钻制度漏洞而推诿责任、“依法不作为”的情况，进而造成其“联而不动”——即使在形式上“联”了，但在问题的实际解决层面却始终“动”不起来——的消极后果。如果说政府组织内部的利益不一致导致的更多是执法者基于个体自身利益的理性不作为，那么因条块分割导致的则主要是基于部门自身利益的理性不作为。这让我想起

① 佚名：《小心招工骗局　非法职介变成招工单位骗钱》，《南方日报》2002年7月19日，https://news.sina.com.cn/s/2002-07-19/0944641794.html，最后浏览日期：2014年5月2日。

② 鞠实：《虚假招聘的“坑”需强力执法填平》，《浙江工人日报》2022年8月6日第2版。

了贝克尔的观点，“规范的实施和执行，在同时存在多个竞争集团时变得更加复杂”。[①]

三 行政执法资源匮乏

中国超大规模社会治理的需求导致了行政执法资源的严重不足，这已是一个公认的事实，而制度供给的滞后又加剧了这种资源的短缺。行政执法资源的短缺体现在诸多方面，这里仅着重阐述因“体制性人手不足”所引发的“选择性执法”。这是一种在实际执法过程中所践行的态度和行事方式，其印证了贝克尔所说的，较之于规范缔造者，规范执行者在工作上的态度已十分老练，在许多情况下都享有自由裁量权[②]。因相对于所需面对和处理的问题，规范执行者的资源和精力都很有限，不可能一次解决所有问题，故其将所有问题分为三六九等，首先解决较为严重的和亟须处理的。[③]

在前述我的调查中，劳动部门工作人员有关虚假招聘难以从根本上得到解决的普遍看法，以及部分工作人员因忙于社区就业促进工作而无暇顾及虚假招聘日常治理的做法，无不生动地再现了上述观点。再看我对S省工商部门的调查，该部门之所以对虚假招聘广告自始至终展现出一种轻视的态度，事实上也与其人手不足不无关联。譬如，针对其负责人雷某最初“虚假招聘广告危害性不大”的看法，我当时列举了诸多反证，对此他也表示认可。不过，雷某几次强调S省工商部门相关执法人员仅有6人，而广告监管任务又相当繁重。这就意味着，在人手少、执法资源严重不足的情况下，他们只能将有限的资源投入前面所说的医疗等重点广告监管领域。依此而论，S省工商部门并非认为虚假招聘广告不应受到监管，而是迫于治理任务繁重的现实压

---

① ［美］霍华德·S. 贝克尔：《局外人：越轨的社会学研究》，张默雪译，南京大学出版社2011年版，第106页。

② 作为规范执行者的政府科层人员在多数情况下拥有的“自由裁量权”也是一个不言自明的预设，其使得众多执法者尤其是基层成员在制度的名义下依个人心情、好恶或利益而行事。本书中，不同乃至同一执法者在面对诸多虚假招聘投诉举报时所展现出的那种可为或可不为的执法弹性，正是这种自由裁量权的充分体现。

③ ［美］霍华德·S. 贝克尔：《局外人：越轨的社会学研究》，张默雪译，南京大学出版社2011年版，第132—133页。

力，只能予以“选择性轻视”。这种基层治理困境也被生动地称作“上面千条线，底下一根针”。

这又涉及一个不可回避的议题，即什么样的问题才可能被执法者视为“较为严重”或“急需处理”？毕竟，问题的重要性直接决定了它是否，以及何时乃至如何被处理。遗憾的是，对此并无一个严格、客观的判断标准。如此一来，诸如劳动、工商和公安等条线部门纷纷把各自部门上级领导的中心议题和优先考虑，作为自身重点执法领域，进而就集体呈现出前述之政绩理性。也正是在该理性的驱动下，许多执法者把目光更多地投向了那些容易出较大显绩的执法任务，而对“事小又琐碎”的众多虚假招聘事件置之不理。因为后者即使执法成功，通常也不会带给他们显著绩效。更何况，在体制投入资源总体偏少的情况下，个体成功执法所需承担的代价和风险亦更大。

综上所言，正是因为执法者不可能一次性解决所有已经暴露的虚假招聘问题，所以他们必须有一个基于自身个体与部门利益考量的具体判断和选择标准，以此决定何时或在何种情况下、以何种方式来履行自己的监管职责。当发现诸多虚假招聘案件如果追究下去会相当麻烦，而自身的时间与精力等资源又十分有限时，这些执法者就会见风使舵，对许多虚假招聘视而不见或不及时做出制裁。与那些在骗局面前集体沉默的受骗大学生一样，这些有责任、有能力采取执法行动的基层执法人员在大行其道的招聘骗局面前袖手旁观、无动于衷，显然也犯下了“不为之恶”。①

四　立法层面的缺陷

中国现在正处于社会转型期，法律制度难以涵盖丰富多变的社会生活，法律漏洞经常存在。② 毋庸置疑，在虚假招聘治理实践中，这种法律漏洞的存在也不例外，这从前面一节所论述的S省工商局宋某有关周刊是否该被惩处的回应中可略见一斑。综合相关文献，此处简要考察了有关虚假招聘监管的部分法律漏洞。

---

① ［美］菲利普·津巴多：《路西法效应：好人是如何变成恶魔的》，孙佩妏、陈雅馨译，生活·读书·新知三联书店2010年版，第365页。

② 石现明、王卉：《略论法律漏洞及其填补》，《云南大学学报》（法学版）2012年第3期。

（一）有关虚假招聘广告法律认定标准的缺失

虽经两次修订，中国《广告法》的调整对象仍仅限于商业广告，包括招聘广告在内的其他类型广告不在其规制范畴内。与此同时，中国《就业促进法》（2015）第四十一条规定，"职业中介机构不得提供虚假就业信息"，并在第六十条明确规定，"劳动行政部门应当对本法实施情况进行监督检查，建立举报制度，受理对违反本法行为的举报，并及时予以核实处理"。为贯彻落实《就业促进法》而颁布的《就业服务与就业管理规定》（人社部第28号令），在第十四条还明确规定用人单位不得"提供虚假招聘信息，发布虚假招聘广告"。尽管如此，这两部法律法规并没有对虚假招聘信息或广告制定出明确的法律认定标准。

因尚无立法对虚假招聘广告的判断标准给予详细说明，这就使得一些地方立法在制定《广告法》实施细则时，将招聘广告等分类广告也纳入其中，[①] 劳动部门也在事实上依据《广告法》相关规定对虚假招聘广告进行监管。然招聘广告与《广告法》规制的商业广告存在根本性差异，根据《广告法》对虚假广告的认定来界定和查处虚假招聘广告势必为行政执法人员带来困难。加之，因《广告法》将招聘广告排除在适用范围外，这使得原工商部门的广告监管对象长期以来都不包括招聘类广告，但该部门又掌握着刊登虚假招聘广告之媒体的广告经营许可证的发放权。对于众多发布虚假招聘广告从事招聘诈骗的皮包公司，该部门还掌握着发放营业执照的权力。如此一来，立法上的缺失就不可避免地为职能部门间的相互推诿提供了空间，致使众多虚假招聘广告长期处于无人监管的真空状态。从前面章节的论述中可以看出，虚假招聘广告的监管是治理虚假招聘问题的重要一环，而有效监管的前提又是如何进行准确认定。因目前相关立法尚未涉及这一议题，这就为前述虚假招聘监管实践中存在的问题埋下了伏笔。

（二）有关媒体主观责任认定的纰漏

由于《就业促进法》等涉及虚假招聘广告的法律法规并未涉及对涉

---

① 宋亚辉：《虚假广告的法律治理》，北京大学出版社2019年版，第40页。

事媒体的责任认定，故发布虚假招聘广告的媒体要么在许多情况下处于监管真空地带，要么依据《广告法》相关规定进行查处。然中国《广告法》（1995 年版第 38 条，2015 年版第 55 条）规定，广告经营者和发布者只有在“明知或应知”情况下才依法承担相应的法律责任并受到相应的行政处罚。问题的关键就在于，如何认定“明知或应知”这种缺乏客观操作标准的主观性判断。加之，劳动部门只能对发布虚假招聘广告的广告主进行处罚，无权对发布虚假招聘广告的媒体进行惩处。具有处罚权的工商或市场监督管理部门的通常做法则是，检查媒体是否按照国家有关规定查验了广告主相关证明文件或核对了广告内容，但由于这些规定对“查验”与“核对”的具体标准并未予以明确说明，故而造成了前述怪象：媒体只要在程序上、形式上尽到所谓的审核义务，就可以在虚假招聘广告案件中以“能力不足”为由而得以免责。前述 S 省工商部门有关周刊无责的辩护就是明证。如此一来，《广告法》的这一规定在事实上往往形同虚设，甚至成为许多媒体肆无忌惮地发布虚假招聘广告的挡箭牌，同时也促使原工商部门“依法不作为”。

与对传统媒体的责任认定一样，互联网招聘平台同样仅被赋予了“合理注意义务”，即对那些显而易见的虚假招聘信息应当给予制止。譬如《广告法》（2015）第四十五条规定，互联网信息服务提供者对其明知或者应知的利用其信息传输、发布平台发送、发布违法广告的，应当予以制止。《民法典》第 1197 条也规定，网络服务提供者知道或者应当知道网络用户利用其网络服务侵害他人民事权益，未采取必要措施的，与该网络用户承担连带责任。相对于传统媒体，网络平台上的招聘信息实属海量，这就为平台因“能力有限”而无法事先对信息真伪进行审核提供了极好说辞。事实上，前已言之，在司法实践中这些网络平台通常被予以“责任豁免”。《法制晚报》记者对中国裁判文书网自 2008 年至 2017 年间所有涉及虚假招聘的一审判决书进行分析，发现网络平台从未因发布虚假招聘信息而受到法律的惩罚。[①] 对于小网站尤其是根本未经备案或许可的招聘网站，国家网信办或可直接查封，但又该如何解决大

① 佚名：《揭秘虚假招聘：网络招聘从未因虚假信息被判罚》，《法制晚报》2017 年 8 月 7 日，finance. china. com. cn/industry/20170807/4340494. shtml，最后浏览日期：2021 年 3 月 2 日。

型网站的问题呢？如果网络平台发布虚假招聘信息的法律责任仅停留在相关法律条款上，就难以避免众多网站在面对大量虚假招聘信息时"假装"看不到它们的存在，并打着"已尽形式审查之责"的旗号来开脱自身责任。

（三）有关大学生兼职的立法缺失

在第三章中曾提及兼职大学生难以如约领取报酬，在这类欠薪骗局中，招聘方事先有关岗位薪酬的承诺与事后给付的实际情况不一致，且通常都是在事后以各种理由恶意拖欠或克扣兼职大学生的应有酬劳。如此明目张胆地侵犯兼职大学生合法权益的制度根源，就在于此类权益在当前尚得不到任何劳动法律法规之明确、有效的保障。即有关兼职大学生应当怎样与用人单位建立劳动关系，怎样保护他们的劳动权利以及获得劳动报酬、休息休假和享受社会保障的权利等，中国现行劳动法律、法规和规章都没有做出明确的规定和解释。这是国家法律中的空白，而别有用心的招聘方恰恰利用了该空白。这些单位或个人乃至一些政府职能部门依据劳动部《关于贯彻执行〈中华人民共和国劳动法〉若干问题的意见》（劳部发〔1995〕309号）（以下简称《意见》）之第十二条规定——"在校学生利用业余时间勤工俭学，不视为就业，未建立劳动关系，可以不签订劳动合同"，主张现行非全日制用工法规不适用于大学生，因为他们不具备劳动者资格，不受劳动法保护。在他们看来，在校大学生与雇主的关系只是一种纯粹的劳务关系，即使其合法权益受损，也不能受到《劳动法》的保护。尽管也有一种观点认为青年学生具备劳动者资格，受劳动法保护，其依据是：第一，《劳动法》和相关司法解释有明确规定，在中国境内只要劳动者在企业劳动并取得了工资，都属于事实劳动关系；第二，《意见》同样规定，五类人员不适用劳动法，而青年学生并未包括在这五类人员内。[1]

争议双方都从现有法律法规中寻找有利于各自观点的依据，这说明

---

① 王华平：《劳动法专家叫板麦当劳、肯德基》，《新快报》2007年4月4日，news.sohu.com/20070404/n249189031.shtml，最后浏览日期：2014年5月7日；团中央权益部编：［权益工作简报第17期］《关于麦当劳、肯德基等企业涉嫌违法用工事件的调查与思考》，2007年，www.gqt.org.cn/bulletin/qyb_scyqy/200706/t20070608_31816.htm，最后浏览日期：2012年2月7日。

现有立法和上述规范劳动关系与劳资权利的规范性文件过于模糊，统一性不强，容易被不同人士从不同角度推出相互矛盾的结论。在某种意义上可以认为，正是《意见》的出台引发了对在校学生劳动性质的分歧，也成了一些单位或个人借此剥削兼职学生的依据。遗憾的是，直至今日，中国执法和司法实践似依然支持这种在招聘兼职学生时“用劳务协议代替劳动合同”的做法。譬如，被拖欠工资的大学生在维权时被职能部门告知，“在校学生属于劳务合同”，“不能走劳动仲裁，只可以走法院”。这无疑会助长那些挖空心思节约劳动力成本的雇主采用“劳务协议”来规避《劳动法》，以推卸应承担的法律义务。而这种做法在实践上的持续“成功”，也使得越来越多的雇主把兼职大学生视为好“坑”的对象，屡屡侵害其合法权益。何况，由于大学生兼职市场处于无序状态，兼职学生多没有与招聘方签订书面劳务协议，只有口头协议，进而导致权益受损的大学生即使想通过法律诉讼来追索劳动报酬，也会在较大程度上因难以取证而无法如愿。①

（四）有关诈骗罪成立的最低金额限定

《刑法》第二百六十六条规定，诈骗罪是指以非法占有为目的，用虚构事实或者隐瞒真相的方法，骗取数额较大的公私财物的行为。而根据《最高人民法院、最高人民检察院关于办理诈骗刑事案件具体应用法律若干问题的解释》（法释〔2011〕7 号）第一条，只有非法占有公私财物价值三千元至一万元以上才应当被认定为《刑法》第二百六十六条规定的“数额较大”，即构成诈骗罪。为此，各地认定诈骗犯罪的具体数额标准亦有所不同，譬如北京为“3000 元”，上海为“4000 元”，河南与四川为“5000 元”。这意味着，只有当骗子骗取求职者的钱财至少达到上述认定标准时，公安机关才会对相关投诉予以立案并进行刑事侦查，否则只对其进行登记并作为治安案件处理；或当对同一虚假招聘的投诉较多且举证金额合计至少达到认定标准时，作为串并案处理并立案。从节约行政执法资源的角度来看，这无可厚非，但该法律漏洞恰好为许

① 近年来相关个案维权遭遇可参见一则知乎帖子《大学生兼职被拖欠工资解决方法》及其跟帖，https：//zhuanlan. zhihu. com/p/152044495？ivk_sa = 1024320u，最后浏览日期：2021 年 4 月 8 日。

多骗子所利用。这些骗子多采取分散与小额诈骗的作案策略，以低于公安机关立案金额的数额对单个求职者行骗。又因求职者极为分散，难以在受骗后及时组织起来进行联合报案，这就使得众多骗子从求职者处实际骗取的钱财远远超过了上述认定金额，却始终逍遥法外。就此可认为，正是该法律漏洞在很大程度上助长了单起小金额招聘诈骗行为的泛滥，它既为行政机关严格执法"制造"了障碍，也为骗子规避法律风险提供了"保障"。尽管上述解释第五条也规定，利用发送短信、拨打电话和互联网等电信技术手段对不特定多数人实施诈骗，诈骗数额难以查证，但具有特定情形的，应当认定为《刑法》第二百六十六条规定的"其他严重情节"，以诈骗罪（未遂）定罪处罚，然这并未使上述现状从根本上得到扭转。

第八章　治理挑战

前面几章勾勒出骗子、受骗求职者、媒体以及政府这四大行动主体在虚假招聘事件或现象中所扮演角色之立体图景，该图景总体上为我们展现出四个不同版本的故事：第一个讲的是骗子为牟取非法利益而大肆施展各种招聘伎俩；第二个述及饱受虚假招聘之苦的求职者普遍面临的维权困境；第三个论及为追逐自身商业利益而纵容虚假招聘广告发布的媒体；第四个则叙及基层执法人员在监管实践中的“不作为”或“不够作为”。这四个故事既展现了不同利益主体各自的独特位置和独特经验，同时又在较大程度上相互重叠，从中不难看出，虚假招聘的发生离不开骗子、求职者、媒体乃至执法人员等行动者间的“默契配合”。或者说，作为本书研究对象的虚假招聘远非一种孤立的越轨行动，而是根植于一个关涉众多行动者的错综复杂的社会网络。在这一网络中，以上述四类主体为代表的诸多行动者，在其相互交织的互动中创造出一种促使虚假招聘不断再生的条件或机制，进而使之成为今日中国社会的一大顽疾。

第一节　虚假招聘：一种集体越轨现象

如上所说，虚假招聘之所以屡禁不止，绝非骗子一已之力所能及，而是离不开其他相关行动主体的漠视。为此，本部分从标签理论的视角出发，对此类复杂现象做进一步思考。诚如贝克尔所言，一个行为是否属于越轨，既取决于行为本身的性质（即其是否违反了某些重要规范），也取决于他人对该行为的反应和态度（即他人是否冠之以越轨的标签）。将这两个判断维度予以交互分析，就得到了三种越轨行为：纯粹越轨、秘密越轨和被错判的越轨。[1] 结合本研究需要，此处仅对前两种越轨行为进行讨论。

一　纯粹越轨

纯粹越轨（pure deviance），指既违反了规范，也被他人视为越轨的行为。如第三章所述，本书所论之虚假招聘总体上就属于此类越轨行为。不论是基于官方的相关法律定义，还是基于社会主义核心价值观的道德定义，尤其是考虑到广大受骗求职者对虚假招聘行为的憎恨和应激反应，这都是一个无可争辩的事实。

二　秘密越轨

秘密越轨（secret deviance），指的是违反了规范，却不被他人视为越轨的行为。在贝克尔看来，这类行为要么是不为人所知，要么是知情人并未对此表示明确异议。本书并未论及的一些虚假招聘行为（譬如所谓的招聘只是为了促销产品、宣传企业等），因其欺诈性更为隐蔽，也没有给受骗求职者造成明显的危害，故基本上都是以秘密越轨的形式存在。不过，这里更加关注的是除骗子之外的其他行动者的秘密越轨行为。

先看第六章阐述的早已在不同程度上沦为骗子帮凶的各类媒体，尽管它们发布虚假招聘广告的行为少有被求职者特别是地方行政机关明确界定为违法行为，但其有悖于媒体伦理与《广告法》等法律法规的客观事实，又不容置疑地揭示出这类行为的越轨属性。再看第七章着重论述的地方行政机关及其执法人员，他们在监管实践中所展现的不作为一直以来虽备受求职者、记者等知情人士的质疑和指责，但其身份在很大程度上阻止了人们为此类行为贴上越轨的标签。然依据相关法律法规，这种行政不作为或不够作为，不论理由是什么，都难逃“监督不力”“玩忽职守”的越轨嫌疑。

最后是作为受害者群体的求职者，如第五章中所述，他们中的大多数人最终都放弃维权，保持沉默。这种在与骗子较量中的集体沉默，不

---

① ［美］霍华德·S. 贝克尔：《局外人：越轨的社会学研究》，张默雪译，南京大学出版社 2011 年版，第 12、16—17 页。

论出于何种理由，都只会促使骗子愈益猖狂。然较之于媒体和地方政府部门的上述秘密越轨，这类行为更难被视作越轨，因为我们无法为之寻找到一个明确的立法依据。更何况，他们在权益伸张方面本就弱势，如果还把其无奈放弃维权的行为视作“越轨”，这对他们中的许多人而言，在情感上势必难以接受。2016 年 5 月 30 日，我在百度上提出“受害者放弃维权是否属于越轨”这一问题，很快就收到了一个网友的如下回答：

> 受害者放弃维权属于弃权，不属于越轨。在当今的中国，诚信缺失，道德滑坡，公民受骗的案例不胜枚举。报案者除了报案时的笔录还在公安部门保存以外，绝大部分被骗者的损失都没有挽回，大部分被骗者只能无奈地选择自认倒霉，不去找政府部门。这在一定程度上也反映了老百姓对警方的失望。说他们弃权还说得过去，说他们越轨就显失公平了。自己被骗了，还要被扣上一顶越轨的帽子，社会的公平正义还从何谈起？

随后围绕该问题进行的课堂辩论表明，该网友的回答具有较强的代表性。不过也有少数学生指出，当大家受骗后都只从自身利益出发，不坚持将骗子绳之以法，这对社会的诚信建设是有害的，更不利于社会的和谐发展。的确，作为一个公民理当具有公共关怀的意识，前述许多求职者置公共利益于不顾的“弃权”行为明显有悖于“文明、和谐、公正、法治和诚信”的社会主义核心价值观，更非“爱国”的体现。也就是说，我们既可从道德定义出发，也可基于公民的一般要义，把求职者自发放弃维权的行为视作一种集体越轨。

综上而论，在虚假招聘现象中并非只有骗子这一类越轨群体的存在，而是还潜存着其他各不相同的越轨群体——为了各自私利而不约而同地沦为骗子帮凶的媒体、基层执法者和求职者。除此之外，一些本书并未细述的行动者也属于此类越轨者。譬如，现实生活中那些对横行于身边之招聘骗局置若罔闻的人，包括但不限于保安等物管工作人员，以及那些被骗子假冒却又听之任之的单位等。换言之，有大量未被贴标签的越轨者一直以来都存在于虚假招聘现象中，而我们通常只关注到骗子。再或者说，受骗者和众多知情者普遍的袖手旁观与无动于衷，从根本上构成了一种系统性的姑息之恶，正是这种“集体性恶行”，在很大程度上助长了骗子的邪恶。

更为重要的是，单就每一类越轨个体来看，无论是其不约而同的行骗，还是不由自主地沦为行骗者的帮凶，其越轨行为都呈现出如周雪光所言之“大数”属性，即都是一种“无组织利益基础上的不约而同的自发行为”，“各自分散但类似”“聚而合之呈现出令人惊讶的大规模形式”。[①] 换言之，这些越轨群体的行为事实上都具有一种“集体的性质”。由此而论，虚假招聘实则是一种由不同类型行动主体之集体越轨行为共同构建起来的更为宏观的越轨图景——或曰作为集体行动的一种越轨现象。再看这里的“集体行动”，此概念既包括“那些有意识的共识所导致的行为”，也包括那些“看上去是由许多人一起参与的行为”，[②] 前者如骗子团伙内部有组织的欺诈行为，后者如众多求职者自发地放弃维权的行为。即其泛指一切具有“大数”属性的社会行为，不论其制度化和组织化程度的高低，这一点类似于西方学界最初有关“集体行动”一词的界定。[③]

第二节　挑战：“越轨—理性”困局的凸显

前述四类主体留给我们的印象是多样的，显然其中最为深刻的莫过于理性行动者之形象。不论是骗子、媒体，还是受骗求职者与基层执法者，其集体越轨行为都集中展现出一种自利性。相应地，潜藏在虚假招聘这一集体越轨现象背后的某种困境也随之浮现。

一　追逐理性：虚假招聘背后的利益考量

进一步而言，前述行为主体都在为自我的特殊利益而“奋斗”，唯独没有谋求公共利益。他们所追求的利益具有广义性，泛指一切世俗标准的好处，譬如金钱、感官享乐（在色相骗局中，骗子获取的便是这种

① 周雪光：《无组织的利益与集体行动》，《社会发展研究》2015 年第 1 期。

② ［美］霍华德·S. 贝克尔：《局外人：越轨的社会学研究》，张默雪译，南京大学出版社 2011 年版，第 149 页。

③ 冯仕政：《西方社会运动理论研究》，中国人民大学出版社 2013 年版，第 24 页。

感官上的刺激与享乐；在一些钱财骗局中，骗子也因对求职者的不断戏弄而获得了某种精神快感）、个体职业晋升和名声等。即其谋取私利的行为并非仅限于经济理性，而是展现出一种多元理性（见图 8－1），但这种看似多元的理性从根本上仍可归于工具理性范畴。换言之，这些行动主体的越轨行为多是经由理性选择的结果，只不过他们所选择的这种理性恰恰又都是一种“工具理性”，而非“价值理性”。就此而论，“越轨”与“理性”实乃虚假招聘现象的一体两面，其相互强化，进而构成了本部分所论之“越轨—理性”困局。这是一种较为具象的概括，意在强调这两者之间的高度关联性。

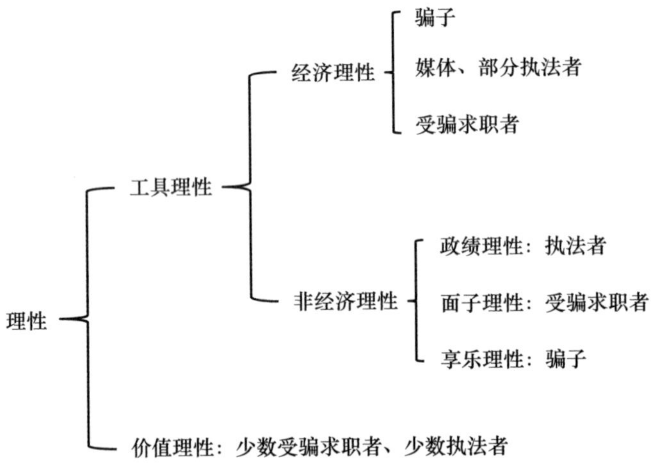

图 8－1　虚假招聘相关行动主体展现出的多元理性

值得强调的是，此处的“理性”不论是何种类型，本质上泛指一切隐含了某种审慎思考的元素或特质，并以推理方式得出结论的思维方式。据此，本研究中那些对虚假招聘持冷漠态度的相关知情人士——譬如，那些遭遇并识破了招聘骗局但压根就没想过要对其进行举报的大学生——因未曾展现出某种审慎思考的痕迹，故其冷漠反应在更大程度上属于韦伯所说的“传统型行动”——这种消极的行为反应仅是源于他们自身所内化了的“事不关己，高高挂起”这一中国人自古以来多所奉行的处事原则。另当我们将“工具理性”“价值理性”这种概括性的分类运用到对特定行为的分析时，需格外谨慎，因为这些概念本身仅是有关人类行为倾向或意义之“理念型”（ideal type）。据韦伯所论，所谓的理念型是一个概念的工具，借着片面地强调很具体的现象里面的某些成分，然后将之整合、提升成一种纯粹的概念。其可以指引我们如何去接近现实，但实际上我们无法在现实里找到完全契合这种纯粹类型概念的状况。[①] 正因为此，理念型的建构只是用来与实际进行对照（即在每一个特殊的具体情况下，我们可以比较实际状况和理念型之间的异同），借此以充分地认识到现实的复杂性和矛盾性。

正是由于这种现实生活的复杂性，我始终困惑于日常生活中一些行为的“理性”性质。譬如，那些并非纯粹无私奉献的利他行为——“帮助别人，快乐自己”是对此类行为的生动写照，以及那些旨在组织集体维权行动之领袖的行为（如本研究中那些民间公益维权行动）。我不确定这些行为所展现出来的“理性”究竟属于价值理性还是工具理性？抑或兼有，但更倾向于某一者？又或因高度综合而可称之为“复合理性”？毕竟，一些利他行为者可能正是因为看重从此类行为中所获取的自我价值感与满足感，才愿意从事此类行为；组织集体维权行动的领袖也可能不仅因自身的“正义感”，还可能出于某种“个人英雄感”，才得以不顾“枪打出头鸟”的个人风险，从事此类行为。这里的关键就在于，如何判定至少是部分支配着上述行为的自我价值感与个人英雄感？它们既有别于纯粹的社会公义感，不属于行为自身价值的范畴，同时又区别于那些纯粹务实的个体功利主义。难道这正好体现了如韦伯所说的工具理性式与价值理性式指向间所存在的那种错综复杂的关系？或恰恰展现了上述理念型的弊端？

基于上述思考，或可把人类行为的理性倾向描绘成一个连续谱，连续谱的一端是工具理性，另一端则是价值理性。在以这两种理性为相反两极的连续谱上，有些具体行为的理性倾向则介于两极之间，属于一种理性的“混合体”。我们只能在一定程度上判断其更趋近于何种类型的理性，却难以将之完全简化为某种纯粹意义上的理性。以这一研究行为本身为例，其既蕴含了旨在推动虚假招聘问题得到切实解决的价值理性

① 顾忠华：《韦伯学说》，广西师范大学出版社2004年版，第154—160页。

（尽管远未实现），又兼具工具理性一面（早已帮助我获得了博士学位）。但就研究最初动因以及持续至今的努力而言，本研究之价值理性特质似乎更为突出，所面临的实际困难也更大。

工具理性 ⟵⟶ 价值理性

图 8－2　理性的连续谱

又据韦伯所论，工具理性的过度膨胀使得价值理性的行动倾向相对萎缩，影响所及，是让有识之士必须正视伴随“现代”物质享受充分发达而来的“意义危机”。[①] 这种伴随着工具理性甚嚣尘上而日趋彰显之理性或曰现代性危机，究竟预示着怎样的结局呢？就本研究来看，前述“越轨”与“理性”间的这种相互强化势必会置全社会于一个巨大的困局，即再现了“个人理性的策略导致集体非理性的结局”这一著名悖论。众所周知，该悖论在当今中国社会生活领域中广泛存在，虚假招聘现象不过是其中一例而已。事实上，此悖论因挑战了“理性的人类能够取得理性的结果”之基本信念而备受关注，并成为哲学讨论的中心。[②] 相应地，对理性的反思和批判也早有展开。[③]

二　理性困局：虚假招聘背后的双重困境

这部分关注的是上述悖论在虚假招聘领域具体是如何可能发生的，下面将借重美国经济学家奥尔森（Mancur Olson）有关集体行动的主要观点来展开分析。

（一）截然有别的四大利益集团

与前述“集体行动”概念之广义性一样，这里的“集团”概念既包括有组织的集团，也包括无组织的集团。奥尔森在《集体行动的逻辑》一书中写道，即使在讨论没有组织的集团时，“集团”一词也意味着

① 顾忠华：《韦伯学说》，广西师范大学出版社 2004 年版，第 184 页。

② ［美］埃莉诺·奥斯特罗姆：《公共事物的治理之道：集体行动制度的演进》，余逊达、陈旭东译，上海译文出版社 2012 年版，第 6—7 页。

③ ［美］罗伯特·福格林：《行走于理性的钢丝上：理性动物的不确定生活》，陈蓉霞译，新星出版社 2007 年版，第 25 页。

"一些有共同利益的个人"，即"每个集团都有其利益"。[①] 在虚假招聘这一集体越轨现象中，前述行动主体实质上就构成了有着自身共同利益的特定集团。具体来看，骗子拥有对诈取更多金钱等不法收益的共同利益；求职者拥有对安全无虞之招聘信息与良好劳动力市场秩序的共同利益；媒体拥有对更多广告收入与良好行业形象的共同利益；政府拥有对更高政绩的共同利益。

同样据奥尔森的论述，[②] 我们可采借经济学中的"公共物品"这一概念——任何行为只要实现了任一公共目标或满足了任一公共利益，就意味着其已经向某一集团提供了一件公共的或集体的物品——来指涉上述不同集团各自拥有的共同利益。值得注意的是，一个集团的公共物品并不一定有益于其他集团。存有瑕疵的立法与行政制度，对寻求不法利益的骗子和媒体来说是公共物品，而这些制度的修正与完善对那些饱受其苦的求职者来说也是公共物品。以此类推，不断推陈出新的骗术对骗子而言是公共物品，但及时曝光骗术对求职者而言又是公共物品。即使是政绩这种属于政府的公共物品，其在特定情况下也有损求职者的共同利益。明白不同集团公共物品间可能存在的对立性，对于理解后面有关集体行动困境的讨论至关重要。

再就集团的规模与性质来看，这四大利益集团也显著有别：骗子集团，其内部形态复杂，既包括如奥尔森所说的无数"足够小"或者说"面对面"的小集团——成员仅有几人或十几人；也包括许多组织化程度较高的大型集团——成员多达几十人、上百人甚至数百人，典型的如传销组织以及连锁黑中介等。（奥尔森在书中并未对集团的大小做一个明确的数量界定，所谓的大集团与小集团似仅就集团成员人数多寡相对而言的。）而媒体与政府这类集团都是正式组织，内部的小型领导集团在这类组织中通常扮演着十分重要的角色。譬如，广告营销部等分支部门，就可以被看作是在传媒组织中发挥着重要作用的此类小集团。

---

① ［美］曼瑟尔·奥尔森：《集体行动的逻辑》，陈郁等译，格致出版社 2011 年版，第 7 页。

② ［美］曼瑟尔·奥尔森：《集体行动的逻辑》，陈郁等译，格致出版社 2011 年版，第 13—14 页。

求职者则是大型无组织集团的典型，如奥尔森[①]所论，他们虽然拥有明显的共同利益，但就重要性来看，迄今尚无能代表此种利益的组织，故其属于虽大范围存在却又几乎未经组织之分散的利益主体。第五章中曾谈到，在求职受骗大学生中涌现出如“反传销志愿者联盟”等旨在维护更多求职者权益的民间团体，然亦如该章所言，这类团体的知名度总体较为低下，且因缺乏必要的社会支持而多难以持久生存，更不用说发展成为全国性的求职者利益代言人。通俗而言，求职者就是一群无组织的乌合之众。正因为此，致使该集团成员在与骗子、媒体乃至政府等集团的较量与抗争中，常常因规模与实力上的严重不对称而处于相当弱势的境况——这种状况亦被称为一种“公共灾害”[②]，尤其当后者结成一个事实上的利益联盟时。

（二）四大集团集体行动的差异性逻辑

在奥尔森看来，作为公共物品的集团共同利益所具有的“非排外性”，导致了集团成员在追求共同利益之集体行动中的“搭便车”困境，而这一困境在大集团中尤为突出。换言之，集团规模越大，集体行动就越难。除非给予集团成员不同于共同利益的独立激励，或对其施以强制性措施，否则大型集团难以建立起组织以追求他们的共同目标。相比之下，在一个很小的集团中，因成员自身的个人利益与集体利益高度重合，故更容易被导向那些能增进共同利益之集团行动。奥尔森也指出，这还可能是由于受到只有在较小集团中才发挥作用之“选择性激励”因素的促动，比如社会压力和社会激励。[③]

奥尔森的理论揭示出大集团和小集团在集体行动方面存在的上述差异性逻辑，在本书中亦有着生动展现，而这同样源于前述四大集团在规模与性质上的显著区别。具体来看，就骗子、媒体与政府这三大利益集团而言，虽然其总体上十分庞大，但各自实际上由无数小集团组成，因而具有如下优势。

---

① ［美］曼瑟尔·奥尔森：《集体行动的逻辑》，陈郁等译，格致出版社 2011 年版，第 191—192 页。

② ［美］詹姆斯·S. 科尔曼：《社会理论的基础》（上），邓方译，社会科学文献出版社 2008 年版，第 527 页。

③ ［美］曼瑟尔·奥尔森：《集体行动的逻辑》，陈郁等译，格致出版社 2011 年版，第 71 页。

其一，组织性较强。对媒体与政府来说，这一点不言而喻。即便对骗子而言，同样如此。正如第四章中有关骗子行骗策略的论述所揭示的，团伙化与组织化恰是骗子所采取的主要行骗策略之一。

其二，集体利益具有一定的相容性，即集团成员在追求这种利益时是相互包容的。① 先来看媒体与政府，尽管在这两个集团的内部不可避免地存在竞争，但其成员在追求良好的行业形象或政绩这类集体利益时，往往是相互包容的，存在着“一损俱损、一荣俱荣”的利害关系；再看骗子，从前面第三、四两章有关骗子行骗手法的分析中不难发现，该集团所面临的主要是“把蛋糕做大”的问题。他们希望“做蛋糕”的人越多越好，集团规模越大越好。故为牟取更多非法利益，该集团颇费心机、不择手段地从受骗求职者中物色合适人选，以充实、壮大集团规模。前述传销组织与黑职介等，正是这方面的典型。

其三，对集团成员施以选择性激励。以骗子为例，不论集团规模，对“业绩”优异的集团成员进行货币或物质奖励，甚至是晋升奖励等，通常都是其驱使成员积极投身于增进集团共同利益之有效手段。与这些激励相伴随的还包括心理激励和社会激励，这在传销组织或诸如职介机构等类似传销的集团中都较为常见；强化货币与社会激励的选择性激励机制，在媒体中同样普遍；政府中的选择性激励则包括货币与晋升奖励等。

其四，采取行动时诉诸“小集团”架构。以骗子为例，即使是那些具有较多成员的大型集团，往往也通过将众多成员划分为承担不同或相同职责的若干“小集团”（如传销组织中的业务一部、业务二部等），来提高行骗效率。即哪怕是成员众多的大集团，在采取实际行动时也需借助于内部不同性质的小集团，以更好地促进集团成员去获取集体物品。类似地，传媒与政府这类大型集团，也可被视为是由无数较小集团（不同媒体或政府部门）所构成的联盟，而在特定小集团内还可细分为不同职能部门，以此类推，直至将实际任务切实赋予某足够小的集团，从而保证更大集团之集体物品的获取。

与上述集团在各自集体行动上的“作为”形成鲜明对照的则是，作

① ［美］曼瑟尔·奥尔森：《集体行动的逻辑》，陈郁等译，格致出版社2011年版，第32页。

为大型无组织集团的求职者在增进自身集团共同利益之集体行动上，几乎处于“不作为”状态。第五章中有关多数受骗求职者自发理性地放弃维权之论述，为此提供了有力证据。进一步而言，该集团成员在维权选择上自发、自利的“共谋性”沉默，不仅无法增进集团自身的共同利益，反而还构成了一种会损害此类利益的集体行动。这种负向的集体行动之所以盛行，在较大程度上恰是因为：一方面，单个求职者的利益并非与该集团的共同利益高度重合。毕竟，求职者个体维权的收益可能远低于为此所要支付的实际代价。况且，求职者的身份本身是暂时的、极不稳定，这势必使之不会如上述集团成员那样关注自己临时隶属集团的共同利益；另一方面，求职者集团内部的“原子化”属性阻碍了人际压力、心理激励等通常能在小集团内部发挥效用之“选择性激励”机制的确立。

尽管如此，前面对求职者维权实践中相关“亮点”的分析，也在一定程度上表明求职者并非一盘散沙。他们可能基于网络平台而构建起局部的维权小集团，甚至还可能出现更多的如“反传销志愿者联盟”之类较为成功的日趋组织化和制度化的维权团体。更为重要的是，凭着自我的“内在选择性激励”，一些如凌云等极具奉献精神的“关键群众”也逐渐出现，并激发了更多局部的旨在增进求职者共同利益的集体行动。(“内在选择性激励”与“关键群众”这两个概念，源自西方学界对奥尔森搭便车理论的相关批判。①）也就是说，在求职者这个大型集团内部，一些个体为获取该集团公共物品的努力依然存在，而非绝对缺失。但这类个体自发的正向集体行动在当前尚属“难以燎原”的“星星之火”，无法与占据主流的负向集体行动相抗衡。

概言之，求职者集团更少具有上述三大集团所拥有的优势，由此导致他们在集体行动实践上的根本性差别：前者在集团自身共同利益的实现方面，整体上呈现出负向集体行动居多之势；骗子、媒体与政府这三大集团在此方面则是正向集体行动居多。正是由于这一在集体行动上客观存在的差异性逻辑，最终导致下面所要阐述的集体行动之双重困境。

---

① 赵鼎新：《社会与政治运动讲义》（第2版），社会科学文献出版社2012年版，第160页。

（三）四大集团集体越轨行动之“双重”困境

斯密（Adam Smith）在《道德情操论》和《国富论》这两部名著中，无一例外地提到了人的利己本性。在他看来，“毫无疑问，每个人生来首先和主要关心自己”。[①] 在《道德情操论》中，斯密[②]把这种基于个人利益的利己主义称为“自爱”，并视之为人类的一种美德，是一切经济活动的必要条件。在有关此种利己心的论述中，斯密还强调了“看不见的手”所发挥的作用。在《国富论》中，这只“看不见的手”被用来比喻说明竞争过程的有益后果；在《道德情操论》中，它则被用来说明一个更为基本的问题，即在这只“看不见的手”的指引下，人们对个人利益的追求往往能达致增进人类福利之更大社会目的。如此，便产生了社会科学研究中为众人所知晓的第一条定律，“有时当每个个体只考虑自己的利益时，会自动出现一种集体的理性结果”。然而促使该定律发挥作用的那只“看不见的手”，必须依托斯密所说的同情心和正义感等美德。假如没有了此类美德来帮助人们克制私利，那么个体自私的本能必会彰显无遗，甚而贻害无穷。[③] 如此就有了奥尔森揭示出的另一有名定律：“有时不管每个个体多么明智地追寻自我的利益，都不会自动出现一种社会的理性结果”，这就是后来在学界广为流传的“集体行动的困境”。

遗憾的是，正如前面诸多分析所表明的那样，同情心和正义感等伦理价值在当今中国社会似日趋式微，与工具理性的膨胀相伴随的恰是由奥尔森所展示出来的第二条定律。即当缺失必要的美德时，即使存在共

① ［英］亚当·斯密：《道德情操论》，蒋自强等译，商务印书馆 1997 年版，第 101—102 页。

② ［英］亚当·斯密：《道德情操论》，蒋自强等译，商务印书馆 1997 年版，译者序言，第 13 页。

③ 与“自爱”是一种美德不同的是，斯密是在轻蔑意义上使用“自私”的，他把“自私”与“贪婪”相提并论。由是观之，在“自爱”与“自私”之间存在一个似极易逾越的边界。正因为此，斯密才在《道德情操论》中竭力证明，具有利己主义本性的个人如何控制其感情和行为，尤其是自私的感情和行为，从而为建立一个有必要确立行为准则的社会而有规律地活动。在斯密生活的时代，“道德情操”一词恰是用来说明作为一种被设想为在本能上是自私动物的人所具有的作出判断、克制私利的能力。蒋自强等译者在《道德情操论》“译者序言”（第1—20 页）中认为，斯密在《国富论》中所建立的经济理论体系正是以他在《道德情操论》中的上述论述作为前提，并指出“利己本性”实乃斯密学术思想体系的一个共同起点。

同利益，理性的个体也不会为之而采取合作性的集体行动，“困境”也就因此产生。在本书中，这种困境还具有如下鲜明的“双重性”。

首先，是求职者集团所面临的困境。该集团虽有着对安全的劳动力市场之共同利益，但作为个人的求职者也会意识到对“求职安全”这类公共物品的提供，仅凭个人努力通常无济于事。更何况，出于前述诸多原因，单个求职者亦从根本上缺乏不惜代价去努力争取该公共物品的动力或压力，相反却能在任何情况下从别人争取到的劳动力市场秩序中获益。这就使得，作为理性人的求职者个体往往不约而同地抱着“懒得折腾”“反正我也改变不了什么”“总会有人去管的”之类消极心态，对严重威胁到集团共同利益之虚假招聘现象采取漠不关心甚至非合作态度。又如第五章中有关求职者维权困局的分析所示，当大多数求职者事实上都试图搭便车时，即便是少数扮演着“关键群众”角色的求职者，当认识到自己为获取上述公共物品而作出的无私努力实际上收效甚微时，最终也可能不得不放弃这种无谓的牺牲。毕竟，不论多么无私，只要求职者是理性的，那么其实现集体目标的手段就应该是有效率的和有实际意义的。徒劳无益的牺牲虽有助于善行的传播，但有时也被认为是不值得称赞的，[①] 甚至会被认为是“很天真的”“很傻的”。如此一来，庞大的求职者集团必因多数成员对集团共同利益的冷眼旁观而饱受集体行动困境之苦：多数求职者的负向集体行动促使虚假招聘愈演愈烈，这反过来又导致越来越多的求职新人深受其害。

其次，是国民这个更大集团所面临的困境。据奥尔森[②]所论，国家可以被视为一个巨型集团，其成员是无数毫不相识的公民。上述四大集团中的个体无疑是国民或国家这一更大集团的成员，并拥有对公序良俗的共同利益，而这一社会公共利益的实现同样离不开国民集团成员的共同努力。然而讽刺的是，就骗子、媒体与政府这三大集团而言，其成员增进自身集团共同利益之集体行动，却演变为阻碍他们作为国民集团成员应努力增进之社会共同利益的绊脚石。他们为了自身集团的共同利益

---

① ［美］曼瑟尔·奥尔森：《集体行动的逻辑》，陈郁等译，格致出版社 2011 年版，第 73—74 页。

② ［美］曼瑟尔·奥尔森：《集体行动的逻辑》，陈郁等译，格致出版社 2011 年版，第 12 页。

而不惜去践踏、侵害求职者集团的共同利益，这种原本是增进特殊集团公共物品的正向集体行动，最终沦为最为庞大的国民集团公共物品的对立物。求职者集团自身的负向集体行动，亦是如此。由是观之，若国民集团成员始终无法在公共秩序、公共道德这类维系社会正常运转之公共产品的供给上达成正向集体行动，其结果必定是：前述诸多对个人或相对较小集团而言的集体理性（越轨）行动，会不可避免地导致对整体社会而言的非理性结果，一个根本性的社会困局由此产生。

若此，社会人人都将因之而利益受损，即便是骗子本身，也难逃成为该困局埋单者的厄运。第五章中有关受骗求职者杀死黑中介老板与员工的新闻，正是明证。毕竟，令人防不胜防的虚假招聘，按照科尔曼的话说，便是进一步削弱了中国社会本就严重缺乏的社会资本。社会资本的匮乏又意味着什么呢？中华人民共和国国务院原总理温家宝早已给出了答案："现在影响我们整个社会进步的，我以为最大的是两个方面。一是社会的诚信，一是政府的公信力。这两个方面解决好了，我们社会就会大大向前迈进一步。"[①] 否则，一旦各利益集团所展现出来的上述"理性"最终成为社会行为的根本准则，那么生活于其中的个体，又有谁能独善其身？

---

① 温家宝：《"中国崛起"的标志在人才和教育》，2011 年 2 月 27 日，news. sohu. com/20110227/n279550097. shtml，最后浏览日期：2012 年 5 月 8 日。

第九章　治理展望

从党的十八届三中全会到十九届四中全会，党和国家社会治理的理念不断发展。在这一过程中，以俞可平为代表的一群知识分子发挥了关键作用。他们将西方治理理论引介到中国，并结合本土语境进行了理论和实践层面的探索，进而使得相关治理概念成为当前中国政治与学术话语体系中的重要范畴。[①] 因党和国家对社会治理等相关概念并未进行理论辨析，而是采取枚举“最关心最直接最现实的利益问题”的方式来进行界定，[②] 这使得中国政界和学术界对社会治理存在不同的理解，而这种理解的不同会导致所期望的社会治理共同体的形式也不相同。[③] 目前就学术界研究来看，理论研究的深刻性和系统性都严重不足，大量研究停留在政治宣传上，并未进行深入细致的学理分析。[④] 在我看来，具有共识性的理论阐述对于社会治理实际工作的推进固然重要，但相对于今日中国错综复杂的社会现象与社会问题，既有相关理论探讨显得鞭长莫及，学界在实践层面上的治理创新研究也较为缺乏，虚假招聘正是其中一例。有鉴于此，本部分聚焦于虚假招聘这一民生问题之治理改革与创新，为在实践层面上探寻特定领域社会治理共同体的建设贡献绵薄之力。那么，该如何“创新”与“改进”，才能提升虚假招聘之社会治理效能？社会治理共同体的构建，在虚假招聘治理实践中又该有着怎样的具体模

---

① 俞可平：《走向善治：国家治理现代化的中国方案》，中国文史出版社 2016 年版；范逢春、张天：《国家治理场域中的社会治理共同体：理论谱系、建构逻辑与实现机制》，《上海行政学院学报》2020 年第 6 期。

② 冯仕政：《社会治理与公共生活：从连结到团结》，《社会学研究》2021 年第 1 期。

③ 王思斌：《社会治理共同体建设与社会工作的促进作用》，《社会工作》2020 年第 2 期。

④ 冯仕政：《社会治理与公共生活：从连结到团结》，《社会学研究》2021 年第 1 期。

式与路径？高校在虚假招聘治理中又能发挥什么作用？这些正是本部分所要探讨的具体议题。

第一节　精准治理：细化虚假招聘立法规定

党的二十大报告指出，“全面依法治国是国家治理的一场深刻革命”，要“加强重点领域、新兴领域立法”，“推进科学立法、民主立法、依法立法”等。[①] 对于“就业”这一“人民最关心最直接最现实的利益问题”之一，要“实施就业优先战略”，包括“健全劳动法律法规”“完善劳动者权益保障制度”等。在这一语境之下，本书认为，提升虚假招聘治理的精准化、智能化水平是应对日趋“组织化、链条化和精准化”之虚假招聘乱象的关键。换句话说，惩治虚假招聘，在立法上需要更加精细化。事实上，在人工智能技术方兴未艾的时代背景下，精准治理俨然已成为中国国家治理法治化语境的应有之义。[②] 国务院印发的《新一代人工智能发展规划》（国发〔2017〕35 号）亦明确提出要“利用人工智能提升公共安全保障能力”与“提高社会治理智能化水平”。此后，对网络虚假招聘进行规制的《网络招聘服务管理规定》之第二十七条便体现了这一点（见表 7－2）。即将实施的《反电信网络诈骗法》也较为鲜明地体现了“精准化”这一元素，全国人大常委会法工委刑法室主任王爱立如是说道：“这部法律坚持问题导向，针对实践需要，对关键环节、主要制度作出规定，条文不多，但每一条内容都力求精准管用。”[③] 既如此，又该如何对虚假招聘立法做进一步细化呢？针对第七章中有关虚假招聘监管的部分法律漏洞，本节拟从以下三个方面展开讨论。

---

① 习近平：《高举中国特色社会主义伟大旗帜　为全面建设社会主义现代化国家而团结奋斗——在中国共产党第二十次全国代表大会上的报告》，《人民日报》2022 年 10 月 26 日第 1 版。

② 郑戈：《国家治理法治化语境中的精准治理》，《人民论坛 · 学术前沿》2018 年第 5 期（下）。

③ 《惩治电信网络诈骗，这部专门立法“精准出招”》，锦州网警巡查执法百家号，2022 年 9 月 6 日，https：//baijiahao. baidu. com/s? id = 1743200575960103509&wfr = spider&for = pc，最后浏览日期：2022 年 10 月 20 日。

一　推进虚假招聘广告相关立法

（一）厘清虚假招聘广告法律认定标准

前已言之，有关虚假招聘广告的法律认定标准始终处于缺失状态。如果说将招聘广告等非商业广告纳入现行《广告法》调整范围，会使得立法者在实体内容和制度设计上面临较大困难，[1] 那么完全可以在《网络招聘服务管理规定》这类最近实施的行政法规中填补这一立法上的缺失。具体来看，应该在总结多年来招聘广告监管之经验教训的基础上增加有关它的明确规定，并列出构成虚假招聘广告的具体情形。譬如，以要件来看，应规定招聘广告必须准确、清晰地标注以下内容：用人单位的名称（全称或规范简称）及详细地址，拟招聘岗位的职责（具体工作内容）及相应条件、具体待遇，拟聘用人员的数量等；就内容真实性来看，应规定凡招聘广告中所涉信息必须与客观事实完全相符，不得虚构或冒用其他单位的名义进行招聘，不得虚饰或夸大用人单位的基本情况、岗位待遇等信息，不得以“高薪”“待遇优厚”“无须任何条件”等字眼误导求职者，不得超出广告主营业执照或人力资源服务许可证的业务范围发布招聘广告，不得利用各种互联网平台（含微博、论坛、微信、QQ等即时聊天工具）发布不实招聘信息等。至于虚假招聘广告的具体界定和分类，详见本书第三章第一节。

（二）为媒体责任认定设立“客观事实”标准

前已论之，“明知或应知”这类缺乏客观操作标准的模糊用语在广告监管实践中可能引发不良执法效应。针对异常突出的网络虚假招聘问题，《网络招聘服务管理规定》虽已对网络招聘服务平台应当履行的信息审查义务做了明确要求，但如何才能确保践行“流量为王”之盈利模式的网络平台切实履行信息审查义务？我们应当借鉴国外一些好的经验，在为传统的广告发布者以及网络信息服务提供者等责任主体设定法律责任时，应以“客观事实”标准来取代“明知或应知”这一要求。以招聘广告为例，不论传统广告发布者抑或各类网络信息服务平台是有意还是

[1] 宋亚辉：《虚假广告的法律治理》，北京大学出版社2019年版，第34页。

疏忽，只要其所传递、发送、发布的招聘广告被证实为虚假，其都该承担必要的法律责任，绝不能因所谓的无辜动机而被免除本应肩负的“合理注意义务”。即便是“客观疏忽”，亦不能成为网络平台等责任主体长期传递、发布虚假招聘广告的理由，而只能证明其根本就不具备鉴别和发布广告的能力，故不得再为他者提供此等服务。

（三）细化与强化网络招聘服务平台的法律责任

前已言之，大量网络虚假招聘信息的始终存在以及由此频频引发的虚假招聘事件，无不表明许多网络招聘平台并没有严格按照《网络招聘服务管理规定》履行自己应尽的信息审查义务。尽管“不能苛求平台确保用人单位不会在线下实施骗取保证金、体检费、培训费等违法行为，因为这远远超出招聘网站所能把控的范畴，但根据自身业务发展模式，按照《网络招聘服务管理规定》要求，穷尽现有技术手段，对用人单位资质和所发布招聘信息的真实性和合法性予以必要审核，是招聘平台应当履行的基本义务。”① 为此，通过“强化对网络招聘平台的监管，对于屡禁屡犯的平台进行严肃处理，建立黑名单制度”，以“压实平台责任”“倒逼企业自律，净化市场环境，维护良好的就业市场秩序”，② 就成为如今舆论界的强烈呼声。

在我看来，《网络招聘服务管理规定》的一个十分明显的进步是，对网络招聘服务平台的信息审查责任不再采用传统的“明知或应知”以及“知道或者应当知道”这种缺乏可操作性的字眼，而采用的是“应当”这一表述，这就为前述之采用“客观事实”标准来认定网络招聘服务平台在诸多虚假招聘事件中的法律责任提供了更为明确的法律依据。如果此立法理念在行政执法中得到有力践行，就有望扭转当前“网络招聘运营造假成本低，惩罚难以落实”的局面，进而从根本上改变诸多招聘网站“审核体系形同虚设”的现状。但较之于《反电信网络诈骗法》，《网络招聘服务管理规定》对网络招聘服务平台违法行为之行政处罚力度明显偏轻。譬如，前者第四十一条中对“未履行网络服务实名制职

① 马谓：《招聘网站审核不能流于形式》，《法治日报》2022 年 3 月 2 日第 5 版。

② 何慧敏：《治理网络虚假招聘，压实平台责任是关键》，《检察日报》2022 年 3 月 22 日第 4 版。

责，或者未对涉案、涉诈电话卡关联注册互联网账号进行核验的”等规定的互联网服务提供者，“由有关主管部门责令改正，情节较轻的，给予警告、通报批评，或者处五万元以上五十万元以下罚款；情节严重的，处五十万元以上五百万元以下罚款，并可以由有关主管部门责令暂停相关业务、停业整顿、关闭网站或者应用程序、吊销相关业务许可证或者吊销营业执照，对其直接负责的主管人员和其他直接责任人员，处一万元以上二十万元以下罚款”；后者第三十四条中对未依法履行信息审查义务的网络招聘平台，“由人力资源社会保障行政部门责令改正；拒不改正，无违法所得的，处一万元以下的罚款；有违法所得的，没收违法所得，并处一万元以上三万元以下的罚款。”①

鉴于《反电信网络诈骗法》只能覆盖非接触式招聘诈骗，其他诸如接触式招聘诈骗以及各类骗力等招聘欺诈行为并不受该部法律的规制，加之其对“较轻”“严重”等情节依然缺乏明确的认定标准，故这里参照这部法律，对《网络招聘服务管理规定》中有关网络招聘平台之法律义务和责任条款的未来修正，提出以下几个方面的看法：

其一，第二十四条中对网络招聘服务平台尤其是知名大平台运用大数据、区块链等技术措施来防范网络招聘欺诈等违法犯罪活动的要求用语，应从“鼓励”改为“必须”。换言之，网络招聘平台应当研究开发有关招聘欺诈反制技术，用于监测识别、动态封堵和处置涉诈异常信息、活动。正如中国社会科学院大学互联网法治研究中心执行主任刘晓春所言，在治理上，只有平台能够去总结并且识别到第一手资料，且有能力提炼出这种特定风险场景的特点和建立一些风险模型。② 只有各平台建立起有效的反招聘欺诈的内部控制机制，才能及时化解更多求职者遭遇

① 即便如此过轻的行政罚款之类行政处罚案例，我也仅搜索到极少的几例，参见《58 同城被罚！未核验商户真实信息》，新税网搜狐号，2022 年 3 月 2 日，https：//www. sohu. com/a/526654020_ 120931740，最后浏览日期：2022 年 10 月 22 日；吴碧慧：《独家：智联招聘子品牌因发布不真实不准确内容被罚 CEO 郭盛没面子》，运营商财经网百家号，2020 年 6 月 1 日，https：//baijiahao. baidu. com/s? id = 1668281476760999274&wfr = spider&for = pc，最后浏览日期：2022 年 10 月 22 日。

② 央广网：《治理“假招聘、真骗局”求职者呼吁精准打击网络招聘乱象》，2022 年 8 月 21 日，http：//finance. cnr. cn/txcj/20220821/t20220821 _ 525978549. shtml，最后浏览日期：2022 年 10 月 22 日。

欺诈的风险。即使一些小型平台可能缺乏大平台那样的技术资源和能力，但是其也必须探索相应的做法。比如在出现虚假招聘事件后，应当搜集相应的信息并对其进行细致的梳理和分析，找到容易出现漏洞的审核环节，进而在今后的信息审核中有针对性地去予以防范。

其二，明确网络招聘服务平台在其内部员工参与倒卖求职者个人简历事件中所应担负的法律责任。梳理近些年网络招聘骗局之精准诈骗手法不难发现，骗子之所以“得心应手”，主要是因为事先掌握了受骗者的真实信息和求职需求，而平台内部员工利用管理漏洞私自倒卖求职者个人信息便是其幕后推手。显然，平台方负有保障用户个人信息的基本责任，这在《刑法》（第三百五十三条对侵犯公民个人信息罪作出了规定）、《网络安全法》（在第四章以专章的形式对网络信息安全进行了系统规定，而个人信息安全是网络信息安全的重要组成部分），以及《反电信网络诈骗法》（第二十五条第一款规定任何单位和个人不得为他人实施电信网络诈骗活动出售、提供个人信息）等法律中有着明确体现。但现实生活中，因管理等方面的疏漏致使其内部员工有机会涉案，屡屡造成公民个人信息泄露的事件，平台方却无需承担责任，监管层也没有进行行政处罚的依据。为此，诸多专业人士认为，因为网络招聘平台没有尽到对用户个人信息的安全保障义务，故需要对用户信息被泄露承担民事赔偿责任。不过，鉴于用户很难对侵害造成的损失进行举证，致使发生的侵害可能陷入了一种无责可追的状况。因此，按照保障义务原则，平台应承担连带的监管责任，受到行政处罚，屡犯者还应被从重处罚。[①] 虽不必如国外那般开出巨额行政处罚的罚单，但这种行政处罚应该与其违法所得和所造成的危害或具有的潜在危害性直接挂钩，且偏重于财产罚（没收违法所得、罚款）与能力罚（责令停产停业、责令关闭、限制从业等）。至于如何进一步细化平台的民事赔偿责任与行政责任，则有待行业人士和法学界人士的进一步探讨。

---

① 参见驱动中国《智联招聘再涉倒卖简历案件，应对用户隐私泄露事件担责》，2019 年 7 月 11 日，https://baijiahao.baidu.com/s? id = 1638751910968265276&wfr = spider&for = pc，最后浏览日期：2022 年 10 月 22 日；向雨：《智联招聘、猎聘网被立案调查，专家建议从重处罚》，中华网财经百家号，2021 年 3 月 21 日，https://baijiahao.baidu.com/s? id = 1694808341764314554&wfr = spider&for = pc，最后浏览日期：2022 年 10 月 21 日。

其三，在第三十四条中应显著提高对未依法履行好信息审查义务的网络招聘服务平台的惩处力度。首先，应细化条款内容，规定一旦监管部门抽查到或有求职者等投诉举报某平台上存在虚假招聘信息，该平台必须采取的具体措施。譬如，立即删除虚假信息，在平台上以显著方式告知求职者，对那些可能已经掉入虚假信息陷阱的求职者展开私下救助；提供发布虚假信息的“用人单位”或“中介机构”的基本情况，并禁止其今后在网站上发布信息；立即在平台内部对相关涉诈信息、活动进行监测识别和处置并根据涉诈风险类型、程度情况移送人社、公安和网信等部门。其次，明确规定，一旦有求职者因虚假招聘信息受害，平台都该承担针对受害求职者的民事赔偿责任（先行赔付求职者的经济损失）；如果求职者如前述“李 WX”那样甚至因之失去生命，那么平台内部相关责任人还应承担刑事责任；同时大幅提高现有行政处罚力度，应该将责令限期改正之类声誉罚与财产罚结合使用。至于行政罚款金额，应该与平台从中获取的违法所得、受骗求职者的规模和实际损失以及平台的改正力度和一贯表现等因素密切挂钩。最后，如果平台在实践中拒绝改正（譬如虽屡屡被监管部门点名、约谈，但虚假信息及违背诚信的问题始终突出存在），则应实施能力罚（由有关主管部门责令暂停相关业务、停业整顿、关闭网站或者应用程序、吊销相关业务许可证或者吊销营业执照）。

二　细化虚假招聘行为相关立法

诚如 Gardner 所言，法律真实不同于外行看到的真实，也不同于科学方法意义上的真实。[①] 若要通过法律法规来阻止和惩处诸多不法招聘行径，就得将受害求职者对自身所遭遇的欺诈或诈骗的理解转化为适当的法律条款和做法，哪怕这种转化实非易事。惟此，才有望减少乃至杜绝许多求职者维权失败的现象——其在较大程度上是“缘于法律而非客观事实”。基于此，这里从以下几个方面讨论该如何细化和完善有关虚假招聘行为的立法。

---

① Gardner, D. M, “Deception in Advertising: A Conceptual Approach”, *Journal of Marketing*, Vol. 39, No. 1, 1975.

（一）立法明确界定虚假招聘

前述法律法规虽明确禁止用人单位与人力资源服务机构侵害劳动者权益，列出了相应的禁止性行为，但并未明确提出“虚假招聘”这一作为规制对象的法律概念，而这正是后续立法工作中应予以纠正的。又因部门规章的效力始终不及法律，为更好打击虚假招聘，应及时修改《劳动法》、《劳动合同法》或《就业促进法》，明确提出“虚假招聘”概念，予之以细致界定，并列出诸多具体情形。有关虚假招聘的概念界定，可参照本书第三章第一节；在列举虚假招聘的典型形态时，可结合钱财、劳力和色相这三类招聘陷阱中的诸多代表性欺诈手法来进行，同时覆盖网络虚假招聘的最新发展态势。在对虚假招聘的内涵和外延进行定义时，要更多地从求职者权益维护的角度出发，针对招聘实践中比较突出、求职者普遍反映强烈的招聘欺诈或诈骗，进行合理规范。比如，对于媒体多有曝光的“任务”“培训”和“星梦”等较为隐蔽的招聘骗局，立法者应在深入调研的基础上对其做简明规定，以减少行政机关在监管实践中既有的弹性空间。

针对近些年越发突出的“骗钱又骗力”的网络招聘欺诈行为，同样需要在立法上予以精准界定和精准识别。比如，一家“中介机构”在2022年7月以“高薪”“包吃包住”为诱饵，把上百名工人介绍到贵阳的一家工厂打工。广州某求职者和工友们千里迢迢到了工厂才发现，这份工作的薪酬待遇和工作强度都和中介描述的大相径庭，不但收入不高，也没有包吃包住，还需要在恶劣条件下经常加班。其告诉记者：“他就是把你骗到工厂里面去工作，有介绍费，骗过去后，不包吃，也不包住，也没有他说的任何一样，包括你过去的路费报销也是没有的。”按理（从前述虚假招聘专项整治任务中可以看出），只要“中介机构”或“用人单位”所承诺的信息与实际不一致，就属于招聘欺诈，就该受到监管部门的处罚。然记者调查发现，大部分有类似遭遇的求职者都向公安机关等部门寻求过帮助，但往往因为没有办法界定是否违法违规，最终不了了之。有求职者反映，一些中介机构虽确实有资质，但却做着类似于“黑中介”的事；还有一些中介机构虽然没有收受求职者的钱财，却变相让求职者往里搭钱。某求职者告诉记者："很多时候有关部门判定违法违规的标准，就是去查一下这个中介有没有人力资源的相关资质和资格，只要有就不算违规，而是算经济纠纷。实际上，它虽然不算那种纯的'黑中介'，但确实有诈骗的性质。"这里姑且不论监管部门是否存在不作为的问题，在当前精准打击网络招聘乱象已经成为众多求职者心声的背景下，就应"以急需解决的实际问题为导向"，在立法上把这类行为明确界定为虚假招聘，以提升法律法规的可执行性。对此，有专家也表示，平台尤其是大型平台和监管部门要形成合力、多元共治，把构成欺诈或诈骗的要件在特定的场景下更加细化，形成一个更易识别、更加准确的标准。①

（二）立法保障勤工俭学大学生的合法权益

第七章相关论述表明，一方面是早已普遍且具有重大意义的大学生勤工俭学现象；另一方面是亟须填补的保护勤工俭学大学生合法权益的法律空白。相对于全日制用工，非全日制用工是一类特殊用工形式，其在用工实践形式上的灵活多样性正是这种特殊性的充分体现。就此而论，在校大学生利用业余时间勤工俭学，不同于实习和见习，虽然劳动期限短，但作为特殊类型的用工形式，其满足了用人单位或个体对劳动力的特殊需求，已然构成事实劳动关系，理应属于"非全日制用工"，受到劳动法的保护。这一点，已为越来越多的人所认可。鉴于现实针对性是法律的重要价值之一，故对在校大学生勤工俭学这类事实上的非全日制用工现象，立法机构应如专家们所呼吁那样，将大学生勤工俭学纳入《劳动合同法》，或制订专门性法规、条例，对勤工俭学者的最低工资、劳动时间及劳动伤害赔付等进行明确规范，以从根本上扭转此类大学生在合法权益保护方面长期面临的"无法可依"状况。②

---

① 此段中所引述案例参见央广网《治理"假招聘、真骗局"求职者呼吁精准打击网络招聘乱象》，2022 年 8 月 21 日，http：//finance. cnr. cn/txcj/20220821/t20220821_ 525978549. shtml，最后浏览日期：2022 年 10 月 22 日。

② 陈雪：《在校大学生暑期打工遭遇索酬难》，《河北青年报》2007 年 8 月 26 日，news. sina. com. cn/s/2007-08-26/234813747553. shtml，最后浏览日期：2021 年 4 月 3 日；李欣：《学生暑期打工讨薪难 专家呼吁订法规》，《上海法治报》2007 年 8 月 24 日，http：//app. hxrc. com/services/NewsDetail_52569. html，最后浏览日期：2016 年 6 月 6 日。

（三）在《刑法》中增设“虚假招聘罪”

鉴于诸多虚假招聘行为早已严重侵害了众多弱势求职者的财产权乃至人身权，严重危害了社会经济秩序，立法机构理应酌情考虑在《刑法》中增设“虚假招聘罪”，以加大对虚假招聘的打击力度。譬如，可规定凡利用招聘之名行欺诈或诈骗之实的任何个人、团伙或组织，只要在特定时间内的违法行为达到若干次以上，就构成“性质恶劣”或“情节严重”情形，故应接受刑罚处罚。换言之，不论虚假招聘行为在客观上究竟造成了何种实际危害，也不论其真实目的究竟为何，只要具有反复、恶意欺诈意图即可定性。如此，既有望规制单起小金额招聘诈骗行为，又可对其他打着招聘的幌子骗取求职者劳动成果以及推销产品等欺诈性行为具有法律震慑效应。

三　细化行政机关的法律责任

当前，中国政府对网络招聘的治理大致采用的是自上而下的“处罚、强制性治理”[①]，这主要通过以下两个路径：一是前述集中于某一特定时段推行专项式的执法活动，如国家网信办或人社部等有关部门对互联网招聘平台开展的集中整治；二是在极其例外的重大突发、危机事件中，对发布虚假招聘信息的网络平台进行个案式处罚。譬如，前述之“李WX”事件发生后，北京市网信办与天津市网信办开展联合执法专项行动，就某直聘平台发布违法违规信息、用户管理出现重大疏漏等问题，依法联合约谈该平台法人，并下达行政执法检查记录，责令网站立即开展自查整改，完善内容审核管理机制，严格加强对各类招聘信息发布主体及发布信息真实性的审核管理，全面清理各类违法违规信息。[②] 再如，因央视2021年的“3·15”晚会曝光了几家知名招聘平台求职者简历被售卖问题，北京市人力资源和社会保障局对其中两家企业进行了约谈，并开展了立案调查。[③] 相比之下，在日常治理中，许多网络招聘平台上

---

① 尹建国：《我国网络信息的政府治理机制研究》，《中国法学》2015年第1期。

② 北京劳动律师：《Boss直聘就“李文星事件”道歉　未尽审核义务助纣为虐》，https：//www. fabao365. com/laodong/176035/，最后浏览日期：2022年10月21日。

③ 向雨：《智联招聘、猎聘网被立案调查，专家建议从重处罚》，中华网财经百家号，2021年3月21日，https：//baijiahao. baidu. com/s? id = 1694808341764314554&wfr = spider&for = pc，最后浏览日期：2022年10月21日。

盛行的虚假信息等违法行为则处于监管真空状态，长此以往，网络招聘乱象丛生自是难以避免。这意味着，当前亟须细化行政机关在虚假招聘尤其是网络招聘监管中所应承担的法律责任，以扭转常规治理较为缺失的现状。

（一）明确行政机关采取行政强制措施的责任

旨在规范行政机关强制权力运行的《行政强制法》（中华人民共和国主席令第49号）自2012年1月1日起施行，该法案偏向保护公民权利的价值取向得到了认可，但也招致诸多争议。其中一个在于，它对行政机关应该实施强制却未采取强制措施的行政不作为问题没有予以明确规定。也就是说，这部法律仅侧重于治理早期行政强制实践中存在的“乱”和“滥”问题，而忽视了治“软”——行政机关的强制手段不足，执法不力，对有些违法行为不能有效制止，有些行政决定不能得到及时执行。[①] 前已论之，行政强制实践中存在的“软”这一问题在虚假招聘监管中较为突出。行政机关本可在法律没有规定或有漏洞时，对众多早已昭然若揭的虚假招聘行为采取行之有效的强制手段，但实际上却基于自身利益的考量而选择了行政不作为。故应将针对虚假招聘的行政强制责任纳入该法案的调整范围，并对其类型、程序及法律责任等做出明确规定。以“任务”骗局和“骗钱又骗力”的招聘欺诈为例，既然媒体对此类陷阱的欺骗手法早有曝光，加之众多求职者的投诉，执法者就不可能对此不知情。故对这类涉嫌欺诈或诈骗的招聘行为，行政机关应通过各种途径积极收集其欺诈或诈骗行径之有效证据，并对其采取有效的行政强制手段，包括暂时限制人身自由或者查封、扣押涉案财产等，防止涉案“中介”或皮包公司欺诈更多的求职者或逃之夭夭。

（二）在《刑法》中增设“虚假招聘监管渎职罪”

对负有虚假招聘监督管理职责的相关行政主管部门及其工作人员，因不履行法定职责并给求职者等造成或可能造成实际损害的渎职行为给予明确界定，并追究刑事责任。《网络招聘服务管理规定》第三十九条

① 申欣旺：《看上去很美的〈行政强制法〉》，《中国新闻周刊》2011年第23期；杨华云：《行政强制法经5次审议获通过 禁采用夜袭等方式》，《新京报》2011年7月1日，https://news.qq.com/a/20110701/000849.htm，最后浏览日期：2014年5月8日。

就明确写道："人力资源社会保障行政部门及其工作人员玩忽职守、滥用职权、徇私舞弊的，对直接负责的领导人员和其他直接责任人员依法给予处分。"不过，尚需对此类工作人员在虚假招聘监管中究竟在何种具体情况下才构成失职渎职行为，进行明确界定。譬如，按照该法规第三十一条规定（见表7－2），人社部门应当依法及时处理公众有关网络虚假招聘信息的举报投诉，那么该部门工作人员若拒不受理此类投诉举报，不依法依规及时查处公众提供的虚假招聘行为线索，这种行为是否属于"失职渎职"？在何种情况下又可构成"监管渎职罪"？这些都是未来立法中需要进一步思考的。

第二节　合作治理：构建虚假招聘参与式治理模式

从前面表7－1和表7－2中可以看出，后两部行政法规不仅要求人力资源服务机构建立投诉、举报制度（分别为第二十九条、第二十三条），同时也规定人力资源社会保障行政部门应当畅通投诉举报渠道，依法及时处理有关举报投诉（分别为第四十条、第三十一条）。这一立法设计表明，政府希望鼓励社会力量参与人力资源市场监督，以既能充分利用公众的信息优势，多途径获取违法违规行为线索，又能约束地方主管部门及其工作人员，防范其行政不作为。这实际上也是希望通过法治建设来保障公众参与，最终实现人力资源市场领域的"共建共治共享"。然这类笼统性的法规条款，尚不足以支撑该领域社会治理共同体的真正构建。事实上，基于政府文件精神与各地治理实践，社会治理这一概念具有双重意涵：一方面指的是对社会领域问题进行的治理；另一方面指的是由社会各方参与的治理。[①] 在社会各方参与治理的过程中，如果形成了基于多元主体的具有一定组织性和持续性的互动网络，真正意义上的治理共同体才有望形成。要言之，社会治理共同体的构建是一个涉及多元主体从独立分散到整合协作的渐进、长期且复杂的动态过程，绝非一蹴而就。有鉴于此，本部分着重从"参与式治理"这一社会治理

① 王思斌：《社会治理共同体建设与社会工作的促进作用》，《社会工作》2020年第2期。

模式切入，讨论在虚假招聘治理改革中应如何搭建起一个行之有效的能够吸引更多公众参与的具体机制和方式方法，以破解虚假招聘治理困境，并为推进人力资源市场领域社会治理共同体的建设提供参考。

参与式治理是在过去数十年的西方政府改革中发展起来的一种思潮，也是一种行政治理改革模式。有关这一模式的内涵在理论界和各国治理实践中尚存诸多争议与分歧，但大部分关于参与式治理的观点都是在承认政府官僚体制在公共政策制定中发挥核心作用的基础上，强调公众“更积极的参与”。[①] 如果没有公众的积极参与，地方政府治理的合法性与有效性在日趋严峻的社会治理现实下难以得到保障，这早已是国外学界乃至政界的一个共识。近些年来，中国地方政府对一些重要社会问题的监管实践也愈益彰显了参与式治理理念。针对参与式治理及其在国内地方政府治理革新中的发展趋势等，中国学界在理论和经验层面上都做了一定探讨。[②] 在与虚假招聘存在一定交叉的电信网络诈骗领域，如何实现由“单纯依靠政府部门来管理”向“全社会共同治理”的转变，亦成为地方与中央政府试图破解当前社会治理困局的一个重要突破口。[③] 可见，参与式治理既顺应了国际治理变革潮流，也契合当下中国社会情势发展，更是中央“自上而下”推动与地方“自下而上”反馈的综合结果。结合第八章关于“越轨—理性”困局的分析，本节所探讨的“参与式治理”模式，其要义就在于如何通过创新治理制度与机制，以将虚假招聘所涉各方主体的“理性”从机会主义歧途引入有助于公众利益和社会福祉的正途，最终削弱乃至消除虚假招聘泛滥的结构性根源。为此，可从“干推群动”与“群推干动”这两个方面着手构建虚假招聘多元治理机制，并最终实现该领域“干群合作”治理机制的常态化与制度化。

---

① ［美］B. 盖伊·彼得斯：《政府未来的治理模式》（第2版），吴爱明、夏宏图译，中国人民大学出版社2013年版，第41—58页。

② 张紧跟：《从抗争性冲突到参与式治理：广州垃圾处理的新趋向》，《中山大学学报》（社会科学版）2014年第4期。

③ 薛克勋：《信息诈骗是社会问题 需全社会共同治理》，2014年12月26日，深圳市公安局网警支队反信息诈骗工作演讲，http：//article. pchome. net/content-1775024. html，最后浏览日期：2016年5月4日；郝智超：《突破网络诈骗治理困局的五个方向》，《中国信息安全》2014年第5期。

一　设立“虚假招聘研究处”

有效的反欺诈行动必须依赖于科学专业知识，[①] 虚假招聘治理的创新离不开对此类问题的系统了解与整体分析，这直接关系到后述相关治理机制是否科学合理。国外经验也表明，把相关研究知识应用到监管架构中，虽不能被指望为灵丹妙药，但可以成为改进既有监管缺陷的一个有效建议。由是观之，政府理应一改以往在虚假招聘学术研究方面的沉默寡言，由人力资源和社会保障部牵头设立“虚假招聘研究处”，召集相关学者、记者、律师和基层执法者等领域人士，对虚假招聘现象中的各类“行为人”进行基于心理学、行为学和社会学等跨学科的研究。借此，拓展和丰富现有关于此类问题的总体认识，从而为创新政府治理提供坚实依据。

以求职者为例，“求职心切”通常是局外人对其求职受骗的一个笼统归因，但对于个体认知能力在此过程中的影响则没有任何学术性努力，这使得有关作为一个行为主义者之求职者的相关知识十分匮乏。如第五章所示，求职是一个异常复杂的过程，个体的经济因素、心理因素以及个性都会对其求职受骗行为产生重大影响。故对受骗求职者的研究，除应掌握其总体特点和分布外，还应深入到他们的心理过程与个性等诸多方面。唯此，才有望发展出更为有效的求职者利益保障机制。同理，只有通过对骗子招聘欺诈行为的深入研究，才能为虚假招聘治理的顶层制度设计提供重要决策依据。

二　成立“反虚假招聘中心”

许多大学生在调查中反映，他们并不清楚在求职受骗后该从何处寻求对自身权益的保护：要么不知道有这么一个维护求职者权益的机构；要么认为这类机构不易接近，和大街上的行人似乎没有什么明显关联。这表明，在监管实践中行政机关与求职者之间过于生疏。因此，若想令人满意地为保障求职者利益而运作，行政机关就应和求职者建立起更为

① ［美］爱德华·J. 巴莱森：《骗局：美国商业欺诈简史》，陈代云译，格致出版社、上海人民出版社 2020 年版，第 85 页。

紧密的联系，而人力资源和社会保障部（局）在国家或地方层面牵头成立“反虚假招聘中心”，应是建立这种更紧密联系的一种可能路径。国家与地方政府应当明确该中心的主要职责：致力于在微观治理层面上，探索出一条激发和引导更多公众参与以及更富有意义的参与路径。简言之，该中心旨在通过确立多种形式的公众参与途径，让求职者等相关民众以一种更加积极的态度参与到虚假招聘监管中，或者说，既要让公众更容易地参与到虚假招聘治理中，又要借此塑造更多“积极公民”。①

（一）引导建立“反虚假招聘联盟”

夏宇等执法者一再强调，只有全社会的广泛参与，劳动力市场的失序态势才有望从根本上得以扭转。过往实践也早已证明，反虚假招聘工作是一项极其复杂的社会系统工程，仅仅依靠政府部门单打独斗，顶多“治标”而难以“治本”。为此，反虚假招聘中心应动员媒体（含网络媒体）、通信、金融、物业以及民间求职打假团体与人士等众多社会力量，成立“反虚假招聘联盟”，在该中心的组织领导下，共同致力于虚假招聘的治理。换言之，但凡关涉或有志于反虚假招聘的政府部门、企事业单位、民间组织或团体、公众个体，都应通过发挥自身优势，为防范、打击虚假招聘做出贡献，这是其应有的权利和责任。倘若各地都能由此编织起一张反虚假招聘的天罗地网，并实现在全国层面上的信息整合与共享，那么虚假招聘这一社会顽疾，纵使不能根治，也能得到有效遏制。

（二）优化虚假招聘投诉举报机制

政府既要明确表明自身对求职者的兴趣且扮演着信息交流中心的角色，又要清晰地向广大求职者指出，一旦怀疑或发现自己求职受骗，他们该如何维权，如何与主管机构互动、合作等。为此，反虚假招聘中心作为归口管理机构，可从下述几个方面来优化虚假招聘投诉举报机制。

1. 健全投诉举报渠道

首先，设立一条反虚假招聘专线，由受过专业训练的咨询员值守，为求职者提供有关招聘欺诈的投诉、举报或相关咨询服务。对受骗大学生的调查表明，部分人之所以在受骗后立即拨打“110”“12315”或新

① ［美］理查德·C. 博克斯：《公民治理：引领21世纪的美国社区》（中文修订版），孙柏瑛等译，中国人民大学出版社2013年版，第47页。

闻热线电话，就在于这类电话家喻户晓，深入人心。但由于这些电话并非虚假招聘主管部门所属，加之个体求职行为有别于消费行为，故求职者拨打此类电话进行维权的效果并不理想。因此，各地反虚假招聘中心应当设立自己的热线电话（如能设置一个全国统一的专线电话，类似于现今全国统一反诈专线 96110，甚是更好），并通过各种路径广为宣传，使公众熟知。譬如，借鉴近年来针对电信网络诈骗的日常反诈宣传形式，在求职者密集的公共场所或虚假招聘信息频繁出现的公共空间，加大对该中心及其热线的宣传力度，便于受骗求职者或其他相关公众能在第一时间进行投诉举报。

其次，设置网络举报等多种途径，满足不同人的举报需求。越来越多的虚假招聘信息正通过各类网络平台得以传播，受害者也多为习惯通过互联网寻找工作的年轻人。针对这类求职者的行为习惯，反虚假招聘中心可顺势而为，与知名互联网企业联手设立反虚假招聘网络举报平台，或通过开设官方微博、微信公众号等，为众多网络虚假招聘受害者提供举报平台。北京市公安局联手 360 互联网安全中心成立的“猎网平台”（110.360.cn）提供了一个参考样本，这是一个网络诈骗举报与防范平台，根据宣传，特别适用于小金额诈骗案件的投诉。但网络招聘欺诈尚未很好地纳入该平台，故可由反虚假招聘中心在全国建立一个专门的虚假招聘网络举报与防范平台（各地设立不同的区域举报入口），广加宣传，并对特定时间内的举报信息进行整合分析，为在全国范围内更好地防范和打击各类虚假招聘提供大数据支持。

2. 简化投诉举报程序

不否认，为做好投诉举报受理工作，有必要建立一套举报案件的受理、登记、查处、督办、批阅和反馈制度，以统一和规范行政执法行为。但长期以来，行政机关盛行的形式主义作风已严重阻碍了其对投诉举报案件的及时受理和查处。故主管部门在改善现有受理查处制度之际，应着重于简化举报程序，提高行政效能。程序是呆板的，而现实永远是复杂多变的。当程序与现实需求严重脱节时，“程序正义”固然重要，却严重漠视了求职者的合法权益，反过来又损害了政府的公信力。故程序理应根据瞬息万变的现实予以及时修正，绝不能因“程序正义”而阻碍了立法和执法的本义，后者才是应当坚守的“实质正义”。

投诉举报程序的简化应着重体现在三个方面：一是，不强求举报者提供超出其能力范畴的书面材料。如第七章所言，行政机关针对举报证据的要求往往凌驾于举报者的能力之上，有转嫁自身责任之嫌。主管部门应当明确规定，不论举报者有无“足够”事实证据，只要其叙述合理（没有明显破绽），并愿意对自身举报行为承担相应法律责任（避免故意撒谎等），反虚假招聘中心就得及时受理其举报；二是，对举报予以快速响应。一旦受理后，应当立即进行调查取证，而非费时地层层审批、审查——至少高度精简审批流程。为第一时间挽回受害者的损失，并防止更多求职者利益受损，可在必要时采取行政强制措施；三是，建立内容详细且可追溯的举报档案。若同一个体反复举报同一对象，或不同个体多次举报同一对象，行政机关就应依据现有档案，省略某些基本程序，提高运转效率。以前者为例，若公众首次举报信息被证实为真，那么当其再次举报时，行政机关就不得要求提供书面材料，而是立即调档并着手调查取证。这既可节约公众的举报成本，保护他们参与治理的热情，又有助于及时查处虚假招聘行为。

3. 完善应急处置机制

快速响应机制的确立，离不开一套完备的由社会各方参与的应急处置机制。这是因为，即便行政机关能严格依据《行政强制法》对一些招聘骗子采取必要的行政强制措施，但面对如今错综复杂的网络虚假招聘行为，此类措施亦不能发挥及时止损与惩处的效果，尤其当涉及跨地域作案与纯粹的线上诈骗时。譬如，针对现今在 QQ 群、微信群和百度论坛等社交平台肆虐的虚假招聘信息或虚假招聘网站链接等，行政强制措施的运用显然受到了严重抑制。为此，如何联合各类网络平台、金融机构和电信部门，对这些假信息、假网站及其链接，从拦截、屏蔽、删除和冻结等多方面应急措施入手，就成为及时阻止此类网络招聘诈骗的一个着眼点。如此，才有望最大可能地减少求职者的损失，提升虚假招聘的整体治理效果。前已言之，一些地方政府在针对电信网络诈骗的监管中，已着手开启了这类应急处置机制的探索工作。虚假招聘与电信网络诈骗虽有交集，又有着自身特性，故各地行政机关亟待构建起专门针对招聘欺诈或诈骗的应急处置机制。

4. 落实举报激励机制

公众日常监督是治理虚假招聘的一个重要环节，然鉴于这种举报参与程度长期以来并不理想的现实状况，行政机关还应设立必要的奖励补偿制度（物质与精神奖励并重），以激励和规范举报行为。举报奖励制度具有发挥有效激励、提升行政执法效率等多重功能，正因为此，中国在食品药品监督、交通与环保执法等诸多领域都设立了相应的举报奖励制度。但在虚假招聘监管领域，这种举报奖励制度似处于缺失状态，进而难免在不同程度上抑制了相关公众参与虚假招聘治理的热情和信心。为此，各地政府部门应当借鉴其他社会领域施行举报奖励制度的经验，结合招聘领域违法行为的特点，制定出一套完善的虚假招聘案件举报奖励机制，并通过各类媒体向社会公布，以鼓励公众共同参与到人力资源市场秩序监管中，维护自身与他人的公共利益。

三　构建“反虚假招聘”宣传教育机制

较之于日常生活中形式日趋多样的反电信网络诈骗宣传，针对虚假招聘的宣传教育长期以来较为少见。尽管网络上关于求职防骗的各种攻略、宝典多如牛毛，但如第五章中论及网络“晒黑”时所言，有相当多的求职者都是在受骗后才会有意识地到网络上去搜索相关信息，而在此前他们并不具有必要的防骗意识与能力。可见，网络防骗信息对众多求职者来说并不能发挥应有的事前防范功效，这也意味着在线下面向更多潜在求职者开展反虚假招聘宣传教育的重要性和迫切性。此处提出以下两个方面的建议。

（一）引发恐惧的宣传——充分披露虚假招聘信息

国外研究表明，个体内部存在这样一种倾向：确定自己接触到了什么，觉察到了什么，记住了什么，以及这些信息对自己产生了何种影响。在此倾向下，来自非权威处的有效信息可能不被相信，而来自权威处的可疑信息则可能容易被接受。[①] 这意味着，在确保更多求职者理解虚假招聘相关事实的重要性方面，权威信息格外重要。故地方政府可授权反

① Cohen, Dorothy, “The Federal Trade Commission and the Regulation of Advertising in the Consumer Interest”, *Journal of Marketing*, Vol. 33, No. 1, 1969.

虚假招聘中心，使之履行对虚假招聘信息进行动态、充分披露的职责。关键是，该如何进行充分披露？这就离不开前述虚假招聘研究处有关招聘欺诈和受害求职者行为特征的研究。此外，这种信息的披露应具有及时性、易获取性、多样性、生动性与可接受性等特征。

这里先重点谈谈信息内容所应具有的适度恐惧性。社会心理学有关态度改变的研究发现，在进行沟通时若能让受众产生适度的恐惧，同时提供帮助他们消除这种恐惧的具体建议，能更明显地改变受众既有的态度和行为。① 故在进行反虚假招聘宣传时，应注意如下两点。

其一，对全国或地区近年来的虚假招聘情况（数量、类型、典型案例与最新趋势等），尤其是其所造成的相关危害，以一种生动的视觉化方式进行充分披露。譬如，通过电视或网络公益广告、微电影、漫画手册与海报等方式，面向广大求职者进行高频度宣传。其中，对于虚假招聘危害信息的传递一定要能激发出人们足够的恐惧感，但又不能过于强烈以免其滋生防御心理，进而否定虚假招聘的严重性和危害性。

其二，提供防范虚假招聘的具体详尽的建议和技巧，可为此单独制作一本小册子，配合前述信息的宣传进行发放。譬如，可在组织相关公众观看反虚假招聘的公益广告或微电影后，随即为他们发放这类关于如何防止求职受骗的小册子。因为在这些受众被激发出适度恐惧感后，他们更愿意去仔细关注和分析有助于自身降低此种恐惧的信息。在提供此类防范建议时，最好也能采用比较生动的方式，以保证其对受众的吸引力。除制作小册子外，还可把这部分信息以高度视觉化的方式契合到前述信息宣传中，但两类信息如何进行更好的过渡与衔接，则是一个有待进一步讨论的话题。

除日常宣传外，还可设立求职安全宣传月或宣传周，在不同类型的求职者聚集场所与网络空间，定期进行高强度的且具有针对性的反虚假招聘宣传。在集中宣传期，除采用挂横幅、发小册子、口头咨询、设置电子屏滚动播放以及张贴海报等传统宣传方式外，还可通过手机短信、微信与 QQ 等社交平台、主要招聘网站与综合性网站，向公众推送公益

① ［美］埃略特·阿伦森、提摩太·D. 威尔逊、罗宾·M. 埃克特：《社会心理学》（插图第 7 版），侯玉波等译，世界图书出版公司北京公司 2012 年版，第 226 页。

广告等，促使更多求职者能更好地关注、内化和利用既有反虚假招聘信息，进而提升其防范意识和能力。总之，主管机构应充分整合包括志愿者在内的一切社会力量，不断创新反虚假招聘宣传手法，加强针对在校大学生与农村进城务工人员等不同类型求职者的个性化宣传。

（二）微力量与维权意识的培育

反虚假招聘宣传教育的另一个重要内容是培养求职者等公众的维权意识与能力，这就关涉公民意识的塑造。何谓公民意识呢？与其把它看作是一个抽象的学术概念，不如视为一个个社会成员具体的思维和行为方式。[①] 譬如，当获悉诸多大学生求职受骗时，作为一名普通公众，你是“事不关己，高高挂起”，还是对“受骗者的权利”感同身受，并因此“多管闲事”？看似抽象的公民意识，其实就展现在你做出选择的那一刹那。民众的权利意识是公民意识的核心内涵，既包括为自己利益而抗争之“自利意识”，也包括敢于为他人利益而“多管闲事”之“责任意识”，两者缺一不可。长期以来，中国民众在许多情况下连自身权益都不能或不愿去据理力争，又何谈会去捍卫毫不相关之他者的权益？如本书中那些识破招聘骗局的未受骗大学生，他们中的绝大多数人在主观上毫无举报意识，究其缘由，“自己未受骗，不想多事”正是其中一个突出因素。

抛开中国民众权利意识严重欠缺的历史根源及其面临的现实困境不谈，[②] 这里仅就如何培养求职者等民众的综合性权利意识展开讨论，以期实现更多民众在虚假招聘治理中的“公民式参与”，[③] 从而真正达致该领域之干群共治。又该如何才能实现呢？此处着重讨论如何汇聚、运用各种“微力量”来提升公众的权利意识，改变现有维权生态。

“微”字曾当选为中国2012年度汉字。推委会认为，它既指微博的“见微知著”、微信的“造微入妙”、微公益的“积微成著”，也指救人

---

① 刘瑜：《民主的细节：美国当代政治观察随笔》，上海三联书店2009年版，第28页。

② 王毅：《中国走向公民社会的困难、可能与路径选择——从陈乐民先生〈对话欧洲〉引发的联想》，载资中筠《启蒙与中国社会转型》，社会科学文献出版社2011年版。

③ 一种强调民众与政府间不断沟通协调的参与，也是一种注重法律意识和规则意识的参与，既不同于“子民”角色下的“政治冷漠”，也有别于“刁民”角色下的“破坏性参与”。刘瑜：《民主的细节：美国当代政治观察随笔》，上海三联书店2009年版，第27页。

者的“微言大义”与屌丝群体的“身微力薄”。[①] 的确，发生在社会生活领域中的诸多“微行动”，正日益展现出一种不可忽视的“微力量”。第五章所概述的求职者维权实践中日渐浮现之相关“亮点”，正是这种“微行动”“微力量”在反虚假招聘领域的生动体现。但此类与虚假招聘相抗争的微行动尚不足以聚沙成塔，还未发展成为一股显著的微力量。细究缘由，这与现实生活中政府、媒体对该领域的宣传、报道明显缺失不无关联。为此，如何充分地集聚、展示求职者等维权领域中的微行动、微榜样和微故事，如何向广大求职者等倡导微权利（即哪怕自己受到不法侵害的利益很小，如仅损失了 20 元，这样的个体权利也值得高度重视)，如何促使他们中的更多人更为积极主动地参与到维权微行动中，这些就成为今后维权意识培育工作的重中之重。譬如，可以提出“反虚假招聘微行动，我们在路上”这样的口号，通过网络、报刊、电视、短信以及重要场所等多种易为求职者和相关公众获取的媒介渠道，进行高频度宣传，使之耳熟能详，深入人心。

现在重点谈谈微榜样在维权意识培育工作中的重要性。榜样的力量是无穷的，哪怕只是在日常生活的某一方面，做出了异于众人之不平凡举动的平凡人，都可以成为向普通公众传递某种正能量的微榜样。以物业保安为例，如若及时、主动地向每位上门应聘的求职者给予“小心虚假招聘”的口头提醒，其就应当凭借此类看似平庸的“英雄之举”[②] 成为反虚假招聘宣传教育中的微榜样。

在我的调查中，此类知晓内情的保安对于求职者即将踏赴招聘骗局的行为，更多是要么漠然视之，要么一副欲言又止状，要么给予委婉暗示或阻止（譬如声称招聘“单位”下班了，让应聘者改天再来）。相比之下，一位 C 市保安[③]面对骗子团伙的软硬兼施，毫不畏惧，敢于捍卫

---

① 《“微”当选中国 2012 年度汉字》，http：//roll. sohu. com/20121217/n360615110. shtml，最后浏览日期：2014 年 5 月 2 日。

② ［美］菲利普·津巴多：《路西法效应：好人是如何变成恶魔的》，孙佩妏、陈雅馨译，生活·读书·新知三联书店 2010 年版，第 535 页。受启于阿伦特的“恶的平庸性”，津巴多。提出了“英雄之举的平庸性”这一概念。他认为，在某种意义上而言，面对轻易让大多数人沦陷的强有力情境力量，一个人的抵御能力也就是英雄精神所在。

③ 这位保安的故事见于其刊发在《中国保安》2004 年第 16 期的一封来信中。

众多素不相识之求职者的利益。这位保安就具有了如津巴多所说的“英雄精神”，其“英雄式行为”能为更多普通民众传递一种震撼心灵的精神力量。如若能对其微故事、微善行进行合理宣传，定能在一定程度上激活越来越多公众人性中“怜悯”或“同情”的本性，使之在遭遇虚假招聘时（不论自身是否受害），都能不以“善”小而不为，加入反虚假招聘的涓涓细流中。如此以致，微善行、微榜样不断汇聚，最终形成一股强大的社会维权微力量。越来越多的此等维权微参与，也有望日渐消弭民众中普遍持有的政治冷漠和无力感，促使其公民意识的觉醒，进而有助于推动公民美德[①]与公民社会的构建。

四　培育“反虚假招聘”民间维权团体

受骗求职者自组织能力整体低下，故而在与骗子不法行为的抗争中基本属于赤手空拳的弱势群体。这类弱者虽需要政府的保护，但更需要的是政府允许他们组织起来保护自己。换言之，源自求职受骗前线的草根维权团体或组织对于求职者自身权益的保护具有不可忽略的意义。但具有高度自治色彩的维权组织在尚难以得到全面的支持，这使得民间维权团体因维权资质问题始终面临“被政治化”的风险。即在地方政府既有“不稳定政治意象”与“刚性维稳”[②]的社会情势下，普通民众即便是表达自身最起码利益诉求的正常维权行动，也可能因“被认为”触犯了政府的利益而面临着政治上的巨大风险。比如，因客观上损害了地方政府的执政形象等被冠以“扰乱公共秩序罪”等，进而饱受牢狱之灾。以求职维权为例，即使维权者最初的直接抗争对象只是骗子，但若在寻求政府部门援助的过程中遭遇敷衍、推脱时，仍一再坚持行政机关履行监管职责，那么其维权行动的矛头就由骗子转向了地方政府。此时，维权者所面临的政治风险开始积聚。倘若他们联合更多个体进行集体维权，甚至试图成立草根维权团体施压于政府，以更好地维护自身乃至更多受骗求职者的权益时，这些维权者所面临的政治风险便会骤然上升。

---

① ［美］理查德·C. 博克斯：《公民治理：引领21世纪的美国社区》（中文修订版），孙柏瑛等译，中国人民大学出版社2013年版，第44页。公民参与本身是一种美德的承诺，而不仅仅将其当作增进利益和保护权利的一种手段。

② 孙立平：《“不稳定幻像”与维稳怪圈》，《人民论坛》2010年第13期。

由是观之，某些地方政府的“安全性焦虑”反过来又导致了民众维权时的“安全性焦虑”，这一双重羁绊在较大程度上阻碍了民众维权实践的纵深发展。民间维权团体的显著缺失，正是其表象亦可说后果之一，这一点在虚假招聘维权实践中有着生动展现。长期以来，受骗求职者尚无能切实代表自身利益的维权组织，纵使少数维权先行者早已基于网络平台展开了与骗子的较量、抗争，更有人建立了非正式的维权志愿者联盟，然此类民间公益维权行为与维权团体因缺乏必要的人力、物力和财力等可持续支撑，最终多在无奈中销声匿迹。再进一步看，或正是因为这类公益维权行为面临着来自政府方面的政治风险以及骗子可能报复的人身风险等，致使其维权实践始终停留在网络晒黑、求职安全警示、为受骗者支招等粗浅层面，专业化与职业化的维权运作少之又少。如此虽能更好地规避与骗子、政府直接抗争所带来的多重风险，但也妨碍了维权行动的组织化发展，极大地抑制了弱势求职者的自组织维权能力。在此宏观态势下，多数求职者的集体沉默与少数受骗求职者的暴力维权、以死抗争等非理性行为，自是既在意料之外，又在情理之中。

故我们应当借创新社会治理之契机，顺势而为，培育求职者维护自身合法权益的自组织能力，使他们真正拥有自己的利益代表和组织，从而更多、更好地发出自己的声音，并以实际行动深度参与到虚假招聘治理中。为此，政府可以对既有民间公益维权行为进行有意识的关注、扶持与引导，对从事这类行为的具有强烈奉献意识的“关键个体”（一般都是有过受骗经历乃至做过骗子帮凶的人）进行重点培养，在日常参与式治理实践中，充分调动和发挥这些民间公益维权者的能量，磨砺其维权能力。待时机成熟时，正式的反虚假招聘民间维权团体就可从中孕育而出。要言之，政府既要培育、扶持反虚假招聘民间维权团体，善加引导，使之在既有法律框架内理性维权；同时更需包容性地促进民间维权团体往纵深方向发展。譬如，实现维权行动的专业化与职业化，给予其整合更多民间力量（律师、学者、媒体人士等）参与的发展空间，赋予其平等治理主体而非仅为职能部门“帮手”的地位，推动其维权领域由单一范畴（仅维护个体受损权益）向综合范畴拓展（从事社区求职安全教育服务、培育求职者集体维权的意识和组织能力、倡导法律法规等相关制度和政策的革新等）。

五　将虚假招聘治理纳入地方政府绩效考核指标体系

虚假招聘之所以长期猖獗，地方政府职能部门在常规治理中的“监而不管”是一个重要病症所在，这意味着需要采取以下两个方面的措施：一方面，将虚假招聘治理成效纳入地方政府尤其是主管部门的政绩考核体系。尽管某些地方政府已将市场秩序维护工作纳为政绩考核内容之一，但鉴于虚假招聘问题如此严峻，故应明确将对该问题的治理成效作为部门目标责任考核和干部政绩考评的重要内容。无数事实一再表明，若要为求职者提供充分保护，相关职能主体就必须改变以往极其被动的监管状态，应对招聘市场进行事前、事中和事后的密集有效的全方位监管。这方面来自求职者和相关有识之士的呼声，虽看似零碎却早已呈喷涌之势，中央政府也给予了积极回应，前述新近实施的两部行政法规便是力证。然考虑到地方政府自身的利益算计，只有将此类努力纳入其政绩考评范畴（譬如，纳入“市场监督”的“执法状况”指标体系，作为其考核的核心指标之一），才可能激励基层行政机关在虚假招聘治理创新之路上扎实前行。①

另一方面，由公众尤其是直接参与人力资源市场的求职者进行考评。过往实践证明，纳入政绩考核体系是一个硬手段却非灵丹妙药，失效的关键就在于考评主体的错位。即“纳入政绩考核”通常仍是上级领导在考核，普通公众对于考核模式、考核程序以及各种考核细节都无从得知，

① 值得注意的是，在当前的反电信网络诈骗工作中，部分地方把体制内单位员工被骗情况与单位本身的反诈宣传教育成效挂钩，这使得不少受害者因担心自己会被单位通报以及单位会被上级部门通报批评，故而不敢或不愿到公安机关报案，即使报案也会做撤案处理。显然，这种做法在客观上无助于相关单位以及公安机关及时掌握自身员工以及本地民众遭遇诈骗的最新动态，无助于进一步优化反诈宣传教育工作，反而是纵容骗子逍遥法外，纵容更多的不知情民众沦为同类型骗局的受害者。这种“反诈悖论”，在今后的反诈工作中理应被规避。我们并不反对公安机关把相关信息反馈给相关单位以督促其积极开展反诈宣传教育工作之做法，但根据《反电信网络诈骗法》第五条规定（有关部门和单位、个人应当对在反电信网络诈骗工作过程中知悉的国家秘密、商业秘密和个人隐私、个人信息予以保密），公安机关理应征询报案人的意见，如果其不愿公开自己的姓名等个人信息，则应在不泄露其隐私的情况下将相关情况反馈给相关单位。同理，未来在对相关部门的反招聘欺诈工作绩效进行综合评价并建立相关奖惩机制时，也应当切实保护欺诈受害者的个人隐私，尽可能规避上述反诈悖论的发生。

更无从参与。而“在会议中落实、在数字中发展”的传统行政模式，使得此类上级考核不时沦为一种形式，故而需要一种更直接、更有效的能真正发挥民意的考核。[①] 从虚假招聘来看，其受害者几乎都来自在校学生以及城市外来劳动力等弱势阶层。诚如习近平主席所说，“群众利益无小事”，众多弱势群众的利益更是“实实在在的大事”，甚至是“急事、难事”。虚假招聘对于广大弱势求职者而言，恰恰就是一桩桩这样的“急事”“大事”和“难事”。为此，在对地方政府虚假招聘治理工作进行考核时，就亟须充分发挥公众的他律作用，并把之作为“群推干动”的重要机制加以构建和完善，以促进该领域干群合作共治的进程。

第三节　反虚假招聘：高等学校的行动与展望

本节重在讨论，作为管理者的高等学校是否以及在多大程度上了解大学生的求职受骗状况？是否以及采取了何种措施来保障他们的求职安全？在大学生求职受骗事件依旧层出不穷的严峻形势下，高等学校又该如何更有作为？

一　制度化缺失：高校求职安全工作的现状

先了解下2008年受调查大学生对“你所在学校是否传授过求职安全相关知识”这一问题的回答情况（见表9－1），该调查发现，高校针对虚假招聘防范之宣传教育的制度化举措严重缺失，而它也是整个社会长期以来缺乏反虚假招聘宣传教育机制的一个缩影。

进一步的调查发现，有部分受访大学生之所以认为学校传授过相关知识，主要基于以下两种略有区别的信息来源：一种，班主任或辅导员在开班会时强调过相关安全问题，他们可能会顺便提及“兼职要小心”之类话题，但没有针对性的详细讲解。如S_{31}告诉我：

① 《南方日报》评论员：《食品安全政绩考核应避免形式主义》，《南方日报》2011年5月18日第2版。

表9－1　　大学生对所在学校是否传授过求职安全知识的回答

受骗与否	传授状况	频次（百分比）
受骗大学生（39人）	偶尔传授	17人（43.6%）
	从未传授	21人（53.8%）
	不清楚	1人（2.6%）
未受骗大学生（22人）	经常传授	1人（4.5%）
	偶尔传授	6人（27.3%）
	从未传授	15人（68.2%）

> 刚开学时并没有老师提醒，学校也没讲。我们的辅导员也是刚毕业的，没什么经验，不了解这方面事情，所以最初也没提醒。我们被骗后不久，可能辅导员了解到一些情况，于是在开班会时给我们讲“小心被骗”之类的，很笼统，没有具体讲一些案例，也没有具体到什么“不要买推销的东西”或“找工作该注意什么”之类的。“当时我俩早都懂了，也没什么意义了。”

这类提醒可能具有学校正式文件性质或者说是对学校安全培训意图的传达。我在当班主任期间也会根据学院的指示，犹如例行公事一般，在学校放寒暑假前开班会，给所有同学传达有关安全注意事项。因最初无论是学院还是我自身都未曾注意到虚假招聘问题，所以从未给班上同学讲过有关求职安全的事宜，即使在我本人也遭遇招聘骗局后。2008年在向已毕业同学调查此问题时，才得知班上有不止一位同学在找兼职的过程中上当受骗。我为此倍感汗颜，尤其当想到自己虽有相关经历却因当时并未意识到问题的严重性而没能及时提醒班上同学时，更是如此。或正因上述提醒的非针对性和非专门性，才使得同一学校乃至同一班上的大学生对其是否属于求职安全知识的传授，给出了完全不同的答案：少数人视之为传授范畴，故才有前述“偶尔传授”之说；更多的人则不把它当作是一种传授，故又有前述占据优势之“从未传授”一说。

另一种，非正式的但可能更具针对性的提醒，其主体包括班主任、辅导员、任课老师、学姐学长及实践协会成员等，他们或多或少了解有关大学生兼职受骗的信息。遗憾的是，这类提醒仍然不会特别详细，效果也不尽如人意。如 S_3说："班主任讲很严重的事，如'3.14'事件，不要出去，还有就是要小心骗子、小偷之类的。实践协会倒是明确讲过街上有骗子，以工作名义骗中介费，但讲得不具体，而且也只说骗子多，没说被骗以后最有效最快捷的救济手段是什么。自己也就未放在心上。" S_{18}则指出："偶尔会有老师告诫学生。听说其他专业班上有同学被骗，班主任就告诉了班上学生，'以后要注意'。"

再来看看唯一回答"经常传授"的 $W_{(左)}$，其在问卷上填写的解释是，"学校经常通过班会或其他形式，提醒求职的同学注意安全，不要轻信来源不明的招聘信息，求职中最好不要交钱。"最初看到这一回答，我以为真的是有学校做得更好。在电话访谈中，才得知她所说的"提醒"并非学校的统一行为，而是其所在班辅导员的个人行为。她说：

> 不是学校统一讲，学校并没有形成制度化的求职提醒和教育。有没有相关提醒，这要看具体辅导员的责任心和是否了解此类问题。我十分幸运，因为我本科和硕士时的辅导员都很认真负责，比较关心这类事，平时会通过 QQ 群与年级会议等途径提醒我们。譬如，"找工作要注意，喊交钱的都不要交"之类。

不过，此类私人针对性提醒的覆盖面与影响力较为有限，毕竟知晓实际情况的老师只是少数。访谈中 S_9还透露出另一问题，她说，"接新生时，除非对方主动提到兼职的事，（学姐学长）才会提醒他们。否则平白无故的，尤其是本身也无此经历的，都不会主动说起此问题。"这表明，虽然作为"过来人"的学姐学长们比许多老师更了解虚假招聘问题的存在，但此种"上届传下届"的非正式宣传教育方式亦难以避免非制度化的缺陷。

那么高校针对应届毕业生求职安全的工作，又是否更到位呢？毕竟，大学毕业生的求职安全问题早在多年前便已受到高度关注。[1] 然如有人所指，尽管校校都有就业指导中心，并配备了专门的工作人员，但其工作职能仍停留在发布就业信息、公布就业政策等表层指导上，而没有将维护学生权益纳入职能范围。[2] 这一点在2008年我对大学生与高校相关工作人员的调查中得到了印证。譬如，C市某理工大学就业指导中心的主任告诉我，该机构的职责除负责用人单位到校招聘的安排与接待外，还涉及对毕业班的学生进行培训教育。不过他随即又补充道，当时针对毕业生的培训教育尚未构建起就业指导的完整课程体系，涉及毕业生求职安全的相关内容只是在有关就业指导的公选课中才有所零散体现。暂且不论其讲授效果如何，这样的公选课亦非人人选之。加上，许多二级学院对毕业生的宣传也仅限于求职技巧。如此一来，不是每位毕业生都能及时接触到此类信息，除非他们此前有着相关经验，否则就很可能会在毕业求职中上当受骗。尽管有学校在得知毕业生找工作受骗后，会及时通过班会给所有毕业生进行相关提醒，但这有“亡羊补牢”之嫌，对诸多已受骗学生而言似乎“为时已晚”。更何况，许多受骗事件可能并未被学校及时获知。

数年过去，越来越多的高校对在校大学生的求职安全问题给予了更多关注，甚至已经明确把招聘骗局“写”入了“大学生安全知识手册”等校园安全教育材料。在2015年的调查中，我发现江西理工大学应用科学学院在其《大学生安全知识手册》的“防骗篇”中，把招聘骗局列为校内诈骗案的主要类型之一，并设置了单独的“防传销篇”；成都理工大学在《大学新生入学防骗秘籍攻略》中，把传销与兼职中介陷阱视为十一种钱财骗局中的两种。随着对大学生求职受骗问题严重性的认识，一些高校还专门制定了“大学生求职安全手册”，以激发、增强大学生在求职过程中的自我防骗意识和能力。据悉，山东师范大学早在2007年就为应届毕业生制定并发放了安全求职手册，该手册从“求职前”“求职过程中”“求职后”与“女大学生求职”四个方面，较为细致地描述了大学生求职中应当注意防范的诸多安全问题（详细内容参见百度文库

① 汪瑞林：《就业也要“安全第一”》，《中国大学生就业》2005年第4期。

② 游艳玲：《不可小视的大学生就业安全》，《中国青年研究》2004年第6期。

之《大学生求职安全手册》)。此后，其他一些学校也先后制定了此类手册，有的以纸质版形式进行发放，有的以电子版形式发布在学校门户网站上。其中，兰州大学在“学生就业服务网”页面上，以“求职路上，请您注意安全”为醒目标题，着重介绍了几种常见的招聘骗局，并链接了部分案例。①

那么以上这些举措，是否意味着高校如今保障大学生求职安全的相关工作已是严密无缝呢？事实上，尽管有越来越多的高校开始把在校学生的求职受骗问题纳入大学生安全教育手册，但这仅是一种不成体系的碎片化行动，其所真正发挥的警示性效果有待商榷。如 C 市某财经大学 2014 级女生小叶告诉我，即使在入校时学校为新生统一发放了《大学生安全防范知识手册》，但许多同学都对此“不以为然”，直到受骗后再看该安全手册时，才发现“原来如此”。可见，倘若没有一整套制度化的虚假招聘防范教育机制，仅靠在学校官网发布或人手一册发放此类安全手册，并不足以引起大学生的注意和重视。制度化的反虚假招聘宣传教育的缺失，也意味着相应的权益维护机制基本处于空白，不论是正式的还是非正式的。至于上述状况为何会持续至今，前后访谈中部分大学生的回答，多少为我们提供了一些重要信息。譬如，S_{12}曾作出如下解释：

> 学生受骗后不会给班主任或其他老师说，只是在同学中说说而已，因为不是什么好事，加之和老师不怎么亲近。由于同学不愿意对老师说，老师自然不知道，学院和学校自然也不会重视该问题，也就没有制度化警醒措施。

已经参加工作的 W_4 也有着相似看法，他说：“刚读书时，学校并未讲。对兼职被骗的问题，完全没说，可能是老师不知道，因为学生被骗了也不会给老师说的，所以老师也就没管。只是毕业找工作时，辅导员开班会集中讲找工作时应注意安全，不要被骗。估计，应该是有同学毕业找工作被骗了，校方觉得问题严重，才管的。”类似看法在 2015 年的调查中依然极为抢眼，如前述那位财经大学的女生小叶告诉我，“学生

① 见 http：//job. lzu. edu. cn/zhuanti/qiuzhianquan/，最后浏览日期：2016 年 8 月 22 日。

都要面子，都不把自己受骗的信息反馈给学校，没有反馈意识，学校也没有反馈渠道”。对此或可认为，虽然部分高校人士（主要是就业中心工作者）早已关注到大学生的求职安全问题，但总体来看，作为法人行动者的学校因并未主动掌握有关该问题的足够信息，尚未知晓问题全貌，故而始终给予了其与严峻现实不符的轻视态度。

二　制度化建构：高校求职安全工作的展望

既如此，高校又该如何改进在校大学生的求职安全工作呢？先来听听大学生自己的呼声。当问及“你认为学校应该采取何种措施”时，受调查大学生的回答大体上可归为三类（见表9－2）。从该表中可以看出，不论受骗与否，大学生对这一问题的回答基本一致：最看重高校对有关求职安全知识的宣传、教育与警示。其后依次是，高校应积极为求职大学生搭建可靠的信息平台，应肩负起校园招聘信息的“把关人”角色。

表9－2　　大学生有关学校该采取何种求职安全保障措施的回答

类别	主要措施	复选频次（百分比）
受骗大学生（39人）	对学生进行有关求职安全知识的宣传与教育	36次（92.3%）
	为学生提供真实的兼职信息	9次（23.1%）
	净化校园招聘信息	4次（10.3%）
未受骗大学生（22人）	对学生进行有关求职安全知识的宣传与教育	20次（90.9%）
	为学生搭建正规求职平台	8次（36.4%）
	对入校招聘信息进行鉴别	5次（22.7%）

结合自身调查与相关文献，此处为高校求职安全工作的制度化建构提出以下三个方面的建议。

（一）确保校园求职安全教育的常态化

在校大学生的求职安全教育是整个社会反虚假招聘宣传教育的一个重要部分，高校应当切实将校园求职安全教育提上重要日程，并使之步入常态化与制度化轨道。求职安全教育在理念上应秉持“防骗于未然”的原则；在形式上既要进行集中性、大规模的宣传造势，更要注重经常性、持久性的宣传教育；在内容上应构筑起一个涵盖大学生求职受骗数据、典型案例，以及如何预防的技巧和受骗后如何维权的完整知识体系，而非碎片化的信息堆积；在具体宣传教育的路径上，应采取线上（学校网页呈现与链接、微信公众号求职防骗信息推送等）与线下（课堂宣讲、院校杂志、求职安全小册子、海报与宣传展板、小品表演、微电影播放等）相结合的立体形式；在主体上应充分发挥和利用学生社团的影响力与作用。大学生兼职社团中的部分成员对一些虚假兼职信息的了解优于学校老师，故如何更好地利用这部分力量，是高校整个求职安全工作中值得认真思考的一个话题。

1. 集中性的宣传造势——培养新生强烈的求职防骗意识

诚如 S_{19} 所言，“学校应在新生入校时集中讲授一些求职防骗的知识，提前提醒他们”，这点无论是在过去还是现在都得到了众多大学生的认可。不过在这一阶段，究竟该采取怎样的宣传教育方式才能取得更好的警示效果呢？毕竟部分大学生之所以受骗，并非在于他们没有收到过任何防骗警示，而在于这种警示过于笼统或力度不够，加之“自以为是”的心理作祟，致使他们并未对已有警示给予足够重视。对此，S_{25} 的看法很有代表性，他说：“系主任开会时也笼统讲过，但没有经历过的同学一般会‘左耳进右耳出’，因为觉得不关自己的事，只有经历过的人才发现事情就在自己身上或身边”。S_{19} 也强调，“几千人在场时说，大家也不怎么听，应讲究‘说’的技巧”。她还说，“学校可讲安全教育章程，但一定要是非形式化的，要讲实质性的、针对性的东西”。

由此可见，在学生刚入大学之初，为使这些虚假招聘问题意识缺失或不强的大学生充分认识到兼职招聘骗局的普遍性和危害性，并切实培养或提升其求职防骗的意识，高校应当用一至两周左右的时间，对他们开展大规模、形式多样的求职安全集中宣传教育活动。高校可设立求职安全教育机构与专职教职人员，各司其职，共同拟定科学有序的集中宣传教育系列活动计划；为确保教育活动及信息的权威性，更好地向大学新生揭示校园求职受骗现象的严峻性，高校可与“反虚假招聘中心”之类政府机构建立密切联系，邀请其工作人员在集中宣教期为学生开设讲座（也可采用课堂播放录制视频并加以讨论的形式）等。

第五章的分析表明，部分大学生持有的急功近利、不劳而获和迷信潜规则等不良价值观，也在无形中成为他们受骗的推手。这意味着，通过对此类案例中受骗大学生不良动机的剖析，帮助大学新生在第一时间树立起合理的价值观，对于其求职安全意识的提升极其重要。按照有学生的话说便是，“应提前让学生真正明白一个朴素道理：‘天上不会掉馅饼，即使掉下来也不会砸在我身上’”。总而言之，这一阶段的工作重在让大学新生认识到虚假招聘现象确实就发生在自己身边，进而真正激发他们的求职安全意识，弱化其固有的侥幸心理。在此基础上，再系统地向他们传授如何预防求职受骗，以及受骗后又该如何维权等知识。

2. 持久性的宣传教育——实现求职安全教育的常态化

只有注重持之以恒，高校求职安全教育才可能真正确立和强化大学生的求职安全意识。如果说入学初期的宣传造势，重在帮助大学新生在第一时间培养起必要的求职防骗理念，那后续工作则应当着力于不断探索、创新求职安全教育的方式方法，并根据实践中层出不穷的新情况、新问题，不断增强宣传教育的针对性、渗透性和有效性。

第一，及时披露大学生求职受骗最新案例。一个不容回避的事实是，不论初期集中宣传教育工作如何细致到位，总有大学生依然会掉入各式招聘骗局。为此，高校负责求职安全教育的机构与教职人员应当承担起此类信息的收集工作（具体路径后面会讨论），并在第一时间把这些受骗信息通过多种方式向其他学生进行充分披露。如此方能进一步凸显虚假招聘问题的现实性、复杂性，促使所有学生更好地认识到固有侥幸心理可能带来的现实伤害，进而巩固、强化其求职安全意识。正如 S_1 所说，“耳听不见得为实，血淋淋的教训才容易被人接受”。

第二，收集、揭露虚假招聘最新手法。高校应积极、主动追踪招聘骗局的最新演变趋势，并在第一时间把相关信息传递给广大学生，以促进其求职防骗意识与能力的不断提升。鉴于互联网上有关此类最新信息的反馈相对更为及时，高校还可时常提醒学生尽可能自觉主动地通过网络来了解相关知识与信息，而非完全被动依赖学校的知识灌输，以切实增强对虚假招聘的免疫力。

第三，强化维权意识与知识的宣传教育。针对多数大学生长期以来维权意识较为薄弱的状况，高校应定期开展反虚假招聘之相关法律法规、被骗后及时维权的意义，以及如何合法维权等知识的传授工作。尽管这类知识也可通过互联网来获取，但高校有必要经常向学生进行这方面的宣传教育，尽可能让每位学生都“被迫”了解维权的重要性，以及放弃维权的现实危害性。同样，应尽可能地挖掘大学生中既有的维权微榜样，充分彰显其微行动、微故事在大学生维权意识培育中所蕴含的潜在力量。

应该说，近些年来反诈宣传教育工作（涉及网络兼职刷单诈骗）在许多高校越来越受到重视。鉴于人们面对骗局时所固有的“自以为是”和“侥幸”心理，反诈宣传教育最难之处就在于“如何让防骗意识真正入脑入心”。考虑到“人只有切身经历过，才会对被骗一事深有体会”，中国科学技术大学和北京大学等重点高校纷纷开展了特定形式的“钓鱼邮件”攻防演练，旨在通过高仿真、沉浸式真实场景，让广大师生切实体会到“钓鱼邮件”的迷惑性和隐蔽性，进而提升师生的反诈意识和能力。毋庸置疑，这类反诈演练可谓用心良苦，较之于其他传统的反诈宣传教育工作，能取得更好的警示效果，也获得了绝大部分师生的肯定和支持。除此之外，为提高师生的防诈意识，一些高校还联合当地警方探索了其他多种多样的反诈宣传新手段。譬如，设立“反诈榜”——榜单上罗列了各学院被诈骗的总金额；为毕业生安排反诈考试；设计反诈卫生纸，在校园免费发放——纸上印着防诈骗小妙招；民警假装成诈骗人员，随机给在校大学生打电话进行测试；高校学生联合当地派出所共同创作歌曲《反电诈联盟》；警方在大学生集中的区域设置“反诈快递车”——在送快递的车身上写有生动活泼的反诈警示语，不少同学也主动在快递车上写下自己的反诈学习心得，① 等等。以上这些新奇独特的

---

① 以上反诈宣传案例请参见以下几篇文章：《北京大学首场“钓鱼邮件”攻防演练收官》，北京大学新闻网，2021 年 5 月 25 日，https：//news. pku. edu. cn/xwzh/dd1bca7b5d3541c69505f29ba7e98908. htm，最后浏览日期：2022 年 10 月 27 日；赵映骥：《中科大发 4 万封“免费送月饼”钓鱼邮件，校方回应：系反诈演练》，上游新闻微信公众号，2022 年 9 月 8 日，最后浏览日期：2022 年 10 月 27 日；《“同学，这榜咱可不兴上啊！”》，中国共产主义青年团上海市委员会百家号，2021 年 11 月 25 日，https：//baijiahao. baidu. com/s? id = 1717413036284644488&wfr = spider&for = pc，最后浏览日期：2022 年 10 月 27 日。

反诈骗宣传方式赢得了大学生们的一致好评，其也表明，为更好地提升大学生们防范虚假招聘的意识和能力，高校的求职安全教育工作尚需不断探索更多贴合在校大学生心理特点的方式方法。

（二）建立校园招聘信息监管机制

校园张贴式小广告通常成为在校大学生求职受骗的一个重要诱因，即使是在网络虚假招聘泛滥的当下，其依然不减昔日势头。尽管这些虚假招聘信息随处可见，但长期以来少有高校有所主动作为。考虑到保护大学生求职安全的现实需要，将此等校园招聘信息纳入高校的日常监管，已是迫在眉睫。

1. 净化校园招聘信息，尤其是兼职信息

近年来，越来越多的高校（主要由就业指导中心之类部门负责），日渐重视面向大学毕业生之招聘信息的真实性审核。譬如，南开大学、兰州大学等高校都建立了自己的就业信息网以及用人单位信息库，且都有一套审核招聘信息的办法和流程。这些高校在审核过程中会过滤掉大量不严肃、不正规或存有疑问的招聘信息，并把通过审核的信息发布于校园就业网。在举办校园招聘会时，这些高校同样会严格审查招聘单位的资质等，以杜绝居心叵测者混入校园行骗。随着社会对大学毕业生求职安全问题的认识和重视，还会有更多的高校强化上述招聘信息的真实性审核。如确因审核不严导致虚假招聘信息出现在官方信息平台，高校也会及时告知本校毕业生。

相比之下，少有高校核查校园兼职信息的真实性。或许，这部分是因为许多高校对在校大学生的兼职行为一直以来都持有一种相对保守的看法，从而不愿把此类就业活动纳入高校就业工作的统一监管中。因此，面对校园内随意张贴的众多虚假招聘广告，许多学校总是熟视无睹。在2008年的调查中，部分大学生便对此提出异议，他们认为校方应严格审核这类张贴式广告，组织人员及时铲除虚假信息，为广大学生创建一个“绿色”的校园求职空间。在2015年的调查中，C市有一位了解校园骗局的大学生也指出，为防止校园骗局进一步恶化，除在校园内人流量密集的地方加强对骗局的宣传外，学校还应加强对校园内小广告的清除与各类讲座的审查。他说：

> 骗子的不少讲座，居然是在我校举办的。上个学期，我们辅导员说，居然有骗子向我校申请到了G101教室，可见学校监管的漏洞是多么的大。学校还应定时派人去清扫公告栏，因为大部分人都认为公告栏是学校正式发布的，是可信的。

可见，高校应着手监督、审核面向广大在校学生的兼职信息（不仅是张贴式广告，还包括通过学生代理人与学生兼职社团等渠道进行的招聘宣传）。虽然这类招聘信息太多太杂，远超出了高校自身的监管力量，但这并不能成为放纵骗子行骗的理由。为此，高校可充分调动学生（尤其是学生干部）与学生社团的力量，使之在校园兼职信息的甄别、清理中发挥应有作用。

2. 为大学生搭建可靠的兼职平台

众多高校不遗余力地为大学毕业生搭建起各种就业平台，却相对忽视了为在校大学生构筑可靠的兼职平台。虽然许多高校都有勤工助学方面的相关扶持工作（以C市某理工大学为例，由学校为那些受资助的贫困同学提供校内兼职工作并支付一定报酬，同时由校团委领导下的社团部、学生团体等机构为在校生提供一定比例的勤工助学岗位），但相对于海量的兼职需求，现有渠道提供的岗位无异于杯水车薪。在调查中，不少大学生对此发出强烈呼声，他们要求学校或建立一个专门组织，或由某个组织专门负责与外界联系，为有兼职需求的在校大学生搜集、提供足够多的可靠兼职信息，以免那些急于兼职的大学生饥不择食地掉入招聘陷阱。的确，高校应当把在校大学生的兼职需求视为另一种“就业”需求，给予其全力引导和促进，为之创造相应的条件和平台。譬如，针对已有的大学生兼职社团，校方可以整合各种资源，提供持续性支持，使之发展成为本校大学生获取校外兼职信息的统一性平台。这应当是一个现实路径。在2015年的调查中，我发现C市某财经大学的兼职协会在积极拓展校外勤工助学资源方面取得了一定成效，如若校方能给予类似学生社团有效的制度化支撑，定会有助于促进其在兼职信息获取、鉴别与发布方面的进一步规范和完善。

（三）构建大学生求职权益维护机制

尽管少有大学生在调查中明确表示，“希望学校能帮助受骗学生追究骗子”，但这并不表明高校可以懈怠无为。事实上，《共青团中央、教育部关于进一步做好大学生勤工助学工作的意见》（2005）这一文件早就明确提出，高校应加强对大学生勤工助学工作的保障，其中之一正是“维护学生权益”——主要指保证学生劳动环境的安全和防止克扣、拖欠其应得的报酬。不过，这仅是为虚假招聘所侵害之权益的一部分。此处基于更为宽广的角度来阐述，高校该如何着手，以更好地帮助受骗大学生维护他们自身的合法权益。

1. 建立受骗信息传导与共享机制

许多大学生受骗后碍于情面，往往不愿向老师甚至同学反映自身经历，因此既不能获得来自老师或校方的任何帮助，也间接使得其他大学生因没能及时了解相关骗局而不断掉入类似陷阱。显然，不论是基于前述高校求职安全常态化教育的需要，还是本着对受骗大学生权益的人文关怀，高校都应当建立有效的求职受骗信息传导、共享机制。如此举措，旨在从根本上解决学生内部以及学生与学校之间的信息不对称，进而更为切实有效地开展求职安全相关工作。譬如，高校可联合学生社团组建一个权威的“晒黑”信息发布平台（如网站、校级周刊或宣传手册等多种形式，尽可能覆盖所有大学生），由受骗大学生或了解实情的学生干部等，在平台上及时曝光最新虚假招聘事件或案例。

为免除受骗大学生的相关顾虑，可让学生干部（如学生安全委员）深入自己所在班级进行宣传，鼓励同学将求职受骗经历或仅仅是遭遇典型骗局的事例说出来，让更多人分享。鉴于受骗本身对多数大学生而言都不是一件体面的事，故宣传时可特别强调并承诺对受骗者的个人信息进行保密。辅导员也可适当承担起类似宣传工作，以增强大学生们的重视度，提高其参与积极性。通过对“晒黑”信息发布平台的大力宣传，既有助于校方从总体上掌握本校学生求职受骗情况与最新虚假招聘信息，进而更有针对性地推动校园求职安全工作的可持续开展；又可为校园“晒黑族”与其他大学生之间提供一个沟通交流的平台，促进学生内部的互动、互助。由此亦可激发、提升大学生的公共参与意识，推动他们自身的成长。

2. 构建行之有效的维权机制

这么多年来，有关求职受骗大学生维权难的声音通过媒体得以不断传递，这虽激励了包括部分高校工作者在内的相关人士的思考，但此类维权困境始终没有得到根本改变。以毕业生为例，虽然部分上当受骗的毕业生也会向学校诉苦和求助，然高校对此也时常感到“心有余而力不足”。譬如，北京师范大学就业中心的主任曾告诉记者，面对受骗毕业生的投诉，学校也只能“靠关系”和“磨嘴皮子”来解决，最多也就是给涉嫌欺诈的用人单位亮“红牌”，拒绝让其进入校园开展招聘活动。北京工业大学就业中心的老师还指出，如果毕业生和用人单位签约后才发现被骗并投诉到学校，“学校更是无能为力”。[①] 试想，只是面对少数受骗大学生的求助，高校都深感无奈，倘若通过前述求职安全宣传教育，有更多的受骗大学生不再沉默，转而求助于学校，高校又应当采取何种举措，才能为这些大学生提供维权方面的实质性帮助呢？

目前似乎少有高校设立了面向在校大学生的“求职维权中心”之类权益维护机构。不否认，一些高校就业中心负责人早就呼吁应该成立一个针对大学毕业生的法律援助组织，为受骗毕业生提供法律援助。暂不论这一提议是否成为普遍事实，即便如此，很多兼职受骗大学生的利益又是否该得到高校的关注？在我看来，高校可从两个方面着手，构建一套针对所有求职受骗大学生的权益维护机制。

一方面，依然是联合现有的学生社团，组建“大学生求职受骗维权中心”，由专人负责为需要帮助的受骗大学生提供维权信息，并根据其具体受骗情况提供切实可行的维权建议。必要时，该中心还应链接、整合校内外相关资源（组织资源、政府资源与律师资源等），帮助投诉无门的受骗大学生追究骗子及有关行为主体（如发布虚假广告的媒体）的责任，尽力捍卫弱势大学生的合法权益。考虑到各高校力量分散，无助于大学生整体权益的维护这一现实，高校间亦应在此问题上通力合作，

① 郑超、杜丁：《毕业生求职被骗投诉无门，就业中心呼吁法律援助》，《北京娱乐信报》2004年4月2日，news. sohu. com/2004/04/02/72/news219707216. shtml，最后浏览日期：2012年4月20日。

并和教育行政部门保持紧密联系，通过后者的行动力量，在必要时向反虚假招聘的主管部门表达自身利益诉求。这需要高校及教育行政部门自身对受骗大学生持有高度的同理心和责任心，始终能站在大学生的立场，为其权益“呐喊”。

另一方面，就目前虚假招聘借助于网络而越发变本加厉的态势来看，可以预期，大学生求职受骗事件在未来较长一段时间内仍会层出不穷。这意味着，相比于受骗大学生的总量，高校能够用于反虚假招聘的人力、物力等组织资源十分有限。故高校需引导并利用大学生中更多自发的力量，帮助受骗大学生维权。比如，促成在校大学生成立求职维权自治组织，或对大学生中已经组建的求职维权团体予以积极引导，使之实现组织化和制度化，以既更为有效地维护受骗大学生的合法权益，又能促使更多大学生深度参与到校园反虚假招聘行动中。换言之，对于在校大学生中相对自发的一些“晒黑”行为和其他具有维权关怀性质的行为，高校都应积极发掘并提供制度性支撑，避免其因资源的缺乏而难以为继。高校主动培养、提升在校受骗大学生的自组织意识与能力，积极推动其成立草根维权团体，这实际上也是整个社会培育反虚假招聘民间维权团体的一个重要组成部分。

3. 建立受骗大学生心理疏导机制

如第五章所述，大学生在上当受骗之初普遍会产生一种较为强烈的负面情绪，一旦他们自身不能及时处理好这种原本正常的心理反应，就可能留下心理阴影，甚至演变成不正常的甚至是极端的行为反应。譬如，有大学生备受受骗阴影的折磨，甚而患上求职恐惧症，失去了再找工作的勇气和信心。还有大学生选择不再相信他人乃至社会，对生活失去了原有的热忱。更有屡次被骗者，因绝望而自杀等。既有这些血淋淋的事实无不表明，高校确有必要对遭受了较大心理创伤的部分学生进行及时的心理疏导和干预。

概观之，高校可借助于前述受骗信息传导共享机制，在对受骗大学生情况进行动态掌控的基础上，与那些在心灵上受到更大伤害的学生进行及时沟通，并针对个体情况采取相应的心理疏导策略，帮助其排解自身不良情绪，渡过眼前危机，以免因一时的极端想法而毁掉正常人生。同时，引导他们理智对待当今社会中诸多如虚假招聘一样的顽症，从总体上降低其面对负面事件时的心理应激水平，以有助于日后更好地应对生活中可能遇到的各种危机。在2008年的访谈中，有一位学生干部还表示，学校应该成立“受害基金”，为受骗同学提供一定经济赔偿。这一建议虽不现实，但对那些因受骗而面临较大经济危机的大学生，高校应当如何更好地作为，这也是一个值得重视和讨论的议题。

结　语

本书讨论的是中国自20世纪90年代初以来日趋严峻的虚假招聘问题。虚假招聘不仅侵害了众多求职者的合法权益，甚至还戕害了整个社会与心理生态。潜存在虚假招聘背后的正是“诚信、秩序与责任”这一当今中国社会所面临的共识性议题。为此，中国政府严厉打击各类虚假招聘的决心始终如一。近几年来，有关虚假招聘治理的法律法规日趋完善，事中事后监管等行政规制工具也愈益体系化、制度化。遗憾的是，虚假招聘至今依然屡禁不止。有鉴于此，本书以越轨理论和理性选择理论为主要研究视角，以骗子、受骗求职者、媒体及政府各自所扮演的角色为切入点，通过刻画与分析这四类主体在虚假招聘现象中所处的独特位置以及所展现的独特经验，多角度探究导致虚假招聘泛滥已久的根源性因素。因虚假招聘并非一个孤立的社会现象，而是植根于更为宽广的社会文化背景，故本研究亦成为我们了解、洞察当今中国社会的一个丰富文本。

研究指出，虚假招聘这类越轨行为的发生与持久存在，离不开骗子、求职者、媒体乃至基层执法人员等众多行动者间的“默契配合”。换言之，在虚假招聘现象中并非只有骗子这一显著越轨群体的存在，而是还潜藏着其他秘密越轨群体。这些越轨群体的行为事实上都具有一种“集体的性质”，且在其直接或间接的互动中相互作用、相互强化，进而持续建构出虚假招聘这一更为宏观的越轨图景。要言之，虚假招聘实则是一种由不同类型行动主体之集体越轨行为共同构建起来的越轨现象，或曰作为集体行动的一种越轨现象。研究还发现，上述行动主体的特定越轨行为多是经由理性选择的结果，只不过这种选择又都不约而同地凸显出一种工具理性的色彩。就此而论，“越轨”与“理性”实乃虚假招聘现象的一体两面，它们相互强化，进而构成了似难破解的“越轨—理性”困局。

本书依循党和国家建设“社会治理共同体”的创新理念，为进一步提升虚假招聘治理成效提供了思路。研究指出，在当前中国社会治理实践中正得以践行的参与式治理模式，亦是虚假招聘治理创新的一个可行方向。遵循这一模式理念，本书从以下三个方面展开了对策讨论。

首先，细化虚假招聘立法规定，以提升虚假招聘治理的精准化水平。这涉及推进虚假招聘广告相关立法、细化虚假招聘行为相关立法和细化行政机关的法律责任这三个方面。推进虚假招聘广告相关立法包括：厘清虚假招聘广告法律认定标准、为媒体责任认定设立“客观事实”标准、细化与强化网络招聘服务平台的法律责任；细化虚假招聘行为相关立法又包括：立法明确界定虚假招聘、立法保障勤工俭学大学生的合法权益、在《刑法》中增设“虚假招聘罪”；细化行政机关的法律责任则涉及：明确行政机关采取行政强制措施的责任、在《刑法》中增设“虚假招聘监管渎职罪”等。

其次，着手构建“干群合作治理”的多元治理机制。这包括五个方面：设立“虚假招聘研究处”、成立“反虚假招聘中心”、构建“反虚假招聘”宣传教育机制、培育“反虚假招聘”民间维权团体、将虚假招聘治理纳入地方政府绩效考核指标体系。

最后，从确保校园求职安全教育的常态化、建立校园招聘信息监管机制、构建大学生求职权益维护机制这三个方面，为高校求职安全工作的制度化建构提供了具体可操作建议。

为确保得出有效的研究结论，无论是在收集资料还是在对资料进行分析的过程中，我都采取了相关举措，以尽可能保证资料的基本质量和结论引出的“可靠性”。不过，想要完全避免“只看见自己想看的东西”是件颇为困难的事情。作为普通个体，研究者固有的认知偏差势必会在一定程度上削弱研究的发现。又如贝克尔所述，美国关于越轨的科学研究长期以来缺乏足够坚实的数据、信息与资料作为构建理论的依据。因为能够提供丰富的事实材料并让人们对越轨者的生活环境与生活方式有所了解的研究并不多，加之有许多越轨行为从未被科学、系统地介绍过，更有一些越轨现象几乎未曾涉足。① 反观今日中国之越轨研究现状，贝克尔的上述看法仍十分妥切。就虚假招聘这一越轨类型来看，在本研究之前，它基本未曾被社会学界关注过。基于这一点，我在整个研究过程中都尽可能地去收集虚假招聘中各类主体的相关信息，以便能够掌握更为丰富的第一手资料。然囿于越轨行为的隐秘性，最终所能收集到的虚假招聘之首要越轨者的一手材料相当少。我只得依赖于那些所能收集到的碎片式二手文献（新闻报道、网络帖子等），从中梳理出这一越轨人群的大致轮廓。

这种研究实践的缺陷较为明显：首先，这些二手材料所能提供给我的是一个误差较大的非均衡样本。在此样本中，更多涉及的是实施钱财骗局的招聘骗子，少有涉及那些实施劳力和色相骗局的骗子，对于部分“招而不聘”的特殊陷阱设置者更是罕有描述。由此以致，本研究虽力图从总体上考察虚假招聘现象，但实际上主要是基于钱财类招聘骗局及其实施主体来展开的，这必定会削弱我们对虚假招聘现象之多元性与复杂性的深度认识。

其次，因没有与实施虚假招聘的研究对象建立起密切联系，我没有机会观察到他们在自然状态下的行为活动，也无法紧跟他们的日常经历来分析其越轨活动。尽管我可以依据诸多支离破碎的公开资料来推测骗子的相关背景，却不能具体说明一位个体的成长环境乃至个人性格等因素是如何促使其步入虚假招聘这一越轨道路的。那些主动走上虚假招聘之路的个体尤为神秘，有关他们在日常生活中的行踪，他们如何看待自身及其越轨行为，又是如何看待受骗求职者、媒体和政府等相关主体及其行为，目前并无任何翔实、系统的资料可供了解和研究。显然，这妨碍了越轨理论的发展与完善。

与此同时，资料收集中的另一个限制也妨害了一手资料的丰富性，

① ［美］霍华德·S. 贝克尔：《局外人：越轨的社会学研究》，张默雪译，南京大学出版社2011年版，第137—139页。

这就是资料易获取性对研究者的支配。如贝克尔所说，过分强调现场观察和一手资料的获得，会让研究者无意识地倾向于选择研究越轨现象中那些较易接近的群体和场所，[①] 从而排除掉了另外一些同等重要的个人与群体。这点在本研究中同样存在。之所以主要以在校大学生求职受骗事件为例对虚假招聘现象展开分析，既在于他们是虚假招聘的主要受害者群体之一，又在于这一群体更易为我所接触。即便是在对大学生的研究中，能接受我调查的受骗大学生也多是那些已经走出了上当受骗的心理阴影，也愿意向研究者吐露心声的部分个体。另外一些因某种原因（比如被骗的钱相对较多，不愿重提往事等）而不愿接受调查的大学生，我无法勉强之。这类大学生拒绝接受调查的行为本身，同样有助于我们更好地理解虚假招聘现象，但因相关素材的缺失，使之成为本研究中的一个遗憾。

在对政府与媒体的调查中，同样存在类似问题。以政府为例，以受害者和举报者的身份去进行调查，使得我所能接触到的多为基层执法者，较少能与其中上层展开对话。再看媒体，这种更有权力优势的个体在我的调查中尤其缺失。我曾试图与周刊老总取得联系，然先是寄去的信件犹如石沉大海，后是打去的电话几次被秘书所拦，直至最后，也未能如愿了解到其对周刊虚假招聘广告的态度和看法。以上重要群体的缺失，都会程度不等地损害我所收集到的资料的丰富性、坚实性和复杂性，进而削弱我对虚假招聘现象所做出的理论阐释。

以上限制与不足，正是未来研究中需要努力突破的方向。此外，虚假招聘在中国屡禁不止，无疑有立法层面的原因，更有法律实施不到位的原因。前者在近几年来正在日渐改进，新近颁布和实施的相关法律法规即为明证，后者则没有明显好转，近年来立法上不少较为确定的制度安排在目前各地的执法实践中并没有得到有效落实。那么，导致相关法律法规不能执行到位的根源性因素究竟有哪些？如何才能让契合现实需求的法律法规在实际的行政监管中得以真正“落地”？这些问题亟待理论上的深入研究。

---

① ［美］霍华德·S. 贝克尔：《局外人：越轨的社会学研究》，张默雪译，南京大学出版社2011年版，第158页。

在本书的写作与修改过程中，又有无数的虚假招聘事件在发生着，尤其是网络虚假招聘俨然已成为社会一大毒瘤。这一事实表明，作为中国虚假招聘的首个系统性研究文本，本书写作虽看似接近尾声，但对该现象的研究其实才刚刚起步。虚假招聘的受害者既包括大学生，还有庞大的农村进城务工人员，这两大群体都是社会中的弱势者。虽不确定本研究能否把关涉这些弱势者利益的虚假招聘问题带入学界主流话语，但我相信，本着良心学人的草根关怀意识，会有更多的人投身到对这一现实问题的关切中。我也相信，随着更多有识之士的加入，虚假招聘问题终将得到有效解决，广大求职者也终将生活在一个安全无虞的求职环境中！

附录一　虚假招聘调查问卷

Ⅰ　遭遇骗局且上当受骗的大学生填写

一　个人背景

1. 性别

①男　　　　　　　　②女

2. 年龄________

3. 家庭所在地________

4. 家庭及兼职主要目的________

5. 年级和专业________

二　求职受骗经历

1. 在你找工作的过程中，被骗过几次？

①1 次　　　　　　　　②2 次　　　　　　　　③3 次及以上

2. 第 1 次的具体时间________，地点________

　第 2 次的具体时间________，地点________

3. 分别是通过什么方式遇到骗子的？（多次受骗，进行注明）

①报刊上的招聘广告（________）

②大街上的口头招揽（________）

③ 电线杆上贴的招聘广告

④店面门前摆放或张贴的招聘广告

⑤街上散发的卡片式招聘广告

⑥校园张贴栏招聘广告

⑦其他________

4. 受骗时有无其他人陪同？（多次受骗，进行注明）

①有　　　　　　　　②无

5、有人陪同的再回答以下问题（多次受骗，进行注明）

a. 另外还有几人？________

b. 是什么关系？________

c. 年龄________

d. 文化程度________

e. 家乡________

6、受骗的具体过程（从与骗子接触到最后发现被骗时采取的行动）（多次受骗，进行注明）

____

7. 在初次受骗前是否有过求职经历？

①有（________）　　②没有

8. 在初次受骗前是否有过工作经历？

①有（________）　　②没有

9. 在初次受骗前是否看到过求职被骗的新闻？

①有（________）　　②没有

10. 在初次受骗前是否听说过他人求职受骗的事情？

①有（________）　　②没有

11. 在初次受骗前是否了解求职中应当掌握的一些预防上当受骗的知识，如法律知识、经验知识等？

①有（________）　　②没有

12. 你认为既然自己之前已了解相关知识，为什么还会受骗？（若第9、10、11题中至少有一题选择答案①的，请回答该题）

____

13. 在受骗后，是否采取了维权行动？（多次受骗，进行具体注明）

①有　　　　　　　　②没有　　　　　　　　③其他________

14. 采取了维权行动的请回答以下问题？（多次受骗，进行具体注明）

a. 维权的具体过程是怎样的？

____

b. 在维权行动中，你最大的感受是什么？

____

15. 若至少有一次受骗后却没有采取维权行动的，请回答以下问题

a. 有没有想过要去维权？

①有　　　　　　　　②没有

b. 没有进行维权的主要原因是什么？

____

16. 你认为自己第一次求职受骗的主要原因是什么？

____

17. 为什么在第一次受骗后还会再次上当受骗？（若不止一次受骗，请回答该问题）

____

18. 你认为骗子行骗的技巧主要有哪些？

____

19. 受骗后，你是否从中吸取了什么教训？吸取了怎样的教训？

____

20. 求职受骗对你的心理、情感及对社会的认识产生了什么影响？

____

21. 你是否将自己的受骗经历告诉了其他人？是用什么方法告诉其他人的？目的是什么？

____

22. 你是否想过对这类问题进行长期的关注，有机会向政府部门进行举报？

____

23. 你身边是否有认识的人被骗过？

①有　　　　　　　　②没有

24. 若身边有人被骗过，请回答如下问题

a. 有几个人________

b. 其受骗的相关情况是怎样的？（若能推荐成为调查对象，则可以不回答该问题）

____

25. 你所在的学校是否向在校学生传授过求职中应该注意的防止上当受骗的相关知识？

①经常传授　　②偶尔传授　　③从没传授过

26. 如果传授过，主要采取什么方法？传授的有哪些知识？（所在学校传授过的回答该题）

____

27. 你认为，目前大学生求职被骗的情况是否严重？

①很严重　　②比较严重　　③一般

④不严重　　⑤不清楚

理由________________

28. 你认为，如果要治理求职受骗这种问题，学校和社会应该采取哪些措施？

____

Ⅱ　遭遇骗局但未上当受骗的大学生填写

一　个人背景

1. 性别

①男　　②女

2. 年龄________

3. 家庭所在地________

4. 家庭情况（父母、兄弟姐妹、收入）________

5. 年级________　专业________

二　遭遇招聘骗局的经历

1. 在你找工作的过程中，遭遇过虚假招聘且都未被骗取钱财的情况共有几次？

①1 次　　②2 次　　③3 次及以上

2. 第 1 次的具体时间________，地点 ________

第 2 次的具体时间________，地点________

其他次的时间和地点________

3. 分别是通过什么方式遇到骗子的？（多次遭遇，进行注明）

①报刊上的招聘广告（________）

②大街上的口头招揽（________）

③ 电线杆上帖的招聘广告

④店面门前摆放或张贴的招聘广告

⑤街上散发的卡片式招聘广告

⑥校园张贴栏招聘广告

⑦其他________

4. 受到招聘骗局时有无其他人陪同？（多次遭遇，进行注明）

①有　　②无

5. 有人陪同的再回答以下问题（多次遭遇，进行注明）

a. 另外还有几人？________

b. 是什么关系？________

c. 年龄________

d. 文化程度________

e. 家乡________

f. 是否被骗________

6. 遭遇骗局的具体过程（从与骗子接触到最后识破骗局）（多次遭遇，进行注明）

____

7. 在初次遭遇骗局前是否有过求职经历？

①有（________）　　②没有

8. 在初次遭遇骗局前是否有过工作经历？

①有（________）　　②没有

9. 在初次遭遇骗局前是否看到过求职被骗的新闻？

①有（________）　　②没有

10. 在初次遭遇骗局前是否听说过他人求职受骗的事情？

①有（________）　　②没有

11. 在初次遭遇骗局前是否了解求职中应当掌握的一些预防上当受骗的知识，如法律知识、经验知识等？

①有（________）　　②没有

12. 你认为自己识破骗局的主要原因是什么？

____

13. 在识破招聘骗局后，是否向学校或媒体、政府部门进行了举报？（多次遭遇，进行注明）

①有　　②没有　　③其他________

14. 进行了举报的请回答以下问题（多次遭遇，进行注明）

a. 为什么举报？

____

b. 举报的具体过程是怎样的？

____

c. 在举报行动中，你最大的感受是什么？

____

15. 遭遇招聘骗局后没有进行举报的，请回答以下问题

a. 有没有想过要去举报？

①有　　②没有

b. 没有进行举报的主要原因是什么？

____

16. 你发现骗子行骗的技巧主要有哪些？

____

17. 你身边是否有认识的人被骗过？

①有　　②没有

18. 若身边有人被骗过，请回答如下问题

a. 有几个人________

b. 其受骗的相关情况是怎样的？（若能推荐成为调查对象，则可以不回答该问题）

____

19. 你所在的学校是否向在校学生传授过求职中应该注意的防止上当受骗的相关知识？

①经常传授　　②偶尔传授　　③从没传授过

20. 如果传授过，主要采取什么方法？传授的有哪些知识？（所在学

校传授过的回答该题）

____

21. 你认为，目前大学生求职被骗的情况是否严重？

①很严重　　②比较严重　　③一般

④不严重　　⑤不清楚

理由____

22. 你认为，如果要治理求职受骗这种问题，学校和社会应该采取哪些措施？

____

附录二　与相关职能部门的互动图景*

- 公安部门
  - 2005 年底，S 省 C 市 QY 区及 C 市公安局，电话联系，反映自己遭遇
  - 2006 年 11 月底，S 省公安厅，上门询问对举报骗子的处理情况（刘队）
- 原劳动部门
  - 2005 年底，S 省 C 市 QY 区及 C 市劳动局，电话联系，反映自己遭遇
  - 2006 年 2 月底和 3 月底，S 省 C 市 JN 区劳动局，上门举报周刊虚假招聘广告，电话询问处理结果（赵雨）
  - 2006 年 2 月底和 3 月底，S 省 C 市 CH 区劳动局，2 次上门举报并了解情况，电话询问处理结果（廖楠）
  - 2006 年 3 月和 4 月下旬，2007 年 8 月上旬，C 市劳动局负责人，3 次电话联系，了解相关执法情况（夏宇）
- 宣传部门　2006 年 4 月 20 日，电话联系 S 省委宣传部新闻处，反映周刊假招聘广告
- 原工商部门
  - C 市工商局　2006 年 10 月 20 日上午，电话联系，举报周刊假招聘广告
  - S 省工商局
    - 2006 年 10 月底至 12 月初，上门递交周刊虚假广告资料，6 次电话联系，获得了从递交资料到获得查处结果反馈之完整过程的一手资料（宋某）
    - 2007 年 5 月中旬至 8 月中旬，前后 2 次上门递交举报材料，1 次面谈，4 次电话联系，继续举报周刊虚假招聘广告，最终不了了之（宋某、雷处）
- 原国家新闻出版总署　2008 年 7 月下旬，邮寄举报材料给报刊司，反映周刊虚假广告

* 这里按照时间脉络，对前期、中期调研阶段我与不同职能部门互动的状况做一总体勾勒。因涉及同一部门的各级机构，如无特殊说明，本书中皆使用日常生活中公众对这些部门的简化称谓。在该图中，如对联系次数没有特别说明，皆仅有 1 次联系。此类联系指的是我与对方有着实际交流的互动事件，不包括那些没有提供任何有效信息的非实质性接触。

附录三　求职防骗经验法则

核查招聘单位真假，谨防捏造
核实招聘信息真假，谨防假冒

警惕单位名称、地址和岗位信息语焉不详的“招聘”
警惕低门槛、高收入的“招聘”
警惕催促式、逼迫式“招聘”
警惕“招聘方”的“美好许诺”
警惕“非正常”入职要求（交钱、整容、贷款、陪睡，等等）

切忌求职（赚钱）心切
切忌不劳而获、贪小便宜心理
切忌侥幸心理
切忌自欺欺人、自以为是

切记“用人单位招用劳动者，不得以任何名义向劳动者收取财物”
切记“提供职业中介服务不成功的，职业中介机构应当退还中介服务费”
切记通过百度等网络工具多途径核实“可疑招聘”
切记不将重要证件作抵押
切记“垫付资金”的网络刷单都是诈骗
切记要求提供花呗、借呗等消费贷截图的都是诈骗
切记不要把二维码、验证码等付款凭证随意发给陌生人
切记要求提供银行卡账号和密码的都是骗子

切记“跑分”兼职涉嫌违法犯罪
切记一旦发现受骗，及时报警维权
切记找骗子维权时“不能怂”，“偷偷录音”保留证据

说一千道一万，“捂紧钱包就是硬道理”！

附录四　案例分析："真高铁假招聘"*

一　案例简介

山东枣庄的小宋2018年从济南一所大学毕业后，从省城回到枣庄，一直待业在家。2019年她在微信朋友圈里看到有人在推荐铁路部门的招聘信息，于是联系了对方（一名李姓男子）。该男子告诉小宋，自己在济南开办了一个培训中心，专门为铁路部门招聘职工。小宋于是应聘了高铁列车乘务员这一工作岗位。按照李某的要求，小宋到济南参加其公司组织的面试。面试通过后，按照李某的要求，小宋先后交纳了3000元的培训上岗费、4600元的培训费用，以及1.2万元的上岗费用。培训一段时间后，她被送到天津某个地方上岗。但等小宋到岗后，她才发现所安排的工作与李某之前的承诺完全不一样。按她的说法，岗位不是正儿八经的乘务员之类，也不是和铁路部门签的合同，而是和第三方签的劳务派遣合同。工作内容就是卖东西和打扫厕所卫生等。此前说的"五险一金"没有，工资也很低——1800元左右。小宋发现岗位不符后，先去找李某，让对方退钱。"退钱是不可能的"，李某告诉她。小宋这时醒悟过来，半个月内自己交了近2万元，"这钱是被骗走的，这是诈骗"。于是，她到派出所报案。和小宋一样遭遇的还有小高，他是山东曲阜人，刚大学毕业，见李某经常在朋友圈发此类铁路招聘的相关信息，就信了。小高应聘的是北京到天津段的高铁乘务员，也在面试、培训、体检每一个环节上都交了钱，共计2.38万元。可是到了最后才发现根本就不是那

* 来源：《今日说法》20190918，https：//tv.cctv.com/2019/09/18/VIDE4Q3FuHbE5ULqlaFZcMHY190918.shtml.

回事，"说的和铁路局签正式合同，结果他给我分配的工作和铁路一点关系也没有"。再去找对方，对方也不退钱。百般无奈之下，小高也报了警。同样报警的还有山东兖州的小吴，遭遇类似，被骗 1.98 万元。李某告诉小吴，"我们乘务员，所有福利待遇都一样"，如"五险一金"，"月工资 4000—5000 元"。结果等她去天津上班后，小吴才发现，"并不是铁路部门直签，也不是正式工，只是派遣的"。再去找李某，李某矢口否认之前的承诺。

接到三人的报案后，警方查看了他们的银行流水，证实其所说情况基本属实。通过对铁路和相关职能部门的走访，以及对李某的外围调查，警方首先确定李某和铁路部门并无交集。进一步调查发现，李某公司的经营范围虽包括人才中介服务，但注明了不得从事劳务派遣，且该公司尚未取得非学历短期培训的资质认证。这意味着，绝对不允许他以济南铁路局的名义去开展什么培训、招聘活动。经过对李某公司开展经营活动的一个星期的化装侦查，警方发现学员培训中的诸多细节都反映了诈骗的特点，并收集了大量有力数据。于是，警方对这位李某和另一位在其公司负责学员面试与安置的李某（女）采取了强制措施。经过后续审讯和调查发现，自 2017 年年初到被抓获，在短短时间内，这两位李某合伙设局，以铁路招聘为名行诈骗之实，涉案金额达 216.03 万元。受害人大多都是像小宋、小高这样的应届大学生。

那么，这些受害者为何没能识破骗局呢？在警方看来，随着我国铁路部门的用工需求越来越大，一些别有用心的人利用人们对铁路的信任，对招聘骗局进行了全链条、全方位的包装，可谓"环环相扣，层层设计，煞费苦心"。鉴于此类诈骗手段的专业性和隐蔽性极强，对涉世未深的毕业生来说，很难分辨真伪。

（一）骗子的行骗手法

其一，利诱。这包括："和铁路直签合同"，"单位给交五险一金"，"月工资四五千元"，做乘务员能"上班半个月、休息半个月"以及"全国各地免费来回看风景"等。

其二，组建"招聘剧班"，合伙共谋虚假表演。这包括：第一，李某和李某（女）利用各自优势和资源，合伙设局，实施诈骗。李某负责在前线招人培训，李某（女）负责后期的面试、收费和安置。第二，由同样是受害者的老学员充当“培训老师”，以及上台展示的“美丽的列车长”和“乘务员”。第三，由从社会上找的“原来是做厨师的”一名男子冒充铁路站站长，进行所谓的面试。

其三，精心包装“招聘前台”。这包括：第一，虚构制作铁路招聘的宣传材料（如经其推荐成功上岗的穿着制服的年轻男女的照片等），通过微信朋友圈等平台大肆发布。第二，培训公司选址巧妙，设在济南西站附近某写字楼内。第三，公司四周墙上都是一些与铁路有关的照片，乍一看像回事。第四，注重剧班成员的仪表、举止等个人前台的“真实性”。如要求冒充铁路站站长的那位男子穿白色制服，佩戴路徽，对学员进行面试。而这位男子之所以被李某相中，恰是因为他年龄稍长，人高马大且相貌堂堂，“有那么一点官架子样”。培训期间，李某还要求假扮乘务员、列车长的成员穿铁路制服上台进行现场展示。第五，在言语上混淆概念，糊弄受害者。譬如，当问及“工资谁发？”李某回答，“当然是铁路发”，但对铁路指的是什么部门，什么工种，则不予解答。

其四，精心设计“面试、体检和培训”的整套“正规”招聘流程。这包括：第一，成立“山东铁服交通轨道有限公司”，实现行骗身份“公司化”，并实施“公司化”运作，且冒充铁路人员，提高可信度和扩大诈骗范围。第二，公司组织的面试、培训看起来“和铁路招聘是完全一样的”，加上“培训期间吃住由李某统一安排，跟真的一样”。第三，相当一部分求职者还经历了“挺正规的”的“体检”这一环节，“体检完了，等了三四天左右，给一个健康证”（上面包含编号、姓名，工作单位写的是济南西站）。

（二）受害者的认知弱点

其一，求职心切。受害人大多都是在家待业的应届大学生，他们迫切希望自己能早点找到一份稳定的工作，早点自食其力，减轻家里负担。受害人的家长也急于给孩子找到一份铁路工作。

其二，轻信。对于急于找到一份工作的求职者而言，骗子许诺的预期利益具有很大诱惑力，触发了其无意识轻信的心理弱点，对符合其个人偏好的虚假声称失去批判性，无视“通过正规途径找工作根本不可能交这多钱"的常识。

其三，"多一事不如少一事"。在李某（女）安排学员体检的医院里，警方掌握到的受害学员人数有 187 人之多，但截至两位李某被抓获，仅三人报案。其他的人之所以保持沉默，警方指出，在于大多数应聘者都怀着这样一种心理，只要自己可以早点自食其力，其他的事情"能不计较就不计较了"。譬如，其中一个受骗学员发现岗位不符后依然"在那干了几月"，只为"自己能早点工作赚钱"。正是这种普遍存在的"怕麻烦"心理，对招聘骗局构成了极大助长。

其四，"急于回本"。发现被骗后，都想挽回损失，于是部分受害学员在李某的言语蛊惑下沦为帮凶，成为其骗人的工具。该案中的五位"培训老师"，以及"美丽的列车长"和其他"乘务员"，都是受害者，但因不甘心所交之钱"打水漂"，故而"换岗"假扮此类角色，成为案件的参与者。

二　案件点评

尽管相关反诈机构一再提醒求职者，"擦亮眼睛，提高警惕"，但依然有不少人源源不断地掉入各类招聘陷阱。之所以如此，关键之一就在于使诸多求职者易受欺骗的上述认知弱点。骗子们正是利用了这种心理弱点，预先设计好诈骗剧本中的每一个环节，环环相扣，步步为营，使求职者放松警惕，掉入骗局。这提醒我们广大求职者，必须牢记一点，"真正正规的招聘单位不会以各种名义要求交钱"。在面对"那些看上去很好的工作机会"时，一定要保持清醒的头脑，通过多种途径进行核实。

附录五　求职防骗小测试

各种招聘骗局防不胜防，在求职过程中避免踩坑至关重要！这份求职防骗测试题（不定项选择），助你成为“防骗小达人”！

1. 长期以来，不少大学生在求职的过程中遭遇招聘陷阱，损失不少钱财，少数甚至付出生命的代价。你对这类大学生求职受骗现象的看法是？（　　）

A. 大学生智商都不低，受骗的肯定只是极少数而已

B. 受骗的大学生“财迷心窍”，“自作自受”

C. 大学生求职被骗纯属个人问题，社会无需关注

D. 大学生都有认知偏差，都可能上当受骗，需要多了解求职防骗小贴士

2. 一天有陌生人通过微博私信你，邀请你“兼职刷单”。对方说工作内容很简单，就是帮平台商户刷信誉，只需你垫资购买指定链接中的商品，确认收货后给好评即可，每单给 6 元钱手续费，任务完成后，本金和佣金一并返还给你。看到这样的招聘信息，你该怎么做？（　　）

A. 先买个小金额的商品试试看，万一是真的呢

B. 所有刷单都是诈骗，果断拒绝

C. 反正也没事干，就按照对方说的做吧

D. “轻轻松松、动动手指，就能赚钱”，一定要尝试下

3. 正处于毕业求职期的你，发现某科技有限公司在某招聘 APP 上发布了高薪招聘信息，你前去应聘。等你应聘上相应的岗位后，该公司称入职还需要培训机构开具的学习证明，并把你推荐给某培训机构。该公

司还告诉你，你需要先交纳 2 万元的培训费，如果没钱，还可以利用互联网金融机构“借钱培训”，待你正式入职后，公司会全额报销这笔费用。面对公司许以的“高薪”且“工作轻松”的“光明前途”，你考虑后决定（　　）

A. 反正公司会报销，那就试试吧

B. 技多不压身，那就先交点钱学习一些新东西吧

C. 这就是典型的以招聘为名设置的“培训费”“培训贷”陷阱，赶紧走人

D. 高薪又轻松的工作不好找，得好好珍惜

4. 暑假期间，你在网站找兼职时看到不少以招募短视频平台点赞员，为视频作品点赞评论、刷粉丝的网络兼职刷单信息，这些信息声称“高薪、轻松、日结算”，且“不限年龄”。有的还声称，刷单即可赠送限量游戏皮肤和明星周边产品等。正好缺钱的你，会怎么做？（　　）

A. 这些只不过是刷单新形式，一样是诈骗，不理它

B. 有人真的靠刷单赚钱了，我也可以去试试

C. 在网店刷流水刷信誉的肯定是诈骗，这种刷单应该是真的，可以试试

D. 只要不让我先垫资，我就可以帮对方刷各种单

5. 一心想找一份高薪工作的你，有一天在某知名招聘平台发现一则高薪招聘模特的广告，你立刻与对方取得联系。随后，你成功通过面试。正当你无比高兴时，对方告诉你，为了更好开展工作，在正式入职前，你需要进行“个人形象微调”。在你同意后，对方把你带到某医美机构整形。这时你才知道，整形需要自己先行垫付 3.8 万元，也可以贷款整容，由公司每月替你还贷。对模特工作非常向往的你，会怎么做？（　　）

A. 知名招聘平台上的信息肯定都是靠谱的，值得试一试

B. 典型的“美丽贷”骗局，谁去谁傻

C. “要想红、先整容”，先美了再说，反正是免费的

D. 冲着高薪，也得试试，万一被骗了，报警就是

6. 你在某知名分类信息网站上浏览时，看到一则肯德基的兼职招聘信息，“日薪150元，按日结算，概不拖欠，时间可自由安排，招聘长期有效”。你还注意到，发布该条信息的公司已由该网站认证了营业执照。经过电话联系和现场沟通，你进一步得知这是某中介公司在代肯德基招聘兼职，但想要获得这份工作，你需要交纳200元的中介费。你掏钱后，对方又称还需交200元的体检费和800元的服装费，还说这是肯德基的要求，等入职后可以报销。这时，你该怎么做？（　　）

A. 有点犹豫，但要是不给，之前交的钱就打水漂了，只得再交点

B. 既然是肯德基的要求，反正要报销，就继续交了

C. 反正是发布在知名网站上的招聘信息，公司也被认证过，怎么也得“赌一赌”

D. 很可能是“流水线骗局”，找理由离开，向肯德基官方核实招聘信息，确认后报警

7. 一心羡慕空姐工作的你，某天发现有人在微信群发布了某航空公司招聘空姐的信息。你满心欢喜，与对方取得联系。见面后，对方高度认可你的形象气质，并告诉你，他认识该航空公司领导，只要打招呼，你肯定能通过该公司组织的招聘面试。随后，对方表示，打点关系的费用需要由你支付，大概2万元。如果你没钱，和他“发生性关系”，他也可以帮你圆空姐梦。这么心仪的工作就在眼前，你决定（　　）

A. 为了得到这么好的工作，默认这种“潜规则”

B. 找到该航空公司官方渠道进行核实，绝不轻信所谓“有关系”的人

C. 自己参加过几次其他航空公司的空乘面试，但都被淘汰了，这么好的机会决不能轻易浪费，赶快找父母要钱去

D. 只要不给钱，其他要求还是可以考虑下的，即使被骗也没啥损失

8. 某科技有限公司在推广资料中声称自己由央企、国企合资打造，是集社交流量、传统电商、积分模式、消费返现、分享激励模式为一体的新零售平台，目的是让人人赚钱，实现消费者、商家、平台三方共赢。该公司有会员、创客、创投三个等级，会员免费注册，创客创投都需要消费一定金融，相当于你先花钱买东西，再慢慢把钱还你。除了购物返

现，还有“分享奖励”，即每个会员都有直推任务，就是拉人头，每直推一人就能拿6%的奖励，间推拿4%，推的越多，奖励越多。正想通过创业成为人生大赢家的你，该如何决策？（　　）

A. 央企的新零售，应该靠谱，可以加入，赚取第一桶金

B. 人多力量大，先看看有没有感兴趣的朋友，有就一起加入

C. 天上不会掉馅饼，打着人人能赚钱的噱头，肯定是拉人头的新型网络传销骗局，避而远之

D. 意识到可能是传销，但宣传挺诱惑的，可以考虑考虑

9. “境外高薪招聘，日均收入上千元，包机票、包签证、包吃住……”，家境贫寒的你正想找一份高薪工作，看到这些频频出现在各类网络平台上的境外高薪招聘广告，你该如何行动？（　　）

A. 高薪，又不需要文凭，不需要技能，一看就是招聘骗局，压根不理它

B. 听说老家有人在东南亚诈骗集团工作，赚了不少钱，可以去试试

C. 正规网络招聘平台发布的这种信息，应该是真的，考虑一下

D. 这么好的待遇，马上联系，机不可失

10. 在求职的过程中，你不慎落入招聘陷阱，损失了800元。意识到自己被骗后，你认为该如何回应？（　　）

A. 花钱买教训，吃一堑长一智

B. 一点小钱，报警也没用，还丢脸，就当没发生过吧

C. 自己带把刀子，喊上朋友，去找骗子要钱

D. 立即报警，提供受骗证据，避免更多人被骗

11. 下述有关求职防骗的说法中，你认为正确的是？（　　）

A. 凡是以“边玩手机边挣钱”“月入上万”为噱头，诱导你参与刷单炒信、跑分的行为，都是非法的

B. 凡是招聘场景和招聘流程“正规”的招聘行为，都是可靠的

C. 凡具有“大单位、低职位、高薪水和低门槛”等特征的网络招聘信息，都可能涉嫌招聘欺诈

D. 凡是以任何名义向求职者收取财物的用人单位，都可能涉嫌诈骗

12. 以下哪些反诈小知识是正确的？（　　）

A. 96110 是全国反诈专线

B. 刷单返利类诈骗是发案率最高的电信网络诈骗类型

C. 国家反诈中心 APP 已正式上线

D. 各地公安机关都注册了反诈微信公众号，如四川省公安厅的“熊猫反诈”

参考答案

1. D　2. B　3. C　4. A　5. B　6. D　7. B　8. C　9. A　10. D　11. ACD　12. ABCD

参考文献

一　政府文件

安徽省人力资源和社会保障厅：《我省清理整顿人力资源市场秩序 专项执法行动取得明显成效》，2019 年 5 月 7 日。

北京市劳动和社会保障局等：《北京市劳动和社会保障局、北京市公安局、北京市人事局、北京市工商行政管理局、北京市城市管理综合行政执法局关于实施清理整顿劳动力市场秩序专项行动的通知》（京劳社就发〔2007〕41 号），2007 年 3 月 9 日。

北京市人力资源和社会保障局：《北京市人力资源和社会保障局关于印发〈人力资源服务机构“百日千万网络招聘专项行动”实施方案〉的通知》（京人社市场字〔2020〕43 号），2020 年 4 月 5 日。

北京市人力资源和社会保障局等：《北京市人力资源和社会保障局、北京市公安局、北京市工商行政管理局、北京市城市管理综合行政执法局关于开展清理整顿人力资源市场秩序专项行动的通知》（京人社监发〔2012〕33 号），2012 年 2 月 8 日。

河北省人力资源和社会保障厅：《河北省人力资源和社会保障厅关于严厉打击“招聘网站严重违规失信”行为的通知》（冀人社函〔2016〕84 号），2016 年 3 月 8 日。

人力资源和社会保障部等：《人力资源社会保障部、市场监管总局关于开展清理整顿人力资源市场秩序专项执法行动的通知》（人社部明电〔2020〕6 号），2020 年 4 月 7 日。

上海市人民政府办公厅：《上海市人民政府办公厅转发市整规办关于整顿和规范本市劳动力市场秩序工作意见的通知》（沪府办发〔2007〕29 号），2007 年 7 月 16 日。

二 著作

陈向明：《质的研究方法与社会科学研究》，教育科学出版社 2000 年版。
丁瑜：《她身之欲：珠三角流动人口社群特殊职业研究》，社会科学文献出版社 2016 年版。
董海军：《塘镇：乡镇社会的利益博弈与协调》，社会科学文献出版社 2008 年版。
冯仕政：《西方社会运动理论研究》，中国人民大学出版社 2013 年版。
顾忠华：《韦伯学说》，广西师范大学出版社 2004 年版。
李佃来：《公共领域与生活世界——哈贝马斯市民社会理论研究》，人民出版社 2006 年版。
刘瑜：《民主的细节：美国当代政治观察随笔》，上海三联书店 2009 年版。
龙迪：《性之耻，还是伤之痛：中国家外儿童性侵犯家庭经验探索性研究》，广西师范大学出版社 2007 年版。
宋亚辉：《虚假广告的法律治理》，北京大学出版社 2019 年版。
孙恩棣：《生活中的博弈》（第 2 版），京华出版社 2008 年版。
吴思：《潜规则：中国历史中的真实游戏》，复旦大学出版社 2009 年版。
俞可平：《走向善治：国家治理现代化的中国方案》，中国文史出版社 2016 年版。
赵鼎新：《社会与政治运动讲义》（第 2 版），社会科学文献出版社 2012 年版。
赵鼎新：《民主的限制》，中信出版社 2012 年版。
[德] 马克斯·韦伯：《社会学的基本概念》，顾忠华译，广西师范大学出版社 2011 年版。
[德] 施路赫特：《理性化与官僚化：对韦伯之研究与诠释》，顾忠华译，广西师范大学出版社 2004 年版。
[法] 古斯塔夫·勒庞：《乌合之众：大众心理研究》，戴光年译，新世界出版社 2010 年版。
[法] 米歇尔·克罗齐埃：《科层现象》，刘汉全译，上海人民出版社 2002 年版。

［美］B. 盖伊·彼得斯：《政府未来的治理模式》（第 2 版），吴爱明、夏宏图译，中国人民大学出版社 2013 年版。

［美］C. 赖特·米尔斯：《社会学的想象力》（第 3 版），陈强、张永强译，生活·读书·新知三联书店 2012 年版。

［美］R. E. 帕克、E. N. 伯吉斯、R. D. 麦肯齐：《城市社会学——芝加哥学派城市研究文集》，宋俊岭等译，华夏出版社 1987 年版。

［美］埃莉诺·奥斯特罗姆：《公共事物的治理之道：集体行动制度的演进》，余逊达、陈旭东译，上海译文出版社 2012 年版。

［美］埃略特·阿伦森、提摩太·D. 威尔逊、罗宾·M. 埃克特：《社会心理学》（插图第 7 版），侯玉波等译，世界图书出版公司 2012 年版。

［美］爱德华·J. 巴莱森：《骗局：美国商业欺诈简史》，陈代云译，格致出版社、上海人民出版社 2020 年版。

［美］丹尼尔·卡尼曼：《思考，快与慢》，胡晓姣等译，中信出版社 2012 年版。

［美］菲利普·津巴多：《路西法效应：好人是如何变成恶魔的》，孙佩妏、陈雅馨译，生活·读书·新知三联书店 2010 年版。

［美］汉娜·阿伦特：《反抗“平庸之恶”》（《责任与判断》中文修订版），陈联营译，上海人民出版社 2014 年版。

［美］霍华德·S. 贝克尔：《局外人：越轨的社会学研究》，张默雪译，南京大学出版社 2011 年版。

［美］加里·S. 贝克尔：《人类行为的经济分析》，王业宇等译，上海三联书店 1993 年版。

［美］克利福德·G. 克里斯琴斯等：《媒体的良心》，孙有中等译，中国人民大学出版社 2014 年版。

［美］孔飞力：《叫魂：1768 年中国妖术大恐慌》，陈兼、刘昶译，生活·读书·新知三联书店 2012 年版。

［美］李侃如：《治理中国：从革命到改革》，胡国成、赵梅译，中国社会科学出版社 2010 年版。

［美］理查德·C. 博克斯：《公民治理：引领 21 世纪的美国社区》（中文修订版），孙柏瑛等译，中国人民大学出版社 2013 年版。

［美］罗伯特·K. 默顿：《社会理论和社会结构》，唐少杰等译，译林出

版社 2008 年版。
[美] 罗伯特·福格林：《行走于理性的钢丝上：理性动物的不确定生活》，陈蓉霞译，新星出版社 2007 年版。
[美] 马丁·S. 温伯格、厄尔·鲁滨顿：《解决社会问题——五种透视方法》，单爱民、李伟科译，吉林人民出版社 1992 年版。
[美] 马修·B. 迈尔斯、A. 迈克尔·休伯曼：《质性资料的分析：方法与实践》，张芬芬、卢晖临译，重庆大学出版社 2008 年版。
[美] 迈克尔·休斯、卡罗琳·克雷勒：《社会学和我们》（第 7 版），周杨、邱文平译，上海社会科学院出版社 2008 年版。
[美] 曼瑟尔·奥尔森：《集体行动的逻辑》，陈郁等译，格致出版社 2011 年版。
[美] 欧文·戈夫曼：《日常生活中的自我呈现》，冯钢译，北京大学出版社 2008 年版。
[美] 乔纳森·H. 特纳：《社会学理论的结构》（第 6 版），邱泽奇等译，华夏出版社 2001 年版。
[美] 亚力克斯·梯尔：《越轨：人为什么干“坏事”?》，王海霞等译，中国人民大学出版社 2014 年版。
[美] 约瑟夫·A. 马克斯威尔：《质的研究设计：一种互动的取向》（第 2 版），朱光明译，陈向明校，重庆大学出版社 2007 年版。
[美] 詹姆斯·C. 斯科特：《弱者的武器：农民反抗的日常形式》（第 2 版），郑广怀等译，译林出版社 2011 年版。
[美] 詹姆斯·S. 科尔曼：《社会理论的基础》（上），邓方译，社会科学文献出版社 2008 年版。
[英] 安东尼·吉登斯：《社会学》（第 5 版），李康译，北京大学出版社 2009 年版。
[英] 凯西·卡麦兹：《建构扎根理论：质性研究实践指南》，边国英译，重庆大学出版社 2009 年版。
[英] 马修·基兰主编：《媒体伦理》，张培伦、郑佳瑜译，南京大学出版社 2009 年版。
[英] 梅拉尼·莫特纳、玛克辛·伯奇、朱莉·杰索普、蒂娜·米勒主编：《质性研究的伦理》，丁三东、王岫庐译，重庆大学出版社 2008

年版。
［英］亚当·斯密：《道德情操论》，蒋自强等译，商务印书馆1997年版。

三 期刊

安永军：《常规治理与运动式治理的纵向协同机制》，《北京社会科学》2022年第2期。
白天亮：《向上流动的路怎样才畅通》，《民生周刊》2010年9月16日第17版。
蔡禾：《国家治理的有效性与合法性——对周雪光、冯仕政二文的再思考》，《开放时代》2012年第2期。
陈慧荣、张煜：《基层社会协同治理的技术与制度：以上海市A区城市综合治理“大联动”为例》，《公共行政评论》2015年第1期。
范逢春、张天：《国家治理场域中的社会治理共同体：理论谱系、建构逻辑与实现机制》，《上海行政学院学报》2020年第6期。
冯仕政：《社会治理与公共生活：从连结到团结》，《社会学研究》2021年第1期。
郝智超：《突破网络诈骗治理困局的五个方向》，《中国信息安全》2014年第5期。
贺东航、孔繁斌：《公共政策执行的中国经验》，《中国社会科学》2011年第5期。
侯贵生等：《用人单位“诚聘”背后的思考》，《中国大学生就业》2003年第8期。
侯琦：《大学生求职如何避开就业陷阱》，《中国大学生就业》2007年第3期。
李强：《“丁字型”社会结构与“结构紧张”》，《社会学研究》2005年第2期。
李瑞昌：《中国公共政策实施中的“政策空传”现象研究》，《公共行政评论》2012年第3期。
马发明：《论虚假广告的治理》，《发展研究》1996年第8期。
缪雄平：《大学生勤工助学过程中的安全问题及应对策略》，《宁德师专学报》（哲学社会科学版）2006年第1期。

倪星、原超：《地方政府的运动式治理是如何走向“常规化”的？——基于S市市监局“清无”专项行动的分析》，《公共行政评论》2014年第2期。
潘星丞：《传销犯罪的法律适用——兼论组织、领导传销罪与非法经营罪、诈骗罪的界限》，《中国刑事法杂志》2010年第5期。
任星欣、余嘉俊、施祖麟：《制度建设中的运动式治理——对运动式治理的再思考》，《公共管理评论》2015年第2期。
申欣旺：《看上去很美的〈行政强制法〉》，《中国新闻周刊》2011年第23期。
石现明、王卉：《略论法律漏洞及其填补》，《云南大学学报法学版》2012年第3期。
孙立平：《“不稳定幻像”与维稳怪圈》，《人民论坛》2010年第13期。
汪瑞林：《就业也要“安全第一”》，《中国大学生就业》2005年第4期。
王洪伟：《当代中国底层社会“以身抗争”的效度和限度分析：一个“艾滋村民”抗争维权的启示》，《社会》2010年第2期。
王思斌：《社会治理共同体建设与社会工作的促进作用》，《社会工作》2020年第2期。
杨志军：《运动式治理悖论：常态治理的非常规化——基于网络“扫黄打非”运动分析》，《公共行政评论》2015年第2期。
尹建国：《我国网络信息的政府治理机制研究》，《中国法学》2015年第1期。
应星：《“气场”与群体性事件的发生机制——两个个案的比较》，《社会学研究》2009年第6期。
游劝荣：《违法成本论》，《东南学术》2006年第5期。
游艳玲：《不可小视的大学生就业安全》，《中国青年研究》2004年第6期。
张紧跟：《从抗争性冲突到参与式治理：广州垃圾处理的新趋向》，《中山大学学报》（社会科学版）2014年第4期。
张晓慧：《求职中的虚假招聘现象》，《社会》2002年第6期。
郑戈：《国家治理法治化语境中的精准治理》，《人民论坛·学术前沿》2018年第5期（下）。

郑也夫：《走向杀熟之路——对一种反传统历史过程的社会学分析》，《学术界》2001 年第 1 期。
郑永红：《网上求职陷阱的防范》，《湖北警官学院学报》2004 年第 6 期。
郑永年、黄彦杰：《中国社会信任危机》，《文化纵横》2011 年第 2 期。
周保继：《诱人的陷阱——虚假招聘广告扫描》，《工商行政管理》1995 年第 9 期。
周黎安：《行政发包制》，《社会》2014 年第 6 期。
周雪光：《论中国官僚体制中的非正式制度》，《清华社会科学》2019 年第 1 期。
周雪光：《权威体制与有效治理：当代中国国家治理的制度逻辑》，《开放时代》2011 年第 10 期。
周雪光：《无组织的利益与集体行动》，《社会发展研究》2015 年第 1 期。
周雪光：《运动型治理机制：中国国家治理的制度逻辑再思考》，《开放时代》2012 年第 9 期。
周雪光：《中国国家治理及其模式：一个整体性视角》，《学术月刊》2014 年第 10 期。
朱必祥：《我国劳动力市场发育中的秩序问题》，《江海学刊》2004 年第 5 期。

四　报纸

习近平：《高举中国特色社会主义伟大旗帜　为全面建设社会主义现代化国家而团结奋斗——在中国共产党第二十次全国代表大会上的报告》，《人民日报》2022 年 10 月 26 日第 1 版。
蔡淑敏：《58 同城“顽疾”难除》，《国际金融报》2022 年 3 月 28 日第 12 版。
陈雯燕、胡艳：《一伙进行“刷单”诈骗的骗子，判了》，《常州晚报》2022 年 5 月 23 日第 A05 版。
韩妹：《八成求职者曾遭遇招聘陷阱 半数人忍气吞声》，《中国青年报》2012 年 4 月 19 日第 7 版。
何慧敏：《治理网络虚假招聘，压实平台责任是关键》，《检察日报》

2022 年 3 月 22 日第 4 版。

蒋云龙：《小心！传销傍上“互联网 +”》，《人民日报》2015 年 9 月 14 日第 16 版。

鞠实：《虚假招聘的“坑”需强力执法填平》，《浙江工人日报》2022 年 8 月 6 日第 2 版。

李佳鹏等：《“定制”“洗白”一条龙 电信网络诈骗呈产业化》，《经济参考报》2022 年 3 月 29 日第 A04 版。

李佳鹏等：《花样翻新 类型不下 50 种 防范电信网络诈骗仍需加力》，《经济参考报》2022 年 3 月 28 日第 A04 版。

李钊：《“高薪招聘男公关”大片 全家出演》，《大河报》2016 年 4 月 5 日第 A04 版。

刘文静：《00 后女生遭遇“电视剧版”求职套路》，《燕赵晚报》2020 年 11 月 23 日第 4 版。

罗莎莎：《苏州黑中介犯罪集团覆灭记》，《法制日报》2019 年 6 月 23 日第 1 版。

罗筱晓：《200 多家招聘网站被查》，《工人日报》2016 年 6 月 13 日第 3 版。

马谓：《招聘网站审核不能流于形式》，《法治日报》2022 年 3 月 2 日第 5 版。

聂传清、杨晓敏：《失业噩梦缠扰全球 老外设局趁火打劫》，《人民日报》（海外版）2013 年 6 月 24 日第 6 版。

王海涵、王磊：《大学生做兼职也能遇上校园贷》，《中国青年报》2017 年 11 月 3 日第 8 版。

王良珏：《生财不成反破财 网上兼职诈骗泛滥》，《南方日报》2013 年 12 月 25 日第 PC07 版。

王维祎：《58 同城：流量原罪下的监管博弈》，《北京商报》2018 年 10 月 22 日第 3 版。

王烨捷：《求职身陷“贷款门” 受骗大学生维权难》，《中国青年报》2016 年 4 月 23 日第 1 版。

向阳：《360 揭密网络招聘四大骗术》，《科技日报》2013 年 3 月 27 日第 10 版。

向子丰：《严打电信诈骗 夯实诚信根基》，《人民日报》2022 年 6 月 20 日第 10 版。

谢洋：《工作越难找，“李文星”们越容易身陷传销》，《中国青年报》2017 年 8 月 4 日第 08 版。

徐斌：《高薪招聘整容上岗？女生小心这类陷阱》，《深圳晚报》2020 年 12 月 23 日第 A09 版。

徐园：《“求职黑名单”网站宁波惹争议》，《浙江日报》2006 年 2 月 20 日第 8 版。

鄢光哲：《网络招聘，骗子大都瞄准大学生》，《中国青年报》2009 年 6 月 19 日第 1 版。

叶佳琦：《招聘陷阱 大学生应聘兼职“刷信誉”被骗两千》，《劳动报》2014 年 12 月 24 日第 4 版。

佚名：《黑职介冒充警察 站前洗劫务工者》，《南方都市报》2007 年 12 月 6 日第 A38—A39 版。

佚名：《黑职介自曝内幕：先“吹”后“拖”坑骗求职者》，《新京报》2004 年 5 月 7 日第 A07 版。

佚名：《揭秘黑职介乱局》，《南方日报》2013 年 2 月 26 日第 A13 版。

佚名：《拉客仔自曝骗抢黑幕》，《南方都市报》2007 年 12 月 7 日第 A28—A29 版。

佚名：《求职者李文星之死，招聘网站难辞其咎》，《新京报》2017 年 8 月 3 日第 A02 版。

佚名：《找工作被骗 300 元 90 后小伙一刀割喉“黑中介”》，《河南商报》2012 年 2 月 17 日第 A24 版。

周德庆：《被骗者自建 QQ 群 集体维权》，《海峡都市报》2014 年 5 月 28 日第 A38 版。

朱建豪：《电信诈骗频发，破案率为啥不足 1%？》，《大河报》2016 年 5 月 25 日第 A10 版。

《南方日报》评论员：《食品安全政绩考核应避免形式主义》，《南方日报》2011 年 5 月 18 日第 2 版。

五　网络文献

温家宝：《“中国崛起”的标志在人才和教育》，2011 年 2 月 27 日，news. sohu. com/20110227/n279550097. shtml，最后浏览日期：2012 年 5 月 8 日。

北京劳动律师：《Boss 直聘就“李文星事件”道歉　未尽审核义务助纣为虐》，https：//www. fabao365. com/laodong/176035/，最后浏览日期：2022 年 10 月 21 日。

车洁莲：《路遇“星探”交钱办卡是“行规”还是“骗局”》，浙江网络广播电视台，2016 年 4 月 7 日，https：//www. bilibili. com/video/av40754967/，最后浏览日期：2021 年 2 月 5 日。

陈宝亮：《传统招聘平台招聘诈骗黑产泛滥：审核机制失效 安全投入杯水车薪》，《21 世纪经济报道》2018 年 11 月 14 日，https：//baijiahao. baidu. com/s？ id = 1617084669242263050&wfr = spider&for = pc，最后浏览日期：2022 年 9 月 9 日。

陈广江：《打击虚假招聘，平台责任需细化》，光明网—时评频道，2018 年 6 月 25 日，https：//m. gmw. cn/baijia/2018-06/25/29450568. html，最后浏览日期：2021 年 9 月 5 日。

陈思福：《暗访职介陷阱》，《南方都市报》搜狐号，2013 年 7 月 29 日，roll. sohu. com/20130729/n382777259. shtml，最后浏览日期：2016 年 6 月 2 日。

陈雪：《在校大学生暑期打工遭遇索酬难》，《河北青年报》2007 年 8 月 26 日，news. sina. com. cn/s/2007-08-26/234813747553. shtml，最后浏览日期：2021 年 4 月 3 日。

陈运运：《90 后大学生误入传销陷阱 遭洗脑后骗来同学限制自由》，慈溪新闻网讯，2014 年 1 月 6 日，news. eastday. com/csj/2014-01-06/917271. html，最后浏览日期：2021 年 4 月 2 日。

楚飞、姜黎：《揭演员招聘骗局：想演戏先交钱 不服打到服为止》，腾讯娱乐，2013 年 1 月 15 日，https：//ent. qq. com/a/20130115/000089. htm？ pc，最后浏览日期：2021 年 4 月 2 日。

丁国锋：《南通破获全国最大规模网络诈骗案 团伙以招聘网络兼职为名

骗取钱财》，《法制日报》2017 年 5 月 9 日，www. xinhuanet. com/legal/2017-05/09/c_1120939207. htm，最后浏览日期：2021 年 8 月 3 日。
丁晓虹：《大学生建“求职黑名单”网站》，《宁波晚报》2006 年 2 月 14 日，news. cnnb. com. cn/system/2006/02/14/005076445. shtml? utm_source = UfqiNews，最后浏览日期：2021 年 2 月 5 日。
丁阳：《大学生屡陷传销，只能怪自己糊涂?》，腾讯“今日话题”栏目，2014 年第 2857 期，www. 360doc. com/content/14/0717/09/6791042_394960069. shtml，最后浏览日期：2016 年 5 月 2 日。
董湘依：《因为这个问题，58 同城年内被点名约谈十余次，仍在犯错!》，《中新经纬》2018 年 10 月 14 日，http：//www. jwview. com/jingwei/html/10-14/188104. shtml，最后浏览日期：2022 年 9 月 11 日。
高立红：《“智联招聘”发布虚假信息 公司主张名誉权被驳》，《城市快报》2012 年 2 月 20 日，www. anhuinews. com/zhuyeguanli/system/2012/02/20/004779373. shtml，最后浏览日期：2016 年 4 月 2 日。
郝诗楠、李明炎：《唐山“雷霆风暴”之下：运动式治理为何“用而不废”》，2022 年 6 月 13 日，《探索与争鸣》微信公众号，最后浏览日期：2022 年 10 月 14 日。
何程：《传销戴上“国学帽”打击震慑如何跑赢洗脑》，半月谈网，2018 年 6 月 20 日，http：//www. banyuetan. org/dyp/detail/20180620/1000200033134991529475090743242980_1. html，最后浏览日期：2021 年 4 月 2 日。
呼延世聪：《求职者受骗凸显招聘网站问题》，《燕赵都市报》2014 年 8 月 28 日，hebei. ifeng. com/detail_2014_08/28/2842377_0. shtml，最后浏览日期：2016 年 4 月 6 日。
华克润：《虚假广告给钱就登 一个电话就搞掂》，《南方日报》2004 年 10 月 8 日，edu. sina. com. cn/l/2004-10-08/87203. html，最后浏览日期：2015 年 4 月 6 日。
黄浩铭、林凡诗、刘岭逸：《“培训贷”套路到底有多深?》，新华社南宁电，2021 年 5 月 13 日电，HTTPS：//BAIJIAHAO. BAIDU. COM/S? ID = 169971974514718478 2&WFR = SPIDER&FOR = PC，最后浏览日期：2021 年 9 月 30 日。

黄晶晶：《3.15 职场调查：近八成人曾遭遇求职骗局 侥幸心理是大忌》，英才网联，2014 年 3 月 14 日，news. 800hr. com/1394768605/137339/1/0. html，最后浏览日期：2021 年 4 月 3 日。

黄勇：《骗子乔装打扮屡屡“敲门”大学生求职谨防上当》，《中国青年报》2004 年 1 月 16 日，zqb. cyol. com/content/2004-01/16/content_806742. htm，最后浏览日期：2016 年 4 月 2 日。

简洁：《青年应聘公关傍富婆落入招聘陷阱》，《深圳晚报》2013 年 9 月 4 日，sc. sina. com. cn/news/s/2013-09-04/1003119679. html，最后浏览日期：2015 年 4 月 8 日。

经淼：《大学生为筹考研费应聘男公关两次被骗》，《华商晨报》2004 年 4 月 26 日，news. sina. com. cn/s/2004-04-26/05203165044. shtml，最后浏览日期：2015 年 4 月 9 日。

俊江：《恶劣！找工作，被骗贷款整容，贵阳警方抓获“整容贷”团伙》，贵州交通广播百家号，2020 年 7 月 16 日，https：//baijiahao. baidu. com/s？ id = 1672382287773093056&wfr = spider&for = pc，最后浏览日期：2021 年 9 月 30 日。

乐毅：《我们何时“习惯”了潜规则》，《扬子晚报》2009 年 2 月 13 日，star. news. sohu. com/20090213/n262217496. shtml，最后浏览日期：2015 年 7 月 6 日。

李欣：《学生暑期打工讨薪难 专家呼吁订法规》，《上海法治报》2007 年 8 月 24 日，http：//app. hxrc. com/services/NewsDetail_52569. html，最后浏览日期：2016 年 6 月 6 日。

栗占勇：《女大学生网上求职“面试”失身》，《燕赵都市报》2006 年 7 月 12 日，news. sina. com. cn/o/2006-07-12/09229438390s. shtml，最后浏览日期：2021 年 9 月 28 日。

梁剑芳：《黑职介能打断求职者肋骨，谈何城市安全》，《新快报》2006 年 10 月 16 日，star. news. sohu. com/20061016/n245814958. shtml，最后浏览日期：2014 年 1 月 6 日。

辽宁卫视：《反传销成了一门生意?》，“老梁观世界”栏目，2015 年 8 月 20 日，jishi. cctv. com/2015/08/20/VIDE1440084432224294. shtml，最后浏览日期：2021 年 10 月 8 日。

刘建辉、庞海波：《“五大反诈利器”多角度共编防诈安全网》，央视十三套《法治在线》节目，2022 年 5 月 19 日。

刘娟、胡林果：《互联网招聘依然乱！卖电动车的招送餐员，营业执照注销企业仍在招聘》，新华社“新华视点”，2019 年 4 月 15 日，https://baijiahao.baidu.com/s?id=1630886099632818819&wfr=spider&for=pc，最后浏览日期：2021 年 5 月 6 日。

刘军伟：《遇假校园代理骗局 咸阳大学生被骗千余元》，《华商报》2015 年 4 月 23 日，http://news.hsw.cn/system/2015/0423/241769.shtml，最后浏览日期：2021 年 2 月 6 日。

刘潇：《【防诈反诈】刑侦支队民警到人才市场开展反诈宣传》，2022 年 7 月 11 日，抚顺市公安局官方微信公众号，最后浏览日期，2022 年 9 月 27 日。

刘晓琰：《外交部：再次提醒中国公民警惕境外网络虚假招聘信息》，《北京日报》百家号，https://baijiahao.baidu.com/s?id=1741486054177241089&wfr=spider&for=pc，最后浏览日期：2022 年 8 月 24 日。

卢鹏：《大学生如何防范电信诈骗，看民警宣讲走进校园招聘会》，《大众日报》客户端，2021 年 4 月 20 日，https://baijiahao.baidu.com/s?id=1697546550456833442&wfr=spider&for=pc，最后浏览日期，2022 年 9 月 27 日。

吕洋：《卡上没钱还被骗走 2000 元　90 后女孩如何落入兼职刷单陷阱?》，《辽沈晚报》百家号，2019 年 1 月 11 日，https://baijiahao.baidu.com/s?id=1622355451481163060&wfr=spider&for=pc，最后浏览日期：2021 年 9 月 8 日。

罗海：《女大学生网上求职被骗 警方提醒：保持警惕》，《江淮晨报》2004 年 9 月 25 日，ah.anhuinews.com/system/2004/09/25/000730225.shtml，最后浏览日期：2014 年 7 月 6 日。

马化政：《求职“陷阱”让误入者进退两难》，《法治快报》2005 年 1 月 31 日，news.sina.com.cn/o/2005-01-31/17285001683s.shtml，最后浏览日期：2014 年 7 月 6 日。

马宇平、范雪：《大学生实习背后黑色地带：藏陷阱被同学骗入传销窝点》，2015 年 2 月 2 日，yuqing.people.com.cn/n/2015/0202/c212785-

26492606. html，最后浏览日期：2021 年 2 月 4 日。
邱伟、光炜：《假期打工工资被拖欠 大学生成为讨债“新一族”》，《北京晚报》2003 年 2 月 12 日，news. sohu. com/81/65/news206316581. shtml，最后浏览日期：2015 年 6 月 6 日。
任鸿：《成都两名大学生有偿转借银行卡，被判帮助信息网络犯罪活动罪》，川观新闻百家号，2021 年 9 月 17 日，https：//baijiahao. baidu. com/s？id = 1711149834 660423793&wfr = spider&for = pc，最后浏览日期：2021 年 9 月 22 日。
陕西广播电视台：《虚假招聘谁来管？打着“快餐公司”名义招聘，欺骗大学生》，“新闻资讯”栏目，2013 年 4 月 17 日，https：//sd. ifeng. com/news/bl/detail_2013_04/18/723919_0. shtml，最后浏览日期：2015 年 6 月 16 日。
孙瑞灼：《为民间版求职黑名单叫好，更期待官方版》，《厦门晚报》2006 年 1 月 25 日，news. sina. com. cn/c/2006-01-25/14388079484s. shtml，最后浏览日期：2015 年 6 月 7 日。
孙雨：《赶集网今年广告投放将超 2 亿》，《北京晨报》，搜狐，2014 年 2 月 18 日，roll. sohu. com/20140218/n395165062. shtml，最后浏览日期：2021 年 1 月 4 日。
谭贵中、谢东珊、王刚：《广西一团伙借招聘诈骗 逼女员工“发生关系 5 晚”》，中国新闻网南宁，2013 年 4 月 13 日电，NEWS. SOHU. COM/20130413/N372583 234. SHTML，最后浏览日期：2021 年 9 月 20 日。
陶力、韦静：《“李文星之死”背后：招聘网信息审核形同虚设，造假已是公开的秘密》，21 世纪经济报道百家号，2017 年 8 月 4 日，HTTPS：//BAIJIAHAO. BAIDU. COM/S？ID = 1574782486925582&WFR = SPIDER&FOR = PC，最后浏览日期：2021 年 10 月 20 日。
团中央权益部编：《关于麦当劳、肯德基等企业涉嫌违法用工事件的调查与思考》[权益工作简报第 17 期]，2007 年，www. gqt. org. cn/bulletin/qyb_scyqy/200706/t20070608_31816. htm，最后浏览日期：2012 年 2 月 7 日。
王华平：《劳动法专家叫板麦当劳、肯德基》，《新快报》2007 年 4 月 4 日，news. sohu. com/20070404/n249189031. shtml，最后浏览日期：

2014 年 5 月 7 日。
邬成鼎：《夜店高薪招聘“男公关”？招工单位竟是诈骗团伙，连便利店老板都是他们的人》，《潇湘晨报》百家号，2020 年 4 月 24 日，https://baijiahao.baidu.com/s?id=1664820802298921736&wfr=spider&for=pc，最后浏览日期：2021 年 9 月 4 日。
吴碧慧：《独家：智联招聘子品牌因发布不真实不准确内容被罚 CEO 郭盛没面子》，运营商财经网百家号，2020 年 6 月 1 日，https://baijiahao.baidu.com/s?id=1668281476760999274&wfr=spider&for=pc，最后浏览日期：2022 年 10 月 22 日。
吴倩男：《赶集网去年在线招聘营收 7.68 亿 春节打广告花了 4 亿》，凤凰科技，2015 年 3 月 10 日，https://tech.ifeng.com/a/20150310/41004205_0.shtml，最后浏览日期：2021 年 5 月 4 日。
夏明帅、张辉：《校园代理陷阱多 提高警惕防受骗》，《鲁东大学校报》（电子版）2009 年第 377 期，http://ldu.cuepa.cn/show_more.php?doc_id=125445，最后浏览日期：2011 年 10 月 15 日。
向雨：《智联招聘、猎聘网被立案调查，专家建议从重处罚》，中华网财经百家号，2021 年 3 月 21 日，https://baijiahao.baidu.com/s?id=1694808341764314554&wfr=spider&for=pc，最后浏览日期：2022 年 10 月 21 日。
许慧：《从受骗到行骗》，《检察日报》2008 年 3 月 27 日，www.jcrb.com/n1/jcrb1607/ca694716.htm，最后浏览日期：2021 年 5 月 6 日。
薛克勋：《信息诈骗是社会问题 需全社会共同治理》，2014 年 12 月 26 日，深圳市公安局网警支队反信息诈骗工作演讲，http://article.pchome.net/content-1775024.html，最后浏览日期：2016 年 5 月 4 日。
言莹：《审核形同虚设 58 同城 10 分钟搞定假招聘》，《新闻晨报》搜狐号，2013 年 10 月 9 日，roll.sohu.com/20131009/n387772021.shtml，最后浏览日期：2015 年 4 月 8 日。
央广网：《“58 同城”认证公司为黑中介 众多求职者受骗》，经济之声“天天 315”节目，2013 年 7 月 30 日，jingji.cntv.cn/2013/07/30/ARTI1375163614722469.shtml，最后浏览日期：2015 年 8 月 2 日。
央广网：《网络招聘沦为“精准诈骗”帮凶 谁之过?》，经济之声“天下财经”节目，2022年8月20日，https：//baijiahao. baidu. com/s？id =1741668568425838731& wfr = spider&for = pc，最后浏览日期：2022年9月8日。
央广网：《治理“假招聘、真骗局”求职者呼吁精准打击网络招聘乱象》，2022年8月21日，http：//finance. cnr. cn/txcj/20220821/t202208 21_ 525978549. shtml，最后浏览日期：2022年10月22日。
央视二套：《黑职介覆灭记》，“经济与法”节目，2006年12月4日，http：//www. cctv. com/program/jjyf/20061205/101403_1. shtml，最后浏览日期：2015年4月20日。
央视二套：《江苏海安：暖心！公安推出“反诈奶茶”》，央视网微博视频号，2020年12月18日，https：//video. weibo. com/show？fid =1034：4583430327828485，最后浏览日期：2022年8月16日。
央视十二套：《求职的女大学生》，“法律讲堂”栏目，2008年12月13日，https：//v. youku. com/v_show/id_XNTkyNDc5MTI =. html，最后浏览日期：2015年8月9日。
央视十三套：《“潜规则”包你一夜成名？讲好“条件”包你成名 如此容易？》，“法治在线”节目，2014年3月31日，https：//tv. cctv. com/2014/03/31/VIDE139624 2545216812. shtml，最后浏览日期：2021年9月6日。
央视十三套：《“网络兼职刷单”骗局真相》，央视网微博视频号，2018年7月15日，https：//video. weibo. com/show？fid =1034：427070156 6215007，最后浏览日期：2022年8月16日。
央视十三套：《〈“校园贷”暗藏危机〉在校生做兼职 被迫还贷数万元》，央视新闻客户端，2016年10月30日，m. news. cctv. com/2016/10/30/ARTI2vBtE4bMS9Z1SEr xiNxn161030. shtml，最后浏览日期：2021年9月6日。
央视十三套：《帮你整容给你高薪工作？求职陷阱!》，“东方时空”节目，2018年12月24日，https：//tv. cctv. com/2018/12/24/VIDEHH W0btWycFnplhJ0UaP2181 224. shtml，最后浏览日期：2021年10月3日。
央视十三套：《动动手指就“致富”？揭秘做任务式刷单多套路骗局》，

央视网微博视频号，2022 年 8 月 11 日，https：//video. weibo. com/show? fid = 1034：48012 58947805241，最后浏览日期：2022 年 8 月 15 日。
央视十三套：《领空气炸锅需要“做任务”？实为“刷单”骗局》，央视网微博视频号，2022 年 8 月 11 日，https：//video. weibo. com/show? fid = 1034：48013712 29323363，最后浏览日期：2022 年 8 月 15 日。
央视四套：《台湾超 5000 民众被骗至柬埔寨囚禁凌虐》，央视网微博视频号，2022 年 8 月 11 日，https：//weibo. com/yangshiwangnet? tabtype = feed，最后浏览日期：2022 年 8 月 15 日。
央视一套：《就业“陷阱”何其多》，“东方时空”节目，2005 年 12 月 19 日，news. sohu. com/20051219/n241038172. shtml，最后浏览日期：2015 年 9 月 30 日。
杨浩涌：《创业者一万个里混出几个就不错》，凤凰财经《总裁在线》节目，2015 年 7 月 15 日，www. biliyu. com/article/922. html，最后浏览日期：2016 年 5 月 9 日。
杨华云：《行政强制法经 5 次审议获通过 禁采用夜袭等方式》，《新京报》2011 年 7 月 1 日，https：//news. qq. com/a/20110701/000849. htm，最后浏览日期：2014 年 5 月 8 日。
叶永春：《在苏州的求职路上 热情“便衣”指的什么路?》，媒体大搜索百家号，2018 年 11 月 23 日，https：//baijiahao. baidu. com/s? id = 1617882645343904562& wfr = spider&for = pc，最后浏览日期：2021 年 7 月 2 日。
佚名：《毕业生防求职受骗，组［反骗子公司联盟］》，《文汇报》2008 年 4 月 21 日，http：//paper. wenweipo. com/2008/04/21/CH080421 0034. htm，最后浏览日期：2016 年 3 月 3 日。
佚名：《黑职介老板骗女大学生当情妇》，《重庆晨报》2006 年 2 月 7 日，news. sohu. com/20060207/n241701099. shtml，最后浏览日期：2016 年 4 月 8 日。
佚名：《揭露黑职介不可告人的黑幕》，2008 年 6 月 16 日，https：//WWW. HUNTERWS. COM/INDEX. PHP? M = NEWS&C = SHOW&ID = 2696，最后浏览日期：2015 年 9 月 30 日。

佚名：《揭秘虚假招聘：网络招聘从未因虚假信息被判罚》，《法制晚报》2017 年 8 月 7 日，finance. china. com. cn/industry/20170807/4340494. shtml，最后浏览日期：2021 年 3 月 2 日。
佚名：《警惕境外“高薪招聘”圈套 》，新华社北京电，2021 年 2 月 28 日，https：//www. sohu. com/a/453333720_ 162758，最后浏览日期：2022 年 8 月 19 日。
佚名：《女记者卧底日记揭露深圳职介所招聘骗钱内幕》，2007 年，https：//china. findlaw. cn/laodongfa/laodonghetongfa/laodonghetongzhishi/118391_4. html，最后浏览日期：2021 年 4 月 20 日。
佚名：《求职心切大学生接连上当　查处多次骗子照样钻空子》，《天府早报》2006 年 4 月 20 日，news. sina. com. cn/o/2006-04-20/04208741462s. shtml，最后浏览日期：2015 年 10 月 22 日。
佚名：《深圳黑中介连环诈骗求职者　称大学生最好骗》，《南方都市报》2006 年 12 月 6 日，news. sohu. com/20061206/n246840846. shtml，最后浏览日期：2016 年 5 月 13 日。
佚名：《深圳招工骗局曝光　黑职介关门拉客仔匿迹》，《南方都市报》2006 年 10 月 13 日，news. sohu. com/20061013/n245780645. shtml，最后浏览日期：2016 年 5 月 10 日。
佚名：《小心招工骗局　非法职介变成招工单位骗钱》，《南方日报》2002 年 7 月 19 日，https：//news. sina. com. cn/s/2002-07-19/0944641794. html，最后浏览日期：2014 年 5 月 2 日。
佚名：《在线招聘欺诈乱象又抬头　虚假职位鱼目混珠问题多》，《新快报》2016 年 6 月 15 日，edu. youth. cn/2016/0615/4538553. shtml，最后浏览日期：2021 年 9 月 2 日。
于杰：《男子骗奸 8 名求职女大学生 受害者称接受潜规则》，《京华时报》2009 年 2 月 12 日，news. sohu. com/20090212/n262191211. shtml，最后浏览日期：2016 年 3 月 8 日。
曾小威：《揭秘高薪务工骗局：以为是“淘金”，结果是逃命》，中国青年网百家号，2022 年 5 月 11 日，https：//baijiahao. baidu. com/s? id = 1732494367011504756& wfr = spider&for = pc，最后浏览日期：2022 年 8 月 19 日。

张慧萍：《“十一”假期学生兼职陷阱多》，《武汉晚报》2013 年 10 月 8 日，news. sina. com. cn/o/2013-10-08/032028372667. shtml，最后浏览日期：2016 年 6 月 8 日。

张莫：《“三探电信网络诈骗”系列报道追踪丨央行：高度重视涉诈“资金链”治理 压实金融机构风险防控主体责任》，新华社百家号，2022 年 4 月 1 日，https：//baijiahao. baidu. com/s? id = 1728865251106035097&wfr = spider&for = pc，最后浏览日期：2022 年 8 月 22 日。

章程：《在 58 同城发布虚假招聘，转手卖出 4.2 万条应聘者信息，法院判了!》，《广州日报》百家号，2021 年 4 月 21 日，https：//baijiahao. baidu. com/s? id = 1697624768473088926&wfr = spider&for = pc，最后浏览日期：2022 年 9 月 7 日。

赵映骥：《中科大发 4 万封“免费送月饼”钓鱼邮件，校方回应：系反诈演练》，上游新闻微信公众号，2022 年 9 月 8 日，最后浏览日期：2022 年 10 月 27 日。

赵友平：《港人被诱骗到东南亚从事非法工作，香港警方锁定疑犯拘捕 5 人》，环球网，2022 年 8 月 21 日，https：//china. huanqiu. com/article/49KOVnyWdCu，最后浏览日期：2022 年 8 月 21 日。

赵陈婷：《58 赶集合并 惨烈广告战将烟消云散》，《第一财经日报》搜狐号，2015 年 5 月 27 日，roll. sohu. com/20150527/n413836213. shtml，最后浏览日期：2015 年 9 月 20 日。

郑超、杜丁：《毕业生求职被骗投诉无门，就业中心呼吁法律援助》，《北京娱乐信报》2004 年 4 月 2 日，news. sohu. com/2004/04/02/72/news219707216. shtml，最后浏览日期：2012 年 4 月 20 日。

钟晓璐：《为挣快钱 成都一大学生帮诈骗团伙“跑分”洗钱 80 余万》，封面新闻百家号，2021 年 9 月 15 日，https：//baijiahao. baidu. com/s? id = 1710946791969431 042&wfr = spider&for = pc，最后浏览日期：2021 年 10 月 9 日。

朱婷：《柬埔寨网诈套路：高薪招工包吃住、“老朋友”突然邀约、老乡约见面》，上游新闻，2022 年 2 月 20 日，https：//i. ifeng. com/c/8Dn6M39iAgd，最后浏览日期：2022 年 8 月 24 日。

《58 同城被罚！未核验商户真实信息》，新税网搜狐号，2022 年 3 月 2

日，https：//www. sohu. com/a/526654020_ 120931740，最后浏览日期：2022 年 10 月 22 日。
《“高薪招聘”骗局背后：受害者应聘受骗 转而加入行骗团伙》，央视网新闻百家号，2019 年 9 月 24 日，https：//baijiahao. baidu. com/s? id = 1645541276803806730& wfr = spider&for = pc，最后浏览日期：2021 年 9 月 6 日。
《“同学，这榜咱可不兴上啊!”》，中国共产主义青年团上海市委员会百家号，2021 年 11 月 25 日，https：//baijiahao. baidu. com/s? id = 1717413036284644488&wfr = spider&for = pc，最后浏览日期：2022 年 10 月 27 日。
《北京大学首场“钓鱼邮件”攻防演练收官》，北京大学新闻网，2021 年 5 月 25 日，https：//news. pku. edu. cn/xwzh/dd1bca7b5d3541c69505f29ba7e98908. htm，最后浏览日期：2022 年 10 月 27 日。
《惩治电信网络诈骗，这部专门立法“精准出招”》，锦州网警巡查执法百家号，2022 年 9 月 6 日，https：//baijiahao. baidu. com/s? id = 1743200575960103509&wfr = spider&for = pc，最后浏览日期：2022 年 10 月 20 日。
《分类网站虚假招聘信息扎堆 高薪招聘大多名不副实》，央广网，2015 年 4 月 23 日，finance. cnr. cn/315/gz/20150423/t20150423_518383610_1. shtml，最后浏览日期：2016 年 4 月 20 日。
《究竟什么是男公关？深圳招聘男女公关的骗局揭秘》，华跃人才网官方微博，2012 年 5 月 26 日，BLOG. SINA. COM. CN/S/BLOG _7F6B4D4E01013QIJ. HTML，最后浏览日期：2015 年 9 月 30 日。
《兰州晨报》采访组：《记者乔装求职探秘厂家直聘猫腻》，《兰州晨报》2011 年 4 月 8 日，news. sina. com. cn/s/p/2011-04-08/144422258362. shtml，最后浏览日期：2016 年 6 月 8 日。
《女大学生应聘模特被骗：假摄影师拍私密照后多次胁迫将其强奸》，澎湃新闻百家号，2018 年 2 月 22 日，https：//baijiahao. baidu. com/s? id = 1593063500843304703&wfr = spider&for = pc，最后浏览日期：2021 年 9 月 28 日。
《行骗有“剧本”402 人网络求职被“套路”》，武威公安百家号，2020

年 11 月 2 日，HTTPS：//BAIJIAHAO. BAIDU. COM/S? ID = 1682213396883394355&WFR = SPIDER&FOR = PC，最后浏览日期：2021 年 4 月 20 日。

《英才网联调查显示：83%求职者被骗过，防范意识薄弱是主因》，英才网联，2017 年 8 月 25 日，https：//www. ohu. com/a/167140981_361754，最后浏览日期：2021 年 4 月 20 日。

《智联招聘再涉倒卖简历案件，应对用户隐私泄露事件担责》，驱动中国，2019 年 7 月 11 日，https：//baijiahao. baidu. com/s? id = 1638751910968265276&wfr = spid er&for = pc，最后浏览日期：2022 年 10 月 22 日。

六 外文

Beals, M., M. DeLiema, and M. Deevy, "Framework for a Taxonomy of Fraud", Financial Fraud Research Centre, Stanford Center on Longevity, 2015.

Boddewyn, Jean J., "Advertising Regulation in the 1980s: The Underlying Global Forces", *Journal of Marketing*, Vol. 46, No. 1, 1982.

Brandt, M. T., and I. L. Preston, "The Federal Trade Commission's Use of Evidence to Determine Deception", *Journal of Marketing*, Vol. 41, No. 1, 1977.

Button, M., C. Lewis, and J. Tapley, "Fraud Typologies and the Victims of Fraud: Literature Review", *National Fraud Authority*, 2009.

Carson, Thomas L., R. E. Wokutch, J. E. Cox, Jr., "An Ethical Analysis of Deception in Advertising", *Journal of Business Ethics*, Vol. 4, No. 2, 1985.

Cohen, Dorothy, "Surrogate Indicators and Deception in Advertising", *Journal of Marketing*, Vol. 36, No. 1, 1972.

Cohen, Dorothy, "The Federal Trade Commission and the Regulation of Advertising in the Consumer Interest", *Journal of Marketing*, Vol. 33, No. 1, 1969.

Gardner, D. M., "Deception in Advertising: A Conceptual Approach", *Jour-*

nal of Marketing, Vol. 39, No. 1, 1975.

Grant-Smith, D. , A. Feldman, and C. Cross, "Key Trends in Employment Scams in Australia: What are the Gaps in Knowledge about Recruitment Fraud", QUT Centre Justice Briefing Papers, Queensland Univ. Technol. (QUT), Brisbane, QLD, Australia, Tech. Rep. 21, 2022.

Harding, T. S. , "False and Fraudulent", *North American Review*, Vol. 236, 1933.

Jacoby, J. , and C. Small, "The FDA Approach to Defining Misleading Advertising", *Journal of Marketing*, Vol. 39, No. 1, 1975.

Jha, B. , "Surfing the Net for Jobs? Be Cautious", *Knight Ridder Tribune Business News*, Apr. 21, 2006.

Krum, J. R. , and S. K. Keiser, "Regulation of Retail Newspaper Advertising", *Journal of Marketing*, Vol. 40, No. 1, 1976.

Latour, K. A. , and M. S. Latour, "Positive Mood and Susceptibility to False Advertising", *Journal of Advertising*, Vol. 38, No. 3, 2009.

Li, F. , "Cultural Orientation, Skepticism and Susceptibility to Potentially Misleading Advertising Claims", *Proceedings of the Academy of Marketing Studies*, Vol. 10, No. 1, 2005.

Mahbub, S. , E. Pardede, and A. S. M. Kayes, "Online Recruitment Fraud Detection: A Study on Contextual Features in Australian Job Industries", *IEEE Access*, Vol. 10, Aug. 2022.

Mujtaba, B. , and A. L. Jue, "Deceptive and Subliminal Advertising in Corporate America: Value Adder or Value Destroyer?", *The Journal of Applied Management and Entrepreneurship*, Vol. 10, 2005.

Nebenzahl, I. D. , and E. D. Jaffe, "Ethical Dimensions of Advertising Executions", *Journal of Business Ethics*, Vol. 17, No. 7, 1998.

Olson, J. C. , and P. A. Dover, "Cognitive Effects of Deceptive Advertising", *Journal of Marketing Research*, Vol. 15, No. 1, 1978.

Petty, Ross D. , "Advertising Law in the United States and European Union", *Journal of Public Policy & Marketing*, Vol. 16, No. 1, 1997.

Pratt, C. , "Watchdogs of Warn Job Scams on Craigslist Wenatchee", *Mc-*

Clatchy-Tribune Business News, Feb. 5, 2009.

Preston, I. L., "A Comment on 'Defining Misleading Advertising' and 'Deception in Advertising'", *Journal of Marketing*, Vol. 40, 1976.

Shabbir, H., and D. Thwaites, "The Use of Humor to Mask Deceptive Advertising: It's No Laughing Matter", *Journal of Advertising*, Vol. 36, No. 2, 2007.

Swicegood, D., "Authorities Offer Warning on Internet Job Scam", *McClatchy-Tribune Business News*, Feb. 22, 2008.

Tung, L., "False Job Ads", *The World Journal*, Jan. 6, 2003.

Vidros, S., C. Kolias, and G. Kambourakis, "Online Recruitment Services: Another Playground for Fraudsters", *Computer Fraud & Security*, No. 3, Mar. 2016.

Vidros, S., C. Kolias, G. Kambourakis, and L. Akoglu, "Automatic Detection of Online Recruitment Frauds: Characteristics, Methods, and a Public Dataset", *Future Internet*, Vol. 9, No. 1, Mar. 2017.

Wright, P. L., "The Cognitive Processes Mediating Acceptance of Advertising", *Journal of Marketing Research*, Vol. 10, No. 1, 1973.

后　记

“学术是多元的，没有样板可循”，更何况是对虚假招聘的首次系统性研究。由于可供直接参照的相关研究甚少，致使本研究之路困难重重。其间，经历了太多的无奈、困惑与悲伤，实乃难以言表。与此同时，我又是非常幸运的。在整个研究过程中，我获得了来自许多人士或直接或间接的鼓励与帮助。在此，我必须向所有帮助过我的人们表达自己诚挚的敬意和由衷的感谢。正是因为有了你们的鼓励与支持，本书才完成了对虚假招聘现象的深度描述与扩展性理解，我本人也才在克服困难和恐惧的过程中获得了宝贵的成长。

首先，要特别感谢我的导师风笑天教授。我的博士学位论文选题比较“偏”，不易做出成果，但风老师并未明确反对我的研究计划，而且在为时五年（2007—2012）的调研与写作期间，他始终给了我足够的独立探索空间。正是因为风老师对我这个比较固执甚至是非常任性的学生所给予的足够宽容，才使得我能够放下心中包袱，完全按照个人旨趣，不急不缓地展开研究。在后来的论文修改过程中，风老师也及时地向我提出了一些宝贵的修改建议，从而使得本研究愈益具有社会学的意蕴。风老师学高身正，令人钦佩，也使我终身受益。

我还要特别感谢时任 C 市劳动和社会保障局的负责人夏宇（化名）。最初，对周刊虚假招聘广告的进一步调查让我深感现实的无奈：一面是漫天飞舞的虚假广告，另一面是接连上当受骗的求职者，而深知实情的我却对此无能为力。我有生以来第一次强烈地感受到，个人力量是如此渺小，尤其是当满怀期望地四处举报却又毫无结果时。极端无望下，我萌生了放弃的念头。正是在这一关键时刻，夏宇给了我很大的鼓励。他在电话中告诉我，我已触及该问题的症结，若就此放弃会十分可惜。在几次的通话中，他还为我提供了一些对于理解虚假招聘现象以及地方政府执法行为至关重要的信息。

在调查中，许多大学生勇于抛开个人“面子”，坦诚地向我敞开心扉，甚至用智慧与我共同构建有关虚假招聘现象的深度诠释。对这些大学生的钦佩和感激，一个“谢”字难以表达。在此，我仅默默地祈盼早已踏入社会和尚未踏入社会的你们，在“历经风雨”后终会“见彩虹”。我还必须将谢意献给为数众多的素不相识的人士，这包括诸多记者、受骗求职者以及相关有识之士。他们或不畏艰难，深入虚假招聘“虎穴”，或将自己上当受骗的详细经历发布在互联网上，或把自己了解到的鲜为人知的内幕，通过媒体公之于众。这些人士奉献的形式多样的鲜活素材，在较大程度上弥补了本研究一手资料的不足，拓展了本书对虚假招聘现象的认识和理解。

本书的出版获宜宾学院学术著作出版基金资助（项目编号：412—2022CB01），在此深表感谢。尤其要感谢法学与公共管理学部的刘廷华教授、何一教授、陈世海教授和刘华强博士等诸位领导与同事的关心和帮助。还要特别感谢科研处杨强和雷鸿两位领导对本书出版的鼎力支持。

我还要感谢中国社会科学出版社的编辑马明老师。他对书稿主题的高度认可，令在出版之路上原本备受打击的我顿感欣慰。马老师为本书贡献了一个极其简洁的书名，还为书稿最后的修改提供了极好建议。

本书最终能得以在国内顺利出版，还必须感谢我的两位同学——南京大学的吴德群博士、张义烈博士。在我心灰意冷的时候，在我急需学术上的实际支持的时候，吴德群博士总能在第一时间向我伸出援手，尽管他本人的科研任务十分繁重。在我出版之路受挫的时候，张义烈博士向我推荐了马明老师，没有他的这一善举，我的书稿可能还在颠沛流离中。

最后要感谢我的家人。我的父母文化程度不高，却始终理解我这些年来的求学与科研工作，从未对我施加过任何经济压力。学术研究离不开一定的经济支撑，作为普通高校教师的我无力承担相关费用，我的丈夫用他并不丰厚的薪水为我撑起了必要的空间，使我能够听从内心的召唤，走自己的学术之路。正是源于家人的这种理解与支持，我方能静心于学术研究。

刘莫鲜

2022 年 10 月 29 日

于酒都四川宜宾